大中小学海洋拔尖创新人才联合培养用书

新时代中小学海洋教育研究与实践

王海涛　刘宗寅　编著

山东科学技术出版社
·济南·

图书在版编目（CIP）数据

新时代中小学海洋教育研究与实践 / 王海涛，刘宗寅编著.
--济南：山东科学技术出版社，2024.9
大中小学海洋拔尖创新人才联合培养用书
ISBN 978-7-5723-2019-4

Ⅰ.①新… Ⅱ.①王… ②刘… Ⅲ.①海洋学—教育研究—中小学 ②海洋学—中小学—师资培养—研究 Ⅳ.①G633.552

中国国家版本馆CIP数据核字（2024）第057545号

新时代中小学海洋教育研究与实践

XINSHIDAI ZHONGXIAOXUE HAIYANG JIAOYU YANJIU YU SHIJIAN

责任编辑：邹淑红　张文彬
装帧设计：孙小杰

主管单位：山东出版传媒股份有限公司
出 版 者：山东科学技术出版社
地址：济南市市中区舜耕路517号
邮编：250003　电话：（0531）82098030
网址：www. lkj. com. cn
电子邮件：jiaoyu@sdkjs.com.cn
发 行 者：山东科学技术出版社
地址：济南市市中区舜耕路517号
邮编：250003　电话：（0531）82098078
印 刷 者：山东东泰印务有限公司
地址：山东省青州市黄楼街道办事处小陈村
邮编：262517　电话：（0536）3532216

规　格： 16开（184 mm × 260 mm）
印　张： 24.75　**字　数：** 460千
版　次： 2024年9月第1版　**印　次：** 2024年9月第1次印刷
定　价： 98.00元

大中小学海洋拔尖创新人才联合培养用书
编委会

序

海洋是生命的摇篮，资源的宝库，交通的命脉，战略的要地。由于陆地资源日趋枯竭、环境约束日益加剧和科学技术不断进步，人类已进入深度开发利用海洋资源和海洋空间的时代，即海洋经济时代，海洋渔业、海洋船舶工业、海洋盐业及化工业、海洋交通运输业、海洋旅游业等传统产业不断发展壮大，海洋油气业、海洋工程装备制造业、海洋药物和生物制品业、海洋可再生能源业、海水淡化与综合利用业、海洋文化产业、涉海金融服务业、海洋公共服务业等现代海洋产业迅速兴起，呈现蓬勃发展的态势。海洋作为最大的自然生态系统，孕育着丰富的深海生物资源，是巨大的深海生物基因宝库，这对研究生命起源、物种演变和人类生命健康有着十分重要的意义。

2019年4月23日，国家主席、中央军委主席习近平在会见应邀出席中国人民解放军海军成立70周年多国海军活动的外方代表团团长时，向世界首次提出构建海洋命运共同体的重要理念。这一理念为海洋全球治理提供了“中国方案”，对重构人与海洋的关系、发现海洋的长期价值、规范人类对海洋的行为至关重要，涉及全人类、世界各国在面临全球海洋问题和挑战时的共同价值和共同利益。

作为全国性公益组织的中国海洋发展基金会，高举中国特色社会主义伟大旗帜，以习近平新时代中国特色社会主义思想为指导，全面贯彻落实党的二十大精神，汇聚不同文明，高歌和合发展，携手构建海洋命运共同体，把各项工作有机地融入全力服务于海洋强国建设、海洋经济高质量发展、海洋生态文明建设、“一带一路”倡议、全球海洋治理、全球蓝色伙伴关系构建、海洋青少年人才培养和海洋文化弘扬与发展等政策部署之中。近十年间，中国海洋发展基金会始终践行构建海洋命运共同体理念，用一个个项目、一次次活动，全力动员和组织国内外资源和力量，齐心协力，携手同行，加快建设海洋强国，打造深度参与全球海洋治理的全国性公益组织的“中国样板”，从理念、方法和路径等方面积极探索参与全球海洋治理的“中国经验”。

党的二十大报告指出，教育、科技、人才是全面建设社会主义现代化国家的基础性、战略性支撑。中国海洋发展基金会与中国海洋大学等，携手谋划、组织海洋青少年人才建设行动，联合推进全国海洋育苗学校建设，共同推广海洋教育智慧教学平台等活动，打通中小学开展海洋教育的“最后一公里”，积极主动落实国家加快建设海洋强国的重大部署，同时为中国海洋事业吸引更多的优秀人才，创造海洋拔尖创新人才培养的新模式，以创新人才培养引领新质生产力的发展。

海洋拔尖创新人才培养是一项系统工程，需要从中小学生抓起。截至目前，中国海洋发展基金会为22个省（自治区、直辖市）的59所学校和位于斐济的南太平洋大学孔子学院捐建了海洋图书馆，举办了海洋知识讲座、“我爱海洋”文艺活动大赛、师生“双讲”活动大赛、海洋科普知识竞赛、海洋研学夏令营、教师海洋教学培训、校长工作交流会等系列活动，搭建了海洋教育智慧教学平台，设立了“励志深蓝”奖学金，向451名考入海洋院校的学生颁发了每人5 000元的奖学金，开办了《亲海》特刊报纸，开展了“建设海洋特色学校”征文活动。海洋育苗项目的实施，促进了学校的海洋特色教学，增强了学校师生的海洋意识，培养了学生立志海洋事业的情怀。

欣闻中国海洋大学目前正积极推进大中小学海洋拔尖创新人才联合培养研究与项目实施，并出版大中小学海洋拔尖创新人才联合培养用书，这是一项有着战略意义的行动计划。项目立足于培养德智体美劳全面发展的社会主义建设者和接班人这一根本目标，构建大中小学家校政社协同建设的海洋拔尖创新人才联合培养体系，为中国海洋事业发展和加快建设海洋强国积蓄越来越多的青春活力，让更多的青少年关心海洋、认识海洋、经略海洋。2024年，正值中国海洋大学百年华诞，祝愿中国海洋大学向海图强广育栋梁、浩海求索勇攀高峰、谋海济国再谱华章！

2024年5月8日

前言

海洋是人类生存与发展的重要物质基础和广阔空间。随着世界人口的不断增加、生存环境压力的逐渐增大，向海洋要资源、寻空间的人类活动越来越频繁，随之而来的便是海洋污染和海洋权益博弈的加剧，全球海洋治理迫在眉睫。于是以正确认识人海关系、实现人类与海洋和谐共生为核心的现代海洋教育也就越来越受到国际社会的广泛关注。

我国既是陆地大国又是海洋大国，拥有辽阔的海域和丰富的海洋资源，将海洋资源优势转化为国家发展优势的潜力巨大。为此，党的十八大提出“建设海洋强国”，党的十九大要求“坚持陆海统筹，加快建设海洋强国”，党的二十大强调“发展海洋经济，保护海洋生态环境，加快建设海洋强国”。加快建设海洋强国是实现中国式现代化的必然选择。建设海洋强国需要提升全民的海洋素养，形成强有力的社会共识、舆论环境、文化基础和精神动力，于是包括中小学海洋教育在内的全民海洋教育在全国范围内广泛开展起来。

为了推动中小学海洋教育深入发展，自2019年开始，中国海洋大学海洋文化教育研究中心先后组织开展了“基于国家课程标准的海洋教育项目式教学研究”“中小学海洋教育师资队伍培训体系构建研究”，以及中国高等教育学会2023年度重点课题“创新能力评价助力海洋拔尖创新人才培养路径探讨与应用研究”等一系列课题研究，着重解决“什么是海洋教育，其概念如何界定？海洋教育涉及哪些海洋基本知识，应如何普及？海洋精神是什么，应如何弘扬？海洋意识包括哪些内容，应如何增强？海洋素养包括哪些内容，应如何提升？中小学海洋教育的任务是什么，应如何分学段提出具体要求？中小学海洋教育的途径有哪些，应如何有效利用？中小学海洋教育师资胜任力有何标准，应如何培养？”等问题，并寻找成功经验予以推广介绍，以使广大的中小学海洋教育工作者认识中小学海洋教育的性质和特征，明确中小学海洋教育的任务和目标，了解中小学海洋教育的内容和途径，掌握中小学海洋教育师资专业发展的策略。其中，“基于国家课程标准的海洋教育项目式教学研究”课题组组织小学9个学科、初高中各9个学科教师进行了基于国家课程标准的海洋教育项目式教学的设计与实践，形成了139个教学案例，为中小学海洋教育与学科教学融合实施提供了重要借鉴；另外，还组织小学综合实践活动、小学数学、初中道德与法治、初中历史、高中化学和高中地理学科进行了子课题研究，分别提出相关学科教学与海洋教育融合实施的策略，为今后全面推进海洋教育与学科教学的融合实施提供了参考。在课题研究期间，中国海洋大学海洋文化教育研究中心与有关单位联合组织了中小学海洋教育优秀课例征集活动，进一步了解中小学开展海洋教育的方式方法和老师们开展海洋教育教学的状况，并为中小学海洋教育活动设计提供示范。

在以上课题研究的基础上，结合中国海洋大学海洋文化教育研究中心与山东教育电视台等单位共同推进的大中小学海洋拔尖创新人才联合培养项目，我们编写了这本《新时代中小学海洋教育研究与实践》。本书为中国高等教育学会2023年度重点课题“创新能力评价助力海洋拔尖创新人才培养路径探讨与应用研究（课题编号23LK0102）”的成果之一，可供中小学海洋教育教师、海洋研学旅行指导师、海洋研学基地、营地实践指导教师，以及中小学海洋教育管理人员和研究人员学习参考，也可作为中小学海洋教育师资培训用书。

《新时代中小学海洋教育研究与实践》一书的编写，得到了中国海洋大学多位专家学者的悉心指导，以及参与课题研究的教师团队、中国海洋大学海洋文化教育研究中心和山东科学技术出版社的大力支持，在此一并表示衷心的感谢。中国海洋大学教育系的部分教育硕士研究生参加了本书的资料校核等工作，顺致谢意。在课题研究和本书的编写过程中，我们参考了大量资料，在此向资料的作者和出版者表示衷心的感谢。对于本书中存在的谬误和不妥之处，望专家、同仁和广大读者批评指正。

王海涛　刘宗寅

2024年3月25日

目录

第一章 海洋教育

海洋是地球上广阔且连续的咸水水体的总称。我们研究的海洋包括海水及水下和水上立体空间，是由固体、液体、气体三态物质组成且无生命物质和有生命物质并存的复杂统一体。海洋是生命的摇篮、风雨的故乡、资源的宝库和交通的要道。

人类自诞生之日起就与海洋结下了不解之缘，海洋成为人类生存与发展的重要基础。为了更好地开发利用海洋资源与保护海洋生态环境，也为了不断地调整、优化人海关系，人类开展了各种各样的海洋教育活动，开辟了海洋教育领域。

从教育目的和深入程度来看，海洋教育可分为普及性海洋教育（海洋通识教育）与专业性海洋教育（海洋专业教育）；从受教育对象和教育方式来看，海洋教育可分为学校海洋教育与社会海洋教育。自新中国成立以来，尤其是改革开放以来，我国专业性海洋教育得到了迅速发展，有力地推动了我国海洋事业的发展；进入新时代，随着海洋强国建设的不断推进，我国的普及性海洋教育、社会海洋教育开展得如火如荼并不断深入，为我国的海洋强国建设营造了良好的舆论氛围，构建了坚实的文化基础，提供了强大的精神动力。

本章所讨论的海洋教育主要指普及性海洋教育，尤其是中小学海洋教育。

第一节　海洋与人类

海洋与人类有着密切的关系，人类对海洋的认识越来越深刻。20世纪80年代以来，“海洋是人类生存的重要空间”成为世界各国的共识。1992年，联合国环境与发展大会（UNCED）首次指出，海洋是人类生命支持系统的重要组成部分，是可持续发展的宝贵财富，并提出“世界海洋日”概念，旨在赞颂全世界共同拥有的海洋，强调海洋与我们每个人的联系，提高人们对海洋在日常生活中重要性的认识，帮助人们了解有助于保护海洋的重要方式。第63届联合国大会于2008年12月5日通过第111号决议，决定自2009年起，将每年的6月8日设立为“世界海洋日”。此后，联合国每年都会确定一个关于海洋与人类关系的“世界海洋日”活动主题。2008年，我国国家海洋局决定启动“全国海洋宣传日”活动。自2010年起，我国于每年6月8日举办“世界海洋日暨全国海洋宣传日”活动。

一般认为，地球表层系统由岩石圈（lithosphere）、大气圈（atmosphere）、水圈（hydrosphere）和生物圈（biosphere）四大部分组成。地球表层系统的各组成部分之间既相互联系又相互制约（图1-1-1）。因此，水圈的海洋与生物圈中的人类相互联系、相互制约，形成了一个人海密切互动的庞大系统。

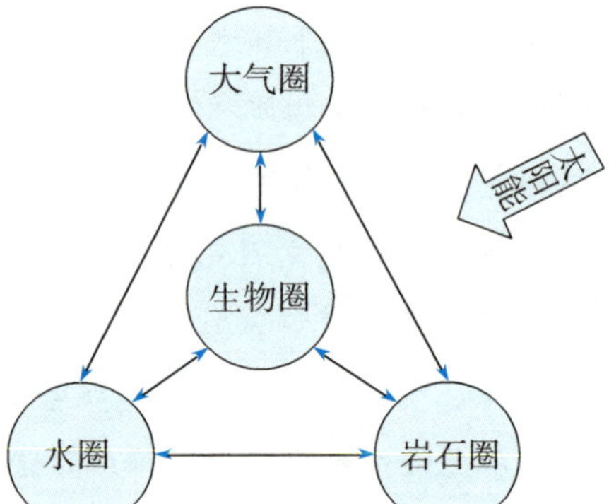

图1-1-1　地球表层的四大圈层构成示意图

一、海洋是人类生存与发展的重要基础

（一）海洋是生命的摇篮

生命的起源问题一直是现代自然科学家们潜心研究而又悬而未决的问题，尽管科学家们对这一问题至今尚未给出确切的答案，但几十年来的研究成果愈来愈倾向于数十亿年前海洋孕育出最原始的生命这一观点。

20世纪70年代末，科学家们在东太平洋海平面下2 600米左右的加拉帕戈斯裂谷带发现了海底热泉（喷口附近温度达300 ℃），以海底热泉喷口为中心向四周辐射分布的区域里生活着许多特殊的生物，包括管状蠕虫、贻贝、蛤、虾、蟹以及化能自养细菌等。这些生物都是依靠热液中的化学物质为生的，由它们形成的生物群落被称为热液喷口生命群落；其中，化能自养细菌因具有在高温、高压、缺氧且没有阳光的环境里依靠氧化硫化物等物质获得赖以生存和繁殖的能量的本领，引起了科学家们的高度关注。大量研究结果表明，化能自养细菌的这一特殊本领是由它们特殊的细胞结构和代谢方式决定的，这与地球上最原始的生命形式又十分接近，从而为生命起源于海洋的观点提供了有力证据。

海洋生命起源观点认为，生命之所以起源于原始海洋而不是陆地，是因为原始海洋具备生命存在与延续的条件。一是海洋拥有充足的水，而水是生命之源。二是海洋里存在着大量无机化合物，它们能够在闪电、紫外线、宇宙射线等的作用下，经过复杂的化学过程形成小分子有机化合物，小分子有机化合物经过长达几亿年的生物化学演变可转化为生物大分子有机化合物，为生命的产生提供了物质基础。三是海水的比热容比泥土大得多，海水温度变化平缓，海水结冰后聚集在海面上使海水散热变慢，这些都为原始生物的生存营造了良好的温度环境。四是原始大气稀薄且没有臭氧层，紫外线辐射强烈，若生命诞生在陆地上会立即被紫外线杀死，而海洋则能吸收、散射紫外线，为生命的诞生和延续提供保护屏障。事实证明，海洋不仅有利于生命的诞生，而且运动着的海水还能将各种营养物质带到海洋各处供海洋生物利用，并将海洋动物的卵和藻类、海洋植物的孢子带到海洋各处，促进生命的繁衍与进化。

科学家们经过长期的实验和观察发现，人和动物的血液中的无机化合物种类和含量几乎与海水中的无机化合物种类和含量一致；人在胚胎发育阶段必须生活在母亲子宫中的羊水里，婴儿离开母体浸入水中便会自然地憋气、换气和游泳；爬行类、两栖类、哺乳类包括人类在胚胎时期头部都长有类似鱼类鳃部的“鳃裂”；等等。所有这些现象，为生命来源于海洋这一观点提供了更多的证据。

（二）海洋是风雨的故乡

海洋在全球气候系统中扮演着重要角色，海洋内部的洋流运动以及海洋—大气之间的物质交换和能量流动，形成了地球上复杂多样的气候现象。

海水具有温度变化相对于其周围环境温度变化滞后的性质。与相同体积的大气相比，海水存储热量的能力是大气的2 000多倍，加之海水体积庞大，到达地球表面的太阳辐射能有一半以上被海水吸收并储存起来，因此海洋是地球上的一个巨大储热库。同时，由于海水以长波辐射等形式向大气输送热量，因此海洋又是地球上大气热量的主要供应者。如果没有海洋，地球上的昼夜温差以及冬夏两季温差会十分显著，气温的上下起伏也会非常剧烈[①]。

海洋里的洋流通过与流经区域之间的能量流动改变着流经区域的大气温度，暖流使流经区域大气的温度升高，寒流使流经区域大气的温度降低，尤其是一些洋流还能把赤道附近的热量输送到寒冷的两极地区，因此海洋是地球表面热环境的主要调节者。海洋中海水的蒸发量大约占地表水总蒸发量的84%，海洋每年把约36 000亿立方米的水转化为水蒸气送入大气，因此海洋是地球大气中水蒸气的主要来源[②]。海洋为地球贡献了约90%的降雨，也吸收了地球约90%的多余热量[③]。海洋为大气提供着充足的水汽，这十分有利于人类的生存与繁衍。

（三）海洋是资源的宝库

海洋资源属于自然资源，是海洋中所蕴藏的各种物质资源和能量资源的总和，主要包括海洋生物资源、海洋矿产资源、海水化学资源以及海洋动力资源。

1. 海洋资源的特点

一是储量巨大。以海底油气资源为例。据估计，世界石油极限储量为1万亿吨，可采储量为3 000亿吨，其中海底石油就约有1 350亿吨；世界天然气储量为255亿～280亿立方米，海洋天然气储量就约有140亿立方米。世界上绝大部分可燃冰分布在海洋里，全球可燃冰储量是现有石油、天然气储量的2倍[④]。

二是空间复合程度高。同一海域中各种海洋资源共生共存，既包括生物资源，也包括非生物资源；既包括溶存或生活在海水中的资源，也包括储藏在海底或海底之下的资源；既包括物质资源，也包括动力资源。

三是区域差异性大。海洋体大面广，使得海洋资源具有明显的区域差别。另外，海洋的深度使海洋资源在垂直分布上也存在差异。不过，洋流以及它所带动的物质交换和能量流动，又缓解了这种区域差别。

四是赋存环境复杂。海洋资源存在于海洋中，海上风浪、海水盐分、深海压力、海洋灾害等使得人类对海洋资源的开发利用受到技术要求高、风险大的限制。

2. 海洋资源的分类

海洋生物资源　海洋生物资源是指分布于海洋环境中的各种生物资源，主要包括海洋动物资源、海洋植物资源和海洋微生物资源。海洋动物资源主要包括鱼类、软体

---

① 付丽丽. 世界气象日，专家呼吁：揭示海洋气候密码当下尤为重要［N］. 科技日报，2021-03-24（2）.

② 莫杰. 海洋：全球气候“调节器”之谜［N］. 中国海洋报，2014-09-16（2）.

③ 同①.

④ 闫可铭：海底矿产拾零［J］. 地理教育，2013（7/8）：127.

动物、甲壳动物、哺乳动物等。其中，鱼类是最重要的一类，至今全球已登录的海洋鱼类为15 304种，预计可达2万种[①]。海洋植物资源指海洋中利用叶绿素进行光合作用来生产有机化合物的自养型生物，从低等的无真细胞核的藻类到高等的种子植物，门类甚广。海洋植物除了可供人类食用外，每年还可释放约360亿吨氧气，这些氧气约占地球大气含氧量的70%[②]。海洋微生物主要包括原核微生物（如细菌）、真核微生物（如真菌、微型藻类和原虫）、无核微生物（如病毒）等，它们结构简单、生长迅速、适应性强。海洋生物资源能够自行增殖并不断更新，具有一定的自动调节能力；它们构建起海洋生态平衡，但是，这种平衡一旦遭到破坏，资源价值亦立即丧失。

海洋矿产资源　海洋矿产资源包括海滨、浅海、深海、大洋盆地和洋中脊底部的各类矿产资源，按矿床成因和赋存状况可分为砂矿、海底自生矿产、海底固结岩中的矿产三大类。砂矿是由河川和风将陆地上的岩矿碎屑带入海中，再经海浪、潮汐、海流等的搬运与分选，在海滨或陆架区的适宜地段沉积富集而成，主要矿种有金属矿物、稀土矿物、非金属矿物等。海底自生矿产是指由化学、生物和热液等作用在海洋内生成的自然矿物，主要包括海底磷矿、多金属结核、富钴结壳、多金属硫化物等。海底固结岩中的矿产是存在于海底松软沉积物以下岩石中的矿床，主要有海底硫矿、煤矿、岩盐矿、重晶石矿等，它们分布在从海岸到大洋海底的广阔区域。

海水化学资源　海水化学资源是指海水含有的化学物质。现已发现海水中溶存着80多种元素。据估算，每立方千米海水中含有3 750万吨固体物质；其中，除了氯化钠约为3 000万吨外，镁、钾、溴、碘、钍、钼、铀等化合物的量也十分可观[③]。一般认为，现在可以从海水中提取的化学物质约60种。另外，海水还是海水淡化和海水养殖等领域的重要资源。

海洋动力资源　海洋动力资源主要包括潮汐能、潮流能、波浪能、海流能、海洋温差能、海洋盐差能以及海洋风能，它们蕴藏量巨大、可以再生。潮汐能是指海水受天体（主要是月球和太阳）引潮力的作用而形成的周期性涨落所储存的势能，是人类开发最早的一种海洋能。潮流能是指海水受天体（主要是月球和太阳）引潮力作用而形成的周期性往复水平运动所产生的动能。潮流能规律性较强、能量稳定，具有较高的开发价值。波浪能是指海洋表面波浪所具有的动能和势能，即蕴藏在起伏的波涛

---

① 南海海洋资源利用国家重点实验室. 科学普及：海洋生物［EB/OL］.（2021-05-25）［2024-01-15］. http：//hb. nanhaihaiyang/inf：/1081/1594. htm.

② 国家海洋局. 中国海洋21世纪议程［M］. 北京：海洋出版社，1996.

③ 王国强，冯厚军，张凤友. 海水化学资源综合利用发展前景概述［J］. 海洋技术，2002，21（4）：61.

中的能量，是海洋能源中蕴藏量最丰富但也是最不稳定的一种能源。波浪能具有储能大、能量密度高、对环境影响小等优点。海流能是指海流所具有的动能。所谓海流，也称洋流，是指海洋中因海水温度、盐度分布不均匀而产生的海水密度和压力梯度的作用以及海面上风的作用等引起的海水大规模、方向基本稳定的流动。海洋温差能是指表层海水与深层海水之间因温差而蕴含的能量，属于海洋热能，一般是用水深500米以下的低温海水与表层海水的温度差来发电。海洋盐差能是指海水与淡水之间或两种含盐浓度不同的海水之间的化学电位不同而产生的能量，主要存在于河流与海洋的交接处。海洋风能是指海面上空的风具有的动能，主要用于风力发电。与陆地相比，海面上空气压中心附近的风没有阻挡，风力更大。

另外，辽阔的海空、庞大的水体、广袤的海底空间巨大，人们可以在其中进行跨海大桥、海底隧道、钻探平台、风电场、人工岛、海底数据中心等海洋工程建设，造福于人类。

人类对于海洋资源的开发利用，推动了诸如造船业，海盐业（主要是从海水中制取食盐），海洋化工业（包括海盐化工、海水化工、海藻化工及海洋石油化工等），海水淡化业（利用海水脱盐生产淡水），海洋渔业（包括海洋捕捞业和海水养殖业），海洋运输业（是国际物流中最主要的运输方式），海洋油气业（包括海洋石油、天然气的勘探、开采、输送、加工等生产活动），海洋旅游业（包括服务于人们依靠海洋满足精神和物质需求而进行的观光旅游、度假旅游和特种旅游等所产生的生产活动）的兴起，促进了海洋经济的发展。

（四）海洋是交通的要道

海洋具有流动性、开放性和连通性特点，它连接着地球上的所有大陆和岛屿，为世界各地人员往来和经济交流提供了交通便利。我国自古以来就十分重视海上航线的开辟：古代海上丝绸之路是人类交通文明的智慧结晶，郑和下西洋是中国历史乃至人类社会发展史上具有划时代意义的壮举。当今世界，利用海洋交通要道开展海洋运输是国际物流中最主要的运输方式。据报道，目前国际贸易总运量的2/3以上、我国进出口货运总量的约90%都是利用海上运输完成的。21世纪海上丝绸之路连接沿线国家和地区，是一条充满活力的海上之路，前景辉煌。

二、人类的不友好行为对海洋产生负面影响

（一）“过度捕捞”造成海洋生物资源锐减与海洋生态平衡破坏

“过度捕捞”是指海洋中的某种鱼类种群的繁殖不足以补充因捕捞而导致的该种鱼类种群数量减少的人类活动。造成“过度捕捞”的主要原因是对渔业资源有限性的认

识不足，捕捞企业和个人为谋取自身暂时利益最大化而对经济效益好的渔业资源酷渔滥捕，捕捞生产力过强，底拖网和定置网数量过大且网目缩小而易对渔业资源特别是幼鱼成长造成严重危害等。“过度捕捞”一是导致海洋物种数量减少，鲨鱼、鳐鱼和金枪鱼等商业鱼类受到严重威胁；二是导致食物链断裂，破坏了海洋生态平衡，使得低营养价值且经济效益差的海洋鱼类比例大幅度上升而优质海洋鱼类比例大幅度下降。

（二）包括海洋矿产资源在内的矿产资源开发不当和发生的事故导致海洋环境污染

以石油为例。包括海上石油在内的石油开采、运输、加工遍及全球，目前突发性石油泄漏造成海洋污染的情况相当普遍且十分严重。海上油田在勘探、开采过程中的溢漏或井喷使石油进入海洋，海上油气生产过程中产生的含油污水不经过处理便直接排入海洋，海洋底层局部自然溢油等，都会造成海洋环境的石油污染。据统计，全世界每年有超过6千万吨石油通过各种渠道进入海洋[①]。

（三）陆上污染物排放不当导致海洋环境污染

人类活动直接或间接地把物质或能量引入海洋环境，会导致海洋环境恶化，损害海洋生物资源，降低海水的正常使用价值和海洋环境质量，妨碍人类的各种合法海洋活动，最终危害人类健康和人类社会的可持续发展。

海洋污染物大部分来源于陆地，它们通过物理、化学和生物过程进一步污染海洋环境。

海洋污染具有以下特点：一是污染源多。人类海洋活动（如船舶航行、海上事故等）产生的污染物直接进入海洋会造成海洋污染，人类陆上活动产生的污染物（如工业废水、生活污水、农业排放等）通过江河径流、大气扩散和雨雪降水等形式最终汇入海洋也会造成海洋污染。二是持续性强。污染物一旦进入海洋就难以转移和消除，特别是那些难以溶解和分解、在海洋中越积越多的污染物，往往通过生物富集作用和食物链传递，影响海洋的生态平衡，并对人类形成潜在威胁。三是扩散范围大。海水的流动会使一个海域的污染物扩散到周边海域造成对这些海域的污染，久而久之甚至会波及全球海洋。四是防治困难。海洋污染难以控制，一旦形成对其的治理往往需要很长时间，其对人体产生的毒害作用更是难以消除。

具体地说，海洋污染造成海水浑浊并进一步降低海水的透光度，使海洋浮游植物和海藻等的光合作用受到严重影响，导致海域生产力大幅降低；重金属化合物和有毒的有机化合物等污染物在海域中通过生物富集作用，经食物链对海洋动物和以其为食

① 汤众如，汪涛，张瑶，等.海洋石油污染及微生物修复［J］.农产品加工，2018（9）：55-56+62.

物的其他动物造成毒害；进入海洋的石油产品会在海洋表面形成面积巨大的油膜，阻碍空气中的氧气向海水中溶解，石油产品的分解又要消耗海水中的氧气，造成海水中溶解氧含量降低，威胁海洋生物的生存；好氧有机化合物污染引起的赤潮会造成海水缺氧，导致海洋生物死亡；海洋景观遭受污染会破坏海洋旅游资源，影响海洋旅游业的发展；等等。因此，海洋污染引起了国际社会的高度关注。

（四）管理不善、处置不当使海洋变为“垃圾海洋”

海洋垃圾是指海洋和海岸环境中具有持久性的、人造的或经加工形成的物件又被废弃而产生的固体物质。海洋垃圾可分为海面漂浮垃圾、海滩垃圾和海底垃圾三大类。海面漂浮垃圾主要是废弃的塑料袋、漂浮木块、浮标和塑料瓶等，其中，塑料类垃圾最多，木制品类垃圾次之。表层水体小块及中块垃圾中，木制品类、玻璃类和塑料类垃圾密度最高。海滩垃圾主要是废弃的塑料袋、塑料泡沫快餐盒、废旧渔网以及废弃的玻璃瓶、纸张、织物等，以塑料类垃圾为主，纸类和织物类垃圾次之。海底垃圾主要是废弃的玻璃瓶、塑料袋、饮料罐、渔网、木制品等，其中，塑料类垃圾最多，金属类、玻璃类和木制品类垃圾次之。

塑料垃圾是海洋垃圾的主角，它们主要包括因暴风雨从陆地上冲入海洋的塑料物件、人为因素形成的海洋塑料废物、因各种海上事故如货船遭遇海上风暴而掉落到海里的塑料制品等。据报道，目前人类每年生产约4.3亿吨塑料，其中约2/3很快就变成了废物；预计到2040年，每年将有2 400万 ~ 3 700万吨塑料垃圾进入水生生态系统，相当于全球每米海岸线将有50千克塑料垃圾；目前海洋中的塑料垃圾估计有0.75亿 ~ 1.9亿吨[①]。

海洋垃圾既能造成视觉污染，又能导致水质恶化。海洋动物误食塑料垃圾而又无法消化它们，便会胃部不适、行动异常、生育繁殖能力下降甚至死亡，从而使海洋生态系统受到严重破坏。海洋中的废弃渔网在洋流的作用下绞在一起，缠住船只的螺旋桨会引起事故、造成停驶，威胁海上航行安全。

海洋中的微塑料是直径小于5毫米的塑料颗粒。海洋微塑料体积小，具有很高的比表面积（指多孔固体物质单位质量所具有的表面积），吸附污染物的能力很强，加之数量多、分布广，危害十分严重，被称为“海洋雾霾”“隐形杀手”。海洋微塑料很容易被贻贝、浮游动物等海洋动物吸食，但又不能被消化。微塑料长期存在于这些动物体内，会导致这些动物生病甚至死亡。带有污染物的微塑料进入浮游动物体内，污染物会在浮游动物体内酶的作用下释放出来，导致浮游动物中毒，产生更为严重的后果。处于食物链低端的浮游动物等被食物链上端的海洋动物食用，微塑料和污染物就进入

① 新华社. 减少海洋塑料污染亟需全球行动［N］. 新华每日电讯，2023-10-31（8）.

食物链上端的海洋动物体内，导致它们生病或者死亡；人处于食物链的最上端，富集作用使人体内累积大量的微塑料和污染物，从而使人体健康受到严重威胁。人们广泛使用的各种各样的塑料制品，尽管难以降解，但暴露在自然环境中经风吹日晒会产生微塑料。另外，人们使用的化妆品或清洁用品中的大量磨砂颗粒也是微塑料。

（五）不合理的海岸工程等造成海洋环境破坏，危及海洋生态平衡

例如，有些围垦和填海造地使海岸线失去原来的风貌，破坏了原始海岸的动态平衡；改变了鱼类等海洋动物的栖息地和洄游规律，导致近海渔业资源锐减；破坏了原来的潮流系统，减少了海湾水域面积，降低了海湾纳潮量和水的交换能力，减弱了海水的净化能力；影响近岸海域优质环境，导致潮间带生态系统、红树林、珊瑚礁等重要海洋资源大面积退化；等等。填海所造之地往往变成工业发达、人口密集的区域，大量工业废水、生活污水入海会加剧海洋环境污染。

三、海洋性质的变化给人类带来种种危害

近几十年来，海洋的理化性质发生的明显变化，如升温、酸化、脱氧和营养盐减少等，不仅危及海洋生态系统，而且影响着人类社会的可持续发展。

（一）海洋酸化及其危害

海水是一个庞大的pH缓冲体系，具有一定的酸碱缓冲能力，能够抵御少量的酸碱变化。海水的pH与大气中的二氧化碳密切相关，通常海水pH的变化范围保持在7.5 ~ 8.6之间。工业革命之前长达几千万年的时间里，大气中二氧化碳含量的变化主要是由自然因素引起的，这使得海水的pH相对稳定。自工业革命开始，人类大量开采和使用煤、石油和天然气等化石燃料并大量砍伐森林，使得进入大气的二氧化碳越来越多，也导致海洋溶解吸收更多的二氧化碳而使海水酸化。目前，全球每小时就有100万吨二氧化碳被海水吸收。科学家研究发现，由于近2个世纪以来人类过量的二氧化碳排放，全球海水的pH已经从8.2下降至8.1，海水实际酸度提升了约30%。按人类目前二氧化碳排放速度，到21世纪末全球海洋表层海水pH将下降至7.8，届时海水酸度将比1 800年前高150%[①]。

海水酸化带来的危害主要表现在以下三方面。

1. 危害生态

浮游植物是海洋的初级生产力，它们构成了海洋食物链的基础。在pH较低的海水中，营养盐作为饵料的营养价值会下降，浮游植物吸收营养盐的能力也会发生变化，

① 张宁. 全球海洋生态系统面临威胁［J］. 生态经济，2023，39（9）：1-4.

其生长将因海水酸化而受到影响。不同门类的浮游植物对海水中不同形式碳的利用能力也有所不同，而海水中不同形式的碳的含量与海水的pH有关，因而海水酸化会改变浮游植物种间竞争的条件，影响浮游植物物种之间的平衡。海洋中浮游植物的变化，会使从小鱼、小虾到鲨鱼、巨鲸等众多海洋动物的生存受到冲击。

酸化的海水会直接腐蚀海洋生物的机体，还会对处于关键生命阶段（如卵、幼虫、幼鱼和成虫）的可食用海洋物种的生理结构产生影响，降低它们的生存能力和可食用性。对于带有碳酸钙外壳、骨架的海洋生物如钙化藻类、珊瑚虫类、贝类、甲壳类和棘皮动物来说，它们在酸化环境下形成碳酸钙外壳、骨架的效率明显下降。

2. 影响气候

例如有研究认为，海洋酸化会加剧气候变暖。海洋浮游生物排放的硫化物是大气中硫素的主要天然来源。漂浮在阳光照射下的上层海水中的光合微生物——浮游生物能产生一种叫作二甲基硫化物（DMS）的含硫物质。DMS进入大气后通过反应会生成硫酸，硫酸形成的气溶胶或微小的大气尘埃为云团的形成播撒了种子，而云又能够通过反射阳光帮助地球降温。有研究表明，海水pH降低导致DMS排放减少，使其降低升温的作用减弱。经估算，到2100年（假设温室气体的排放量没有减少）全球平均气温将会额外升高0.23 ~ 0.48 ℃[①]。

3. 危及人类

海洋酸化会影响贝类贝壳的形成，甚至导致贝类消失，从而对以贝类为食的其他生物造成威胁。联合国粮农组织估计，全球有5亿多人将捕鱼和水产养殖作为蛋白质摄入和经济收入的来源，海水酸化对海洋生物的影响必然会危及这些人的生计。

海产品尤其是贝类引起的中毒是海洋对人类健康产生负面影响的关键途径。海洋酸化会改变有害藻华的丰度和组成，有害藻华的毒性则会被贝类积累；海洋酸化还会加剧海洋污染物的暴露和生物积累，最终危及人类健康。

（二）海水升温及其危害

全球海洋海水温度的变化一般在−2 ~ 30 ℃之间，太平洋、大西洋、印度洋三大洋表层海水年平均水温约为17.4 ℃。全球海水平均温度更多地受到南半球海水温度的控制，海水温度年度变化则会受到厄尔尼诺和拉尼娜等特殊气候的影响。另外，火山爆发会迸发出很多火山灰，火山灰进入平流层后遮挡太阳光，导致海水温度周期性变化。这些主要是自然因素对于海水温度变化的影响。需要注意的是，人类的工业活动

① 刘晓燕，刘越，郭伟. 海洋科普：海洋酸性与全球变暖［EB/OL］.（2014−06−03）［2024−01−15］. https://mp.weixin.qq.com/s/BpYQ9zqPXcvlPXFj56LsYg?scene=25#wechat_redirect.

产生的排放，使得大气中的二氧化碳、甲烷、氮氧化物等温室气体含量大为增加，导致整个地球系统的净热量增加，使得海洋变暖。有学者指出，如果考察过去80万年全球二氧化碳含量的演变，会发现它在两个数值之间变化，最低没有低于170 ppm，最高没有超过300 ppm；但是最近100年，人类活动已经迅速地把这一数值拉高，现已超过420 ppm。这种变化速度，若跟末次间冰期的那一次最快的增加来比较的话，现在的速度应该是自然过程的100倍甚至上千倍①。自20世纪90年代初以来，海洋变暖的速度增加了1倍。

海水升温带来的危害主要表现在以下四方面。

1. 降低海水中溶解氧含量

水体温度升高，储存的溶解氧就会减少。海洋变暖加剧了微生物的呼吸作用和富营养化，使得海水脱氧频率和强度增加，海洋的缺氧区扩大。

2. 导致全球气温二次上升

海洋现在已经存储了大量过剩热量且储热深度达到海面下2 000米，几十年或几百年后，这些热量终究还会重新上翻到海洋表面，导致全球气温二次上升②。

3. 造成海平面上升

海水升温使得海洋热膨胀和两极冰川快速融化，导致海平面上升。海平面上升带来的主要影响包括海水入侵，使大部分海岸带特别是广大低平的三角洲平原变为“泽国”，严重影响海岸带生态系统；减少可耕地面积，淹没一些沿海城市，甚至使一些岛屿消失；加剧风暴潮灾害，造成滨海城市洪涝；海水的动力作用增强，加剧对海岸的侵蚀，加大被侵蚀海岸的修复难度；引起地下水位上升，形成咸潮，造成淡水资源危机；改变土壤生态系统，影响工农业生产以及居民生活和健康。

4. 危及海洋生物的生存

表层海水从大气中吸收二氧化碳是海水中二氧化碳的重要来源。全球变暖，使得表层海水因温度上升而密度变小，从而减弱了表层海水与中、深层海水的物质交换，导致海水上部混合层（海—气通量变化和风浪搅拌作用使海洋近表层产生的厚度一定、水温均一的水层）变薄，影响了海水对大气中二氧化碳的吸收，不利于海洋中浮游植物的生长。在极端温度事件和海洋酸化的影响下，岩礁软体生物如潮间带的藤壶和贻贝等的生物多样性和丰度明显下降。热带物种受海洋变暖的影响会向纬度更高的

① 刘栋．“气候危机纪元”已至？一位气象学者的示警［EB/OL］.（2022-08-15）［2024-01-15］. http：//www. the paper. cn/news Detail_forward_19426008.

② 付丽丽. 世界气象日，专家呼吁：揭示海洋气候密码当下尤为重要［N］. 科技日报，2021-03-24（2）.

海域迁移，对一些珊瑚礁、岩礁、海草床等海洋生态系统造成威胁，进而改变海洋生态系统结构。在全球气候变暖的背景下，突发的海洋热浪增加了大规模珊瑚白化事件的频率，使得全球范围内珊瑚礁生态系统退化，有的转变为以藻类为主的生态系统。

（三）海水富营养化及其危害

海水富营养化是指海水水体变色的生态异常现象；因大量繁殖的藻类以硅藻为主，多为红褐色，所以海水富营养化又称为赤潮。海水富营养化的实质是含氮、磷、铁等的营养盐的输入、输出失调，导致水生生态系统物种分布失衡和单一物种疯长，影响了水体生态系统的物质交换与能量流动，使海洋水体生态系统遭到破坏，带来如下危害。

1. 遮蔽入海阳光

海面上厚厚的海藻层使得阳光无法到达海面下更深的地方，生长在那里的海洋植物会因缺乏阳光而慢慢死去，以这些植物为食的鱼类也会慢慢死去，以这些鱼类为食的海洋生物则会受到生存威胁，海洋生态系统遭到破坏。

2. 降低生物多样性

随着阳光和食物的不断减少，海洋中生物种类开始变少，而幸存的生物往往是那些可以适应这种条件变化的物种。例如，在深水区生活的藻类可以在黑暗环境中生活，在富营养化条件下，它们会大量繁殖，而那些结构更为复杂、体型更大的植物则会纷纷死亡。

3. 导致海水缺氧

由于幸存的藻类消耗了大部分海水中的溶解氧，其他海洋生物无氧可吸，形成了所谓的“死亡区”。阳光缺乏会进一步导致氧气减少，需要氧气的鱼类和其他海洋生物就会窒息而死。

（四）海洋性质的变化对海岸带生态系统的影响

海岸带生态系统包括红树林、海草床、海藻场、珊瑚礁以及河口和沙滩等生态系统，其以全球海洋7%的面积提供了25%的海洋初级生产力、86%的海洋渔获量、50%的蓝色碳汇①。其中，红树林、海草床和海藻场既是海洋生物重要的栖息地，也是海岸带“蓝碳”的主要储存地，在减缓和适应气候变化中有着重要作用。

海岸带生态系统比起大洋生态系统来，更易受到海洋升温、酸化、脱氧以及极端气候事件等的影响，主要表现为湿地面积减少、生物多样性下降、生态系统结构变化

① 陈嘉楠. 海岸带可持续发展的科学与治理需求［EB/OL］.（2021-10-07）［2024-01-15］. http：//aoc.ouc.edu.cn/2021/0928/09824a349173/page.htm.

和功能退化等，而海岸带富营养化、围填海和过度捕捞等人类干扰因素则加剧了海岸带生态系统的破坏程度。

四、人类与海洋和谐共生是人类可持续发展的必由之路

（一）自诞生以来，人类就与蔚蓝的大海结下了不解之缘

人类的生存与发展离不开海洋。数千年甚至更早以前，山顶洞人、大汶口人、河姆渡人等原始人类就傍河或面海而居，靠渔猎和采集为生。考古工作者在山顶洞人遗址和北京昌平区雪山文化遗址均发现了钻了孔的海贝或海螺壳串制的装饰品，在浙江余姚河姆渡遗址还发现了海鱼骨，这些就是远古人类靠渔猎为生的最好证据。

人类有意识地开展认识海洋、开发海洋、利用海洋的活动至今至少有5 000年的历史。人类至迟在新石器时代晚期就开始了航海活动，可以作为证明的是，中国大陆在新石器时代创造的彩陶和黑陶等器物已在中国台湾的澎湖列岛的良文港和高雄、台中、台南等地出土发现；代表中国东南沿海地区百越新石器的特型器物“有段石锛”，在浙、闽、粤各省及台湾地区屡有出土发现，甚至远到大洋洲岛屿、南美洲如厄瓜多尔等地也都有出土发现[①]。这些都有力地佐证了人类很早就开始了对海洋的探索活动。

（二）海洋文明的形成与发展极大地丰富了人类文明

广阔无垠的海洋为人类海洋文明的形成与发展提供了宏大而深厚的基础，海洋文明在整个人类文明中占有极其重要的地位。

1. 中华海洋文明承载着中华民族开放包容、创新进取的品格和传统

2019年9月27日，习近平总书记在全国民族团结进步表彰大会上的讲话中指出：“在历史长河中，农耕文明的勤劳质朴、崇礼亲仁，草原文明的热烈奔放、勇猛刚健，海洋文明的海纳百川、敢拼会赢，源源不断注入中华民族的特质和禀赋，共同熔铸了以爱国主义为核心的伟大民族精神。”习近平总书记的重要讲话，深刻揭示了海洋文明对中华民族精神特质形成、发展的重要意义。

远在上古时代，中华民族就勇敢地迈出了向海洋探求的脚步。至15世纪上半叶，中国人的海洋活动达到辉煌的顶点，令世人瞩目的中华海洋文明大放异彩。

被誉为“群经之首、大道之源”的《周易》中载有“伏羲氏刳木为舟，剡木为楫，舟楫之利，以济不通，致远以利天下”，说明了我们的祖先对海洋的利用早已有了理性认识。中国古代最早的词典《尔雅》中有关于“物产富饶为陆海”的说明，反映了我们的祖先早在上古时代就客观地认识到海洋与陆地是一个不可分割的统一体。《管子·海

---

① 孙光圻. 中国古代航海史［M］. 北京：海洋出版社，2005.

王》中记载了下面这样一段对话。桓公曰："然则吾何以为国？"管子对曰："唯官山海为可耳。"桓公曰："何谓官山海。"管子对曰："海王之国，谨正盐策。"这充分展现出古代先民对于开发利用海洋资源繁荣国家经济的远见卓识。

舟船的发明是远古人类自我超越的重要象征。有了舟船，人的想象力和创造力得到巨大释放。历史证明，中国是世界上最早开始海上航行的国家之一。春秋战国时期，随着木帆船的逐步诞生，我国出现了较大规模的海上运输与海上战争。秦汉时期，出现了秦代徐福船队东渡日本和西汉海船远航印度洋的壮举。三国、两晋、南北朝时期，东吴船队巡航我国台湾地区和南洋，法显从印度航海归国，中国船队远航到了波斯湾。从隋唐五代到宋元时期，中国航海业全面繁荣、海上丝绸之路远达红海与东非之滨①。

仅从我国远古时期生活在海边的人们以贝类与海鱼为食，到夏商时期沿海地区按规定向中原王朝贡献海产品，再到西周春秋时期国家对海鱼、海盐、海珍品等的法定征收就足以看出，人们对海洋资源的需求在不断增加，海洋资源的开发利用逐步纳入国家管理范畴。这在某种程度上反映出我国古代先民对海洋的认识在不断加深，海洋资源意识在不断增强，随着海洋商贸规模的扩大，我国古代海洋商贸文明逐渐形成。

盐业的发展促进了我国古代商业和贸易的发展。司马迁在《史记》中记载："兴鱼盐之利，齐以富强。"在我国历史上，由普通渔夫到一国首相的姜子牙通渔盐之利使齐地由贫而富、人口大增；汉武帝为了填补财政亏空，开始推行盐铁专营的政策。古代的渔盐之利不仅起到了强国富民的作用，而且增强了人们的物品交换观念，促进了古代经济贸易形态的发展，也使中华文明进入快速发展的轨道。

古代海上丝绸之路的兴起大大促进了商贸经济的发展。东晋时期，海上丝绸之路以广州为起点，远涉十几个国家和地区，不仅到南海周边的国家，还远到印度和欧洲的大秦（古罗马）开展贸易活动。隋朝统一全国后，当时的南海、交趾成为著名的商业都会和外贸中心，义安、合浦也成为对外商贸交往的重要港口。唐朝时，海上丝绸之路北线至高句丽、新罗、日本等国家，南线至南海周边国家以及印度、波斯等国家和地区，进入快速发展时期；特别是由广州出发的南线海上丝绸之路，历经90多个国家和地区，全程约为14 000千米，一个航期约为89天（不计中途停留时间），是公元8-9世纪世界上最长的远洋航线②。宋朝时期，海上丝绸之路更加发达，海外贸易空前繁荣。

① 中国航海学会. 中国悠久的航海历史［EB/OL］.（2010-07-30）［2024-01-15］. http://www.cvnnet.cn/zh-hans/xcjl/hhkp/kpzsc/139-zhong-grw-you-jin-de-hang-hai-li-shi. htm.

② 卜松竹. 向海而兴，大自然的"天赐良缘"［N］. 广州日报，2022-07-18（16）.

古代海上丝绸之路不仅繁荣了商贸业，而且促进了东西方文明的交流与互鉴，使中华文明吸收借鉴了众多人类其他文明成果，成就了唐宋文化在我国文化发展史乃至世界文化发展史上的崇高地位。在2 000年左右的历史跨度中，我国古代海上丝绸之路穿过太平洋、印度洋，连接亚洲、欧洲与非洲，使中华文明与其他文明相互交流，既彰显了海洋文明的无限魅力，也促进了人类文明的发展进程。

明朝时期，郑和下西洋的首次远航，早于哥伦布发现美洲新大陆87年，早于达·伽马绕过非洲好望角92年，早于麦哲伦环球航行114年。郑和不仅是一位杰出的航海家，还是一位卓越的外交家和和平友好使者，他把中华文明传播到所到之处，增强了我国与亚非国家和地区的相互了解和友好往来，促进了人类文明的进步。

相比于陆地上的平稳，在海上谋生可谓险象丛生，所以古代先民一方面依靠大海的馈赠来维持生存与繁衍，另一方面又惧怕波涛汹涌的大海会无情地吞噬性命。在那个科技不发达的年代，古代先民只能将希望寄托于海神，由此形成了各种各样的海洋信俗。其中，最富影响力的要属“妈祖信俗”。“妈祖信俗”以崇拜和颂扬妈祖的“立德、行善、大爱”精神为核心，有力地推动着海洋文化和人类精神文明的发展。2009年，“妈祖信俗”被列入联合国教科文组织人类非物质文化遗产代表作名录。如今，人们举办海洋节庆、弘扬海洋传统文化，追求的是和谐共生的人海关系，向往的是人类与海洋的可持续发展。

2. 从“地中海时代”到“大西洋时代”，海洋文明促进了欧洲封建制度的瓦解和资本主义的兴起

公元前3000年至公元前1400年，生活在爱琴海最南端的克里特岛上的土著居民，向古埃及人学习如何提高生产力发展农业，又向来自波斯湾的腓尼基人学习如何从事海上贸易发展商业，使得克里特岛逐渐成为周围地区贸易往来的重要场所。埃及农业文明和西亚商业文明在克里特岛交流融合，形成了米诺斯文明，此后影响到整个欧洲文明的兴起。公元前1000年至公元前500年，地中海贸易走向繁荣，米诺斯文明及后继的迈锡尼文明为希腊文明和罗马文明所继承。

在希腊、罗马奴隶制社会时期，以地中海为中心，希腊文明和罗马文明曾影响到南至撒哈拉地区、东南至红海地区、东北至黑海地区、西至直布罗陀海峡、北至高卢以北的广大地区，时间长达几个世纪，被称为“地中海时代”。公元前500年至公元前400年中期，雅典的庇里尤斯港是古希腊最大的贸易集散地，来自地中海各国的商船、说不同语言的商人络绎不绝，旅馆、剧院、仓库、商品陈列室和银钱兑换所等应有尽有，使雅典成为当时地中海乃至世界上最大的商业中心。

历经漫长而黑暗的中世纪后，兴起于滨海之国意大利的文艺复兴运动，冲破了宗

教枷锁和束缚，继承并发展了古希腊文明，催生了“平等、自由、博爱”的资本主义精神，触发了人类文明发展方式的重大变革。随后，伴随着航海技术的进步、新航线的开辟，古代西方文明进入了“大西洋时代”。

15世纪末，西欧各国资本主义生产关系的萌芽开始产生。当时，金银货币日益成为社会财富的主要象征。受我国郑和率领庞大的船队七下西洋的大规模航海活动和广为流传的《马可·波罗游记》的影响，欧洲人对东方世界充满了向往，决心远渡重洋到富庶的东方去探险以寻找更多的黄金。为此，欧洲人迫切希望开辟一条绕过地中海东岸直达亚洲的新航路，加之14世纪阿拉伯人又将中国发明的指南针（12世纪末13世纪初传入阿拉伯）传入欧洲并普遍应用于航海中，15世纪时欧洲人已能制造多桅、快速、载重数百吨甚至千吨适宜远航的大船。于是，欧洲人开启了西方大航海时代，其代表性事件包括：葡萄牙人迪亚士于1487年8月率船队沿非洲西海岸南下，于1488年2月6日发现并到达“好望角”；意大利人哥伦布于1492年8月3日率船队由西班牙巴罗斯港出发，于10月12日到达巴哈马群岛的华特林岛（哥伦布将其命名为“圣萨尔瓦多岛”），后又到达古巴岛和海地岛，发现美洲大陆；葡萄牙人达·伽马于1497年7月8日率船队从里斯本出发，于1498年5月20日到达印度西南部卡利卡特，开辟了通往印度的航线；葡萄牙人麦哲伦于1519年率船队横渡大西洋，进入太平洋，后在菲律宾被杀，他的同伴经过印度洋、绕过“好望角”，于1522年回到西班牙，完成了人类历史上的首次环球航行。

西方大航海时代的影响是多方面的。亚洲、非洲和美洲的许多国家从此逐渐沦为殖民地或半殖民地，受到了残酷的殖民掠夺，使这些国家的人民处于巨大的灾难之中。凭借着殖民掠夺，西方大航海时代导致欧洲发生了商业革命和价格革命，最终促进了欧洲封建制度的瓦解和资本主义的兴起。

3. 共建21世纪海上丝绸之路开启了人类文明发展的新航程

2013年10月3日，国家主席习近平在印度尼西亚国会发表演讲，提出“共同建设21世纪海上丝绸之路”的重要倡议。这一倡议连同2013年9月7日习近平主席在哈萨克斯坦纳扎尔巴耶夫大学发表“弘扬人民友谊　共创美好未来”重要演讲时提出的共建“丝绸之路经济带”重要倡议，合称“一带一路”倡议。“一带一路”倡议在国际上引起强烈反响，得到了广泛响应。

2023年10月国务院新闻办公室发布的《共建“一带一路”：构建人类命运共同体的重大实践》白皮书指出：“在各方的共同努力下，共建‘一带一路’从中国倡议走向国际实践，从理念转化为行动，从愿景转变为现实，从谋篇布局的‘大写意’到精耕细作的‘工笔画’，取得实打实、沉甸甸的成就，成为深受欢迎的国际公共产品和国际合作平台”，“共建‘一带一路’不仅给相关国家带来实实在在的利益，也为推进经济全球化健康发展、破解全球发展难题和完善全球治理体系作出积极贡献，开辟了人类共同实现现代化的新路径，推动构建人类命运共同体落地生根。”“截至2023年6月底，中国与五大洲的150多个国家、30多个国际组织签署了200多份共建‘一带一路’合作文件，形成一大批标志性项目和惠民生的‘小而美’项目。”2023年11月，推动“一带一路”建设工作领导小组办公室发布的《坚定不移推进共建“一带一路”高质量发展走深走实的愿景与行动——共建“一带一路”未来十年发展展望》，描绘了共建“一带一路”的美好前景和宏伟蓝图。

共建21世纪海上丝绸之路秉承的是“共商、共建、共享”的原则：“共商”即各国共同协商、深化交流，各国之间加强互信、平等协商；“共建”即各国共同参与、合作共建，分享发展机遇，扩大共同利益；“共享”即各国平等发展、共同分享，相关各方互利共赢。“共商”“共建”“共享”互为依托、有机统一，体现的是现代的新型国际合作观。

21世纪海上丝绸之路是一条连接和贯通中华文明与东南亚文明、澳洲文明、印度文明、伊斯兰文明、欧洲文明、非洲文明、朝鲜文明、日本文明和俄罗斯文明的心灵之路，共建21世纪海上丝绸之路为沿线国家和地区不同文明之间的交流互鉴搭建了良好的平台。

21世纪海上丝绸之路是一条合作之路、共赢之路，共建21世纪海上丝绸之路有力地推动着沿线国家和地区的经济繁荣、文化交流，以及各种文明之间的和谐相处和人类文明的可持续发展。

（三）践行构建海洋命运共同体理念，推进全球海洋治理，实现人类社会可持续发展

1. 全球海洋治理

全球海洋治理指的是在全球化背景下，各主权国家政府、政府间国际组织、非政府间国际组织、企业（跨国企业）、个人等主体，为了在海洋领域应对共同的危机或追求共同的利益，通过协商和合作来共同解决在利用海洋空间的活动和对海洋资源的开发利用活动中出现的各种问题，主要方式和方法是制定和实施全球性或跨国性的法律、规范、原则、战略、规划、计划和政策等并采取相应的具体措施。

全球海洋治理的核心目标是建立和维护主体（国家、组织和个人）之间在海洋领域（海洋活动和相关事务）中的平等互利、友好合作关系，建立与维护人类与海洋之间的和谐关系，保护和促进海洋健康，实现海洋资源的可持续开发利用。

全球海洋治理自20世纪40年代末50年代初随着全球化进程而兴起，是国际海洋秩

序向注重合作、规范和统一路径转变的重要实践。经过各国长期的共同努力，全球海洋领域逐渐建立起以联合国为中心，由《联合国海洋法公约》《生物多样性保护公约》以及联合国教科文组织政府间委员会和联合国海洋大会等国际公约、机构、地区条约和合作机制构成的多边秩序，使全球海洋治理取得了重要进展。但是，随着世界政治经济格局的加速演变，现行全球海洋治理出现了三个方面的突出问题：一是全球海洋治理碎片化，二是海洋博弈阵营化，三是海洋争端的白热化；面临着三个方面的困境：一是全球化进程“逆流”波及海洋治理，二是海洋治理领域也开始盛行单边主义和保护主义，三是全球海洋规则秩序的先天缺陷和发展滞后日益显现。这些问题和困境，严重影响着全球海洋治理的进程，迫切需要各治理主体合作与协调来解决。

2. 构建海洋命运共同体理念及其重要意义

2012年，党的十八大报告正式提出“倡导人类命运共同体意识”。2013年3月23日，国家主席习近平在莫斯科国际关系学院发表演讲，首次面向世界提出人类命运共同体理念，指出：“这个世界，各国相互联系、相互依存的程度空前加深，人类生活在同一个地球村里，生活在历史和现实交汇的同一个时空里，越来越成为你中有我、我中有你的命运共同体。”2015年9月28日，国家主席习近平在纽约联合国总部出席第70届联合国大会一般性辩论并发表重要讲话，系统阐述了构建人类命运共同体需要作出的努力，即“建立平等相待、互商互谅的伙伴关系”“营造公道正义、共建共享的安全格局”“谋求开放创新、包容互惠的发展前景”“促进和而不同、兼收并蓄的文明交流”“构筑尊崇自然、绿色发展的生态体系”。从提出人类命运共同体理念以来，习近平主席在多个场合多次倡导构建人类命运共同体。构建人类命运共同体理念为应对世界之变、时代之变、历史之变提供了中国智慧、中国方案，彰显了中国担当。推动构建人类命运共同体理念已经载入党章和宪法，上升为党和国家的意志。中华民族追求和平、和睦、和谐，中国共产党同世界上一切进步力量携手前进，中国外交高举和平、发展、合作、共赢旗帜，奉行独立自主的和平外交政策，推动建设新型国际关系，推动构建人类命运共同体①。构建人类命运共同体理念获得国际社会的普遍认同和赞赏，写入联合国社会发展委员会“非洲发展新伙伴关系的社会层面”决议、联合国人权理事会关于“经济、社会、文化权利”和“粮食权”两个决议，至2023年11月连续7年写入联合国大会裁军与国际安全委员会的决议中。

2019年4月23日，国家主席、中央军委主席习近平在青岛集体会见应邀出席中国人民解放军海军成立70周年多国海军活动外方代表团团长时，提出构建海洋命运共同体

① 外交部党委理论学习小组. 服务民族复兴　促进人类进步　不断推动构建人类命运共同体［N］. 人民日报，2021-08-23（11）.

重要理念。

构建海洋命运共同体理念是构建人类命运共同体理念的重要组成部分，构建海洋命运共同体理念是构建人类命运共同体理念在海洋领域的延伸和适用。

在政治上，构建海洋命运共同体理念倡导建立的是战略互信的蓝色伙伴关系，其核心是各国在海洋治理方面“目标一致、利益共生、权利共享、责任共担”。构建海洋命运共同体理念倡导和平发展，不能动辄诉诸武力解决国家之间的海洋争端。构建海洋命运共同体理念，坚持“共商共建共享”的全球海洋治理观，有利于建立海洋合作机制，增进国家之间的政治互信以及国家之间通过平等协商的方式和平解决海洋争端问题。

在安全上，构建海洋命运共同体理念营造的是共享海洋安全的局面。构建海洋命运共同体理念主张建立持久和平、普遍安全的海洋秩序，呼吁各国抛弃零和思维，坚持通过对话协商寻求共同的海上安全利益，合力维护海洋和平安宁，共同推动新型海洋安全秩序的形成，有力地传承了《联合国宪章》追求和平与安全的目标。

在经济上，构建海洋命运共同体理念主张建立互利共赢的合作关系。构建海洋命运共同体理念注重海上互联互通和务实合作，推动海洋成为国家间经济交往的纽带，引导各国在寻求自身海洋利益的同时兼顾他国的海洋利益，在共同发展中寻求各方海洋利益的最大公约数，尤其是在海洋科学技术研发以及海洋资源开发与利用方面确立共享的原则、体制和机制，共享蓝色海洋为人类带来的福祉。

在文化上，构建海洋命运共同体理念深刻揭示了海洋文化的内涵。现代海洋文化是人类与海洋和谐共生的文化，是在海洋背景下人与人合作共赢的文化。习近平总书记指出：“交流互鉴是文明发展的本质要求。”当今世界迎来百年未有之大变局，促进各国和地区的海上互联互通和各领域的务实合作，需要倡导具有时代性、开放性、包容性的海洋文化。构建海洋命运共同体理念继承了中华传统文化中“和而不同”的思想，推动不同海洋文化相互交融，搭建各国人民相知相亲的桥梁，共同增进海洋福祉、发展人类海洋文明。

在生态上，构建海洋命运共同体理念追求的是人类与海洋和谐共生和可持续发展。构建海洋命运共同体理念倡导的是将海洋生态观与海洋利益观有机结合起来，坚持绿色发展，强化协商合作，共同应对海洋环境污染的威胁。

构建海洋命运共同体理念是进行全球海洋治理的重要指引和根本遵循，共建海洋命运共同体是建立人类与海洋和谐共生关系的重大举措和基本保障。

海洋以生生不息的气概、和谐共生的精神与海纳百川的胸怀推动着人类的生存与发展，人类感恩海洋、敬重海洋，在获取海洋无私馈赠的同时做海洋忠实的守护者和建设者，这一切构成了人类与海洋可持续发展的坚实基础。

第二节　海洋教育的缘起与发展

海洋教育缘起于人类对于海洋及其价值的认识以及开发利用海洋的需求，并随着对海洋认识的深入和需求的提升而发展起来，现已成为一个国家或地区发展海洋事业的基础性、先导性策略。

一、传统海洋教育的萌发与现代海洋教育的兴起

人类从接触海洋开始就有了与海洋互动的行为，海洋教育也就伴随而生，只是在各个历史时期教育的目的、表现的形式和注重的内容不同而已。以航海为例，明朝郑和下西洋时期的中国，地理大发现时期的葡萄牙、西班牙、荷兰以及英国等国家都组织过一定规模的、以海上探险为主要内容的航海教育。就我国的中小学教育来说，晚清时期的新式学堂以及民国初期的中小学，大多在地理课教学中渗透了海洋教育内容并组织了具体活动。虽然那时的海洋教育与我们现在进行的海洋教育在性质、内容、方式方法、组织形态等方面有着根本的不同，但它们也可以认为是我国传统海洋教育的萌芽。

随着社会的发展、人类文明程度的提高，为了更好地开发和利用海洋，培养海洋专门人才的学校和培训机构出现了，许多国家开始了专门化的海洋教育。例如在我国，厦门大学从1921年创办初期就开展了海洋生物学方面的教学，唐世凤教授于1946年筹建的厦门大学海洋学系是我国最早从事海洋学和海洋工程教育的专业。早期以培养海洋专门人才为主要任务的海洋教育，为我国的海洋教育事业的发展奠定了良好的基础。但是，这种海洋教育与真正从人海关系层面开展的现代海洋教育差别较大。

1966年10月，美国启动了海洋补助金计划（Sea Grant Program），资助沿海与大湖区解决海洋科学技术、海洋事务和海洋资源利用等方面的问题；资助海洋教育课程的设置、专题讨论会的举办、海洋教育论文集的出版发行、海洋教育公共信息的报道等，以造就富有海洋知识的一代公民，使他们能够科学、合理地使用和保护海洋资源；资助海洋教育咨询服务，以便将有关海洋的信息、研究成果等及时地传递给广大海洋资源利用者。这一计划在国际上产生了重要影响，促进了现代海洋教育的兴起。

自20世纪90年代以来，随着海洋科技的发展、海洋环保意识的增强、海洋经济的腾飞等，现代海洋教育逐渐显现并形成体系。尤其是1994年《联合国海洋法公约》的生效，使得国际社会进一步认识到海洋是人类生存与发展的资源宝库和广阔空间，是全球经济发展的新增长点，但同时海洋环境必须得到保护，海洋开发利用必须科学进行，为此应加强对公民的海洋教育；同年召开的第49届联合国大会，要求各国广泛开展海洋宣传教育活动，重点内容为海洋综合管理、海洋资源的开发利用和海洋环境保护，从此全球范围内面向全体公民的海洋教育逐渐兴起。

二、国外海洋教育例析

（一）美国的海洋教育

2001年，美国国会通过《2000年海洋法令》，授权美国政府成立海洋政策委员会，制定新的海洋政策。2003年，皮尤海洋委员会发布《美国活力的海洋》报告，强调海洋知识应进入美国课程和教学活动，开创美国“新的海洋文化时代”。2004年，海洋政策委员会发布了《美国海洋行动计划》，后来经征求意见修改后向国会提交了《21世纪海洋蓝图》正式报告。《21世纪海洋蓝图》提出在海洋文化教育方面应采取的措施，包括建构合作性的海洋教育网络以及将海洋文化教育融入美国基础教育（K–12）。2005年，《海洋素养：K–12海洋科学核心原则与基本概念》《K–12海洋素养范围与序列》等文件相继问世，界定了海洋素养的核心定义，制定了K–12课程标准。各州市与各级学校根据文件要求大力实施海洋教育，组织教师对学科教学内容进行调整与完善，使其融入更多的海洋知识；社会上各类科学场馆也根据文件要求增添了海洋教育内容，与学校一起推进海洋教育的实施。美国政府提供了专项资金支持海洋教育。多个大型联邦机构设立了专项资助项目，强调项目应围绕“海洋是地球的一部分”这一主题展开且必须落实《海洋素养：K–12海洋科学核心原则与基本概念》文件的要求。除此之外，政府和有关机构还采取了以下措施。

一是构建遍布全美国的海洋教育网络，大力普及海洋教育。

2000年，美国国家科学基金会通过组织教育工作者、海洋科学家、信息技术专家等对加强海洋教育问题的研讨，提出了组建由多个卓越海洋教育中心组成的全国性海洋教育网络的建议。2002年，7个卓越海洋科学教育中心相继成立；2006年，卓越海洋科学教育中心增加至13个。卓越海洋科学教育中心的主要工作是建立公众与海洋科研组织、社区教育服务组织之间的联系；举办研讨会，开展教育教学方法应用研究等活动，为参与海洋教育的科研人员提供知识辅导和方法指导；鼓励和支持学校和教师在课程教学中融入海洋科学知识；以形成高质量素材的方式，促进海洋科研成果转化，使海洋科研成果在全国范围内传播和应用。2007年，美国卓越海洋教育中心发布蓝皮书，说明了海洋教育的工作目标：① 提升公众对海洋及海洋与社会、经济、财富和人类生活质量关系的认识和理解；② 整合海洋科研和科学教育资源；③ 扩大和丰富海洋人力资源，扩展少数社会群体了解和参与海洋科学活动和海洋科学教育的渠道；④ 提高美国中小学海洋科学教育质量。

二是发挥各高等院校的优势，打造高层次的海洋教育。

在美国，许多高等院校都开设了海洋学专业，培养学士或更高学位的海洋人才；涉海高等院校的海洋学课程主要包括物理海洋学、海水化学、海洋地质学和地球物理学、海洋生物学等，并注重与地球科学、大气科学、空间科学、地质科学、渔业技术和环境科学等多个学科的交叉融合；涉海高等院校的教学重视实践研究，注意引导学生直接参与有关海洋环境及其与海洋生物间相互作用的课题研究；高层次的海洋教育集中物理、化学、生物、地质、工程和信息技术等方面的科研力量，成立包含多个学科的海洋学院或研究单位，实现海洋学科与其他学科的有机结合。

美国的海洋教育注重以计算机演示、网络技术推广等方式普及海洋文化知识，促进公众海洋意识的提升。许多涉海高等院校、海洋研究机构经常组织海洋夏令营等活动，由教授等专业人员亲自给学生讲解海洋地理、海洋生物、海洋与大气等方面的知识。

（二）部分欧洲国家的海洋教育

法国 2006年法国政府发布《法国的海洋抱负》报告，提出“加强海洋专业教育与职业技能培训”，“创建海洋专业教育与职业培训与研究网络，创建具有国际水准的欧洲海洋大学，建立欧洲和全球性研究机构网络”，将海洋教育作为发展海洋经济的重要基础。2009年法国政府发布《法国海洋政策蓝皮书》，强调“为了管理而了解和认识海洋，有效地保护海洋环境，开展涉海职业教育与培训，鼓励法国国民关爱海洋”。2017年法国政府制定《海洋和沿海地区国家战略》，确立了四大发展目标：促进海洋和沿海地区的生态改革，发展蓝色经济，保护海洋生态环境和具有吸引力的沿海地区，提升法国的影响力。2022年法国成立国家海洋可持续发展教育委员会，旨在通过汇集相关方加强知识、经验、行动层面的协调，服务海洋可持续发展教育。

英国 2009年，英国政府出台《英国海洋法》，从法律层面上加强和巩固公众的海洋意识。2010年英国政府发布《英国海洋科学战略2010—2025》，提出“让更多公众能够参与海洋科学问题的讨论，提高公众对海洋的认识”。英国注重中小学海洋教育，从20世纪90年代后期开始修订中小学有关海洋科学的课程，并不断提高海洋科学内容在教材中的比例。自2009年起英国教育界开展了“同一个世界，同一个海洋”项目，以一只泰迪熊在世界各地的海洋旅行为主题，线上和线下相结合，通过课堂教学讲故事的方式普及海洋知识，激发学生对海洋的关注热情。

葡萄牙 2007年葡萄牙政府发布《国家海洋战略》，提出“学校课程应强调海洋的重要性，在社区中心、水族馆、海洋馆和与河流、海洋有关的博物馆宣传海洋，促进环境教育和海军及航海教育”，“加强教育与宣传活动，将海洋纳入学校课程，在各级教育中宣传海洋知识”，“加大对海洋教育与培训的投入”。2009年葡萄牙政府发布《葡萄牙海岸带综合管理战略（2009—2029年）》，提出“加强教育和培训，以满足海岸带综合管理的需求”。葡萄牙海洋部还在全国范围内开展了包括“认识海洋”“海洋与全球化”“体验海洋”三个主题的“蓝色学校”计划，辅以海洋竞赛等海洋项目，促进学校的海洋素养教育。

西班牙 西班牙重视海洋教育的全面规划。西班牙教育部面向远离海岸的6～12岁的农村学生实施名为“内陆海”的海洋教育项目，为他们提供海洋教育课程，让他们也能认识海洋、了解海洋与保护海洋。该项目的实施有力地促进了西班牙内陆农村地区的中小学海洋教育，大大增强了西班牙内陆农村地区中小学生的海洋意识。

希腊 希腊重视中小学海洋教育，从20世纪90年代后期开始修订与海洋科学相关的课程，不断提高海洋科学知识在教材内容中的比例。经希腊教育部批准，海洋研究中心创建了一个国际海洋环境教育网站，其主要职能是进行海洋环境教育，通过开展体验活动引导学生学习海洋知识。

2007年，欧洲委员会和欧洲科学基金会海洋分会召开欧洲海洋大会，发布《阿伯丁宣言》，提出“支持各级系统的海洋教育，包括终身学习”；欧盟委员会发布《欧盟综合性海洋政策》蓝皮书，提出“推出欧洲海洋地图集作为各类海洋教育的工具，从2008年起举办一年一度的欧洲海事日庆祝活动，提高海洋事务的知名度，促进海洋遗产保护组织、海洋博物馆、水族馆等机构之间的联系”的要求，以此提高公众的海洋意识。

针对大部分欧洲公众不了解海洋对欧洲乃至对世界其他地区在医学、经济、社会、政治和环境等方面的重要影响，也没有意识到人类的日常行为会影响海洋环境即缺少海洋环境与海洋科学知识的状况，欧盟海洋素养大型创新行动计划“海洋变革（Sea Change）”项目组与比利时、丹麦、希腊、爱尔兰、英国、葡萄牙、西班牙、瑞典八个欧洲国家的，包括政府教育部门的在职人员、监管教育课程实施的国家管理机构人员和提供非正规教育的组织者在内的有关人员，于2016年4月至5月展开合作，深入了解 12～19岁学习者开展海洋学习的相关障碍，梳理出对12～19岁学生进行海洋教育的657个障碍以及316个解决方案，并对657个学习障碍进行配对比较，确定了26个障碍元类别和8个高阶障碍主题（表1-2-1），并制订克服这些障碍的方案，有力地推动了欧盟的海洋教育①。

表1-2-1　欧盟海洋学习障碍主体及其元类别

主题	含义	障碍元类别	子类别
意识和感知知识	与海洋素养的概念相关的学习障碍	海洋素养	—
		海洋知识	具备部分海洋知识、完全不具备海洋知识
政策和策略	影响学校运作方式和学校预算的政策和策略	管理	国家优先事项、地方事务
		资金	—
参与	与促进学生参与和使用学生的话语方式增加学生对海洋的兴趣和意识相关的学习障碍	兴趣	—
		分心	—
		沟通	—
		动手实践	—
正式教育部门	源于正式教育部门的全部学习障碍	课堂教学	教师培训、动机、教师海洋知识、教学方法
		实地考察	顾虑、学校
		跨学科	—
		设备	—
		学校文化	—
		课程	传统、重点、空间
		时间	—
		教学材料	需要改进的教学材料、没有教学材料
海洋本身	与海洋难以被亲身经历和理解的本质相关的学习障碍	接触海洋	物理位置、社会经济
		海洋的复杂性	海洋的不可见性、海洋的整体性
协作	不同海洋教育组织教育者之间的协作	校外学习项目	—
		非正式教育	—
		合作关系	—

---

① 梁雨，王美. 是什么阻碍了对海洋的认知？欧洲对12～19岁学生开展海洋学习障碍研究［J］. 上海教育，2022（7）：34-35.

续表

主题	含义	障碍元类别	子类别
人类和海洋之间的联系	关于海洋对个人和社会的重要性	个人经历	—
		文化	—
		日常生活	—
蓝色经济	与“蓝色社会”相关的学习障碍	海洋职业	职业前景、教育者
		工业	—

总的来看，许多欧洲国家注重制定较为完备的海洋战略规划，在此基础上，对中小学生、大学生和社会民众分层次实施形式多样的海洋教育。中小学海洋教育重视学生对于海洋基础知识的学习，把海洋知识融入各种教材之中，开展寓教于乐的特色海洋教育活动。大学海洋教育注重海洋自然科学教育与海洋人文社科教育并举实施，积极鼓励和组织大学生参与海洋科普实践活动，全面提升大学生的海洋素养。社会公众海洋教育注重发挥海洋社会组织与海洋教育科普宣传平台的作用，加强建设社会海洋意识教育基地和海洋教育网站，开展全国范围的海洋教育活动。

（三）日本的海洋教育

早在20世纪60年代，日本政府就提出了“海洋立国”战略。2005年日本海洋政策研究财团发布《海洋与日本：21世纪海洋政策建议书》，为日本政府制定海洋政策提供了基本框架。2005年，日本经团联发表了《关于推进海洋开发的重要课题》，向日本政府建议由政府联合产业界、学术界共同推进在小学、初中和高中通过开设海洋教育课程等实施海洋教育。2007年，日本政府制定《海洋基本法》，在总则部分明确了国家、地方公共团体、企业以及国民的职责，为海洋文化教育的协作实施提供了政策支援；在第4条中说明了充实海洋科学知识对于开发利用海洋资源的意义以及保护海洋环境的必要性；在第28条中规定了学校教育与社会教育要协调推进与海洋相关的教育，要普及关于与海洋相关的联合国条约和其他的国际约定以及海洋可持续开发和利用的国际性措施方面的知识，大学等机构要努力推行跨学科教育和研究以培养具有海洋知识和能力的人才。自2008年开始，日本每5年推出一期《海洋基本计划》。2008年推出的《海洋基本计划（2008—2013年）》中有一条就是“增进国民对海洋的理解和海洋人才的培育”。另外，日本海洋政策研究财团近年来推出的《推进中小学普及海洋教育建议》以及《21世纪海洋教育蓝图——于海洋有关的课程和单元计划》，为日本海洋文化教育政策的落实提供了具体可行的方案。

在日本中小学，海洋教育并非专门的课程，而是作为普通学科、特别活动课（活动类课程）、综合学习时间课（类似于我国的综合实践活动课）等学科教学内容的一部分，主要是在综合学习时间课和特别活动课中开展。依据海洋教育目标和规定，海洋教育内容主要包括亲近海洋：引导学生通过参与海洋活动和开展社会活动，丰富对海洋的感受，增强对海洋的关注；了解海洋：引导学生关心海洋资源并积极开展海洋资源调查；守护海洋：引导学生通过海洋环境调查活动、海洋环境保护活动等，培养主动保护海洋的意识；利用海洋：引导学生理解和利用海洋资源和船舶，懂得通过货物运输等方式可以形成与世界各地的联系，了解海洋资源可持续利用的重要性。另外，海洋教育还包括海洋科学、海洋法律、水产养殖、海洋安全、环境保护等内容。有些学校将海洋教育与理科教育结合起来，让学生体验海洋方面的科技原理并利用这些科技原理进行简单的操作、实验等。有些学校通过引导学生接触海洋与观察海洋生物，感悟大海的魅力，增进对海洋的了解和亲近感。有些学校还将海洋教育与体育及安全教育结合起来，在特别活动课中让学生体验帆船驾驶、学习海洋安全知识和使用救生工具等。有些中小学则与造船厂、造船公司等合作，组织学生开展体验性海洋教育活动。在一些水产养殖业比较发达的地区，很多学校开展实际参与养殖的体验活动，让学生了解和学习水产养殖方面的知识和技术。

总的来看，日本的海洋教育坚持以国家战略为导向，形成涵盖学校海洋教育和社会公众海洋教育的相对完整的海洋教育体系，表现出以下特点。一是教育目标群体主要指向中小学生。海洋博物馆、水族馆、文化馆等机构都充分考虑中小学生的审美与兴趣，官方牵头组织的各项海洋知识竞赛多面向中小学生，高校与科研中心联合开发的海洋教育课程也多为中小学服务。二是形成跨部门与跨行业的海洋教育网络。海洋教育项目涉及教育、科研、旅游、公共设施管理、文化、体育、娱乐等诸多行业，活动覆盖面广、跨度大，建立跨部门与跨行业的海洋教育网络则可发挥部门与行业的交叉协作与辐射聚合作用。三是注重教育的持久性。众多海洋教育项目从开展之初就做好规划，中间无间断且不断完善，保证项目的可持续开展。海洋教育注重利用地域特色，经过持久的探索积累海洋教育资源，使教育项目常办常新，保证了海洋教育的长期实施。四是凸显全民性与终身性。日本通过立法规定，海洋教育覆盖各个职业阶层，从低龄儿童到高龄老人，从在校学生到社会人士，从家庭主妇到在职人员，都要接受面向公众的海洋教育并将其贯穿于终身学习中。

日本公众海洋教育实践有效地唤起了国民的海洋意识，增进了海洋从业者的海洋技能，促进了国民海洋素养的提高。

（四）新西兰的海洋教育

从20世纪70年代开始，新西兰政府陆续出台了一系列涉及海洋环境、海洋生物、海洋运输、海洋渔业、峡湾、海岸、专属经济区和大陆架等的法律，建立起海洋保护的约束机制，明确各政府部门的海洋保护职责，加强公众对海洋的关注。1998年环境部发布《学习保护我们的环境》，建议学校优先把环境教育目标纳入学校课程。1999年教育部发布《新西兰学校环境教育指南》，强调环境教育是新西兰课程框架中的重要主题，并在1999年到2004年间资助环境教育专业发展、可持续校园专业发展、环境教育顾问三个项目，协助和指导学校开展环境教育。从1999年开始，由地方政府和教育部共同支持的“环境学校”项目自地方向全国拓展。政府制定的学校环境教育指导方针和专业发展规划以及“环境学校”的出台，在新西兰掀起了一股环境教育的热潮。2007年教育部制定的《新西兰课程》指出，环境教育即“关于环境的教育、在环境中的教育和为了环境的教育”，环境本身就是一种学习资源，并明确要求中小学将环境教育纳入课程体系。2018年，自然保护部根据《新西兰课程》开发了一套供1～8年级的学生与教师使用的海洋教育教学资源《保护我们的海洋世界》。该课程资源包括11个课程序列，凸显了海洋教育的探索性、实践性特征，规定了学生要在关于海洋的学习中培养基本科学能力，要求教师引导学生理解海洋、从事海洋科学探究、进行海洋科学交流、参与海洋发展活动，通过实践层面的海洋教育培养学生的科学素养。

总之，新西兰政府强调“关注生物多样性、淡水、海洋环境”，注重以项目为引领构建覆盖学生和公众的海洋教育网络，倡导在真实的环境中进行海洋教育，大力提升公民对于促进海洋可持续发展所需要的态度、知识和技能，增强公民的海洋保护和可持续发展意识。

新西兰中小学虽然没有专门开设海洋教育学科课程，但是注重将海洋知识融入相关的科学课程中形成渗透式海洋教育课程，并积极开展海洋研学活动，强调“依托具体知识内容发展学生的核心素养，并提升理解科学、科学探究、科学交流、参与和贡献四大学科素养”。

三、我国的海洋教育概述

（一）20世纪90年代至党的十八大前我国的海洋教育

20世纪90年代前，我国的海洋教育重点放在海洋类院校的海洋专业教育上。1991年，全国首次海洋工作会议强调“中国的希望在海洋”。1996年，我国政府发布“中国第一个海洋发展纲领”——《中国海洋21世纪议程》，其中第11章第6条规定“通过各种教育方式和多种媒体宣传，提高全社会尤其是沿海地区公众的海洋意识和普及海洋知识，提高劳动者的海洋科学文化素质”，第11章第7条提出“逐步增加海洋教育的投入，加强中小学生的海洋常识和海洋科学知识的基础教育，加强成人海洋科学普及教育”，第11章第8条要求“加强海洋可持续利用的宣传和科学普及活动，通过各种教育方式和多种媒介宣传，提高全社会尤其是沿海地区公众的海洋意识”。1998年，国务院新闻办公室发表由国家海洋局组织起草的《中国海洋事业的发展》（被称为“中国第一号海洋事业发展白皮书”），内容涉及包括海洋意识教育、海洋职业教育与成人教育、海洋学科专业教育在内的广义的海洋教育。这两个文件的发布，开启了我国海洋教育的新纪元。《海洋系统“十二五”引进留学人才计划》《海洋系统“十二五”公派留学计划》先后提出海洋人才“引进来”和“走出去”计划。

进入21世纪，我国的海洋开发、利用与保护工作广泛开展起来，海洋经济的发展越来越得到国家的重视。2000年，国家海洋局与中国海洋大学共同建立了“全国海洋观教育基地”，主要进行海洋国土、海洋经济和海洋资源与环境等方面的教育。2003年，国务院颁发《全国海洋经济发展规划纲要》，首次提出建设海洋强国的目标。2008年国务院印发的《国家海洋事业发展规划纲要》和2011年国家海洋局、科技部、教育部和国家自然科学基金委等联合发布的《国家“十二五”海洋科学和技术发展规划纲要》文件，皆强调要加强包括海洋科学技术教育在内的海洋教育，《全国海洋人才发展中长期规划纲要（2010—2020年）》则规划了10年的海洋教育的主要任务、工作机制和重点工程。

根据国家的政策部署，我国地方制定的海洋政策文件如《江苏省“十一五”海洋经济发展专项规划》《浙江省海洋环境保护条例》《辽宁省海洋环境保护办法》《山东海洋环境保护条例（2004年）》《山东半岛蓝色经济区发展规划》《青岛市“十一五”海洋经济发展规划》《宁波市海洋经济发展规划》等相继出台，对于促进、规范我国的海洋教育起到了十分积极的作用。

我国沿海地区的学校积极响应党和政府的号召，努力探索开展海洋教育活动的途径和策略。例如在山东省青岛市，市南区实验小学在1998年率先挂牌成立国内首家“少年海洋学校”；随后，一些小学又先后挂牌建立“黄海少年海洋学校”“山东少年海洋学校”“中国少年海洋湖沼学校”“海上山东少年学院”等，开展以学科渗透与研究性学习为主的海洋教育活动。

（二）党的十八大以来我国的海洋教育——新时代的海洋教育

2012年11月8日，中国共产党第十八次全国代表大会在北京召开，开启了中国特色社会主义新时代。党的十八大报告指出，我国应“提高海洋资源开发能力，发展海洋经济，保护海洋生态环境，坚决维护国家海洋权益，建设海洋强国”。“提高海洋资源开发能力，发展海洋经济，保护海洋生态环境，坚决维护国家海洋权益”构成我国建设海洋强国的基本体系。2013年7月30日，习近平总书记在主持中共中央政治局就建设海洋强国研究进行第八次集体学习时强调，建设海洋强国是中国特色社会主义事业的重要组成部分。党的十八大作出了建设海洋强国的重大部署。实施这一重大部署，对推动经济持续健康发展，对维护国家主权、安全、发展利益，对实现全面建成小康社会目标，进而实现中华民族伟大复兴都具有重大而深远的意义，为此要进一步关心海洋、认识海洋、经略海洋，推动我国海洋强国建设不断取得新成就。2014年发布的《第十三个五年规划的建议》和《第十三个五年规划纲要》以及2014年至2016年的《政府工作报告》中均强调了海洋强国建设。建设海洋强国必须提升全民族的海洋意识。2015年，国家海洋局办公室印发了《2015年海洋宣传教育工作要点》，明确了海洋宣传教育工作的重要意义和指导思想，要求做好海洋新闻报道、普及海洋知识、弘扬海洋文化，大力提升全民海洋意识，为海洋事业发展营造良好的舆论氛围。2016年，国家海洋局与教育部、文化部、国家新闻出版广电总局、国家文物局联合印发《提升海洋强国软实力——全民海洋意识宣传教育和文化建设“十三五”规划》，提出到2020年初步建成全方位、多层次、宽领域的全民海洋意识宣传教育和文化建设体系。

2017年10月18日，中国共产党第十九次全国代表大会在北京召开。党的十九大报告指出，我国“要坚持陆海统筹，加快建设海洋强国……形成陆海内外联动、东西双向互济的开放格局”，进一步提出了加快建设海洋强国的目标，并突出了推进海洋强国建设过程中应坚持的原则、重点和方向，深化和提升了党的十八大提出的建设海洋强国战略的目标要求。

2019年4月，习近平总书记提出了构建海洋命运共同体理念。构建海洋命运共同体理念基于世界海洋格局发生重大调整、海洋治理形势日趋复杂的时代背景，契合了百年未有之大变局的海洋特点。

2022年10月16日，中国共产党第二十次代表大会在北京召开。党的二十大报告指出，我国要“发展海洋经济，保护海洋生态环境，加快建设海洋强国”，将海洋强国建设作为推动中国式现代化的有机组成和重要任务。

根据国家关于建设海洋强国的战略部署，沿海省、自治区、直辖市纷纷制订“海洋强市”“海洋强省”“海洋强区”等方案，这些方案皆强调加强海洋文化教育，提升全民海洋意识。例如，2018年山东省委、省政府印发《山东海洋强省建设行动方案》，要求“全面增强海洋意识。将海洋文化教育纳入全省各级各类宣传教育体系，推动海洋知识、政策、法律等进教材、进课堂、进校园、进机关、进企业、进社区，全面增强蓝色国土意识、陆海统筹意识、抱团向海意识、海洋环保意识和海洋安全意识，在全社会进一步营造关心海洋、认识海洋、经略海洋的浓厚氛围”；2022年山东省委、省政府又印发《海洋强省建设行动计划》，进一步强调要全方位开展海洋意识教育。沿海各省、市、自治区的教育、海洋主管部门都制定了关于加强海洋教育的文件，引导海洋教育健康发展。例如，2019年山东省海洋局出台了《省级海洋意识教育示范基地管理暂行办法》，对省级海洋意识教育示范基地的有关事项进行了规范和明确，指出省级海洋意识教育示范基地应具有丰富、形象、生动、新颖的海洋教育资源或产品，能够面向大中小学生及社会公众开展海洋战略、海洋知识、海洋技能、海洋观念等教育，应进一步推进省级海洋意识教育示范基地科学化、规范化、制度化管理；2022年山东省教育厅印发《关于加强学校海洋文化教育的意见》的通知，要求各级各类学校引导学生感悟海洋精神、培养海洋意识、厚植海洋情怀，培养一批知海、爱海、卫海、强海的高素质创新型人才，为海洋强国强省建设贡献教育力量。

现在，我国的中小学海洋教育尤其是沿海地区的中小学海洋教育逐渐铺开，有些地区如海南省和山东青岛、广东广州、浙江舟山等地市的海洋教育起步早且一直处于领先发展的地位。

海南省从2015年秋季开始，在小学三年级和初一学生中实施海洋国情、海洋权益、海洋文化、海防建设等海洋意识教育。2017年，海南省教育厅将国家海洋局宣传教育中心组织编写的全国首套中小学海洋意识教育教材《我们的海洋》作为本省海洋教育的地方教材，在全省范围内的中小学开设海洋教育地方课程，并组织全省各地学校申报海洋意识教育特色学校，从办学理念、课程开设、校园文化、资源保障、实施成果等方面进行综合评定，认定19所中小学和幼儿园作为首批海洋意识教育特色学校。目前，海南省已经形成了从幼儿园到高校、从普通学校到职业技术学校的海洋教育实施体系。

2011年1月20日，青岛市人民政府印发的《青岛市中长期教育改革和发展规划纲要（2011—2020年）》规定，“开发海洋地方课程和学校课程，形成一批以海洋教育为特色的中小学校，推进普通高中多元办学、多样培养、特色发展的有效机制”。2011年，青岛市首先在小学开设海洋教育地方课程，然后逐渐在初中开设。现在青岛市义务教育学校1～8年级海洋教育课程利用地方课程与学校课程时间全部开设，每学期不少于9课时。青岛市市南区重视课程的整体建构，推动育人理念的落地与育人目标的达成；以“学科+海洋”为路径，聚焦海洋教育与学科课程的有机整合，编写出版了海洋教育丛书《基础教育海洋特色课程汇》，实现了海洋教育的序列化、整合化、连续化。青岛三十九中加强与中国海洋大学的教育衔接，建立“三位一体”的海洋课程体系，以科普的形式将海洋科学、海洋工程等课程前移到中学，学校每周组织一节专家讲座，每月组织一次实践考察，每学期组织一项课题研究，每年组织一次海上科考；学校建有7个高标准海洋实验室、2个人工智能海水养殖实验室、2个海洋标本馆、1个院士实验室和1个海洋调查研究室，相关教育教学成果先后荣获山东省省级教学成果特等奖、国家级教学成果二等奖。青岛市积极推进“海洋+国际化”“海洋+信息化”“海洋+军民融合”，以海洋为纽带，打造以共建“一带一路”国家为重点的国际理解教育特色品牌和对外交流示范项目，引进涉海中外合作高水平大学和中外合作办学机构，开发海洋VR课程和建设海洋教育主题数字化资源库，探索在青军地院校开放式办学与办好以“学海学军、军民融合”为特色的海军小学和海军中学。2019年11月，青岛市出台《关于加快建设全国海洋教育示范城特色市的实施方案》，提出打造海洋教育改革创新示范区、海洋特色人才培养高地和国际海洋科教中心城市。2020年，青岛市围绕这一方案的落地，深挖海洋教育内涵，在现有100所海洋特色校的基础上，重点建设20所高水平海洋教育特色校。2021年，青岛市海洋教育集团揭牌成立。

海洋拔尖创新人才培养是一项系统工程，需要从青少年抓起。为此，中国海洋大学海洋文化教育研究中心与山东教育电视台、国内优秀中小学教育集团和优秀生源基地一起，联合发起了大中小学海洋拔尖创新人才联合培养项目。项目以习近平新时代中国特色社会主义思想为指引，按照党的二十大和全国教育大会的要求，立足于培养德智体美劳全面发展的社会主义建设者和接班人这一根本目标，努力构建德智体美劳全面培养、大中小学家校政社协同建设的海洋拔尖创新人才培养体系，让更多的青少年关心海洋、认识海洋、经略海洋。

党的二十大报告指出，教育、科技、人才是全面建设社会主义现代化国家的基础性、战略性支撑。在山东省教育厅的领导和指导下，中国海洋大学海洋文化教育研究中心和山东教育电视台联合推进山东省海洋文化教育领航学校建设、海洋科学家面对面、海洋文化教育进校园等活动；中国海洋大学海洋文化教育研究中心还与中国海洋发展基金会联合推进海洋青少年人才建设行动，以及全国海洋育苗学校建设、海洋教育智慧教学平台推广以及让每一位学科老师上好一节海洋课等活动，打通中小学开展海洋文化教育的最后一公里，积极主动落实国家加快建设海洋强国的战略部署，以创新人才培养引领新质生产力的发展。

（三）我国台湾地区的海洋教育

我国台湾地区于2001年发布“海洋白皮书”，强调加强海洋研究、重视海洋意识教育；于2004年制订“2005—2008教育施政主轴”，将海洋教育视为中小学教育的基本内容；于2007年颁布“海洋教育政策白皮书”，提出加强对中小学生关于海洋的情意培养、知识传输以及行为养成；于2008年颁布“中小学海洋教育议题课程纲要”，增列海洋教育项目，建立中小学海洋教育能力参考指标，对海洋教育课程设计与教学进行指引。目前，我国台湾地区中小学海洋教育课程内容分为海洋休闲（水域休闲、海洋生态旅游）、海洋社会（海洋经济、海洋法政）、海洋文化（海洋历史、海洋文学、海洋艺术、海洋民俗信仰与祭典）、海洋科学（海洋物理与化学、海洋地理地质/地形、海洋气候/气象、海洋应用科学）、海洋资源（海洋食品、海洋生物资源、非生物资源、环境保护与生态保育）5大主题轴16个细类，兼顾海洋人才培养，重在教育学生形成亲近海洋、热爱海洋、认识海洋、善用海洋、珍惜海洋的素养。中小学九年一贯海洋课程纲要将海洋课程内容按照一定的比例和标准融入语文、社会、自然、艺术与人文学习、健康与体育、综合活动、生活课程七大学习领域，各个学校多将海洋教育融入课程教学之中，并依据学校环境条件规划具有海洋特色的本位课程。

四、海洋教育发展总趋势——走向海洋文化教育

海洋文化教育是在对传统海洋教育反思的基础上形成的海洋教育新形态，走向海洋文化教育成为近几年来全球海洋教育发展的新路径与新趋势。

文化，从广义的角度看，是一个国家或民族的历史、地理、风土人情、传统习俗、生活方式、文学艺术、行为规范、思维方式、价值观念等的统称，是人类在社会发展过程中所创造的物质财富和精神财富的总和。区别于自然存在的事物，文化是人类活动的成果。作为一种精神力量，文化能够在人们认识世界、改造世界的过程中转化为物质力量，对社会发展产生深刻的影响。毛泽东同志在《新民主主义论》中指出：“一定的文化（当作观念形态的文化）是一定社会的政治和经济的反映，又给予伟大影响和作用于一定社会的政治和经济。”

文化，从狭义的角度看，又称人文文化，专注于人类的精神创造及其成果，包括文学、艺术、教育、科学等精神财富以及社会制度和组织机构等，它是人类各种意识观念形态的集合，也是人类文化精神不断推进物质文化发展的内在动力。

关于海洋文化的定义，学界目前尚未形成统一的定论。有些学者从广义文化角度认为，海洋文化就是人类与海洋互动关系的产物和结果，囊括人类文化中具有涉海性的部分；也有学者从狭义文化的角度认为，海洋文化包括人类社会历史实践活动中受海洋影响所产生的精神财富的总和，包括思想道德、民族精神、教育科技和文化艺术等。例如，吴继陆（2008）指出，从文化解释海洋，海洋文化就是从文化传统与海洋活动的互动关系出发，解释一个民族或国家海洋活动的方式、特征以及海上活动的兴衰①；冯梁（2009）指出，海洋文化具有对海洋的认知功能，通过感性与理性认知之间的循环往复，逐渐理性放大为一个国家和民族对海洋的理性和总体认识，形成民族海

① 吴继陆. 论海洋文化研究的内容、定位及视角［J］. 宁夏社会科学，2008（4）：129.

洋意识[①]；李国强（2016）认为，中国海洋文化是中国人民基于物质文化和精神文化而创造出来的文明形态，是基于海洋历史、地理、风土人情、传统习俗、生活方式、文学艺术、行为规范、思维方式、价值观念以及海船、航海、海洋科学等等诸多要素历经传统的凝练，是中华文化的有机组成部分[②]。

尽管海洋文化还没有明确的、统一的定义，但海洋文化具有重要作用这一点已经成为人们的共识。早在1997年，联合国教科文组织政府间海洋学委员会就把当时的海洋科学技术归结为四类：一是科学文化进步，二是探索和开发海洋财富，三是生命支持系统的研究保护，四是包括海洋管理、海洋经济、海洋伦理、海岸科学、人才与教育在内的一系列问题。这一归结将海洋科学与海洋自然科学融合了起来，并且把关于海洋科学文化进步的研究放在第一位，充分说明了海洋文化研究的重要意义。现在一般认为，海洋文化是人类在社会历史实践中处理人海关系所形成的物质财富和精神成果的总和；不仅沿海地区存在海洋文化，内陆地区也存在海洋文化，如兴建妈祖庙或天妃宫，信奉、崇敬妈祖等就属于海洋文化范畴。

根据文化学观点，海洋文化体系可分为海洋物质文化、海洋制度文化、海洋观念文化三个子体系。海洋物质文化，主要是人们认识、开发、利用、保护海洋的能力和所开展的活动的物质体现，即人类利用海洋自然资源与环境并加入人类技能形成的有形产品，属于可以直观感知的表层次文化。海洋制度文化，主要指人类在开发、利用和保护海洋的历史过程中形成的，用于协调人与海洋之间以及以海洋为背景的人与人之间关系的各种制度，包括与海洋活动相关的禁忌、仪式、风俗、惯例以及各种规则等，现在的国家或地方所制定的海洋战略政策、海洋管理体制、海洋法律法规等更是海洋制度文化的重要组成部分。海洋观念文化，主要指认识、开发、利用和保护海洋活动中所形成的观念等，是以不同的形式反映的人类对海洋的心理感知和价值认识，属于深层次的海洋文化。

海洋文化的教育价值主要体现在以下三方面。其一，海洋文化对人的行为具有潜移默化的影响，并能够内化为人的精神，从而指导人的实践。海洋文化充分展现了海洋海纳百川的开放性和兼容并蓄的亲和力以及人类对自然环境和生命的尊重、对可持续发展的追求和实践，海洋文化融入教育内容能够为构建人与海洋的良性互动关系奠定坚实基础。其二，海洋文化是对因海洋而生的精神、行为、习俗、观念的概括和总结。海洋文化特别是区域性的海洋文化与受教育者的生活经验和发展需求联系密切，

① 冯梁. 论21世纪中华民族海洋意识的深刻内涵与地位作用［J］. 世界经济与政治论坛，2009（1）：75.

② 李国强. 关于中国海洋文化的理论思考［J］. 思想战线，2016（6）：27.

容易激发受教育者对于海洋的学习兴趣和探究动机；而且，经由生活经验与发展需求的连接，受教育者能够在认识包括海洋文化在内的人类文化发展规律的基础上拓宽视野，顺应并推动时代发展的潮流。其三，尊重多元观点、强调包容性和创造力是海洋文化的重要特色。海洋文化融入教育内容能够促进受教育者创造性思维的发展，引导受教育者重视实证、强化反思；同时，海洋文化具有丰富的美学元素以及春风化雨般的教育功能，对于受教育者美学素养的培养和发展极为有益。

源远流长的中国传统海洋文化深具和平友好、深含和谐兼容、深念国家命运，成为推进新时代中国海洋文化建设的精神动力。新时代中国海洋文化是在社会主义现代化建设进程中，传承与发扬优秀的中国传统海洋文化，吸收与借鉴世界其他各国海洋文化精华，顺应国家海洋强国战略实施需求而形成的中国特色海洋文化，是中国软实力的鲜明象征。新时代中国海洋文化以其深厚的历史底蕴、先进的思想指引、坚实的实践基础所形成的强大的说服力和感召力，始终发挥着凝心聚力的重要作用，不断感召人们培养和发展海洋素养，在建设海洋强国、迈向社会主义现代化强国目标、实现中华民族伟大复兴的新征程中迸发力量。

海洋文化教育包括自然海洋教育、社会海洋教育和人文海洋教育，涵盖海洋政治、经济、科学、技术、哲学、历史、文学、艺术、军事等方面，是海洋知识、海洋精神、海洋意识融会贯通，培养和发展受教育者海洋素养的综合性教育。

海洋文化教育的本质特点是由知识教育走向问题教育、由认知教育走向知行教育、由传习教育走向创新教育。传统教育侧重于知识的结构性、完整性和系统性以及知识的传习，却在一定程度上忽视了能力培养和创新实践。学校海洋文化教育倡导的是多学科交叉的综合性教育，是引导学生多感官体验的实践性教育，是以学校教育资源为主整合社会资源协同推进的社会性教育。海洋文化教育重视教学形式改革和教学方法创新，倡导通过海洋研学等实践活动培养面向海洋的STEM型人才。

新时代海洋文化教育的意义既体现在丰富受教育者的海洋文化知识、增强受教育者的海洋意识、提升受教育者的海洋素养以及推进海洋强国战略的贯彻实施上，而且体现在提升国家的文化软实力、增强中国海洋文化国际感召力、争取国家关于全球海洋治理的话语权、构建海洋命运共同体上。

国家综合实力由硬实力与软实力组成。硬实力指国家的军事、经济实力等。软实力指国家的文化、价值观念等非物化要素组成的实力，表现为吸引力、影响力和感召力。当前世界各国围绕海洋的军事、经济等硬实力的竞争，实际上是各国国民的海洋观念、国家的海洋治理理念和发展战略等软实力的竞争，其核心是海洋文化的较量。由此可以看出，海洋文化教育在提升国家的软实力方面具有十分重要的作用。

第三节　海洋教育的概念界定与核心内涵

海洋教育概念是海洋教育体系中最为核心的概念。如何界定海洋教育概念是进行海洋教育研究与海洋教育实践必须面对的问题，它不仅是海洋教育研究的逻辑起点，而且是海洋教育实践的指引。有了对于海洋教育概念的理解，也就可以深刻地认识海洋教育的核心内涵、把握海洋教育的方向。

一、“海洋教育”概念尚无统一的界定

对于“海洋教育”这一概念，现尚无统一的界定，国内外学者从不同的视角对海洋教育的概念进行了论述，从这些论述中我们可以体会到海洋教育的含义以及所具有的重要意义。

联合国教科文组织于1988年发布《2000年世界海洋科学培训和教育面临的挑战》报告，将海洋科学培训和教育区分为专门性的海洋科学教育和普通海洋科学教育：专门性的海洋科学教育以培养海洋科学家和工程师为主要目标；普通海洋科学教育则以一般民众为对象，目的在于使其了解海洋资源保护和管理的重要性。

1998年为联合国大会确立的国际海洋年。这之前，在我国除台湾地区以外，“海洋”与“教育”是分别存在的两个词语。“海洋”与“教育”两个词语的结合使用，最早出现在高等院校的海洋科学教育中，主要指“海洋科学（科技）教育”；后来逐渐用于海洋观教育，如海洋权益意识教育、海洋国土观念教育等。随着时代的发展、教育内容的丰富，“海洋”与“教育”两个词的结合使用频繁起来，如海洋资源教育、海洋意识教育、海洋环境教育等。1998年4月，胡志刚在《面向未来的海洋教育》[①]一文中使用了“海洋教育”一词。这里的海洋教育概念侧重于教学内容，指的是“海洋地理教育”。1998年6月，余显炜、吴中平在《浙江高等海洋教育发展研究》[②]一文中提出了“高等海洋教育”的概念，以此来区分海洋教育的层次。此后，随着我国海洋战略的

① 胡志刚. 面向未来的海洋教育［J］. 中学地理教学参考，1998（4）：10-11.

② 余显炜，吴中平. 浙江高等海洋教育发展研究［J］. 浙江水产学院学报，1998，17（2）：127-131.

确立、海洋事业蓬勃发展、海洋经济异军突起，“海洋教育”也就成为一个热词，学者们便从不同的角度探讨并提出了关于海洋教育的定义。以下列出的是部分学者对于海洋教育概念的界定。

黄建钢（2007）在论述国家海洋战略中的教育战略时指出，“海洋教育就是对国民进行海洋意识、知识和能力的教育”①。

马勇等（2010）在研究海洋跨学科教育时，把海洋教育作为海洋跨学科教育的前词，并将海洋教育定义为“海洋教育是指由施教者对人进行的有关海洋自然特性认识、社会价值形成以及由海洋知识（意识）到人的海洋行为等要素组成的海洋素质的培养活动”②。

申天恩等（2011）在研究海洋高等教育时将海洋教育作为海洋高等教育的前词，认为“海洋教育并非传统的海事教育或渔业教育。海洋教育是探讨与海洋相关的人、事、时、地、物所交织而成的教育活动，与乡土教育、环境教育密切相关，其内涵同时包括自然与人文”③。

马勇（2012）认为，广义的海洋教育泛指增进人的海洋文化知识，增强人的海洋意识，影响人的海洋道德，规范人的海洋行为的所有活动；狭义的海洋教育仅指学校海洋教育，是指学校教育有目的、有计划、有组织地对受教育者施以有关海洋自然特性与社会价值认识、海洋专业能力以及由海洋知识（意识）、海洋道德与人的海洋行为等素质要素构成的海洋素养的培养活动④。

李飚（2016）认为，“海洋教育分为狭义海洋教育和广义海洋教育。狭义海洋教育即学校海洋教育，是指依照国家有关法规开办的海洋专业教育机构或海洋职业培训机构对受教育者实施有目的、有计划、有组织的有关海洋自然特性与社会价值认识、海洋专业能力和海洋素养的培养活动。广义海洋教育是指能够增进人的海洋文化知识、增强人的海洋意识、影响人的海洋道德、改良人的海洋行为的活动。这一定义覆盖各种各类的海洋教育”⑤。

---

① 黄建钢. 论“中国国家海洋战略”：对一个治理未来发展问题的思考 [J]. 浙江海洋学院学报（人文社科版），2007（1）：7.

② 马勇，朱信号. 试论我国海洋跨学科教育及其发展趋向 [J]. 中国海洋大学学报（社会科学版）. 2010（2）：48.

③ 申天恩，勾维民，赵乐天. 中国海洋高等教育发展论纲 [J]. 现代教育科学，2011（6）：48.

④ 马勇. 何谓海洋教育：人海关系视角的确认 [J]. 中国海洋大学学报（社会科学版），2012（6）：39.

⑤ 李飚. 构建现代海洋教育体系的对策建议 [J]. 探求，2016（4）：112.

唐汉成、戴建明（2016）认为，现代海洋教育是在现代国际关系、现代国际海洋法和海洋强国战略的背景下，以跨学科为特征、以现代人及国家与海洋的关系为核心内容的一门教育科学。现代海洋教育是一种旨在提高人类处理其与海洋相互依存关系的能力的教育活动，它不仅需要通过"关于海洋的教育""在海洋中教育"，获得与海洋相关的知识和技能，形成关于海洋的问题意识和解决问题的能力，更需要通过"为了海洋的教育"，了解人类与海洋各方面的和谐共生关系，以形成科学的海洋价值观，这是现代海洋教育的价值追求[①]。

刘训华（2018）认为，海洋教育是指以人为中心的对海洋内容的传播与接受，涉及海洋知识、技术、文化、资源、意识五位一体的内容传播活动。海洋知识的传播，更有助于人类培养良好的海洋认知[②]。

肖圆、郭新丽、宁波（2022）认为，海洋教育是"知行合一"的教育、直面问题意识的教育、注重创造性产出的教育。海洋教育的问题意识、实践意识、多边意识、协作意识、创新意识、未来意识等，统一于"知"与"行"的探索和实践之中，是对传统教育思想的突破与嬗变，是对传统教育思维的拓展与深化[③]。

综合起来看，海洋教育是一种引导受教育者强化对海洋的存在以及海洋对于人类生存与发展重要意义的认识，掌握研究、开发、利用、保护海洋的知识和技能，提高分析、解决与海洋有关的问题的能力，形成关于海洋的正确价值观念和行为规范并积极服务于国家发展战略部署的教育活动。现在，"海洋教育"已经成为与"陆地教育"相对等的概念。

二、海洋教育的核心内容是正确认识人海关系

（一）人海关系的构成

人海关系是人类与自然的关系的重要组成部分。人海关系不仅包括人类活动与海洋之间相互联系、相互制约的关系，还包括以海洋为背景的人与人之间的相互关系，主要体现在人类对于海洋的依附性上以及人类开发利用海洋的行为中。

---

① 唐汉成，戴建明. 区域现代海洋教育的发展历程与价值取向［J］. 上海教育科研，2016（3）：79-80.

② 刘训华. 论海洋教育研究的学科视域［J］. 宁波大学学报（教育科学版），2018，40（6）：2-3.

③ 肖圆，郭新丽，宁波. 海洋教育：教育思想与实践的嬗变［J］. 海洋开发与管理，2022（3）：105.

1. 从地理学研究的角度认识人海关系①

人海关系是人地关系的区域性表现。与人地关系地域系统一样，人海关系地域系统也是地理学研究的重要内容。所谓人海关系地域系统，是指在一定地域范围内，人类依托陆地在对海洋资源开发利用过程中形成的，由人、海洋、陆地共同构成的系统；也就是说，人类主体依托陆地对海洋展开的实践，连同基于人海关系形成的思想认知、行为活动和战略政策共同构成了人海关系地域系统。人地关系始终是人海关系地域系统的核心内涵，这也就意味着研究人海关系，必须考虑陆地要素的影响。人海关系地域系统是解释人与海洋互动关系的重要工具，可用于探究人类与海洋的互动格局、互动过程及其驱动力。

在揭示人海之间辩证关系和海洋的社会属性的基础上，从人海关系地域系统的视角来看，海洋可分为自然海洋、人工海洋、关系海洋和观念海洋。

（1）自然海洋

自然海洋是指自然存在而非人为构筑的海洋部分，包括海洋中的自然水体、洋底、岛礁及相应的生物和物质构成，涉及海洋地质地貌、海洋气象水文、海洋化学、海洋生物学等多个领域，其核心要素是地理位置、物质构成和空间形态。部分海域在被人类发现和认识之前，虽然在自然界早已存在，但并不属于人海关系地域系统中的自然海洋。

自然海洋随着人类视野的拓展在不断扩大，全球海洋现在看来基本都是自然海洋。人类海洋实践活动引起诸如海洋气候及海平面变化、海洋生物种类及数量变化、海岸线变化等自然海洋的变化。

（2）人工海洋

人工海洋是指人类在海洋实践活动中构筑的基础设施，相应的物质、能量和信息流动以及采集排放。其中，基础设施指的是人类的海洋实践活动所依托的陆地或海上的载体及相应的设施设备，包括海洋产业与军事基地、海上开发平台、人工岛礁、海上桥梁及人工铺设的管线等；物质和能量流动指的是人类利用海洋在完成物资、能量和信息传输过程中所形成的流动，既包括海上航运、空中飞行、管道运输、电力传输及光缆通信等不同人类主体之间借助海洋进行的物质、能量和信息的交流，也包括人类与海洋之间的物质交换及能量流动如海洋对于气候的影响等；采集排放指的是人类从海洋获取各种资源以及向海洋排放等活动，包括海洋捕捞、矿产资源开发、固体和

① 刘天宝，杨芳芳，韩增林，等. 人海关系地域系统视角下海洋本体的解构与研究重点［J］. 地理科学，2019，39（8）：13-25.

液体废弃物排放、海洋能利用等。

（3）关系海洋

关系海洋是指人类在开发利用海洋过程中形成的不同人类主体之间多元化的相互关系，主要包括以下几种关系。

政治关系 政治关系包括海洋权力、海洋权利与海洋利益三要素，是一个国家或地区利用海洋领域的政治权力保障其海洋政治权利、实现其海洋政治利益。

经济关系 海洋为人类的生存与发展提供各种各样的资源和广阔的空间，对于人类社会来说体现出经济价值功能；人类利用海洋资源与海洋空间通过经济活动获取经济利益，并采取措施减轻人类活动对于海洋的影响，维护海洋的自然环境和生态系统。

文化关系 人海互动中的文化链接，集中表现为海洋文化的形成与积淀，包括海洋观念、海洋信仰、海洋民俗、海洋文物、海洋人文景观等。

伦理关系 海洋有按自身生态规律存在与发展并受人尊重的权利，对人类合理涉海行为“平静”接纳或对人类不合理的海洋开发、生产与消费予以“警示”与“报复”；人类具有对海洋生态环境敬畏和保护的意识和心态以及涉海行为的道德伦理。

军事关系 海洋既为各濒海国家海军的活动提供了舞台，又为各濒海国家提供了国防纵深，成为各濒海国家重要的国防空间；濒海国家有的为争夺海洋权益，有的为维护海洋权益和海洋安全而进行海洋军事力量的较量。

从人类与海洋的关系发展的历史来看，关系海洋经历了从早期的相互隔离，到局部的联系互动，再到近现代的殖民扩张，以及当前以和平为主的互动关系的演进过程。

（4）观念海洋

观念海洋是指人类在海洋实践过程中形成的对海洋以及海洋实践活动的认知和理解，既有对海洋实践活动的总结与反思，也有对海洋实践活动的展望与规划，涉及从价值观到感受与体验等各个方面，其核心是对人海关系、陆海关系和人人之间关系的认识和理解。

在人海关系地域系统中，自然海洋、人工海洋、关系海洋和观念海洋相互联系、相互影响，共同构成了纷繁复杂的海洋世界。其中，自然海洋是人工海洋、关系海洋和观念海洋形成的客观基础，观念海洋是对自然海洋、人工海洋和关系海洋的认识和理解；人工海洋和关系海洋是观念海洋的实践展现，并通过不断地施加影响，使自然海洋深深地嵌入人海关系地域系统之中。自然海洋、人工海洋、关系海洋和观念海洋之间的关系如图1-3-1所示。

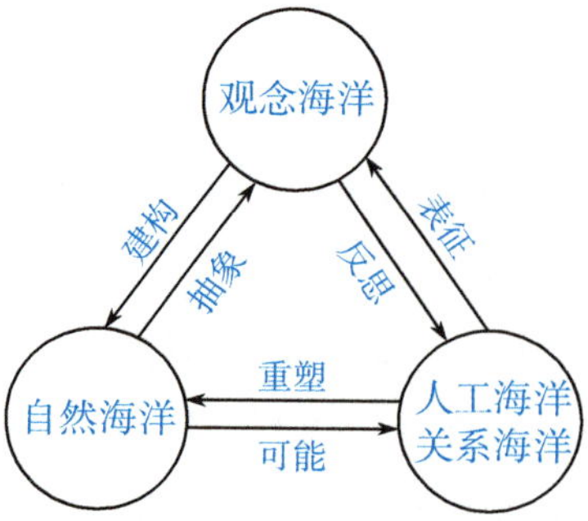

图1-3-1　人海关系地域系统中各种海洋之间的相互关系

2. 从人类活动认识人海关系

从人类活动方式和规模的角度来看，人海关系可分为以下几个层次。

（1）人类行为与海洋的关系

人类行为与海洋的关系主要体现在人类与海洋、海岸带之间的相互影响以及这些影响产生的后果。人类对海洋、海岸带的影响涉及海洋资源的开发利用、海洋污染及其防护、海岸带管理、海洋治理、海洋旅游等。在这个层面，关注的主要是人类行为对海洋的影响。

（2）人类心理与海洋的关系

人类心理与海洋的关系既包括海洋对于人类的认知、情感、意识等的客观影响，也包括人类对于海洋的认知、体验、观念等的主动构建，并涉及海洋自然科学、海洋人文科学和海洋社会科学研究。

（3）人类社会与海洋的关系

人类社会与海洋的关系一方面体现为人类社会的形态、结构、制度、文化以及经济活动等对于海洋的影响，即人类对海洋的影响；另一方面体现为人海关系对于人类社会的形态、结构、制度、文化乃至社会心理等的影响，即海洋对人类的影响。现在国内外兴起的海洋社会学研究，其核心即为人类社会与海洋的关系。

通过对于人海关系系统的分析不难看出，人海关系的协调发展对于人类社会的可持续发展具有十分重要的意义。

（二）人海关系的发展历史

人类与自然的关系经过了“自然中心”阶段和“人类中心”阶段，现正向“人类与自然和谐共处”阶段过渡。在“自然中心”阶段，人类生产力极其低下，不能科学解释自然现象，也无法战胜自然，一切都在自然的支配之下，对自然产生了崇拜、依偎和敬畏之情；即使破坏了自然环境，也未超越自然的承受能力，从而没有对自然造成威胁。在“人类中心”阶段，随着科学技术的进步，人类征服和改造自然的能力越来越强，“自然中心”逐渐让位于“人类中心”；进入现代工业文明以后，随着人口的膨胀和对物质享受的无止境的追求，人类开始无节制甚至破坏性和掠夺性地开发利用自然资源，认为地球上的资源无穷无尽，根本不顾及自然资源的合理、循环、保护性利用，致使地球生态环境严重恶化、人类文明受到空前威胁。资源、生态环境、可持续发展等问题的出现终于使人们觉醒，人们意识到土壤遭破坏、气候变化、能源浪费、生物多样性减少、森林面积缩小、淡水资源受到威胁、城市化的混乱、海洋的过度开发、海洋污染、空气污染、极地臭氧层空洞的形成等问题都是人为的结果，到头来受威胁的还是人类自身。人类如何对待自然这一问题实质上就是人类如何对待自己的问题。于是，人类开始走出“人类中心”思想的束缚去构建一种新的价值尺度，即实现“人与自然的和谐”、走向可持续发展之路。

可持续发展是科学发展的基本要求之一，指的是自然、科学技术、经济、社会的协调发展。

1980年，世界自然保护联盟（IUCN）、联合国环境规划署（UNEP）、世界野生生物基金会（WWF）共同发表《世界自然资源保护大纲》，指出：“必须研究自然的、社会的、生态的、经济的以及利用自然资源过程中的基本关系，以确保全球的可持续发展。”

1987年，世界环境与发展委员会（WCED）发布《我们共同的未来》报告，正式使用了可持续发展概念，并对之作出了比较系统的阐述，指出可持续发展是“能满足当代人的需要，又不对后代人满足其需要的能力构成危害的发展。它包括两个重要概念：需要的概念，尤其是世界各国人民的基本需要，应将此放在特别优先的地位来考虑；限制的概念，技术状况和社会组织对环境满足眼前和将来需要的能力施加的限制”。

1992年6月，在里约热内卢召开的联合国环境与发展大会通过了以可持续发展为核心的《里约环境与发展宣言》《21世纪议程》等文件。

我国党和政府十分重视可持续发展。

1994年，我国政府发表了《中国21世纪议程——中国21世纪人口、环境与发展白皮书》，首次把可持续发展战略纳入我国经济和社会发展的长远规划。

1997年，党的十五大将可持续发展战略作为我国经济发展的战略之一。

2002年，党的十六大把“可持续发展能力不断增强”作为全面建设小康社会的目标之一。

2007年，党的十七大报告指出，必须坚持全面协调可持续发展。要按照中国特色社会主义事业总体布局，全面推进经济建设、政治建设、文化建设、社会建设，促进现代化建设各个环节、各个方面相协调，促进生产关系与生产力、上层建筑与经济基础相协调。坚持生产发展、生活富裕、生态良好的文明发展道路，建设资源节约型、环境友好型社会，实现速度和结构质量效益相统一、经济发展与人口资源环境相协调，使人民在良好生态环境中生产生活，实现经济社会永续发展。

2012年，党的十八大报告指出，建设生态文明，是关系人民福祉、关乎民族未来的长远大计。面对资源约束趋紧、环境污染严重、生态系统退化的严峻形势，必须树立尊重自然、顺应自然、保护自然的生态文明理念，把生态文明建设放在突出地位，融入经济建设、政治建设、文化建设、社会建设各方面和全过程，努力建设美丽中国，实现中华民族永续发展。

2017年，党的十九大报告指出，坚持人与自然和谐共生。建设生态文明是中华民族永续发展的千年大计。必须树立和践行绿水青山就是金山银山的理念，坚持节约资源和保护环境的基本国策，像对待生命一样对待生态环境，统筹山水林田湖草系统治理，实行最严格的生态环境保护制度，形成绿色发展方式和生活方式，坚定走生产发展、生活富裕、生态良好的文明发展道路，建设美丽中国，为人民创造良好生产生活环境，为全球生态安全作出贡献。

2022年，党的二十大报告指出，大自然是人类赖以生存发展的基本条件。尊重自然、顺应自然、保护自然，是全面建设社会主义现代化国家的内在要求。必须牢固树立和践行绿水青山就是金山银山的理念，站在人与自然和谐共生的高度谋划发展。我们要推进美丽中国建设，坚持山水林田湖草沙一体化保护和系统治理，统筹产业结构调整、污染治理、生态保护、应对气候变化，协同推进降碳、减污、扩绿、增长，推进生态优先、节约集约、绿色低碳发展。

2021年，国家发布《中华人民共和国国民经济和社会发展第十四个五年规划和2035年远景目标纲要》指出，坚持绿水青山就是金山银山理念，坚持尊重自然、顺应自然、保护自然，坚持节约优先、保护优先、自然恢复为主，实施可持续发展战略，完善生态文明领域统筹协调机制，构建生态文明体系，推动经济社会发展全面绿色转型，建设美丽中国。

可持续发展是以保护自然资源环境为基础，以激励经济发展为条件，以提高人类生活质量为目标的发展理论和战略，包括经济可持续发展、生态可持续发展、社会可持续发展三方面的内容，其内涵表现为以下四点。一是突出发展的主题。发展是集社会、科技、文化、环境等多项因素于一体的完整现象，是人类共同的和普遍的权利。发达国家和发展中国家都享有平等的、不容剥夺的发展权利。二是主张发展的可持续性。人类的经济和社会的发展不能超越资源和环境的承载能力。三是倡导人与人关系的公平性。当代人在发展与消费时应努力做到使后代人有同样的发展机会，同一代人中一部分人的发展不应当损害另一部分人的利益。四是重视人与自然的协调共生。人类必须建立新的道德观念和价值标准，学会尊重自然、顺应自然、保护自然，与自然和谐相处、共生共长。

人类与海洋的关系是人类与自然关系的一部分，其发展必然受着人类与自然关系发展的影响。纵观历史，到目前为止人海关系大致经历了四个阶段[①]。

15世纪以前，人类畏惧海洋，怀着好奇之心尝试从海洋中获取自然资源，海洋周边地区居民开始简单地利用海洋的“鱼盐之利和舟楫之便”。在这一阶段，人类对于海洋只是初步利用，几乎没有对海洋造成破坏，但对海洋的力量也几乎没有抵抗之力，人海关系处于低层次协调状态，人海关系中“人”的地位较为被动。

15世纪地理大发现至20世纪初期，海洋这一世界交通重要通道的作用进一步显现，以葡萄牙、西班牙为代表的西方海洋国家利用海洋要道掠夺全球财富。在这一阶段，人海关系仍然处于低层次的和谐共生状态，人类开始主动走向海洋、利用海洋，但对海洋造成的破坏仍在海洋可承受的范围之内。

第一次世界大战后到20世纪80年代，人类认识到海洋对于人类生存与发展的重要意义。随着经济社会的发展和科学技术的进步，海洋开发日益形成规模并向纵深挺进，大部分海洋资源开发已经产业化或部分产业化，海洋捕捞、海水养殖、海盐产业、海上航运业、港口业等海洋产业基本形成，其开发利用海洋资源的程度远远超出海洋的可承受能力，对海洋生态系统和海洋环境造成严重影响。在这一阶段，完整的人海关系系统已经形成且人类占据了人海关系中的主动地位，但人类也承受着海洋生态系统和海洋环境破坏所引起的灾难，人与海之间的冲突十分显著。

20世纪80年代后，人海关系的重心逐渐从人与海之间的关系转向海洋背景下的人与人之间的关系。一方面，海洋环境的恶化及其产生的灾难使人类重新审视海洋的价值并反思人类对于海洋的行为；另一方面，濒海国家的海洋权益意识和海洋可持续发展理念不断增强，虽然国际社会通过签署《联合国海洋法公约》等方式界定了海洋权益，但是各类海洋争端热度不减，有关国家围绕海洋权益的博弈日趋激烈，全球海洋治理被提上议事日程。

---

① 王书明，胡琳. 人海关系的历史发展阶段［J］. 中国海洋社会学研究，2019（7）：27-35.

第四节　海洋教育的时代属性与价值取向

海洋教育的属性关系到对海洋教育的基本理念、主要任务、目标体系、实施策略等的确立，而由海洋教育属性决定的海洋教育价值取向则对海洋教育有着指引方向的作用。

一、海洋教育的时代属性

海洋教育的属性有很多，这里讨论的主要是其中具有现代意义的、在海洋教育过程中值得高度关注的海洋教育时代属性。

（一）科学性

海洋是一个综合体，海洋教育是由多方面教育构成的综合性教育。学界公认，科学是一个建立在可检验的解释和对客观事物的形式、组织等进行预测的基础上的有序知识系统，是已系统化和公式化了的知识。根据科学反映对象的领域，科学主要分为自然科学、人文和社会科学、思维科学、形式科学和交叉科学。科学是推动人类社会进步的重要力量，正如爱因斯坦所说，“科学对于人类事物的影响有两种方式。第一种方式是大众熟悉的：科学直接地并且在更大程度上间接地生产出完全改变了人类生活的工具。第二种方式是教育性的——它作用于心灵。尽管草率看来，这种方式好像不太明显，但至少同第一种方式一样的锐利”。

海洋自然科学教育包括认知、探索以及开发利用海洋的科学技术的知识与方法的教育，海洋人文和社会科学教育包括经济学、政治学、法学、伦理学、历史学、社会学、管理学、人类学、民俗学、传播学、军事学等方面的教育，而海洋的思维科学教育等则渗透于海洋自然科学教育与海洋人文和社会科学教育之中。

对于中小学教育来说，海洋教育既遍布于各种科学类课程如生物学、化学、物理等课程中，以海洋自然科学教育形态呈现；也出现在人文和社会类课程如思想政治、道德与法治、历史乃至语文等课程中，以海洋人文和社会科学教育形态呈现。其中，实施的是涉及海洋环境、海洋资源、海洋经济、海洋科技、海洋文学与艺术、海洋权益、海洋治理等全方位的海洋教育。

在海洋教育过程中，要构建科学的知识体系作为培养和发展海洋素养的有效载体和重要基础，坚持理论联系实际，以科学思想、科学理论为指导与利用科学方法为工具开展教育活动，这些都体现出海洋教育的科学性。

（二）教育性

教育是一种有目的地培养人的社会活动，旨在在知识、技能、情感、态度、价值观等多个方面对人施加影响，促进人的全面发展。海洋是一个复杂的综合体，孕育着丰富的海洋自然科学知识、海洋社会科学知识和海洋人文科学知识，有利于受教育者构建完善的认知结构。人类在与海洋互动过程中形成的海洋思维比陆地思维更具“开放包容、互动交换、协同合作、勇于创新”等特征，是一种顺应新时代发展需要的思维，有利于发展受教育者的科学思维与提升学生的问题解决能力。源远流长的海洋文化、内涵深刻的海洋精神具有强大的影响力和感染力，能够熏染受教育者的情感、熏陶受教育者的品格、增强学生全面发展的意识、引导受教育者树立正确的价值观，从而全面培养与发展受教育者的核心素养。因而，海洋教育具有很强的教育性。

回顾我国海洋事业发展的历史，也可以从中认识到开展海洋教育、发挥海洋教育教育性功能的重要意义。明朝郑和下西洋时期正是我国海洋事业的鼎盛时期，当时的中国有可能发展为海洋强国，但由于固守陆地思维而缺乏海洋思维，加之当权者目光短浅、满足于既得利益，朝野上下几乎一致反对继续航海，使缺乏海洋教育、海洋意识薄弱的中国失去了成为海洋强国的机会。而同一时期的葡萄牙、西班牙等国家，重视海洋，重视通过海洋教育提升国民的海洋意识，相继成为海洋强国，并主导了当时世界的海洋体系。历史的教训刻骨铭心。为了实现中华民族伟大复兴，我国正在全力建设海洋强国，海洋教育受到空前的重视并迅速发展起来，全民尤其是中小学生的海洋素养明显提高，有力地支持了国家的海洋强国建设。以上事例，充分显现了海洋教育的强大教育力量。

（三）战略性

战略是对全局性的重大问题的谋划，战略性则通常用来描述具有重大、深远影响的决策或行动，指的是决策或行动对全局、未来能够产生重大影响的性质。习近平总书记在省部级主要领导干部学习贯彻党的十九届六中全会精神专题研讨班开班式上发表重要讲话强调：“战略问题是一个政党、一个国家的根本性问题。战略上判断得准确，战略上谋划得科学，战略上赢得主动，党和人民事业就大有希望。”“正确的战略需要正确的策略来落实。策略是在战略指导下为战略服务的。”对于海洋教育的战略意义，国际上现已达成共识。2017年4月联合国教科文组织发布的《全民海洋素养：提高人们对海洋的保护、恢复和可持续利用的认识的全球战略》报告指出：“鼓励海洋教育方面的合作与交流，以改善海洋文化框架；提高海洋与人民日常生活之间双向互动的意识，使公民能够调整日常行为；采用创新手段培养具有海洋文化素养的公民，承认环境挑战，并就海洋管理和海洋资源利用问题作出系统的知情和负责任的决定。”2020年第75届联合国大会通过决议，宣布2021年至2030年为“联合国海洋科学促进可持续发展十年”（又称“海洋十年”），期望在未来十年打造一个新的海洋时代：“十年正在拥抱一个参与性和变革性的过程，以便科学家、政策制定者、管理者和服务使用者共同努力，以确保海洋科学为海洋生态系统和社会带来更大的利益。追求七大社会目标：清洁的海洋、健康而有韧性的海洋、物产丰富的海洋、可预测的海洋、安全的海洋、可获取的和富于启迪并具有吸引力的海洋。”2020年，第75届联合国大会审议通过了“海洋十年”实施计划。2021年1月，“海洋十年”正式启动。海洋战略的推进需要海洋教育的支撑。海洋教育能够引导国民树立科学的海洋观，着眼于国家和民族的未来发展，增强海洋意识，培养和发展海洋素养，提高开发利用海洋资源和保护海洋生态环境的能力，因而具有极强的战略性。

西方海洋国家遵从陆海相当的战略思维模式，重视通过海洋教育提升全民海洋素养。

当前，我国正在努力建设社会主义现代化强国，到2035年基本实现社会主义现代化，到21世纪中叶把我国建成富强民主文明和谐美丽的社会主义现代化强国，建设海洋强国是其中的重要战略任务。海洋教育是建设海洋强国的战略基础和重要向导。在我国面对世界百年未有之大变局和构建以国内大循环为主体、国内国际双循环相互促进新发展体系的过程中，充分发挥海洋教育对于推进陆海统筹、实现经济社会可持续发展的积极作用具有重要的战略性意义。

（四）实践性

教育之道在于知行合一，面向海洋的海洋教育更是一种基于海洋实践的教育，到大海边或到海洋里进行调查研究、到海洋博物馆等海洋场馆进行参观学习、到海洋研学基地进行关于海洋课题的研究性学习、专访海洋工作者、开展海洋宣传活动和志愿服务活动以及通过网络等信息技术手段“将大海拉到身边”进行学习等，都是海洋教育中知行合一的有效途径。海洋知识和技能需要在分析、解决海洋实际问题的过程中得以深化和拓展，海洋素养的培养和发展需要在海洋实践中得以实现。只从书本或课堂上学习海洋知识和技能而不积极参与海洋实践活动，海洋知识和技能的学习只能是“纸上谈兵”，海洋素养的培养和发展则更是无从谈起。

对于中小学来说，海洋教育是更加直面实际问题的教育，是更加重视知行结合的教育，是更加重视创新的教育，因此也就具有很强的实践性。传统教育重视知识结构的系统性、完整性，而忽略了以学科之间的融合以及教学与实践的结合来增强学生的创新实践意识。海洋教育的实践性决定了海洋教育是多学科交叉的综合性教育，是重视过程体验的实践性教育，是整合学校教育资源与社会教育资源协同推进的教育，需要打破传统的教育模式，坚持理论联系实际，改革教育方法和教育方式。

（五）发展性

随着科学技术的发展，人类对于海洋的认识会越来越深刻；随着人类社会的发展，人类对于海洋的需求会越来越多；随着海洋经济的发展，基于海洋的各种产业会越来越多；随着人类关于海洋的活动的范围和深度不断增加，由人类活动引起的海洋问题也会越来越多。面对这种情势，海洋教育必须与时俱进，从而表现出发展性。

海洋教育的发展性主要体现在以下两个方面。

一是海洋知识体系的发展性。

海洋是一个包罗万象的复杂系统。比起陆地系统，海洋系统更加广阔、更加综合、更加动态，也更加具有不确定性。就知识范围来说，海洋知识是广谱的。广袤无垠的海洋蕴藏着无数的自然奥秘，吸引着人类去探究，成为自然科学研究的平台；变化万千的海洋滋养着人类的想象力和创造力，映照着人类的精神世界，成为海洋人文学科研究的策源地；海纳百川的海洋包容着人类的经济活动的开展和政治权力的较量，反映着人类的涉海行为，成为海洋社会科学研究的对象。海洋知识体系囊括了自然科学、人文科学和社会科学的所有领域，具有极其广阔的发展空间。

就知识的深度而言，人类栖息于陆地，对陆地比较熟悉，对陆地探索的成果不断积累，而对海洋的探索还比较有限、积累的成果还不够丰富，并按海岸带—近海—深海—大洋的顺序而递减；随着人类探索海洋步伐的加快，海洋将成为新知识产生的重点领域，基于海洋的新知识将不断涌现。

二是海洋教育组织方式和实施途径的发展性。

在我国，有关海洋的教育虽然历史悠久，但以增强全民海洋意识为核心的现代海洋教育却是进入21世纪尤其是国家实施海洋强国战略后才发展起来的。

现在，我国的中小学海洋教育、高等院校的专业化海洋和通识教育以及全民普及性海洋教育形成了庞大的海洋教育体系。由于发展历史较短，不论哪个层次的海洋教育都面临着对组织形式的探索和改革问题。要保证海洋教育的有效实施，海洋教育的组织形式和实施途径需要不断创新发展。

海洋教育的发展性决定着海洋教育要不断更新教育理念、变换教育内容、创新实施策略，以适应海洋相关情势的变化和国家海洋战略的发展，使人们能以更为先进的海洋观看待海洋，以更新的知识和技能来分析和解决实际的海洋问题，以更强的海洋意识和更高的海洋素养来支持、推动国家海洋事业的发展。

（六）普及性

海洋教育有专业性海洋教育与普及性海洋教育之分。

专业性海洋教育领域丰富、门类繁多，其分支指向海洋自然科学、海洋人文科学和海洋社会科学的各个学科，不同的专业将引导不同兴趣的学生专注于某一特定的领域和分支，通过深入学习，从专业的角度去深入认识海洋，深刻理解海洋及其对于人类社会发展的无可替代的作用，进而成为从事海洋工作的专门人才。专业性海洋教育主要通过高等院校、职业院校和专门培训机构来实施。

普及性海洋教育主要是以海洋的基本知识和技能为载体，通过教育手段塑造人们的海洋视角、建构人们的海洋认知，使人们意识到人类与海洋的内在联系与相互作用，关注并参与海洋的开发、利用和保护活动，推进人类与海洋的和谐共生与可持续发展。我们通常所说的包括本研究所指的海洋教育属于普及性海洋教育，具有普及性（或社会性）属性。

海洋教育的普及性不仅体现在教育的目的性上，还体现在海洋教育的范围广上。这是因为建设海洋强国是全国各族人民共同的历史使命，不仅沿海地区要积极响应海洋强国建设的伟大号召，内陆地区同样也要响应这一伟大号召，做到全国一盘棋，各自发挥自身优势，共同建设海洋强国。这也说明了，不论是沿海地区还是内陆地区都要开展海洋教育。

尽管在中小学海洋教育中也要开展有关的课题研究、实施项目式教学等，也要面对真实海洋问题的解决，但其主要目的不是通过研究产生新的科研成果，而是体验有关海洋问题的发现与解决过程。中小学海洋教育的任务不是培养专门的海洋人才，而是引导学生培养热爱海洋的情感、关注和探索海洋的兴趣以及增强海洋意识进而培养与发展海洋素养，为将来积极支持、参与海洋强国建设、实现中华民族伟大复兴奠定坚实的基础。

二、海洋教育的价值取向

（一）海洋精神彰显的海洋教育价值取向

“人无精神则不立，国无精神则不强。”对于一个人来说，精神指的是其意识、思维和一般心理状态。精神是人的心灵的核心，代表着人的情感、思想、行为和经验，其内涵会扩展为理想信念、价值追求、思维方式、道德规范、气质胸襟、人格情怀等。对于一个民族来说，精神是形成民族凝聚力的强大纽带，是民族发展进步的不竭动力，是战胜各种风险挑战从磨难中奋起的意志保障。

海洋不仅是生命的摇篮、资源的宝库和交通的要道，而且是人类的精神家园。海洋精神是海洋族群的胸襟禀赋，是由与特定时代相联系的海洋族群的思维方式、思想状态、内在品质以及价值追求形成的统一体。海洋精神全面体现在人对海洋的认知、实践、价值判断和审美鉴赏之中，是海洋文化的核心和灵魂，具体表现为人类对海洋的认识、观念、思想、意识和心态。中华海洋精神是中华民族的海洋价值取向、思维方式和诸多心理品质的总和，是我国建设海洋强国、实现中华民族伟大复兴的强大精神动力。

季托、武波（2017）从系统思维的视角对海洋精神进行了分析，认为海洋精神的内涵是“生”（海洋是生命的摇篮，海洋支持陆地生命的发展，海洋生生不息、亘古永续）、“和”（海洋融合众多生态系统，海洋与人类和谐共生）和“容”（海纳百川，海容“百废”），应将海洋精神传递给每个人，培养人的高尚品质①。

以“生”“和”“容”为核心的中华海洋精神具体表现为“天人合一”的哲学精神、“海纳百川”的包容精神、“战风斗浪”的拼搏精神、“以苦为乐”的奉献精神、“四海一家”的和合精神和“勇立潮头”的创新精神。

1.“天人合一”的哲学精神

热爱大自然、保护大自然、与大自然和谐共生是中华民族的淳朴天性与优良基因，由此形成了我国古代“天人合一”的哲学思想。

作为中华文化之源的《周易》认为，宇宙是由天、地、人这三个彼此联系又相互制约的不同层次构成的大系统，推崇天、地、人“三才之道”，主张“天人合一”，宣扬“天行健，君子以自强不息；地势坤，君子以厚德载物”，促进天、地、人的和谐、统一发展。

我国古代儒、释、道、法等各家都将“天人合一”哲学思想作为自己学说的精神追求。例如，儒家的《中庸》强调，人只有把握了自身和自然万物的规律，才“可以赞天地之化育，则可以与天地参矣”，展现了尊重自然、效法自然、与自然共生的生态理念；道家主张“道法自然”，强调人与自然是一个有机统一的整体，提出“道大、天大、地大，人亦大。域中有四大，而人居其一焉。人法地，地法天，天法道，道法自然”，认为人掌握并遵循自然之道就能实现宇宙和谐。

“天人合一”的海洋哲学精神的精髓是人与海洋要和谐、贯通、共生。我国古代的鱼类图腾表现了古代先民对于鱼类的崇拜，人面鱼纹的刻画则反映出古代先民渴望与鱼类融为一体的美好愿望。

我国沿海地区源远流长的海洋信仰与祭海习俗，表达了人们对海洋的敬畏、感恩与崇拜，也蕴含了“天人合一”“人海合一”的精神追求。帝王祭海早在夏商周时期就开始了。《礼记·月令》云：“天子命有司祈祀四海、大川、名源、渊泽、井泉。”古代民间祭海则是海洋民俗文化的重要组成部分，至今我国许多地方致力于结合时代特点传承与发扬祭海文化，充分显示出人与海洋和谐共生的海洋精神的强大影响力。

---

① 季托，武波. 系统思维视角下海洋教育的内涵与外延［J］. 教学研究，2017，40（4）：76-81.

2.“海纳百川”的包容精神

《说文解字》曰：“海，天池也，以纳百川者。”《老子》第三十二章谓：“道之在天下，犹川谷之于江海。”《孔子家语·观周》云：“江海虽左，长于百川，以其卑也；天道无亲，而能下人。戒之哉！”民族英雄林则徐的一副自勉联为“海纳百川，有容乃大。壁立千仞，无欲则刚”。在古人眼里，大海是包容胸怀的象征。

雨果曾感叹道：“世界上最宽广的是海洋，比海洋更宽广的是天空，比天空更宽广的是人的心灵。”包容是一种广阔的襟怀和非凡的气度，一代又一代的海洋族群在海洋生产和生活实践中磨炼而成的包容精神是海洋精神的重要组成部分。“海纳百川”的包容精神是中华文明的鲜明特征之一，也是中华文明博大精深、源远流长的原因之一。

3.“战风斗浪”的拼搏精神

黑格尔在《历史哲学》中写道：“大海给了我们茫茫无定、浩浩无际和渺渺无限的观念；人类在大海的无限里感到他自己的无限的时候，他们就被激起了勇气，要去超越那有限的一切。”

梁启超曾说：“海也者，能发人进取之雄心者也……试一观海，忽觉超然万累之表，而行为思想，皆得无限自由。彼航海者，其所求固自利也，然求之之始，却不可不先置利害于度外，以性命财产为孤注，冒万险于一掷之。故久于海上者，能使其精神，日益勇猛，日益高尚，此古来濒海之民，所以比于陆居者，活气较胜，进取较锐……”

瞬息万变的海洋环境对于在海上生活与劳作的人们带来生存的风险和作业上的困难。在海上，人们长期面对浩瀚无垠的海洋，带着一种渴望生存、奋勇超越的愿望，在变幻莫测、险象环生的风浪中努力拼搏，自然而然地造就了坚强无畏、知难而进和百折不挠的精神品格。

4.“以苦为乐”的奉献精神

海洋族群长期与海浪及风险相伴，在海上遭风暴遇礁石而船毁人亡、葬身鱼腹是常有之事。海上生存充满变数，踏浪而行是对生命的挑战，遭遇海盗抢劫也在所难免。面对巨大的海上挑战，即使在我国明清海禁时期，“海滨之民，惟利是视，走死地如鹜”，“冲风突浪，争利于海岛绝夷之墟”，他们早已将自己的困苦和生死置之度外，期盼的是能以更大的海上丰收为人们创造更加丰盛的生活，表现出无私的奉献精神。

5.“四海一家”的和合精神

渔业生产自诞生以来就是一种依靠集体的力量进行的团队性劳动，需要人与人之间分工合作，而且必须打破了宗族、世俗的界限，根据能力、经验、技艺来体现每个人的价值。生产模式由一家一户为生产单位逐渐转向开放的社会化生产，其成员来自四面八方、五湖四海，大家同舟共济战风斗浪、齐心协力捕捞养殖，久而久之便形成了“和合”精神和团结美德，并持续不断地传承下去。

在对外交往方面，中华民族始终坚持“与人为善”原则，没有利用海洋通道侵占别国的历史，有的则是利用海洋通道为他国送去友谊的传统。明朝郑和率领庞大的船队七下西洋，完成的是“和平之旅”“友谊之旅”，体现的便是“四海一家”的“和合”精神。这正如现代英国著名历史学家阿诺德·约瑟夫·汤因比曾说的，“人类已经掌握了可以毁灭自己的高度技术文明手段，同时又处于极端对立的政治意识形态的营垒，最需要的精神就是中国文明的精髓——和谐”。

6.“勇立潮头”的创新精神

人类从陆地进入海洋本身就意味着一种挑战，战风斗浪、乘风破浪激发和培养了人类的创新精神。

无论是徐福东渡扶桑还是郑和七下西洋，无论是古代丝绸之路的开辟还是清末洋务派“师夷之长技以制夷”洋务运动的兴办，都展现了我国古代立足海洋“勇立潮头”的创新精神。

2013年5月4日，习近平总书记在同各界优秀青年代表座谈时的讲话中指出：“创新是民族进步的灵魂，是一个国家兴旺发达的不竭源泉，也是中华民族最深沉的民族禀赋，正所谓‘苟日新，日日新，又日新’。”海洋创新精神对于促进我国的海洋强国建设、实现中华民族伟大复兴具有十分重要的意义。

（二）“求真”“扬善”“至美”的海洋教育价值取向

英国环境教育专家卢卡斯教授1972年提出著名的“卢卡斯模式”，即将环境教育归纳为“关于环境的教育”“在环境中教育”以及“为了环境的教育”。唐汉成、戴建明（2016）借助这一模式，在实践探索中建构了现代海洋教育教学模型和价值取向，指出现代海洋教育不只是让学生获得海洋的相关知识，更应该帮助学生建立正确的海洋价值观，从而能够就海洋及其资源或海洋关系问题做出明白的负责的行为、决定或判断。他们从“学生立场”出发，以人与海洋的和谐发展为目标导向，确立了现代海洋教育的主要价值取向：“求真”（求海之真）——树立现代海洋观；“扬善”（扬海之善）——树立海洋可持续发展观；“至美”（至海之美）——树立高尚的海洋情意观①。

1.“求真”——树立现代海洋观

海洋观是人类关于海洋认识成果中最基本的部分，是人类对于海洋及人海关系的总的看法和根本观点，它以人海关系为核心、以海洋价值认识为主体并内含着人类认

① 唐汉成，戴建明. 区域现代海洋教育的发展历程与价值取向［J］. 上海教育科研，2016（3）：78-82.

识海洋的思维方式，是世界观与方法论的统一。

海洋观归属于自然观，既是海洋图景在人脑中的反映，又是人认识人海关系所形成的思维图式以及人对于人海关系的哲学思考，反映了人类关于海洋在自然界中的存在以及人与海洋的关系的总体看法和根本观点，构成了人类认识和利用海洋的思维方式与实践方法的基础。

海洋观中海洋图景的形成建立在人对海洋的基本属性和一般规律的认识上。海洋物理、海洋化学、海洋生物学、海洋地质学、海洋气象学等海洋科学知识能够帮助人们通过比较海洋图景与陆地图景，加深对于海洋的整体性和本质性认识，从而形成更为清晰的海洋图景，树立更为科学的海洋观。

海洋观以人海关系为核心 自从有了人类以来，人类与海洋就一直处于互动状态之中，因而人对于海洋的认识绝非只是对海洋本身的认识，还包括从海洋对于人类生存与发展所具有的价值的角度形成的看法。显然，正确的人海关系应当是人海和谐，能够促进海洋系统和人类社会的可持续发展的关系。海洋是一个综合体，是一个含有形形色色子系统的整体，而且生生不息、变化无穷。因此，我们应运用系统思维方法，从整体的视角去认识海洋，关注海洋生态系统与地球生态系统之间的联系、海洋中各种系统之间的联系、海洋系统与人类社会系统之间的联系等；从动态的视角去认识海洋，了解海洋系统在不断地发生着变化并呈现出一定的规律，关注人类活动可能对海洋产生的影响，理解海洋中各系统之间的平衡以及海洋系统与外部系统之间的平衡都属于动态平衡；从开放的视角认识海洋，了解海洋是一个开放系统，认识到海洋系统与其他系统之间、海洋中各系统之间、海洋中的各系统与其所处的海洋物理环境之间、各海洋系统中各要素或子系统之间以及各要素或子系统与其所在的系统之间都存在着物质、能量与信息的流动。

海洋观以海洋价值为取向 价值本是一个经济学术语，19世纪末被德国新康德主义学派的哲学家们引入哲学领域并经提升独立出来形成价值哲学，从此成为哲学和社会科学领域备受关注的“热语”，但对于价值这一概念的界定学界至今尚未形成共识。其中，“实体说”将价值理解成某种实体性存在，即从主体或客体载体本位来论述价值；“属性说”将价值定义为某种客体固有的属性或功能；“效应说”将价值看作客体对于主体的效应，从根本上说是客体对社会主体发展完善的效应；“主观说”将价值视为人类的一种与兴趣、欲望、情感、态度等相关的精神或心理现象，其内涵是人的主观意图和主观需要；“意义说”将价值理解为客体对于主体所具有的某种意义；“关系论”将价值看作客体满足主体需要的某种关系，即存在于客体与主体需要之间的一种特定（肯定或否定）关系，等等。归结起来看，价值实际上就是客体的某种属性或功能与主体的需要之间的一种适应性状态。从这个角度来看，海洋价值是指海洋所具有的能够满足人类需求的固有属性的总和，主要表现在海洋对于人类生存与发展的支持上，具有自然属性和社会属性。

海洋价值观是人类对海洋存在价值的基本认识，是人们评价涉海实践活动及其成果的基本准则和根本依据。海洋价值观在人类开发利用海洋的实践过程中随着时代的变迁不断获得凝练、发展和深化；反过来，海洋价值观又具有指导、规范人类涉海实践活动的作用。传统的海洋价值观以人类中心主义为指导，以破坏海洋自然环境为代价来谋求人类自身利益；显然，这是违背人类历史前进潮流的。新型的现代海洋价值观，以建立和谐的人海关系为核心，以科学地开发利用海洋为基础，以促进海洋系统和人类社会可持续发展为目的。

鉴于此，海洋教育要通过“关于海洋的教育”，向学生传授有关海洋的知识、技能以及发展他们对海洋的理解力，给予学生树立现代海洋观所必需的知识与技能。

2. “扬善”——树立海洋可持续发展观

海洋系统是一个复杂的社会经济系统。为了实现海洋系统的可持续发展，在海洋经济发展过程中，需要将对海洋资源的开发利用作为发展框架的中心，将海洋环境、海洋科技、海洋国际合作、海洋经济制度四大要素作为发展的战略支撑，使整个海洋经济以一个可持续发展的形式进行，全面、系统地考虑社会、资源、经济和环境效益，从源头上控制污染和减少对海洋环境的破坏，从而达到经济、资源、环境和社会效益的统一。

海洋可持续价值观的核心就是建立对海洋的经济价值、社会价值和生态价值之间辩证关系的正确认识，通过科学测定，采取科学措施，把人类对海洋的开发利用控制在海洋生态系统的稳定、平衡所能承受的限度以内，将对海洋的开发利用与人类社会的可持续发展有机结合起来，着眼于人类的长远利益、整体利益和根本利益。

鉴于此，海洋教育要引导学生，尊重关于海洋的自然规律，善待海洋生命和海洋环境；正确对待人类与海洋的关系，懂得开发利用与保护并举的重要性，自觉地通过保护海洋环境和海洋生态系统促进海洋和人类社会经济系统的可持续发展；明确人类今天的行为既要为他人承担责任，也要对后代承担责任，还要对其他生命形式乃至整个自然界承担责任，立志为代内、代际创造更好的人类生存与发展环境。

3. “至美”——树立高尚的海洋情意观

情意即人的情感。对于情感，《心理学大辞典》认为“情感是人对客观事物是否满足自己的需要而产生的态度体验”。情感是指人对行为目标的生理性评价反应，它作为人适应生存的心理工具，能激发人的心理活动和行为的动机，是人的心理活动的组织者以及人际交流的重要手段。情感教育是教育学者们针对传统教育中“唯理智教育”倾向而提出的新型教育模式，它关注受教育者的情感和态度，引起受教育者情感领域的积极变化，使受教育者形成新的情感品质，进而促进社会的健康发展。

人类在面对海洋处理人海关系时，仅依靠科技力量是远远不够的，还需要情感、心理、精神因素的积极参与，塑造整体性、系统性、动态性、生态性的海洋思维，发展对海洋的认知。现代海洋教育在情感方面所要达到的最高境界就是在“求真”“扬善”的基础上追求“至美”，使受教育者认识到海洋美是自然之美，人与海洋和谐之美是自然美、社会美和艺术美的高度统一。

鉴于此，海洋教育要以人与海洋和谐共生为目的，实施海洋文学、海洋艺术、海洋非物质文化遗产、海洋民俗信仰等方面的教育，使学生对海洋之美、人与海洋和谐之美展开想象，获得对海洋的理解、欣赏，并使学生意识到海洋在人类生活中所扮演的重要角色，增强他们对海洋的感性认识和理性认识；要通过“在海洋中”的各种综合实践活动，培养学生深厚的海洋情感，最终使他们理解形成与海洋和谐共生的交互关系的重要性；要引导学生通过海洋德育活动等进行海洋体验，利用走访海岛、渔村、渔民等实践活动形成良好的品德，激发他们爱家乡、爱海岛、爱海洋的情感，给他们打上海洋文化的深深烙印，使他们成为有“海洋之气”的社会主义接班人和建设者。

“中国和世界的历史演进一再证明，背海而弱、向海则兴，封海而衰、开海则盛；浅海而竭、深海则丰，近海而滞、远海则达。”[①]为更好地顺应未来世界发展的大势，以习近平同志为核心的党中央高瞻远瞩，对国内，提出了“依海强国、依海富国、人海和谐、合作共赢”的指导方针，号召全党全国人民“关心海洋、认识海洋、经略海洋”，为实现中华民族伟大复兴，不断地将海洋强国建设推向新高潮；在国际上，倡导构建海洋命运共同体，以21世纪海上丝绸之路联通世界，推动世界经济繁荣，促进各国文化交流，增强蓝色伙伴友谊，加速和谐世界建设，为在世界范围内构建新型的人海关系和海洋秩序贡献中国智慧、提供中国方案。这一切，充分反映出现代中国海洋观的价值取向。

培养和发展学生的现代海洋观、海洋可持续发展观和海洋情意观是现代海洋教育的价值取向。在中小学海洋教育过程中，应采取各种措施凸显海洋教育的价值取向，使海洋教育沿着正确的方向发展，切实有效地培养和发展学生的海洋素养。

---

① 李群. 发展海洋经济　服务海洋强国战略［N］. 学习时报，2013-06-17（11）.

第二章 中小学海洋教育的内容

中小学海洋教育既属于学校海洋教育，又属于普及性海洋教育，旨在普及海洋知识、弘扬海洋精神、增强海洋意识、树立科学的海洋价值观，引导广大中小学生培养和发展海洋素养。

海洋知识是人类在海洋实践中认识海洋与人海关系所取得的成果的高度凝练，是认识和研究海洋与人海关系的有力工具。

海洋精神是中华民族的海洋价值取向、思维方式和诸多心理品质的总和，是我国建设海洋强国、实现中华民族伟大复兴的强大精神动力。

海洋意识根植于人类的涉海活动，是人对人海关系的自觉认识，是人在社会活动中涉海行为的自我反映。

海洋素养是海洋知识水平，对于海洋的情感、态度与价值观，以及分析和解决海洋问题的能力的综合体现。

中小学生接受海洋教育，不仅是国家建设海洋强国的需要，也是学生个人健康成长、全面发展的需要。

第一节　中小学海洋教育的总体要求

中小学海洋教育的总体要求指的是在一个较长时期里实施海洋教育遵照的指导思想、采取的总体策略、完成的总体任务和实现的总体目标。中小学海洋教育总体要求是制定各个阶段具体的、明确的海洋教育发展目标的根本遵循。

一、中小学海洋教育的总体要求及其解读

（一）总体要求

中小学海洋教育是以中小学生为教育对象的普及性海洋教育，是中小学教育的重要组成部分。根据立德树人教育根本任务的要求，结合海洋教育的时代属性和价值取向，中国海洋大学海洋文化教育研究中心提出了我国中小学海洋教育总体要求：

以习近平新时代中国特色社会主义思想为指导，以国家海洋强国建设对未来人才的需求为依据，以立德树人教育根本任务的落实为基础，以海洋自然科学资源、海洋社会科学资源和海洋人文科学资源以及有关海洋研究成果为主要内容，充分利用校内外人力和设施资源，开展海洋教育活动，引导中小学生提高对海洋的认知水平以及分析、解决海洋问题的能力，正确地理解人海关系，形成科学的海洋观，培养热爱海洋、关心海洋、保护海洋的情感，增强海洋意识，发展海洋素养，树立积极投身于海洋强国建设伟大事业的远大理想。

（二）内容解读

1. 指导思想

习近平新时代中国特色社会主义思想是中小学海洋教育的指导思想。

习近平总书记关于建设海洋强国的系列重要论述为海洋教育的开展指引了方向、提供了遵循。在第十四个世界海洋日暨第十五个全国海洋宣传日（2022年6月8日），党建网微平台发表文章《习近平：向海洋进军，加快建设海洋强国》①，介绍了习近平总书记关于建设海洋强国的部分重要论述。

① 党建网微平台. 习近平：向海洋进军，加快建设海洋强国［EB/OL］.（2022-06-08）［2024-01-15］. https://mp. weixin qq.com/s/_xQ8zx5RxXdmnHKmmQPdsg.

建设海洋强国是实现中华民族伟大复兴的重大战略任务

建设海洋强国是中国特色社会主义事业的重要组成部分。党的十八大作出了建设海洋强国的重大部署。实施这一重大部署，对推动经济持续健康发展，对维护国家主权、安全、发展利益，对实现全面建成小康社会目标、进而实现中华民族伟大复兴都具有重大而深远的意义。

——2013年7月30日，习近平在十八届中央政治局第八次集体学习时的讲话

海洋事业关系民族生存发展状态，关系国家兴衰安危。

——2013年8月28日至31日，习近平在辽宁考察时的讲话

我国是一个海洋大国，海域面积十分辽阔。一定要向海洋进军，加快建设海洋强国。

——2018年4月12日，习近平在海南考察时的讲话

建设海洋强国是实现中华民族伟大复兴的重大战略任务。要推动海洋科技实现高水平自立自强，加强原创性、引领性科技攻关，把装备制造牢牢抓在自己手里，努力用我们自己的装备开发油气资源，提高能源自给率，保障国家能源安全。

——2022年4月10日至13日，习近平在海南考察时的讲话

不断提高海洋开发能力，使海洋经济成为新的增长点

要顺应建设海洋强国的需要，加快培育海洋工程制造业这一战略性新兴产业，不断提高海洋开发能力，使海洋经济成为新的增长点。

——2013年8月28日至31日，习近平在辽宁考察时的讲话

海洋经济发展前途无量。建设海洋强国，必须进一步关心海洋、认识海洋、经略海洋，加快海洋科技创新步伐。

——2018年6月12日至14日，习近平在山东考察时的讲话

要高度重视海洋生态文明建设，加强海洋环境污染防治，保护海洋生物多样性，实现海洋资源有序开发利用，为子孙后代留下一片碧海蓝天。

——2019年10月15日，习近平致2019中国海洋经济博览会的贺信

构建蓝色经济伙伴关系

海洋对于人类社会生存和发展具有重要意义。海洋孕育了生命、联通了世界、促进了发展。我们人类居住的这个蓝色星球，不是被海洋分割成了各个孤岛，而是被海洋连结成了命运共同体，各国人民安危与共。海洋的和平安宁关乎世界各国安危和利益，需要共同维护，倍加珍惜。

当前，以海洋为载体和纽带的市场、技术、信息、文化等合作日益紧密，中国提出共建21世纪海上丝绸之路倡议，就是希望促进海上互联互通和各领域务实合作，推动蓝色经济发

展，推动海洋文化交融，共同增进海洋福祉。

——2019年4月23日，习近平在青岛集体会见应邀出席中国人民解放军海军成立70周年多国海军活动外方代表团团长时的讲话

海洋是高质量发展战略要地。

要促进海上互联互通和各领域务实合作，积极发展“蓝色伙伴关系”。

——2019年10月15日，习近平致2019中国海洋经济博览会的贺信

要增强中国—东盟国家海洋科技联合研发中心活力，构建蓝色经济伙伴关系，促进海洋可持续发展。

——2021年11月22日，习近平在中国—东盟建立对话关系30周年纪念峰会上的讲话

坚决维护领土主权和海洋权益

要坚决维护领土主权和海洋权益，维护国家统一，妥善处理好领土岛屿争端问题。

——2014年11月28日至29日，习近平在中央外事工作会议上的讲话

建设强大的现代化海军是建设世界一流军队的重要标志，是建设海洋强国的战略支撑，是实现中华民族伟大复兴中国梦的重要组成部分。

——2017年5月24日，习近平在视察海军机关时的讲话

海军作为国家海上力量主体，对维护海洋和平安宁和良好秩序负有重要责任。

——2019年4月23日，习近平在青岛集体会见应邀出席中国人民解放军海军成立70周年多国海军活动外方代表团团长时的讲话

中方将继续在和平共处五项原则基础上深化同各国的友好合作，通过和平方式处理同有关国家的领土主权和海洋权益争端，支持对话协商解决地区热点问题。

——2019年6月15日，习近平在亚信第五次峰会上的讲话

海军陆战队是两栖精锐作战力量，在维护国家主权安全和领土完整、维护国家海洋权益、维护国家海外利益方面肩负着重要职责。

——2020年10月13日，习近平在视察海军陆战队时的讲话

“建设海洋强国，我一直有这样一个信念。”习近平总书记有着深厚的海洋情怀，在地方工作时，就曾多次对海洋经济发展作出重要论述，指出发展海洋经济是一项功在当代、利在千秋的大事业；到中央工作之后，特别是党的十八大以来，对海洋的关

注一如既往，高度重视海洋工作、关心海洋事业发展，围绕建设海洋强国发表了一系列重要论述，指引着我国海洋强国建设不断取得新成就。

在中小学海洋教育过程中，必须认真贯彻落实习近平总书记关于建设海洋强国的重要论述的精神，保证中小学海洋教育的健康发展。

2. 教育依据

国家海洋强国建设对未来人才的需求是中小学海洋教育的依据。

国家海洋强国建设首先需要具有较强海洋意识的国民，在此基础上需要更多的从事海洋工作的专业人才。

海洋强国是指在开发海洋、利用海洋、保护海洋、管控海洋方面拥有强大综合实力的国家。海洋强国必须具备海洋经济繁荣发达、海洋科技发展强劲、海洋生态充满活力、海防力量雄壮强大、治理海洋积极有效等特征。由此可以看出，海洋强国建设是一个庞大而复杂的系统工程，对人才所提出的要求也是全方位的。

海洋事业是科学技术密集型和人才密集型事业。海洋人才大致可以划分为两类：海洋自然科学人才以及海洋社会和人文科学人才。海洋自然科学人才，包括海洋科学、海洋技术、海洋工程等方面的人才；海洋社会和人文科学人才，包括海洋法律、海洋管理、海洋经济、海洋政治、海洋权益、海洋文化、海洋社会学、海洋史学等方面的人才。随着我国海洋事业的快速发展，海洋从业人员逐步增多，现已形成了一支涉及领域广、素质层次高并已初具规模的海洋人才队伍，在海洋科学研究与调查、海洋资源开发与保护、海洋权益维护、海洋综合管理和海洋文化建设等领域发挥了重要作用。今后，我国的海洋人才队伍需要不断扩大，以适应海洋强国建设的需求。

3. 教育基础

立德树人教育根本任务的落实是中小学海洋教育的基础。

党的十八大报告指出，“把立德树人作为教育的根本任务，培养德智体美全面发展的社会主义建设者和接班人”。党的十九大报告进一步强调，“要全面贯彻党的教育方针，落实立德树人根本任务”。

落实立德树人教育根本任务，就是要始终坚持社会主义办学方向，全面贯彻党的教育方针，结合新时代的新要求将立德树人融入思想道德教育、文化知识教育、社会实践教育的各个环节，引导学生把握好人生方向，树立正确的价值观；学好文化科学知识，培养必备品格和关键能力，发展核心素养；尊重生命，珍爱生命，不断增强体质，培养积极向上的健康心态；厚植家国情怀，提高审美情趣和人文素养；崇尚劳动，尊重劳动，热爱劳动。

从海洋教育的时代属性和价值取向可以看出，海洋教育本身就是一种立德树人的教育，而且海洋教育可为学校的学科教学提供支撑、搭建平台，在培养学生海洋素养的同时，促进学生学科核心素养的培养与发展，从而助推学校立德树人教育根本任务的落实。

4. 教育资源

教育资源是人类社会资源之一，包括教育人力资源、教育物力资源和教育财力资源，通常主要指内容资源、人力资源和设施资源等。

海洋教育涉及自然科学、社会科学和人文科学的众多学科。中小学海洋教育以海洋自然科学资源、海洋社会科学资源、海洋人文科学资源以及有关的海洋研究成果等为主要内容资源，并注重充分发挥人力资源（学校师生，校外有关人员如海洋专家、海洋工作者等）和设施资源（校内的各种设施如实验室及实验器材、图书阅览室、兴趣活动场所等，校外的研学基地如海洋教育研究机构、海洋场馆等）的重要作用。“国家中小学智慧教育平台”的“生态文明”专题教育栏目是中小学海洋教育资源的重要平台。该平台由中国海洋大学海洋文化教育研究中心、山东省大中小学海洋文化教育研究指导中心统筹，协调海洋教育专家学者、全国中小学名师、涉海机构等参与共建，是全国中小学海洋教育资源的重要来源。

5. 总体目标

中小学海洋教育的总体目标是引导中小学生提高对海洋的认知水平以及分析、解决海洋问题的能力，正确地理解人海关系，形成科学的海洋观，培养热爱海洋、关心海洋、保护海洋的情感，增强海洋意识，发展海洋素养，树立积极投身于海洋强国建设伟大事业的远大理想。

二、基于总体要求确立海洋教育具体目标

在实施海洋教育的过程中，各中小学应根据海洋教育的总体要求制定各个阶段、各种活动的具体教育目标。

海洋教育活动的教育目标是指导海洋教育活动顺利开展和健康发展的依据，要具体、明确、具有可操作性。

海洋教育活动教育目标的功能主要表现为导向功能、激励功能、聚合功能、评价功能。

1. 导向功能

目标导向理论认为，人们在实现目标的过程中存在两种行为：一种是目标导向行为，一种是目标行为。其中，目标导向行为是人们为达成既定目标而形成的具有倾向性的有意识行为，它是人们在深刻理解行为目标的要求、形成高强度的达成目标的动

机并具有达成目标自信心的前提下出现的，它不是直接去完成目标而是引导目标完成的行为，能使人们的行为方向稳定并持续不断地通过努力达成目标。

2. 激励功能

从心理学角度来看，目标是一种刺激，是满足人的需要的一种外在物，是人们希望通过努力而得到的结果或取得的成就。人的行为都是由动机引起且指向一定目标的。动机是由人的需要所引起的内在驱动力，是人的行为的推动者。适宜的目标能够诱发人的动机，因此目标是一种诱因，能够诱发动机，激励人们达成目标；也就是说，目标作为诱因对人们的行为起着强烈的激励作用。

3. 聚合功能

一种教育活动的各种构成要素，不管是教师、学生还是活动内容、活动方法、活动环境等，无一不是为教育活动目标服务的，因此教育活动目标是整个教育活动系统的核心。教育活动目标能够对活动系统内的其他要素进行优化、组合、协调，使整个活动系统最大限度地发挥效能；也就是说，教育活动目标能够聚合活动系统内的其他诸多要素来发挥整体的力量。

4. 评价功能

教育活动目标含有多层次的系列目标，这使得它对教育活动既是宏观衡量标准又是微观衡量标准，利用这些标准能够对教育活动的方向和质量等作出评价。一是对活动价值变异情况进行评价。教育活动具有一定的价值取向但又面临着多种影响和干扰，在实施过程中有时会方向模糊或方向偏离，这就需要利用活动目标对活动过程的发展状况进行及时评价，保证教育活动的健康发展。二是对教育活动效果进行评价，总结经验，改进不足，使教育活动常办常新。

布卢姆教育目标分类理论在世界范围的教育领域具有重要影响。新发展的布卢姆教育目标分类理论的二维框架包括从具体到抽象4种知识（事实性的、概念性的、程序性的、元认知的知识）和从低级到高级的6个认知过程（记忆、理解、应用、分析、评价、创造）。

在知识维度中，事实性知识是对客观事物的具体描述，包括事物的名称、特性等，是学习者在掌握某一学科或解决其中的问题时必须知道的基本知识；概念性知识是指结构化、概括化和有组织的知识，如各学科的概念、原理等；程序性知识是关于完成某项任务的行为或操作的知识，通常包括技能、技巧、算法和方法等；元认知知识是关于认知的知识，是人们对于什么因素影响人的认知活动过程和结果，这些因素是如何发挥作用的，以及它们之间又是如何相互作用的等问题的认识。在认知过程维度中，记忆是指从长时记忆中提取相关的知识（类别有再认、回忆）；理解是指从教育信息包括口头、书面和图形等交流形式中建构意义（类别有解释、举例、分类、总结、推断、比较、说明）；应用是指在给定的情境中执行或者利用一种程序（类别有执行、实施）；分析是指把材料分解成各个组成部分，确定各部分之间的相互关系以及与总体框架的关系（类别有区别、组织、归因）；评价是指基于标准作出判断（类别有检查、评论）；创造是指把创造要素放在一起形成连贯的或者实用的整体，重新组织创造要素形成一种新的模式或结构（类别有产生、规划、创作）。知识维度和认知过程维度的目标分类既可以用于指导海洋教育活动的目标陈述，又可以用于海洋教育活动和海洋教育过程评价。

马勇（2021）在《从海洋意识到海洋素养——我国海洋教育目标的更新》[①]一文中指出，要用海洋素养教育观，特别是用更新的人的海洋素养培养目标来审视我国现今的海洋教育实践，实现海洋教育体系的更新、改造与升级，构建新型的海洋素养教育体系。

我国海洋素养培养目标的意蕴应本着继承与发展、比较与借鉴的原则予以确定，应有立足当下、面向未来的中国表达。所谓继承与发展是在充分吸收已有理论与实践成果的基础上，面向未来社会对人的需求来确定人的海洋素养规格；所谓比较与借鉴则是指应以更广阔的国际视野来吸取适合我国国情的海洋素养要素，形成与提供自身的素养体系，并能加强国际交流与合作，因为地球上就仅有一个相连相通的海洋。

从人的心理活动规律看，“知、情、意、行”是人类活动的四种基本形式。“知”是人的认知，包括感知觉、意识和注意、记忆、思维，认知过程是一个逐步上升和整合的过程；“情”指人的情绪、情感，包含人独特的意识唤醒、主观体验与外露表现；“意”指的是人的意志品质；“行”是人表现在外、可以观察的行为。其中，“知、情、意”的活动属于人的内在的心理活动，“行”则是人的外显行为，人的任何行为都是“知、情、意”的心理活动在给以内在的支撑。

从素质教育，特别是德育所揭示的基本规律看，教育过程存在一个由“知、情、意、行”四要素相互连接而成的统一培养律。在教育过程中学生应具有的知识素养、情感素养、意志品质与行为素养则构成学生的重要核心素养。那么，海洋教育作为一项教育活动，也要依据人的心理发展规律，更应遵循教育规律。

（节选自马勇《从海洋意识到海洋素养——我国海洋教育目标的更新》）

在中小学海洋教育过程中，要以先进的教育理念为指导确立各种海洋教育活动的目标，确保海洋教育活动的质量与效果，并使海洋教育活动与其他方面的教育活动有机结合起来，促进学生海洋素养的全面发展，满足海洋强国建设对于未来人才的需求。

① 马勇. 从海洋意识到海洋素养——我国海洋教育目标的更新［J］. 宁波大学学报（教育科学版），2021，43（2）：5-8.

第二节 中小学海洋教育的知识体系

知识是人类通过思维获得的关于客观事物本质和内部规律的反映，是人类以科学的方法对世界加以认识的理性成果，而素养“即个体在真实的问题情境中，基于已有知识资源，在道德和价值观的引导下，对知识开展联系、反思、迁移与运用，以及解决问题的能力”①。

知识是培养和发展素养的重要载体。为了培养和发展学生的海洋素养，必须将海洋科学知识与中小学海洋教育的任务和要求结合起来，构建中小学海洋教育知识体系。

一、中小学海洋教育知识体系主要构成

（一）自然海洋类

1. 海洋地理与海洋地质地貌

海洋地理与海洋地质地貌知识主要包括地球表面被海水淹没部分的空间结构、物质组成、动态变化、演变规律、区域特点，海岸与海底的形态和特征，海洋沉积物，洋底岩石，海底构造，海底矿产资源，大洋地质历史，以及它们与人类活动和环境的相互影响等。

中小学海洋教育知识体系中海洋地理与海洋地质地貌知识点主要有海洋分布与类型、海岸地貌、大洋底地质和“三个学说”。

海洋分布与类型 一是海洋分布。全球海陆面积之比约为2.4∶1。从半球分布来看，任一半球的海洋面积均超过陆地面积。其中，北半球海洋面积约为北半球总面积的61%、陆地面积约为北半球总面积的39%，南半球海洋面积约为南半球总面积的81%、陆地面积约为南半球总面积的19%；东半球海洋面积约为东半球总面积的68%、陆地面积约为东半球总面积的32%，西半球海洋面积约为西半球总面积的80%、陆地面积约为西半球总面积的20%。从纬度分布来看，在北半球中高纬度（北纬60°附近）地带陆地几乎连成一片，在南半球南纬56°～65°地带几乎全是海洋；但

① 张良，师雨. 核心素养导向下知识学习的定位、理念与方式变革［J］. 中国教育学刊，2022（9）：40-45.

是，北半球的极地是一片海洋，南半球的极地却是一块大陆。上述海陆分布特点，对地球上的热量和降水分配以及海洋水文状况均有重要影响。二是海洋类型。根据海洋所处的地理位置、形态特征和水文特征的不同，可将世界大洋划分为主体部分——洋和附属部分——海、海湾与海峡。洋远离大陆，面积广阔，约占全球海洋总面积的89%，水深一般大于2 000米，具有稳定的理化性质、独立的潮汐系统和强大的洋流系统。大洋分为太平洋（总面积为18 134.4万平方千米、海水体积为72 370万立方千米、平均水深为3 940米）、大西洋（总面积为9 431.4万平方千米、海水体积为33 717万立方千米、平均水深为3 575米）、印度洋（总面积为7 411.8万平方千米、海水体积为29 195万立方千米、平均水深为3 840米）和北冰洋（总面积为1 225.7万平方千米、海水体积为1 698万立方千米、平均水深为1 117米）。海面积较小，深度一般在2 000米之内，兼受洋和陆的双重影响，具有不稳定的物理和化学性质，差异明显的潮汐特征，独立的海流系统。根据被大陆孤立的程度、地理位置及地理特征，海一般分为陆间海（介于三个以上大陆之间，并有海峡与相邻海洋连通的海域，面积和深度较大，如地中海等）、内海（伸入大陆内部，面积较小，水文特征受周围大陆的影响强烈，如黑海、红海等）和边缘海（位于大陆边缘而不深入大陆内部，以半岛、岛屿或群岛与大洋分隔，但与大洋水流交换通畅，内侧主要受大陆影响，外侧主要受大洋影响，如日本海等）。海湾是指海洋伸入大陆的部分，且深度逐渐变浅、宽度逐渐变窄的水域，水文特点是潮差较大。海峡是连通洋与洋、洋与海、海与海之间的狭窄的天然水道，水文特征是水流急、潮流速度大。

海岸地貌 海岸地貌主要指海岸在构造运动、海水动力、生物作用和气候因素等共同作用下所形成的各种地貌。其中，主要动力有波浪、潮汐、近岸流等。根据作用方式和地貌的基本特征，可将海岸地貌分为海岸侵蚀地貌和海岸堆积地貌。海岸侵蚀地貌是岩石海岸在波浪、潮流等不断侵蚀下所形成的各种地貌。海岸堆积地貌是近岸物质在波浪、潮流和风的搬运下沉积形成的各种地貌。按海岸的物质组成及其形态，可将海岸分为基岩质海岸、沙砾质海岸、淤泥质海岸、三角洲海岸、生物海岸等。

在海岸地貌塑造过程中，构造运动是基础，波浪作用是最活跃的动力因素。在构造运动奠定的基础上，波浪作用、潮汐作用、生物作用及气候因素等塑造出众多复杂的海岸形态。被海浪侵蚀的碎屑物质由沿岸流携带，输入波能较弱的地段堆积，塑造出多种堆积地貌；在热带和亚热带海域可形成珊瑚礁海岸，在盐沼植物广布的海湾和潮滩上可形成红树林海岸。在不同的气候带，温度、降水、蒸发、风速不同，海岸风化作用的形式和强度各异，造成海岸地貌的区域性差异。

大洋底地质 地球表面的约71%被海水覆盖，海底总面积的约45%被大洋盆地占据。位于大洋盆地下的地壳，简称洋壳。与大陆型地壳相比，洋壳的厚度小且结构简单。洋壳总体上分为3层，自上而下分别是未固结的深海沉积物，如红色软泥，平均厚约300米；玄武岩，平均厚约2 000米；变质基性岩（推测可能是玄武岩或辉长岩层），平均厚约800米。大洋底矿产资源丰富。以深海锰结核为例，仅太平洋底就有1 500亿吨，而且每年还以大约1 000万吨的速度继续生成。锰结核平均含锰35%、铜2.5%、镍2%、钴0.2%。1979年，在北纬21°下加利福尼亚（墨西哥）岸外的东太平洋海隆，科学家在勘探洋底时发现位于硫化物丘上的烟囱状黑色岩石构造——“黑烟囱”。研究表明，在水深至3 700米之处，海水从海洋渗入地层空间，被地壳下的熔岩（岩浆）加热后，从“黑烟囱”里排出，热液温度高达400 ℃。这些热液在与周围的冷海水混合时，水中的金属硫化物沉淀到烟囱和附近的海底上。这些硫化物，包括方铅矿（铅）、闪锌矿（锌）和黄铜矿（铜），积聚在海底或海底表层内，形成几千吨至1亿吨的块状矿床。一些块状硫化物矿床富含铜、锌、铅等金属，特别是富含贵金属（金、银）。海底最大的已知硫化物矿床为红海的阿特兰蒂斯II海渊，它的发现比在东太平洋海隆发现第一个黑烟囱还早十多年。阿特兰蒂斯II海渊的矿化物主要是金属软泥，矿床有9 400万吨的贫铅银矿石，其中含锌2%、铜0.5%、银39克/吨和金0.5克/吨，贵金属的总量约为银4 000吨和金50吨。类似的多金属硫化物矿床在洋底还有很多。

“三个学说” 大陆漂移学说主要内容为石炭纪以前全球只有一个大陆（泛大陆）和一个大洋（泛大洋）；大陆由较轻的刚性的硅铝层组成，漂浮在较重的黏性硅镁层上；从中生代开始在潮汐力和离心力的作用下，大陆逐渐破裂、分离，造成现在的海陆分布；大陆在向赤道和向西漂移的过程中，前缘受到挤压褶皱形成山脉，后缘由于硅镁层的黏结、拖曳而脱落形成岛弧、岛屿。海底扩张说的主要内容为地幔物质自大洋中脊轴部裂谷因软流圈内的物质上涌、侵入和喷出而形成新的洋壳，新上涌侵入的地幔物质把原已形成的洋壳向裂谷两侧推移扩张，致使洋底不断新生和更新，其岩石类型主要为安山岩。板块构造学说的主要内容为固体地球上层可划分为刚性岩石圈和下部的软流圈；岩石圈分为若干大小不一的板块，板块内部稳定，边界为最具活动性的构造带；板块是运动的；岩石圈板块横跨地球表面作大规模水平运动；岩石圈板块运动的驱动力来自地球内部，最有可能的是地幔物质对流。

古海洋学知识是海洋地质地貌知识的一个重要部分。古海洋学研究利用现代地质学和海洋学知识，通过海洋沉积物的分析和研究，了解古海洋表层及底层环流的形成、演化及其地质作用，阐明海水成分在地质历史中的变化、浮游生物和底栖生物的演化、生产力和生物地理发展史及其对沉积作用的影响、海洋沉积作用的历史等。

2. 物理海洋与海洋物理

物理海洋知识主要包括运用物理学的观点和方法研究海洋所形成的关于海洋中的力场、热盐结构（海洋水体、水系或水团中海水温度、盐度的关系）、相关的各种机械运动的时空变化，以及海洋中的物质交换、动量交换、能量交换和转换等知识。

海洋物理学知识主要包括运用物理学的理论、技术与方法研究海洋所形成的关于海洋中的声、光、电等现象、过程及其变化规律，海洋水体与大气圈、岩石圈与生物圈的相互作用等知识。

中小学海洋教育知识体系中物理海洋与海洋物理知识点主要有海浪、潮汐、海流以及海洋热力学性质、海洋电磁学性质、海洋光学性质与海洋声学性质。

海浪 海浪从外观上看是海面起伏形状的传播，从物理学角度看是水质点离开平衡位置作周期性振动并向一定方向传播而形成的一种波动。海浪的能量沿着海浪传播的方向滚滚向前，因而海浪实际上又是能量的波形传播。海浪波动周期从零点几秒到几十秒，波高从几厘米到几十米，波长从几厘米到上百米。海面波浪实际上是各种不同波高、周期、波向的多种波动的组合。将实际定点观测的一段海浪波面记录中的波高由大到小依次排列，前1/3大波波高的平均值就是有效波高。根据国际波级表规定，有效波高小于0.1米的海浪叫作微浪，有效波高为0.1～0.5米的海浪叫作小浪，有效波高为0.5～1.25米的海浪叫作轻浪。有效波高为1.25～2.5米的海浪叫作中浪，有效波高达到2.5米的海浪叫作大浪。无浪、微浪和小浪在海面上的表现都是风平浪静；轻浪和中浪对于海上船只的航行和其他海上作业的影响都不会太大；大浪在远海会经常出现，在近岸出现则会产生较大破坏力，人们就要进行海浪灾害防御。

海浪分为风浪、涌浪和近岸浪三种类型。风浪是指在风直接作用下产生的水面波动。风吹到海面，与海水摩擦，使海水受随风飘荡，海面开始起伏，形成波浪；随着风速加大和吹风时间增加，海面起伏会越来越大。风浪中同时出现许多高低长短不等的波，波面较陡，波峰附近通常有浪花或大片泡沫，此起彼伏，瞬息万变。涌浪是指风停止或风力减弱、风向骤然改变后，在海面上留下的波浪。“无风三尺浪”指的就是涌浪。与风浪相比，涌浪具有较规则的外形，排列比较整齐，波面较平滑。近岸浪是指由外海的风浪或涌浪传到海岸附近，受地形作用而改变波动性质的海浪。

海浪中，水质点的振动能形成动能，海浪起伏能产生势能，这两种能量的累计数量是惊人的。在全球海洋中，仅风浪和涌浪的总能量相当于到达地球外侧太阳能量的一半。

潮汐 潮汐是指海水受天体（主要是月球和太阳）的引潮力作用而形成的长周期波动现象，潮汐中的这种波动又称为潮波。潮波在垂直方向上表现为潮位升降，在水平方向上表现为潮流涨落；习惯上称海面垂直方向上的潮位升降为潮汐，称海水水平方向上的潮流进退为潮流。

潮汐的发生与地球、月球和太阳之间的相互作用有关，其中月球离地球近，引潮力要大于太阳。地球围绕地球—月球质量中心旋转，该质量中心位于地球内部（距离地心4 671千米处）。地球上的每一点（包括海水）都围绕该质心旋转并产生离心力。地球上面对月球的地区受到月球引潮力的影响更大，大量的海水向月球方向移动，海面隆起；在地球上看不到月球的另一侧，因距离地月质量中心较远，地球围绕地月质量中心转动产生的离心力比较大，大量的海水同样向地球背面移动，也形成了相应的海面隆起。当地球、月球和太阳排成一条直线时，即满月或新月时，月球和太阳的引潮力相互加强，导致被称为大潮的潮汐；当月球和太阳的引潮力相互抵消时，会产生被称为小潮的潮汐。月球和太阳相对于地球的运动都有周期性，因而潮汐也有周期性。

海流　海流又称洋流，是指海水因热辐射、蒸发、降水、冷缩等而形成密度不同的水团，再加上风应力、地球自转产生的偏向力、天体的引潮力等作用而大规模相对稳定的流动。“大范围”是指海流的空间尺度大，可在几千千米甚至全球范围内流动；“相对稳定”是指海流的路径、速率和方向，在数月、一年甚至多年的较长时间里保持大体一致。一般将发生在大洋里的海流称为洋流。海流是海水运动的普遍形式之一。海流种类多种多样，除表层洋流外，还有下层的潜流；由下往上的上升流，向底层下沉的下降流；水温高于流经海域的暖流，水温低于流经海域的寒流；水流旋转而成涡旋流；等等。地球上的各大洋连在一起，海流遍布整个海洋，既有主要流动，也有支流。每条海流终年沿着比较固定的路线流动，它们使各大洋保持各种水文、化学要素的长期相对稳定，不断地输送着盐类、溶解氧和热量，使海洋充满了活力。

海洋热力学性质　海洋热力学性质是海水的固有性质，包括海水的热容、比热容、热胀系数、压缩率、热导率、蒸发潜热等，与海水的温度、盐度、压力和密度（或体积）密切相关联。海水的热容量很大。海水由于与周围环境在热力学参数（主要是温度）上存在差异而产生的可资利用的热能称为海洋热能，主要包括海洋表层海水吸收并储存的太阳辐射能、海底热流（通过传导方式自地球内部输送到海底表面的热量）、海洋中其他物质生成或其他形式能量转换而成的热能等。海洋表层海水和深层海水因之间存在温差而蕴含的能量称为海洋温差能，它也属于海洋热能。海洋热能储量巨大，据估算每年海洋热能储量约为4.4×10^{16}千瓦时。海洋热能利用主要集中在海洋温差能发电、海洋温差能淡化海水以及海水源热泵上。海洋温差能发电的基本原理是利用海洋表层的温海水加热某些低沸点工质并使之汽化，或通过降压使海水汽化以驱动汽轮机发电；同时，利用从深海提取的冷海水将做功后的水汽冷凝，使之重新变为液态，形成系统循环。海水源热泵以海水作为提取和储存能量的“基本源体”，借助压缩机系统，消耗少量电能，在冬季将海水中的热量“取”出来给建筑物供热，在夏季将建筑物中的热量“取”出来释放到海洋里，达到温度调节的目的。

海洋电磁学性质 海洋电磁场包括天然电磁场和感生电磁场。天然电磁场主要是穿过海水的地磁场。海水为非铁磁物质（铁、钴、镍等具有良好的导磁性的物质称为铁磁物质，不能被磁化的物质称为非铁磁物质），具有一定的磁导率（一种表示物质磁性的物理量）。海水中的各种盐类几乎完全电离成为阴阳离子，海水靠这些离子导电而成为导体并在地磁场中运动时感生电磁场。海洋中的天然电磁场和海水在地磁场中运动时产生的感应电磁场都会对水下电磁波通信和探测造成干扰。

海洋光学性质 海洋的光学性质包括海水固有光学性质和海水表观光学性质。海水固有光学性质主要指海水对光的散射和吸收。太阳光进入海洋时，纯净的海水吸收其中的长波可见光，包括红、橙、黄、绿、青色光，而短波可见光如蓝色光则被反射。海洋表观光学性质取决于海水固有的光学性质以及太阳和天空辐射通过海面进入海中所形成的海洋辐射场分布。

海色是海洋的一种表观光学性质。所谓的海色是在岸边或船上人们所看到的海洋的颜色，它是由海面反射光和海洋向上的辐照光组成的。由于反射光中对天空的反射光占很大比例，天气状况（晴朗或阴霾）加之海面状况（平静或波涛汹涌）的变化，常使人观察到不同的海色。透明度也是海洋的一种表观光学性质。影响海水透明度及海色的因素有海水中的悬浮物、浮游生物的含量、海水的涡动与混合、风浪流潮等。近海的悬浮物质和浮游生物含量高，加上大陆径流的影响，近海海水透明度低海水呈黄绿色。远海透明度高海水呈蓝或深蓝色。

海洋声学性质 海水能够传播声音，声波是目前唯一一种能够在海水中远距离传播的辐射形式。声波在海水中的传播速度主要受温度、盐度和压强等的影响，其中温度的影响最大。海水温度、盐度分布不均造成了海水中声速分布不均，从而形成海洋中的声速梯度。海水中的声速比空气中的声速快约3.5倍，在1 450～1 540米/秒范围内变化。知道了海水温度、盐度和深度，便可计算海水中的声速。对海水中声速进行直接测量的仪器叫作声速仪，其工作原理是经测定声脉冲通过一定距离的时间间隔来求出声速。

3. 大气—海洋环境

大气—海洋环境知识主要包括海面上空的大气状态和现象，海洋环境及其特点，大气与海洋之间的相互作用、相互影响，大气—海洋环境的变化规律以及与人类活动的关系，人类活动对大气—海洋环境乃至全球环境的影响等。

大气—海洋系统是地球的大气圈与占地球表面积71%的海洋相互作用、相互影响构成的系统。大气与海洋都有各自独立的运行和演化规律，但又有密不可分的联系。

中小学海洋教育知识体系中大气—海洋环境知识点主要有海洋大气环境、海洋环境及其特点、海—气相互作用、海洋环境污染及其保护、海洋灾害。

海洋大气环境　海洋大气环境是指在海洋和大气之间相互作用的空气环境。

海洋大气基本要素包括气压、气温、湿度、风、能见度等物理量；云、降水、雷暴、海雾等天气现象；日照、辐射、蒸发、凝结和升华等物理现象及有关物理量的导出量，如大气密度等。按海洋大气在铅垂方向上的某些特征，划分成水平方向性质比较均一的若干层次，如按温度随高度分布的特征分为对流层、平流层、中间层、热层和外大气层，按大气电离状态分为中性层、电离层和磁层，按大气内各组成成分的混合状态分匀和层和区分层等。

海洋大气环境不仅对天气和气候发生影响，而且对人类生活，海洋动植物生长、海洋建筑物使用寿命及航运、航空、航天、通信、导航、海上军事行动等均有重要影响。

海洋大气环境与海洋环境相互作用，相互制约，关系极为密切。大气对海洋的作用主要表现在大气通过风能推动海水运动，影响海水性质；大气直接参与海陆间水循环，通过降水影响海水性质；大气通过降尘向海洋提供营养元素。

海洋环境及其特点　海洋环境包括海洋水体、海底和海面上空的大气，以及同海洋密切相关并受到海洋影响的沿岸和河口区域，由海洋水文动力、海洋水质、海洋沉积物、海洋生物与海洋生态等多种环境要素组成，是人类赖以生存和发展的自然环境的重要组成部分。

与大陆环境相比，海洋环境有着明显的特点。海水的温度比大陆低，而且变化较小。盐度是海水的重要性质之一，正常海水的平均盐度为35‰。海洋的不同地带氧的含量不同，有氧化条件也有还原条件。这与大陆上多氧化条件、多淡水环境的特点均有差别。

海洋按海水深度及地形水平分区，可划分为滨海区或海岸带、浅海、半深海和深海四种环境。滨海区或海岸带是指海陆之间相互作用的地带，也就是每天受潮汐涨落海水影响的潮间带（海涂）及其两侧一定范围的陆地和浅海的海陆过渡地带；浅海地形平坦，坡度很小；浅海之外的半深海有坡度很陡的大陆坡，陆坡的地形崎岖，并有深切的水下峡谷，斜坡的坡脚水深可达2 000米；再向外则为深海大洋盆地，它的地形比较平坦。海洋的各种环境，对于各类海洋生物及沉积物的存在和分布都有着重大的影响。

大洋区的水层垂直划分，可为若干带。一是上层带，下限为浮游植物的补偿深度，即光合作用产生的氧恰与呼吸作用消耗的氧相等的深度，一般为10～120米，平均约为50米。二是中层带，起于上层带的下限，下至200～300米深处。三是次中层带，水深可达600～700米。四是半深带，水深600～2 500米，几乎无光。五是深层带，水深2 500～6 000米，无光。六是深渊带，水深在6 000米以下，无光。

从化学的角度来看，海水环境是一种复杂腐蚀环境。海水是一种含盐量相当高的腐蚀性介质。表层海水含盐量一般在32‰～37.5‰之间，随着水深的增加，海水含盐量略有增加。盐分中主要为氯化物，占总盐量的88.7%。由于海水总盐度高，所以具有很高的电导率。海水pH通常为8.1～8.2，且随海水深度变化而变化。若植物非常茂盛，CO_2减少，溶解氧浓度上升，pH可接近10；在有厌氧性细菌繁殖的情况下，海水中溶解氧量低且含有H_2S，此时pH常低于7。正常情况下，表面海水氧浓度随水温大体在5～10毫克/升范围内变化。海水温度一般在−2～30 ℃之间，热带浅水区海水温度可能更高。根据海洋环境、腐蚀介质差异及腐蚀作用的不同，通常将海洋腐蚀环境分为大气区（一般指高出海平面2米以上的区域）、飞溅区（一般指高出海平面0～2米的区域）、潮差区（涨潮时浸在水下、落潮时埋入水中的区域）、全浸区（全部浸在海水中的区域）、海泥区（主要由海底沉积物构成）。

海—气相互作用 海洋与大气之间进行着大量且复杂的物质和能量交换，其中的水、热交换，对气候以至地理环境具有深刻的影响。

海洋是大气中水汽的最主要来源。从海洋上蒸发的水汽，随着大气运动，大部分通过降水返回海洋；其余部分被大气运动带到陆地上空，在适当的条件下形成降水降落到陆地上，然后汇入江河，流回海洋，构成地球上水循环，使全世界蒸发和降水的总量保持平衡。海洋的蒸发量与海水温度密切相关，一般来说，海水温度越高蒸发量越大。因此，低纬度海区和有暖流流经的海区，海面蒸发旺盛，空气湿度大，降水也较丰富，海洋与大气之间的水分交换也较为活跃。海洋是地球上水的大本营。在全球水循环和水平衡中，海洋通过蒸发向大气输送水汽是基础，海水运动和大气运动是途径，它们都是海洋与大气之间相互作用才得以实现的。

到达地球表面的太阳辐射有一半以上被海洋所吸收，其中约85%的热量储存在海洋表层，并被海流携带各处重新分布。海洋再通过潜热、长波辐射等方式把储存的太阳辐射能输送给大气。海洋向大气输送的热量受海洋表面水温的影响，水温高的海区，向大气输送的热量也多。不同纬度海洋对大气加热的差异，导致大气产生高低纬间的环流。低纬度地区获得的净辐射能多于高纬度地区，热量从低纬度地区向高纬度地区输送。地球上高低纬度间的热量输送主要是通大气运动和洋流共同实现的。在北纬0°～30°地洋输送的热量超过大气输送的热量；在北纬30°以北地区，大气输送的热量超过海洋输送的热量；在北纬50°附近，海洋把相当多的热量输送给大气，再由大气环流向更高纬度输送。通过海–气的相互作用和对热量的全球输送，维持了地球上的热量平衡。可以说，海洋是大气最主要的热量储存库。大气一方面从海洋获得能量，改变其运动状态；另一方面大气的运动通过风力吹拂洋面，把动能传递给海洋，促使海水运动。海洋与大气之间通过长期的相互作用，并在地转偏向力的影响下，形成了运动方向基本一致的大气环流和大洋环流。

海洋环境污染及其保护 海洋污染通常是指人类改变了海洋原来的状态，使海洋生态系统遭到破坏，有害物质进入海洋环境而造成的污染。海洋面积辽阔，储水量巨大且具有自净能力，由陆地流入海洋的各种物质被海洋接纳而海洋本身却没有发生显著的变化，因而长期以来是地球上最稳定的生态系统。然而近几十年，随着世界工业的发展，海洋的污染也日趋加重，使局部海域环境发生了很大改变，并有继续扩展的趋势。

海洋处于生物圈的最低部位，所容纳的废弃物无法排往他处。海洋是一个整体，各部分相互沟通，以极快的速度蓄积污染物。海洋的表层海水、沿岸海域、江河出口，往往最先受到污染。从某种意义上说，海洋污染比河流、湖泊和大气污染更具有广泛性和复杂性，从而形成污染源广、持续性强、危害性大、扩散范围不易控制等特点。

海洋环境问题产生的主要原因是人类在开发利用海洋资源的过程中，没有考虑到海洋环境的承受能力，低估了过度利用海洋资源所产生的反作用，对水产资源肆意滥捕，对红树林、珊瑚礁等乱伐乱采，随意向海洋排放污染物，不合理地建设海岸工程，危及海洋生态平衡，使海洋环境受到不同程度的损坏，同时也对人类的生产和生活构成了严重威胁。

海洋环境保护是在调查研究的基础上，针对海洋环境方面存在的问题，依据保护海洋生态平衡的要求制定的有关法律法规，运用科学的方法和手段来调整海洋开发和生态环境之间的关系，以达到海洋资源的可持续利用的目的。

海洋灾害 海洋灾害是由于自然因素或人类活动引起的海洋自然环境发生异常或激烈变化，从而导致在海上或海岸带发生的严重危害社会、经济、环境和生命财产的事件，对沿海地区的经济发展和社会稳定带来很大的不确定性。海洋灾害的分类主要有海洋动力灾害如海浪、海啸、海冰、风暴潮和海平面上升；海洋气象灾害如台风、海雾等；海洋生物灾害如赤潮和绿潮；此外，还有突发性的海洋灾害如海上溢油等。有学者也把“厄尔尼诺”现象等视为海洋灾害。引发海洋灾害的原因主要有大气的强烈扰动如热带气旋等，海洋水体本身的扰动或状态骤变，海底地震、火山爆发及其伴生的海底滑坡、地裂缝，以及人类活动带来的影响等。

4. 海洋化学

海洋化学主要包括从化学物质分布变化与转移的角度来研究海洋所形成的关于海洋各部分的化学组成、物质分布、化学性质和化学过程，以及海洋化学资源的开发利用等知识。

海洋化学研究的主要对象是海水、海洋沉积物、海洋生物体等，也包括海洋与大气、海底和陆地等界面及界面之间的相互作用。

海洋的特点决定了海洋化学的特殊性：海水组成复杂，既有溶解的盐类物质又有悬浮的颗粒状物质，既有无机组分又有有机组分，元素含量相差悬殊；海水是多界面、多组分、性质多样的天然水体系，属于中等离子强度的电解质溶液；海洋是一个动力作用体系，还存在静压力；海洋中有生命存在；海洋是一个开放系统。

中小学海洋教育知识体系中海洋化学知识点主要有海洋地球化学、海洋环境化学、海洋资源化学。

海洋地球化学 海洋地球化学主要研究海洋中化学物质的含量、分布、形态、转移与循环等，研究对象包括主要溶解成分、溶解气体、溶解盐、微量元素、有机物、核素、悬浮物、热泉物质等。海水中含有11种主要溶解成分，其中有5种阳离子：钠离子、镁离子、钙离子、钾离子和锶离子，5种阴离子：氯离子、硫酸根离子、碳酸氢根离子（包括碳酸根离子）、溴离子和氟离子等，还有硼酸分子，它们占海水中溶质总量的99.9%以上。各主要溶解成分含量有相对恒定的比例关系。海洋与大气的交界面十分广阔，海洋和大气之间存在广泛的物质交换，因此大气层中的各种气体成分溶入海水并建立平衡形成海水中的溶解气体，如氧气、二氧化碳等。海水中的氮、磷、硅的无机盐类为营养盐，是生物必需的营养成分，但含量较低，是海洋生物量的限制因素。海水中的微量元素包括铁、铝、锰、铜、铅、锌、镉、铬等数十种元素，性质多样。海水中各溶解成分主要来源于江河经流搬运入海的陆地岩石风化产物和火山的喷发物等。海水中有机物的浓度不大但种类多，主要由生物产生，对金属离子的存在形式、海洋微表层性质和悬浮颗粒表面性质等都有直接影响。海洋中存在着铀系、锕－铀系和钍系等三大天然放射系核素以及在核反应过程中产生的放射性核素。海洋中的悬浮物在河口区水体中的含量最大，在大洋海水中的含量最小；颗粒物沉降到海底就逐渐形成了海底沉积层并进入成岩过程。海底洋壳的构造作用形成了海底裂隙，海水从这些开口处渗入并被炽热的岩浆“烧”得滚烫，又从小缝隙里涌出形成海底热泉，其中含有许多金属硫化物等，这也是海洋地球化学的研究对象。

海洋环境化学 海洋环境化学主要关注海洋及相关环境中与生态环境质量关系密切的物质，运用化学理论和方法，监测化学污染物在海水、海洋生物及海洋沉积物中

的含量，研究它们在海洋环境中的存在形式、迁移转化和归宿的规律以及对生态环境的影响，研发污染防治与环境修复的化学技术。海洋污染主要来源于人类的生产和生活过程，自然界如火山喷发、自然溢油也造成海洋污染，但人为活动所造成的环境污染更加严重而倍受关注。

工农业生产和生活排污会使大量氮、磷营养盐入海，造成近岸海域富营养化，引发赤潮等有害藻华，对海洋环境和生态系统造成严重危害。海洋污染物对人体健康的危害包括食用受污染海产品造成的危害和直接污染造成的危害。海洋污染物主要包括：原油加工产品；铬、锰、铁、铜、锌、银、镉、锑、汞、铅等重金属元素和硫、砷等非金属元素以及多环芳烃、多氯联苯等持久性有机污染物，它们来自工、农业废水和煤与石油燃烧而生成的废气；来自森林、农田等施用的农药如有机磷农药、有机氯农药以及除草剂如百草枯等，它们经水流迁移入海或逸入大气经搬运而沉降入海；放射性物质，主要来自核武器爆炸以及核工业、核电站和核动力舰艇等的排污；造纸、印染和食品等有机废物和生活污水；工程残土、城市垃圾及疏浚泥等固体废物，等等。其中，有些问题通过污染源治理和污染物排放控制等手段已得到一定程度上的缓解。

人类生产生活中燃烧大量化石燃料，所产生的二氧化碳进入大气使温室效应加剧，导致全球变暖是人类面临的重大环境问题。海洋吸收二氧化碳能够缓解大气二氧化碳浓度的增加，但引起了海水pH降低而导致海洋酸化，对海洋生态环境造成了影响。受富营养化及气候变化影响所出现的海水溶解氧浓度降低即海洋低氧等问题，使海洋生态环境面临更大的挑战，需通过研究采取措施实现“双碳目标”来加以解决。

海洋资源化学　海洋资源化学主要研究从海洋水体、海洋生物体和海洋沉积层中开发利用化学资源的问题。海洋水体是地球上最大的连续体，海水中溶存元素总量巨大，即使是某些微量元素如铀、钴等，在海水中的总藏量也都要以亿吨、百亿吨甚至千亿吨计算。现在，除了海水制盐外，海水提镁、提钾、提溴以及海藻提碘等都已形成规模化生产，海水综合利用、海水淡化技术也发展迅速。

海底矿产资源主要包括煤、铁等固体矿产，海滨砂矿如金红石、独居石、锆铁矿、锆英石、黄金、铂和银等，多金属结核和富钴锰结壳，热液硫化物矿藏，天然气水合物（又称“可燃冰”），等等。

5. 海洋生物与海洋生态

海洋生物与海洋生态知识主要包括海洋里生物的起源和演化，分类和分布，生长和发育，生理、生化和遗传，海洋生物之间以及生物与其所处的海洋环境之间的相互作用和相互影响，海洋生物多样性，海洋生态系统以及海洋生态保护等。

海洋生态以生物的个体、种群、群落以及整个海洋生态系统为研究对象。对于海洋生物的个体，主要是研究生物生长和发育以及生物与环境之间的关系，特别是生物对环境的适应性，通过实验研究生物对水温、盐度、光照、营养物、污染物等各种海洋环境因素的需要、耐受和适应范围。对于生物种群，主要是研究生物作为一个群体所具有的生物特性，包括种群的年龄组成、性别比例、数量变动、出生率、死亡率、增长潜力、种群调节、空间分布、迁移及其与海洋环境的关系，以及种群内不同个体之间和各个种群之间的相互关系。对于生物群落，主要是研究在一定环境里栖息的多种海洋生物组合体的特点，它们之间及其与环境之间的相互关系。海洋生态研究可为海洋生物资源的开发、利用、管理和增养殖，以及海洋环境和生态保护等提供科学依据。

中小学海洋教育知识体系中海洋生物学知识点主要有海洋生物分类、海洋生物与海洋环境以及海洋生态系统。

海洋生物分类　海洋生物是指海洋里有生命的物种，包括海洋动物、海洋植物、微生物及病毒等。

海洋动物是海洋中异养型生物的总称。按生物分类学，海洋动物可以分为海洋无脊椎动物、海洋原索动物和海洋脊椎动物。海洋无脊椎动物即身体没有脊椎的海洋动物，占据了海洋动物的大多数，种类繁多，包括原生动物、海绵动物、腔肠动物、扁形动物、纽形动物、线形动物、环节动物、软体动物、节肢动物、腕足动物、毛颚动物、须腕动物、棘皮动物和半索动物等，虾、蟹、贝、螺、章鱼、乌贼等都属于海洋无脊椎动物。海洋原索动物是海洋无脊椎动物向海洋脊椎动物过渡的一类海洋动物，又分为尾索动物和头索动物。尾索动物尾部有一条脊索，如海樽和海鞘。头索动物是一种没有明显头部但脊索发达的动物，如文昌鱼。海洋脊椎动物分为鱼类、爬行动物（如海龟、海蛇等）、海洋鸟类（如信天翁、海燕、海雀等）和哺乳动物（如海牛、海豚、海豹、鲸等）等，是海洋脊椎动物里面最高等的一类。它们通过胎生繁殖且用肺呼吸；其中，有些终生生活在水里，如海牛、海豚、鲸；有些在海岸和海里两边活动，如海豹、海狮。

海洋植物是指海洋中利用光合色素进行光合作用以生产有机物的自养型生物。海洋植物包括低等的藻类和高等的种子植物。海洋藻类是具有光合色素、营自养生活、用孢子繁殖无胚的叶状体海洋生物，如海带、紫菜等，在海洋中品种繁多。海洋种子植物是海洋中能开花结果的高等植物。海洋种子植物有两大类：海草和红树植物。海草类在某些沿岸海域会组成广大的海草场。红树植物是热带和亚热带海滩上特有的木本植物，它们常常形成高矮不同的乔木或灌木丛林，形成红树林。

海洋微生物是指以海洋水体为正常栖居环境的一切微生物，包括但不限于单细胞藻类、微小的多细胞藻类、细菌、真菌等。海洋细菌是生活在海洋中的、不含叶绿素和藻蓝素的原核单细胞生物，是海洋微生物中分布最广、数量最大的一类。海洋真菌是生活在海洋中的能形成孢子且有真核结构的海洋微生物。

海洋病毒个体微小、结构简单，主要由核酸与蛋白质组成；其自身不能完成复制，但当它接触到宿主细胞后，会将其遗传物质（核酸）注入宿主细胞体内，并借助宿主细胞的复制系统进行子代病毒的复制。

按环境适应性和生活方式划分，海洋生物一般分为浮游生物、游泳动物和底栖生物3类。

浮游生物是指无游泳能力或游泳能力弱，悬浮于水中随水流移动的海洋生物，包括细菌、浮游藻类（如硅藻、甲藻等）和浮游动物（如水母，腹足纲软体动物的翼足目、异足目，许多海洋动物的幼虫等）。多数种类的浮游生物终生营浮游生活，被称为永久性浮游生物；少数种类的浮游生物仅于生活史的某个阶段营浮游生活，被称为阶段性浮游生物，如许多海洋动物的幼虫；也有些种类的浮游生物原非浮游生物，被水流冲荡而出现在浮游生物中，如某些低等甲壳类的介形类、涟虫类等，被称为暂时性浮游生物。浮游藻类只能生活在有光的水层；浮游动物中，有的可以生活在千米以下的深水中，而且多数能在水中作垂直移动。浮游生物一般体重轻（外壳重量轻、体内脂肪含量高、富有黏液）、沉降阻力大（身体相对面积大，体表多刺毛、突起，群体连成片）或者具有纤毛、鞭毛而有一定的运动能力。

游泳动物是指具有发达的运动器官且游泳能力强的海洋生物，包括鱼类、哺乳动物（如鲸、海豚、海豹等）、爬行动物（如海蛇、海龟等）、软体动物（如乌贼、章鱼等）和一些大型虾类（如对虾、龙虾等）等。不同种类的游泳动物的游泳能力、速度和方式有很大差异。有些种类的游泳动物能够跨越大洋进行长距离的洄游。游泳动物除了有发达的游泳器官外，身体大多呈流线型，以减小阻力、提高游泳速度。

底栖生物是指生活在海洋水域底部和不能长时间在水中游动的各种生物，包括几乎全部的大型藻类、底栖植物（海草和红树等种子植物）、底栖动物（海绵、腔肠、环节、线虫、软体、甲壳、棘皮、脊椎等动物门类均有底栖生物的物种）。底栖生物按其与底质的关系，又可区分为底上、底内和底游三大生活类型；在岸边还存在潮间带生物。

海洋生物分类充分体现了海洋生物的多样性。

海洋生物与海洋环境 海洋环境是海洋生物生存和发展的基本条件。海洋环境的任何改变都有可能导致海洋生物生存状态的变化。海洋的整体性和组成要素之间的密切相关，使得任何海域某一要素的变化（包括自然的和人为的），都不可能仅仅局限在这一要素本身和产生变化的具体地点上，而要对其他要素及邻近的海域产生直接或者间接的作用，并影响到海洋生物的生存。

在海洋里，由于光线、压力、盐度、海流、潮汐、波浪、营养盐以及地质构成等条件的不同，海洋生物的生存环境千差万别。海洋生物只有适应了周围的环境才能生存下来；但当环境由于外来因素突然发生变化时，超过了自身允许的生理限度又没有逃亡，它们便会死亡。海洋环境要比陆地环境复杂得多，因此，通常海洋生物比陆地生物繁殖力更强；即使这样，在众多的海洋生物群落中，也只有那些强壮并适应了生存环境的海洋生物才能存活下来。海洋生物群体之间主要是通过食物链关系彼此联系的。这种关系在漫长的演变和进化过程中形成了相对稳定的结构，维持着海洋中的生态平衡。

海洋生物的形态、习性包括体色等随海水深度的增加而变化的情况是很明显的，因此每一层海水中的生物往往具有共同的特性。在表层十几厘米深度的海水里，有肉食性的蓝色甲壳纲动物、软体动物和管水母；往下是弱光层，颜色发红和发黑的动物取代了透明的无脊椎动物；再往下是漆黑的深海区，那里的光线来自底栖鱼类的发光器官。例如，灯笼鱼身上长有由皮肤腺细胞转化而成的发光细胞组成的“小灯笼”。发光细胞能分泌出一种含磷腺液，含磷腺液被血液中的氧气氧化就会发出荧光。很多深海生物具有趋光性，“小灯笼”就成了灯笼鱼引诱食物的利器。生活在海底的生物种类也在随海水深度的变化而变化。从大陆架到大陆坡直到深海底，在泥质海底上生存的主要是掘穴动物，而在深海软泥海底生存的主要是鱼、甲壳纲动物和海参等。对于以从海水中摄食浮游生物为生的鱼类来说，它们的数量与海水的深度成反比；而对于以从海底沉积物中觅食为生的鱼类来说，则能生活在很深的海底。

海洋生态系统 海洋生态系统是海洋中由生物群落及其环境相互作用所构成的自然系统。全球海洋可以看作一个大生态系统，其中包含许多不同等级的次级生态系统。每个次级生态系统都占据一定的空间，由相互作用的生物和非生物，通过能量流和物质流形成具有一定结构和功能的统一体。

海洋生态系统由海洋生物群落和海洋环境两大部分组成，每一部分主要含有6类要素。一是自养生物，即生产者，主要是浮游藻类、底栖藻类、海洋种子植物，以及蓝细菌、硫化细菌等自养性细菌。二是异养生物，即消费者，包括各类海洋动物。三是分解者，包括海洋细菌和海洋真菌。四是有机碎屑物质，包括生物死亡后分解成的有机碎屑和陆地输入的有机碎屑等，以及大量溶解有机物和其聚集物。五是碳、氮、硫、磷元素的化合物等参加物质循环的无机物质。六是温度、盐度、海流等水文物理状况。

以下是一些典型的海洋生态系统。

珊瑚礁生态系统。珊瑚礁生态系统是由活珊瑚、死亡珊瑚的骨骼及其他礁区生物共同组成的聚集体，珊瑚虫营造起珊瑚礁，为小丑鱼、海鳝、砗磲等上千种海洋生物的提供了生活家园。珊瑚礁是天然的海岸屏障，具有防浪护岸和环境调节的生态功能。

海草床生态系统。海草床是中低纬度海域潮间带中下区和低潮线以下数米乃至数十米浅水区海草和草栖动物繁茂的地带，成为众多鱼类、贝类和绿海龟、儒艮等大型海洋动物的觅食地和庇护所。

深海热液区生态系统。深海热液区生态系统是不依赖于太阳光能，由化能自养微生物支撑的典型黑暗生态系统。"黑烟囱"是深海热液区的代表性特征结构，由喷发的超高温还原性热液与低温富氧海水混合造成矿物沉淀聚集形成。热液区具有代表性的生物是身长能达到1～2米、大多生活在10～22 ℃环境中的管状蠕虫。管状蠕虫体内聚集着数以亿万计的共生菌，这些细菌从热液中获取硫元素，并从海中获得氧气"供养"管状蠕虫，使其得以生存。

极地生态系统。在南极海洋生态系统中，最主要的生物是南极磷虾，它们主要以海洋藻类、浮游植物和海洋中的有机碎屑作为食物，也是鱼类和鲸等海洋动物的饵料。在北极海洋生态系统中，海冰起到了非常重要的作用，冰底生长着很多藻类，成为北极海洋生态系统众多海洋动物的主要食物来源。

6. 海洋工程与技术

海洋工程与技术知识主要包括为了实现研究海洋、开发利用海洋和保护海洋所形成的一切设备、系统、工程，以及为了研究海洋自然现象及其变化规律、开发利用海洋资源、保护海洋环境、维护国家海洋安全所使用的各种技术等知识。

海洋工程主要包括港口航道工程、海岸与海洋工程、海洋结构物等。新型海洋工程涉及海岸线的建设与防护，岛屿开发建设，在大陆架较浅水域的海上平台、海底管线等工程设施，在大陆架较深水域的石油和天然气勘探开采平台、半潜式平台、大型浮式储油库、大型浮式机场、浮式风机、深海浮式牧场、海上新能源平台等高端海洋工程设施，在深水海域的无人船或无人潜水器、远程遥控的海底无人采矿设施、深水海底管线及立管系统等海底工程设施和深海高端装备，基于大数据平台和物联网服务的智能海洋工程系统设施，等等。

海洋技术主要包括海洋探测技术，如海洋遥感技术（卫星遥感、航空遥感）、海洋探查技术（重点为近海底的高精度水下观测技术和海底原位直视勘查技术）、海洋监测技术（海洋动力环境监测、海洋污染和生态环境自动监测等）、海洋浮标技术（锚泊浮标、漂流浮标等）等；海洋开发技术，如海洋生物资源开发技术（基因工程技术、生物化学技术、海洋药物开发技术等）、海洋石油天然气开发技术、深海采矿技术（针对锰结核和热液矿床)、**海水淡化技术**(蒸馏法、电渗析法、反渗透法等)、**海水化学资源提取技术**(重点提取盐、溴、钾、镁)、**海水直接利用技术**(工业循环冷却水、海水直接灌溉等)、**海洋空间利用技术**(海上生产场所、存贮场所、交通运输场所、军事基地、人工岛、海底隧道等)、**海洋能源利用技术**(潮汐能发电、波浪能发电、海水温差发电等)等;**海洋通用技术**,如**潜水技术与救捞技术**(载人潜水器、水下机器人等)、**海上通信技术**(海上短波通信技术、海上卫星通信技术、海底无线通信网络技术等)等;**海洋信息处理技术**,如海洋数据同化及融合技术、海洋数据反演、海洋大数据处理、海洋数据存储及应用、海洋数据可视化等。

中小学海洋教育知识体系中海洋工程与技术知识点主要有我国的海洋工程建设和我国的海洋技术发展。

我国的海洋工程建设 海洋工程是海洋经济发展的主要载体,具体指集浮体结构、安装建造、信息及新材料应用等于一体的多领域、多学科、复杂的系统工程,具有高风险、高技术、高投入的特点。

随着我国海洋经济的快速发展,我国的海洋工程基本形成五大类型。一是海洋资源开发工程,如海洋油气开发工程、海洋渔业工程、海洋金属资源开发工程、海水利用工程、海洋可再生能源开发利用工程和海洋生物工程。二是海洋空间利用工程,如港口运输工程、跨海大桥工程、海底隧道工程、海底电缆管道工程、围填海工程、临海工业工程和人工岛工程。三是海洋装备制造工程,如船舶制造工程、海上钻井平台、海洋勘探装备和海洋观测仪器设备。四是海洋管理和服务工程,如海洋信息系统、海洋执法系统、海洋观测监测系统、海洋预报系统和海洋打捞救生系统。五是海洋军事工程,如军舰、潜艇、军港、监视工程、预警工程和海岸防卫工程。近年来,我国的海洋工程在数量和规模上发生巨大变化,呈现四个方面的主要特征。一是大型基础设施和重化工业陆续在沿海布局,海洋工程建设规模不断扩大。二是海洋工程的产业结构出现新的变化,在传统产业稳定增长的同时,海上风电、海洋可再生能源开发利用、海上休闲娱乐、海水淡化和海洋生物制品等新兴产业正在形成规模。三是海洋资源开发利用方式从粗放型逐步向集约节约型转变,海洋资源开发利用空间从近海逐步向深水推进。四是海洋工程技术的进步大大提高了海洋工程建设的质量和效率。[①]

进入21世纪以来,我国的一些海洋工程令世界瞩目,例如:

港珠澳大桥是连接香港、珠海、澳门的超大型跨海通道,全长55千米,是世界最长的跨海大桥。其中,港珠澳大桥沉管隧道是全球最长的公路沉管隧道和全球唯一的

---

① 单亦石,毛可佳.我国海洋工程的发展现状及远景展望[J].海洋开发与管理,2021(8):78.

深埋沉管隧道。港珠澳大桥可经受16级台风、8级地震，设计使用寿命为120年，是目前世界上桥梁设计使用年限最长的桥梁。

从海洋一号A星到海洋一号E星的“海洋一号”卫星工程构建了基于多源卫星的水色、海温、海冰、渔场环境、水质、浒苔、赤潮和海岸带遥感监测应用系统，实现了大范围和高频次实时监测，大幅提高了对全球海洋水色、海岸带资源与生态环境的有效观测能力，使我国在海洋水色遥感领域跻身国际前列，有力地推动了我国迈向航天强国的步伐。

我国目前最大的潮汐能发电站江厦潮汐试验电站的1号机组增效扩容改造工程，在国际上首次研发了三叶片可六工况双向高效运行的潮汐发电机组转轮，极大地丰富了我国双向潮汐发电机组的系列型谱。

全球首台大容量抗台风型漂浮式海上风电机组——“三峡引领号”在中国南海广东阳江海上风电场正式并网发电，标志着我国在全球率先具备了大容量抗台风型漂浮式海上风电机组自主研发、制造、安装及运营能力。目前，我国海上风电在运营容量已占据全球的半壁江山。

全球首艘10万吨级智慧渔业大型养殖工船“国信1号”，总长249.9米，型宽45米，型深21.5米，载重量10万吨，排水量13万吨，完全由我国自主设计、研发、建造，从鱼苗入舱、投喂养殖到起捕、加工、运输构建起一座移动的“海洋牧场”，开创诸多国际先例，为世界深远海养殖打造了“中国样本”。

现在，我国正在巩固已涉足的海洋工程领域，并向高端产业升级，再进一步提升创新研发能力和服务保障能力，开辟全新海洋工程领域。

我国的海洋技术发展 我国古代的造船和航海技术居于世界领先水平。我国古代航海木帆船中的沙船、鸟船、福船、广船举世闻名，季风航海术、地文航海术、天文定位导航术、海洋潮汐知识、航路指南、航用海图、指南针与磁罗盘导航、船舶操纵技术等成就了古代海上丝绸之路与郑和七下西洋。

新中国成立以来，中国海洋科技事业不断发展；特别是党的十八大以来，海洋科学技术进入了跨越式发展期，海洋科技人才队伍呈“指数式”发展壮大，海洋科学研究能力和条件进一步优化提升，海洋科技创新取得一系列重大标志性成果。

我国在“深水、绿色、安全”等海洋高技术领域自主创新不断取得新突破，多个领域跻身世界前列，例如：

以“蛟龙”号、“深海勇士”号、“奋斗者”号、“海斗”号、“潜龙”号、“海龙”号等潜水器为代表的海洋探测运载作业技术实现质的飞跃，从2012年7 000米级载人潜水器“蛟龙”号问世到2020年“奋斗者”号在地球“第四极”马里亚纳海沟成功下潜到

10 909米，中国挺进大海深处的纪录不断刷新。

海洋油气勘探开发实现从水深300米到3 000米的跨越，“海洋石油981”在南海首钻成功，超深水双钻塔半潜式平台“蓝鲸1号”在南海成功试采可燃冰，展现了我国海洋勘探技术和采矿技术的强大力量。

我国自主设计建造的首艘世界最大集装箱船“长益”号一次最多可装载24 004个标准集装箱，我国自主研发的“爱达·魔都”号邮轮不仅是我国首艘国产大型邮轮，还是全球首艘5G网络邮轮，我国首艘规模最大、综合能力最强、设备设施最先进的新一代大型专业海道测量船“海巡08”的测量能力达到世界领先水平。

海洋科技创新是建设海洋强国的根本动力，是贯穿全局、起决定性作用的关键因素，加快海洋开发进程，振兴海洋经济，关键在海洋科技创新。今后，我国将重点在“强化海洋领域国家科技力量”“着力突破海洋核心装备和关键技术瓶颈”“加强海洋基础性、前沿性和战略性技术储备”“提高海洋科技成果转移转化成效”等方面进行攻关，力争实现新的突破。

（二）社会与人文海洋类

1. 海洋权益与海洋安全

一般认为，海洋权益是指国家在海洋事务中享有的权利和可获得的利益的总称。从字面上看，包括海洋权利和海洋利益。海洋权利是沿海国依据国际海洋法及其国内法在海洋上享有的各项权利和自由，海洋利益则是沿海国依法行使权利可获得的各方面利益，以及其认为需维护的各方面利益。海洋利益是国家利益的组成部分，它包括海洋政治利益、海洋经济利益、海上安全利益、海洋科研利益和生态环境利益等。①

从《联合国海洋法公约》有关规定看，完整意义上的海洋权益，不仅包括国家在其管辖海域范围内的海洋权益，还包括国家管辖海域范围之外的，被国际法普遍认可的海洋权益。由此，海洋权利是指国家依据国际海洋法及其国内法在海洋上享有的各项权利和自由；国家的海洋利益则不仅局限于管辖海域内的各种好处、恩惠，也触及世界海洋的其他角落。②

海洋安全是指在海洋空间和海洋方向上的国家政权、主权统一和领土完整、人民福祉、经济社会可持续发展和国家其他重大海洋利益，相对处于没有危险和不受内外威胁的状态，以及保障持续安全状态的能力。海洋安全的内涵与国家安全的内涵一

---

① 国家海洋局海洋发展战略研究所课题组. 中国海洋发展报告（2010）[M]. 北京：海洋出版社，2010：150.

② 国家海洋局海洋发展战略研究所课题组. 中国海洋发展报告[M]. 北京：海洋出版社，2009：97.

脉相承，是国家安全的重要组成部分，既包括海洋国土安全这样的传统安全，也包括属于非传统安全的海洋空间安全、海洋资源安全、海洋环境安全和海洋生态安全。海洋权益位居各个海洋安全要素的核心。同时，以海洋权益为中心的海洋安全各要素之间相互联系、相互作用，且都有可能衍生军事、科技、经济、核安全等实操性安全问题，以及信息、政治、文化、社会等意识安全问题。因此，国家安全观视域下的海洋安全是一个人海协调的综合系统。①

中小学海洋教育知识体系中海洋权益与海洋安全知识点主要有构建海洋命运共同体、建设海洋强国、海洋权益和海洋军事。

构建海洋命运共同体 2019年4月，习近平主席在集体会见应邀出席中国人民解放军海军成立70周年多国海军活动外方代表团团长时指出，海洋对于人类社会生存和发展具有重要意义。海洋孕育了生命、联通了世界、促进了发展。我们人类居住的这个蓝色星球，不是被海洋分割成了各个孤岛，而是被海洋连结成了命运共同体，各国人民安危与共。海洋的和平安宁关乎世界各国安危和利益，需要共同维护，倍加珍惜。

构建海洋命运共同体理念为引领全球海洋治理指明了前进方向，为建设和呵护美丽繁荣的海洋家园提供了中国方案。在构建海洋命运共同体理念的指引下，我国大力开展国际海洋合作，积极推动全球海洋治理进程，促进全球海洋事业发展，赢得国际社会广泛赞誉。

建设海洋强国 海洋强国是指在开发海洋、利用海洋、保护海洋、管控海洋方面拥有强大综合实力的国家。当前，中国经济已发展成为高度依赖海洋的外向型经济，对海洋资源、空间的依赖程度大幅提高，在管辖海域外的海洋权益也需要不断加以维护和拓展。这些都需要通过建设海洋强国加以保障。

2013年7月30日，习近平总书记在十八届中央政治局第八次集体学习讲话时指出，建设海洋强国是中国特色社会主义事业的重要组成部分。党的十八大作出了建设海洋强国的重大部署。实施建设这一重大部署，对推动经济持续健康发展，对维护国家主权、安全、发展利益，对实现全面建成小康社会目标、进而实现中华民族伟大复兴都具有重大而深远的意义。

海洋权益 海洋权益是国家在海洋上所获得的利益，受国家法律保护。海洋权益主要包括海洋政治权益，如海洋主权、海洋管辖权、海洋管制权等，这是海洋核心权益；海洋经济权益，主要指开发领海、专属经济区、大陆架的资源以及发展国家的海

---

① 仲小敏，赵明月，门子真. 国家安全观视域下海洋安全教育体系的建构——以中学地理为例[J]. 中学地理教学参考，2022（6）：5.

洋经济产业等；海上安全利益，主要指使海洋成为国家安全的国防屏障，通过外交、军事等手段防止发生海上军事冲突等；海洋科学利益，主要指使海洋成为科学实验的基地，以获得对海洋自然规律的认识等；海洋文化利益，如海上观光旅游等。海洋权益属于国家主权范畴，是国家领土向海洋延伸形成的权利。海洋国土是指国家主权管辖下的一个特定的海域及其上空、海床和底土，是一个沿海国家的内水、领海和管辖海域的形象统称。管辖海域包括领海以外的毗连区、专属经济区、大陆架、历史性海域或传统海疆等。

我国周边海域总面积约为473万平方千米。我国的海洋国土包括渤海全部，黄海、东海和南海的一部分，台湾岛的周边海域，以及国际海底区域的一部分，我国主张管辖海域总面积约为300万平方千米。国家在领海区域享有完全排他性的主权权利；在毗连区享有的权利主要有安全、海关、财政、卫生等管辖权，是由领海主权延伸或衍生过来的权利，也具有排他性；在专属经济区和大陆架，享有勘探开发自然资源的主权权利，这种权利属于专属权，是仅次于主权的“准主权”；另外，还拥有对海洋污染、海洋科学研究、海上人工设施建设的管理权，是上述“准主权”的再延伸。

海洋军事 海洋军事研究的内容主要包括现代海军、海军武器、近现代海战。中国人民解放军海军是国家军事实力的重要组成部分，也是国家在海洋战区实施军事行动和维护国家海洋权益的重要力量；战时担负着夺取、保持制海权以保障国家安全的使命，和平时期依照国际海洋法维护国家和平利用海洋和各种海洋权益不受侵犯。习近平强军思想是以习近平同志为核心的党中央，在指导建设强军事业伟大实践中孕育的科学思想体系，揭示了强军制胜的根本规律，闪耀着马克思主义思想方法的光辉，是指引强军事业发展进步的科学指南。

海军武器是海军诸兵种执行作战、训练任务和实施后勤保障的各种战斗装备和技术装备的总称。包括：海军导弹、水中武器、海军炮、两栖车辆等战斗装备；海军通信、导航、侦察、雷达、声呐、电子对抗、三防（防核、防化学、防生物武器）、特种车辆、海洋测绘、气象、防险救生、动力、机电等技术装备及专用装设备。为保障祖国海疆领土铸就了辉煌的成绩。

海洋战争指国家或政治集团为了达成一定的政治、经济目的，运用海军或以海军为主的武装力量，以海洋战场为基本作战空间进行的武装斗争。海洋战争可独立进行，也可以作为战争的重要组成部分，与陆上战争和空中战争配合进行。海洋环境对海上战争既具有制约作用，又提供了利用之机。对海洋权益、海洋政治经济利益的维护与争夺是海洋战争的基本动因，海洋战争的目的、性质、方针、计划、规模、手段和指导原则通常取决于国家政治需求。国家经济实力是国家赖以进行海洋战争的物质基础。

2. 海洋经济

海洋经济，一般是指为开发利用海洋资源和依赖海洋空间而进行的生产活动，以及直接或间接开发利用海洋资源与空间而进行的相关产业活动，主要包括海洋渔业、海洋交通运输业、海洋船舶工业、海盐业、海洋油气业、海洋旅游业等。海洋经济知识包括海洋经济活动、海洋经济活动的资源环境基础研究（地理学、海洋科学等）、海洋经济活动的技术与工程研究（水产养殖、海洋工程、海洋技术等）、海洋经济活动的权益维护机制。

现在，人类社会正在以全新的姿态向海洋进军，海洋将成为包括高新技术引导下的经济竞争在内的国际竞争的主要领域。世界四大海洋支柱产业——海洋石油工业、海洋旅游业、现代海洋渔业和海洋交通运输业已经形成相当大的规模。世界范围内的海洋产业发展经历了从资源消耗型到资金密集型，再到技术创新型的产业结构升级，海洋经济正在并将继续成为全球经济新的增长点。自实施海洋强国战略以来，我国的海洋经济异军突起、迅速发展，为我国的现代化国家建设、实现中国式现代化作出了突出贡献。

中小学海洋教育知识体系中海洋经济知识点主要有共建21世纪海上丝绸之路、陆海统筹、海洋资源利用和海洋产业。

共建21世纪海上丝绸之路　共建21世纪海上丝绸之路是2013年10月习近平主席访问东盟时提出的战略构想。21世纪海上丝绸之路是一条强化国际蓝色经济合作的海上经济之路，是一条促进沿线国家共创开放包容的人文交流新局面的海上文化之路，是一条践行绿色发展、推动海洋环境保护国际合作的海上美丽之路，是一条和平合作、开放包容、互学互鉴、互利共赢的海上友谊之路，为海洋命运共同体构建起安全、绿色、进步、和平的美丽航线。

陆海统筹　我国是一个陆海兼备的发展中大国，建设海洋强国是全面建设社会主义现代化强国的重要组成部分。习近平总书记在党的十九大报告中指出："坚持陆海统筹，加快建设海洋强国。"增强陆海统筹的思想意识、把握陆海统筹的丰富内涵、加强陆海统筹的科学设计、强化陆海统筹的综合实力，将会有力地促进我国的社会主义现代化强国建设，并为世界贡献更多的中国智慧和更强的中国力量。

陆海统筹是指将陆地系统和海洋系统作为整体来考虑，利用二者之间的物流、能流、信息流等联系，发挥二者的经济、生态和社会功能，以人与自然的和谐发展为指导，实施统一的国土开发规划，通过陆海资源开发、交通通道建设、生态保护等领域的统筹协调，促进海陆两大系统的优势互补、良性互动和协调发展，构建陆地文明与海洋文明相容并济的可持续发展格局，促进陆海一体化发展。

陆海统筹发展涉及资源、经济、社会、生态和主权权益维护等内容，关系到国家发展和安全大局。我国陆海统筹的具体政策，一是包含促进区域经济发展，加强海岸带与海洋综合管理；二是全国一盘棋，实现东、中、西部联动发展。

陆海统筹，既是一种全新的发展观又是一种重要的方法论。作为一种发展观，它将海洋和陆地视为一个有机整体，在国家发展战略上倚陆向海，实现海洋资源与陆地资源的协调开发、陆海交通基础设施和通道建设的合理联通、陆海生态环境的科学保护、陆海安全的联合互动。作为方法论，它将有助于我国破解发展所面临的各种挑战。

海洋资源利用 海洋资源是赋存于海洋环境中可以被人类利用的物质和能量以及与海洋开发有关的海洋空间。蓝色海洋与绿色生态环境是沿海地区的生命线。海洋资源开发利用必须坚持绿色、科学、立体开发利用的模式，这也是当今世界海洋资源开发利用的发展趋势。绿色海洋资源开发基于海洋的生态环境容量和资源承载力，按照整体、协调、优化和循环的思路进行海洋资源的合理有效配置，正确处理资源开发与环境保护、经济社会发展的关系，科学规划海洋资源的开发，促进海洋资源的有效利用，实现环境保护、资源开发利用与经济社会良性发展的和谐统一。

海洋产业 海洋产业是指人类直接开发利用和保护海洋资源所进行的生产和服务活动。海洋产业的涉海性，决定了其产业的多样性：一是直接从海洋中获取产品的生产和服务，二是直接从海洋中获取的产品一次加工生产和服务，三是直接应用于海洋和海洋开发活动的产品生产和服务，四是利用海水或海洋空间作为生产过程的基本要素所进行的生产和服务，五是与海洋密切相关的科学研究、教育、服务和管理。按照GB/T 4754—2017的行业划分规定和海洋经济活动的同质性原则，每一个海洋产业类别应按照同一种经济活动的性质划分，海洋及相关产业分为海洋产业、海洋科研教育、海洋公共管理服务、海洋上游相关产业、海洋下游相关产业共5个类别。其中，海洋产业包括海洋渔业、沿海滩涂种植业、海洋水产品加工业、海洋油气业、海洋矿业、海洋盐业、海洋船舶工业、海洋工程装备制造业、海洋化工业、海洋药物和生物制品业、海洋工程建筑业、海洋电力业、海洋淡化与综合利用业、海洋交通运输业、海洋旅游业等15个大类；海洋科研教育包括海洋科学研究和海洋教育2个大类；海洋公共管理服务包括海洋管理，海洋社会团体、基金会与国际组织，海洋技术服务，海洋信息服务，海洋生态环境保护修复，海洋地质勘查等6个大类；海洋上游相关产业包括涉海设备制造和涉海材料制造2个大类；海洋下游相关产业包括涉海产品再加工、海洋产品批发与零售和涉海经营服务3个大类。

3. 海洋文学

关于海洋文学的概念现在还没有统一的界定，如：段汉武（2009）认为“以海洋为背景或以海洋为叙述对象或直接描述航海行为以及通过描写海岛生活来反映海洋、人类自身以及人类与海洋关系的文学作品，就是海洋文学”①；张勇等（2024）认为，“海洋文学是一种以海洋为背景，以海洋为象征，以海洋为隐喻，表现人类对海洋的向往、依恋、征服与超越，以及由此引发的生态忧患意识和审美超越意识的文学门类。它具有鲜明的美学特征，这些特征主要体现在广阔而深邃的审美空间”②。

从文学属性上来讲，海洋文学虽然与其他文学类型有一定的交叠，但仍有其自身的美学特征和审美意蕴，其基本要素都包括大海、水手、船只、岛屿等。这些要素彼此关联、相互作用并呈现出一种动态变化过程，形成海洋文学作品特有的艺术张力。

中小学海洋教育知识体系中海洋文学知识点主要有我国海洋文学作品和世界海洋文学名著。

我国海洋文学作品 我国古代海洋文学源远流长，从先秦到近代上下几千年，海洋文学作品涵盖了神话、传说、寓言、诗词、歌赋、戏曲、散文、小说等各种文体，诸如《山海经》、班彪的《览海赋》、曹操的《观沧海》、李商隐的《海客》、苏轼的《六月二十日夜渡海》、李清照的《渔家傲》（天接云涛连晓雾）、吴承恩的《西游记》、李汝珍的《镜花缘》等。各种海洋文学作品，以海洋或海的精神以及与海洋有关的活动为对象，或描绘海洋美景的秀丽，或记载人类依海生存的激越，或寄托作家人生或喜或悲的情感，或揭示人海之间愈加休戚与共的新关系，展现了海洋雄伟博大、神秘危险又平静柔和的形象，具有丰富内涵的自然品格和人性品格，构成了绚丽的海洋文学风景线。我国古代海洋文学不仅向人类提供巨大的物质财富，而且孕育出无限精神财富，同时也表现出中国古代先民认识海洋，搏击海洋的勇气和能力。

受中国社会变迁和社会思潮影响，我国现代海洋文学既继承了古代海洋文学的优秀传统和浪漫风格，也开始与民族国家命运紧密相连，更加关注人与海的关联：或直抒胸臆，表达当时对贫穷落后的中国的忧虑以及对成为海洋强国的期盼；或以海为题，展现唯美与温情，给予读者温暖的人文关怀。

当代海洋文学，从人海冲突向人海和谐过渡，海洋人文精神回归，海洋权益意识增强，海洋生态文明发扬光大，海洋科普引人入胜，为建设海洋强国、实现中华民族伟大复兴贡献精神力量。

---

① 段汉武.《暴风雨》后的沉思：海洋文学概念探究［J］. 宁波大学学报（人文科学版），2009，22（1）：15−19+139.

② 张勇，李洁，王丽琴. 中国海洋文学主题的发展流变［J］. 大众文艺，2024（4）：10−11.

进入新时代，我国的海洋文学正在坚持思想引领，实现全面发展，坚持以人民为中心，为时代书写海洋强国建设华章；提升作品质量，打造反映时代发展的精品力作；拓宽领域空间，充分发挥优质文学的带动辐射价值；讲好中国海洋故事，建构中国特色海洋文学话语体系。

世界海洋文学名著 名著是“具有推崇价值的有名的作品”。经典名著的价值在于典范语言对人的思维的熏陶，在于故事情节对人的心灵的滋养，在于作品主题对人精神的指引。世界海洋文学名著有着海洋般的丰富内涵，能给人以深刻的启迪。例如，《海底两万里》，从文化价值的角度来看，它通过丰富的想象和科学的预见，展现了人类对海洋的热爱、赞美、向往和探索激情，同时也反映了人类对科学技术的追求以及对社会正义的渴望；从科学价值的角度来看，它具有极高科学预见性，不仅能激发读者的想象和好奇心，也为读者的发明、创新提供了灵感和启发；从文学价值的角度来看，它用趣味性、艺术性和科学性强的语言以及离奇的情节，生动地塑造角色，展现人物性格的复杂性和多面性，让读者更容易置身于故事情景之中。再如，《鲁滨孙漂流记》反映的是主人公不惧艰苦、顽强生存的自信和不断劳动、勇于创造的进取精神；《白鲸》彰显的虽然是人类征服海洋的不屈意志，但故事的结局告诉人们，人类若无止境地疯狂掠夺大自然，终将被大自然所埋葬；《蓝色的海豚岛》颂扬的则是人们对海洋的敬重与亲近，表现出深层次的生态伦理观念，描绘了人类与海洋和谐共生的美好愿景。

4. 海洋艺术

海洋艺术是指通过各种具体生动的艺术形式，遵循审美的属性来反映涉海生产与生活的艺术。

从作品的角度来看，海洋艺术作品既有涉海题材，即反映海洋客观存在的艺术内容；又有涉海意蕴，即展现主观想象的艺术内涵。海洋题材与海洋意蕴两者相互依存、相得益彰，使海洋艺术作品具有独特的魅力。根据塑造涉海形象的材料、方式和形式等的不同，海洋艺术可分为海洋绘画、海洋雕塑、海洋音乐、海洋舞蹈以及海洋建筑等样式。

海洋艺术是海洋美的生动反映。从美学的角度看，广义的美感指人类审美意识系统，包括审美能力、审美需要、审美趣味、审美理想、审美态度和审美感受等；狭义的美感指审美主体在欣赏具有美感的对象时所产生的心理反应，包括审美认识、审美情感和审美意志。海洋艺术作品对于各种形式海洋美所具有的美学意蕴的挖掘，有利于提高人们对海洋美的欣赏与品鉴水平，使人们更加热爱海洋、关心海洋，更加自觉地调整人海关系。

中小学海洋教育知识体系中海洋艺术知识点主要有中国海洋艺术和海洋审美。

中国海洋艺术 中国海洋艺术历史悠久，各种海洋艺术形式都发轫于涉海活动，并随着涉海活动的频繁和艺术创作的深入而不断发展，显现出强大的生命力。中国海洋艺术特点鲜明。一是擅长展现海洋景象和海洋物象的美感，如海洋绘画艺术在描绘壮丽海景和多彩海洋物景中充分施展再现物象情貌的艺术表现力、海洋音乐艺术通过艺术化的声音组合表现海洋景象和海洋物象、海洋雕塑和海洋舞蹈通过塑造海洋物景来传达海洋之美。二是注重抒发对海洋英雄人物的深情赞颂，如海洋雕塑抓住人物最具内涵的瞬间动作和表情塑造涉海英雄人物的光辉形象和英雄壮举，绘画、摄影作品和海洋戏剧通过生动的瞬间或动人的情节表现涉海英雄人物的航海壮举或在海洋活动中的英雄行为。三是注重反映涉海活动和海洋生活风情，如海洋绘画创作了大量反映涉海活动和生活的作品、海洋歌曲由衷地讴歌普通涉海劳动群众、海洋舞蹈艺术运用人体语言直接展现涉海生活情景、海洋摄影则以多彩的镜头多方面记录涉海活动的蓬勃发展及涉海群众的日常生产和生活状况。中国海洋艺术深刻生动地歌颂了普通涉海劳动群众并具有丰厚的海洋文化内蕴。总之，中国海洋艺术具有传情表意、虚实相生、和谐统一和形式多样等审美特色。

海洋审美 海洋审美主要包括海洋景观美、海洋社会美、海洋科技美、海洋艺术美。海洋景观美是指海洋自然景观和海洋人文景观所呈现出来的美的形态。其中，海洋自然景观美是指海洋或与海洋有关的景观美，如海水、海浪、海潮、沙滩、礁石、海岛、海洋生物等所呈现出来的海洋形态美；海洋人文景观美是指人类在与海洋共存的过程中创造的景观美，如海洋服饰、海洋饮食、海滨建筑、海洋城市等所呈现出来的海洋形态美。海洋社会美产生于人类的海洋实践过程中，包括海洋劳动美、海洋生活美等外在形态的美和海洋精神美等内在精神的美。海洋科技美包括海洋科学美和海洋技术美。海洋科学美是海洋的外部形态与内在规律在理论研究上的反映，包括海洋科学理论美与海洋科学实验美；海洋技术美则是指与海洋相关的研究技术、生产技术美以及海洋物质产品美。海洋艺术美是海洋美最为集中的体现。文学家和艺术家通过创作实践把现实生活中的海洋美加以概括和提炼，形成包括海洋文学、海洋舞蹈、海洋音乐、海洋绘画等在内的展现海洋美的作品，满足人们对于海洋的审美需求。

5. 海洋社会与海洋历史

海洋社会指的是海上群体或涉海群体在直接或间接的各种海洋活动中形成的社会组织、运作机制、演化样态。海洋社会由海洋生产发展而来，同时又深刻地影响着海洋的生产活动与生活方式。[①]

海洋与陆地、大气共同组成了地球的基本环境，并且海洋具有其他自然环境与资源所无法替代的优势，因而在人类社会发展进程中发挥着非常重要的作用，占有极其重要的地位。基于海洋、海岸带、岛礁形成的区域，具有独特的涉海行为、生活方式的人类群体形成了一个具有特殊结构的海洋社会。不同的海上群体和涉海群体形成了不同的海洋社会模式，如海洋渔民社会、船员社会、盐民社会、海商社会等。

海洋社会是一个复杂的系统，其中包括人海关系、人海互动、涉海生产和生活实践中的人际关系和人际互动，以及以这种关系和互动为基础形成的经济结构、政治结构和思想文化结构。海洋社会具有自然属性、社会属性。海洋社会的自然属性表现为海洋社会遵循着自然界的发展规律，是自然界长期发展的产物。海洋社会的社会属性表现为海洋社会具有特定的社会分工模式，并因此形成了特有的社会品格，存在着特殊的社会关系网络。海洋社会的自然属性和社会属性互相促进、互为制约。海洋社会是人类整体社会的组成部分，在影响人类整体社会发展的同时也受到人类整体社会的影响。

海洋历史是海洋视野下一切与海洋有关的自然、社会、人文的历史，包括海洋的自然生态变迁的历史以及人类开发利用海洋的历史、海洋社会人文发展的历史。人类海洋活动的行为方式、生活方式，塑造了与陆地社会不同的人文类型，从而形成海洋文学艺术、神灵信仰、民俗风情，乃至独特的人文精神，沉淀在文献、遗物和口碑之中，积累了有字与无字的海洋历史。不同区域的海洋生态环境与人类海洋活动展现了海洋人文的多元化和多样性。[②]

研究海洋史离不开海洋考古。海洋考古的考察对象是历史时期人类从事海洋活动的文化遗存，包括沉入海洋的船只、器物、生产与生活遗址等，研究的中心内容是海洋文化。正如英国海洋考古学家马克尔瑞所指出的，“海洋考古学就是人类在海上活动之物质文化遗存的科学研究，它涉及海洋文化的所有方面，不仅仅意味着船舶等航海技术的遗存”。

中小学海洋教育知识体系中海洋社会与海洋历史知识点主要有海洋渔村与渔家生活、海洋信仰与海洋民俗、中国海洋文明发展特点。

海洋渔村与渔家生活[③] 海洋渔村是指地处沿海且以海洋资源为其主要生存来源

---

① 杨国桢. 建构中国海洋文明的概念话语体系［J］. 东南学术，2024（1）：67.

② 杨国桢. 海洋世纪与海洋史学［J］. 东南学术，2004（S1）：289-292.

③ 陈晔. 我国海洋渔村的历史演进及转型与发展，浙江海洋学院学报（人文科学版）：2016，33（2）：20-28.

的自然村落。按发展路径不同，海洋渔村大致可以分为城郊渔村、海边渔村（远离城镇）和海岛渔村 。渔民对渔村和海洋怀有深厚的归属感和认同感，他们将海洋视为自我认同和社会认同的物质基础，将渔村视为获取幸福感和满足感的精神寄托。

在我国，相较于依赖土地资源的陆地村落和村民，海洋渔村和渔民具有以下显著特性。首先，他们依海而生，海洋渔村拥有丰富的海洋资源，而陆地可耕种的土地面积相对有限。渔民的“农田”是广阔的大海，部分渔民甚至“以船为家”。海洋资源是渔民生存的核心物资，船只和捕捞工具是他们维持生计的根本。其次，海洋渔村的社区空间界限相对模糊。除了居住区域和海洋滩涂外，由于海洋的不可分割性和海洋资源的流动性，渔民对海洋资源的直接控制力有限。再次，渔民间的合作意识较强。由于海洋环境的不可预测性和海上作业的高风险性，渔民之间需要紧密协作，共同面对挑战，获取海洋资源。此外，海洋渔村还孕育了独特的海洋民俗文化。渔民崇敬海洋，将海洋视为神灵，并通过祭海仪式和民俗活动表达对海洋的感恩和祈求，希望每次出海都能平安归来，满载而归。

随着人类对海洋资源的开发和利用日益加剧，以及渔业捕捞技术和捕捞能力的提升，海洋渔业资源和生态环境面临巨大挑战，出现了海洋渔业资源衰退、渔民人口外流、渔村经济萎缩等问题（即“三渔问题”）。为应对这一困境，渔业亟须转型，渔民需寻找新的生计途径，渔村需振兴经济以实现可持续发展。

渔村作为乡村的重要组成部分，在乡村振兴战略中扮演着重要角色。我国乡村振兴战略的提出和实施，为“三渔问题”的解决提供了新的历史机遇，也为新时代渔业的高质量发展创造了有利条件。在乡村振兴战略的推动下，我国渔业发展和渔村建设进入新的阶段，渔业产业结构实现优化升级，渔业经济快速发展，渔民收入水平显著提高；新时代美丽渔村的建设和推进，为渔民创造了宜居的生活环境，提升了渔民的生活质量和幸福指数。

海洋信仰与海洋民俗 海洋信仰是指人类基于对海洋的崇拜、敬畏心理活动和精神感受所创造出来的形象，以及对这些形象的崇拜仪式、禁忌及其传承活动。在原始社会时期，由于生产力与认知水平低下，先民们对大自然充满神秘感和恐惧感，认为万物皆有灵，因此将许多自然物想象成像人一样具有意志与情感，并将它们赋予想象加以崇拜。海洋，因其变幻莫测的特性，给渔民的涉海生活带来了诸多不确定性和危险性。面对未知的海洋世界，渔民的每一次出海都是一次勇敢的探索。在涉海生活中，为了安全与顺利，渔民们形成了一系列约定俗成的言语与行为禁忌。这些禁忌不仅是渔民祖祖辈辈生活经验的总结和安全意识的积累，也体现了他们对海神的敬畏和对海洋的深刻认识。久而久之，这些言语与行为的禁忌逐渐演变成独具特色的海洋习俗。在我国的海洋信仰中，妈祖信仰是最具影响力的。妈祖被描绘为“头戴冕旒、身着霞帔、手执如意”，其形象威严而庄重，拥有“慈悲、大爱”之心，因此成为渔民心中的女神。妈祖文化也随着人们的传播而誉满天下，成为中华海洋文化的重要组成部分。海洋信仰成为渔民的精神支柱，提升了他们对涉海生活的普遍认同和对中国传统价值观的认可。同时，祭海等传统仪式也塑造了渔民仁爱、乐善、好施等美德，这些美德与中国传统文化中以“仁”为核心构筑的道德体系相契合。与古老传统的海洋信仰不同，现代社会的人们通过举办海洋节庆、弘扬传统文化等方式，追求的是和谐共生的人海关系，向往的是人与海洋的可持续发展。这一转变体现了人类对于海洋环境的认识逐渐深入，以及对可持续发展理念的重视。

中国海洋文明发展特点　在中国文明的谱系中，不仅有陆地文明，也有海洋文明，而且海洋文明与陆地文明同等重要。

中国海洋文明源远流长。中华民族自古便迈出了认识海洋、探索海洋的坚实脚步。与西方“谁控制海洋，谁就必将成为主宰”的争霸与殖民海洋观不同，作为东方古国的中国始终坚持“向海而兴，多元互信”的理念，以宽广胸襟赋予海洋文明以包罗万象、兼收并蓄的璀璨光芒。海洋承载着先贤的深刻哲思和文采华章，“山海抒怀”式的海洋文明体现了中华民族先民们对文明之“道”的体悟与歌咏。多元文明兼收并蓄、相互融合，从内敛走向开放，激励着一代代中华儿女在海洋中搏击风浪、奋勇向前。在当代，这种“山海抒怀”式的海洋文明则以“人海和谐”的精神发扬光大，并融入建设海洋强国的伟大实践中。

中国海洋文明在海上丝绸之路上书写着波澜壮阔的精彩篇章。海上丝路肇始于原始社会，兴起于汉唐盛世，高潮于元明两代，是丝绸之路的重要支脉，集中体现出中华儿女对海洋的积极探索。当今，21世纪海上丝路成为“一带一路”的重要组成部分，蕴含着“依海富国、合作共赢”的中华智慧，展现出光辉灿烂的美好前景。海上丝绸之路古往今来，让不同文明交相辉映，随着“一带一路”建设的推进，必将对人类文明的发展作出更大的贡献。

中国海洋文明在全面建设社会主义现代化国家的新征程上开拓前行。习近平总书记在学习贯彻党的二十大精神研讨班开班式上发表重要讲话指出：“中国式现代化，深深植根于中华优秀传统文化，体现科学社会主义的先进本质，借鉴吸收一切人类优秀文明成果，代表人类文明进步的发展方向，展现了不同于西方现代化模式的新图景，是一种全新的人类文明形态。”加快建设海洋强国是顺应我国新时代发展趋势和世界发展潮流、走中国式现代化道路、实现中华民族伟大复兴的必然选择。中华民族向海图强，谱写建设海洋强国的新篇章，必将极大地推动中国海洋文明的发展，促进人类文明的进步。

6. 海洋管理

海洋管理是涉海组织依法通过获取、处理和分析有关海洋信息，对海洋事务决策、计划、组织、领导、控制等的职能活动，是社会管理中的一个领域和组成部分，是伴随着人类海洋开发活动的展开和发展而产生的一种管理活动。

《中国海洋21世纪议程》指出："海洋综合管理应从国家的海洋权益、海洋资源、海洋环境的整体利益出发，通过方针、政策、法规、区划、规划的制定和实施，以及组织协调、综合平衡有关产业部门和沿海地区在开发利用海洋中的关系，以达到维护海洋权益，合理开发海洋资源，保护海洋环境，促进海洋经济持续、稳定、协调发展的目的。"

中小学海洋教育知识体系中海洋管理知识点主要有海洋法规和全球海洋治理。

海洋法规 所谓海洋法规，是指和各种与海洋有关的法律、法令、条例、规则、章程等法定文件。在海洋社会文明产生和发展的进程中，海洋法规发挥了重要的作用。

我国目前直接涉及海洋领域的法律主要有（按颁布时间先后）《中华人民共和国政府关于领海的声明》《中华人民共和国海洋环境保护法》《中华人民共和国海上交通安全法》《中华人民共和国渔业法》《中华人民共和国领海及毗连区法》《中华人民共和国专属经济区和大陆架法》《中华人民共和国海域使用管理法》《中华人民共和国港口法》《中华人民共和国海岛保护法》《中华人民共和国深海海底区域资源勘探开发法》等多部。除了上述专门的海洋方面的法律之外，诸如《中华人民共和国环境影响评价法》《中华人民共和国可再生能源法》《中华人民共和国矿产资源法》《中华人民共和国野生动物保护法》《中华人民共和国民法典》及《中华人民共和国测绘法》等也涉及海洋方面的管理、使用和保护等。另外，我国批准或加入的国际条约也是我国海洋开发和利用的法律依据，目前我们批准或加入的条约，综合方面的有《联合国海洋法公约》；环境保护方面有《濒危野生动植物种国际贸易公约》《生物多样性公约》《保护世界文化和自然遗产公约》和《控制危险废物越境转移及其处置巴塞尔公约》；渔业保护方面有《建立亚洲—太平洋渔业委员会协定》《亚洲—太平洋水产养殖中心网协议》等。不过，加入海洋污染防治和海上安全方面的条约似乎更多，如有《国际干预公海油污事件公约》《防止倾倒废物和其他物质污染海洋的公约》《1974年国际海上人命安全公约》等13个。此外，还有涉及具体区域海洋事宜的《南极条约》《南极海洋生物资源养护公约》等。①

① 马忠法. 论中国海洋开发和利用法律制度的完善［J］. 广西社会科学，2022（1）：109-110.

《联合国海洋法公约》于1982年12月10日在牙买加的蒙特哥湾召开的第三次联合国海洋法会议最后会议上通过，1994年11月16日生效，已获150多个国家批准。该公约共分17部分，连同9个附件共有400多个条款；主要内容包括领海和毗连区、用于国际航行的海峡、群岛国、专属经济区、大陆架、公海、岛屿制度、闭海或半闭海、内陆国出入海洋的权利和过境自由、国际海底区域、海洋环境保护和保全、海洋科学研究、海洋技术的发展和转让、争端的解决等。

全球海洋治理 自20世纪90年代以来，随着世界经济迅猛增长，各国对海洋的开发利用活动日益频繁，使得海洋面临来自多个方面的严重威胁，包括不可持续和破坏性的渔业捕捞、来自陆地和船舶的污染、海洋生物栖息地被破坏、外来物种的入侵、海洋贸易运输船舶及各国舰船产生的噪音、油气开采和海上溢油，以及海水酸化、水温升高、洋流转移、海水中氧气浓度降低等；随着海上贸易的繁荣，海洋水产品、海洋油气等海洋资源的全球流动性达到前所未有的水平，跨国或跨区域海盗治理和航道安全维护成为全球的当务之急；不同地区或国家间围绕公海及部分争议海域海洋资源的你争我夺日益激烈以及对于全球海洋治理的不同态度，又使全球海洋治理难以顺利进行。全球海洋治理已成全球关注的公共议题。在全球海洋治理方面，我国贡献了中国智慧，赢得了世界赞誉。①

二、中小学海洋教育知识树

中小学海洋教育知识树如图2-2-1所示。

图2-2-1清楚地反映出中小学海洋教育知识体系中各知识点之间的联系，展现出各知识点在中小学海洋教育知识体系中的地位和作用。

需要注意的是，在中小学海洋教育的海洋知识教学过程中，指向海洋素养发展的教学方式和学习方式应基于素养形成的机制来确定。旨在培养学生素养的学习方式，应有利于学生积极主动地参与学习活动并独立自主地完成学习过程，科学有效地进行信息加工、意义建构和活动体验；相应地，旨在发展学生素养的教学方式，应有利于调动学生参与学习活动的积极性，激发学生探究学习的动机，促进和支持学生独立自主地完成学习过程。由于学生能动、独立学习的状态主要不是学生自然、自发形成的，而是教师有目的地激发、调动和促成的结果，因此在关于海洋知识的教学过程中，教师要以引导者、组织者的角色出现，采取适宜的方式引起和促进学生的能动、独立学习，既不能代替学生完成学习过程，也不应占用学生能动、独立学习所需要的时间和空间。

---

① 吴士存. 全球海洋治理的未来及中国的选择［J］. 亚太安全与海洋研究，2020（5）：1-22+133.

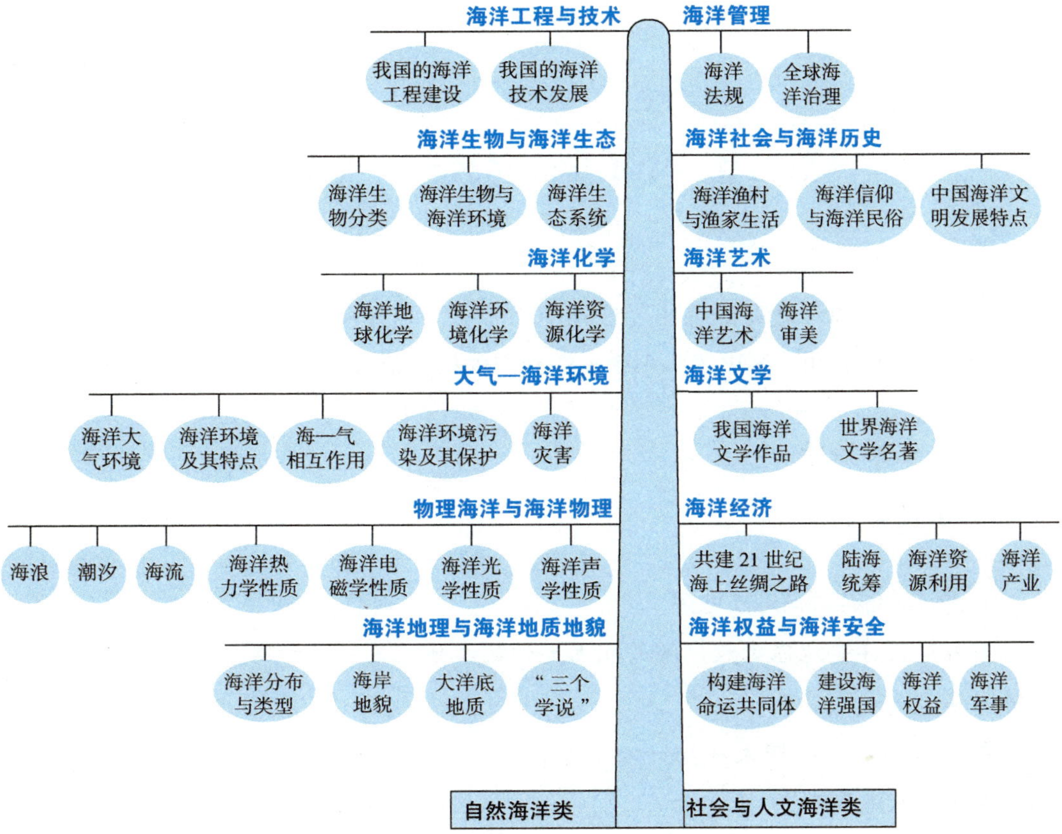

图2-2-1　中小学海洋教育知识树

第三节　中小学海洋教育的认知要求

根据中小学海洋教育的总体要求和中小学海洋教育知识体系，中国海洋大学海洋文化教育研究中心初步提出了中小学海洋教育的认知要求。

一、小学学段

自然海洋类

1. 海洋地理与海洋地质地貌

●知道海洋是地球上最广阔的相互连通的水体，包括海和洋，面积约占地球表面积的71%。

●知道地球上有四大洋——太平洋、大西洋、印度洋和北冰洋，我国近海有渤海、黄海、东海和南海。

●知道沧海桑田的典故，了解地球上的海洋和陆地分布不是一成不变的，经历过海陆变迁并还会发生海陆变迁。现在，北半球的陆地多于南半球。

●知道海底有高耸的海山、起伏的海丘、绵延的海岭和深邃的海沟，也有广阔的平原、贯穿全球的大洋中脊，一些海域的海底还有“黑烟囱”。

●知道海岸按其物质组成可以分为基岩质海岸、沙砾质海岸、淤泥质海岸和生物海岸，有些海岸构成美丽多姿的海洋景观。

●知道岛屿是海洋中的“陆地”，世界上有许多岛国。了解我国拥有11 000多个海岛。知道台湾岛是我国的第一大岛、海南岛是我国的第二大岛。了解我国的一些屿，如鼓浪屿等，以及群岛，如舟山群岛、西沙群岛等。

2. 物理海洋与海洋物理

●知道风是生成海浪的主要原因。

●知道海洋中存在洋流，即海水沿着一定的途径运动。

●知道天体（主要是月球）引潮力造成了海洋中潮汐涨落周而复始的运动形态。

●知道近海海水和大洋海水有不同的颜色，以及海水为什么是蓝色的。了解海水阻挡了阳光，水深在200米以下的海洋一片漆黑。

●知道海水越深压力越大，每深10米增加1个大气压。了解深海是一个无光、高压的环境。

3. 大气—海洋环境

●知道海洋是地球的温度调节器。了解海洋性气候的特点。

●知道海雾是海面底层大气中的水蒸气凝结形成的天气现象。

●知道海洋污染主要是人类活动造成的，如石油污染、赤潮、塑料垃圾和核污染。能够对海洋垃圾说“不”。

●了解红树林及其生活习性。知道红树林是一种常绿灌木和小乔木群落，像绿色长城一样守护着海岸，对于保护海洋环境具有重要意义。

4. 海洋化学

●知道海水中含有大量的盐类物质，海水具有苦涩的味道。

5. 海洋生物与海洋生态

●认识常见的海洋鱼类，如带鱼、石斑鱼、沙丁鱼、鲳鱼、黄花鱼、梭鱼、鳗鱼、小丑鱼等，知道它们的名称、特点和生活习性。了解鱼体的基本构造。

●认识常见的海洋贝类，如扇贝、牡蛎、蛏子、花蛤、鹦鹉螺等，知道它们的名称、特点和生活习性。认识贝壳，知道贝壳的一些用途。

●认识常见的海洋虾蟹，如对虾、明虾、青虾、黄虾、梭子蟹等，知道它们的名称、特点和生活习性。

●认识常见的海兽如鲸、海豚、海豹等，知道它们的名称、特点和生活习性。

●认识常见的海洋鸟类，如企鹅、海鸥、海燕、信天翁等，知道它们的名称、特点和生活习性。

●认识常见的海龟，如绿海龟、玳瑁、棱皮龟等，知道它们的名称、特点和生活习性。

●认识常见海洋藻类及植物，如紫菜、海带、马尾藻、石花菜、海草等，知道它们的名称、特点和生活习性。

●认识和关爱海洋珍稀物种，如“海中大熊猫”——中华白海豚、“海洋活化石”——鲎、“似鱼非鱼”——文昌鱼、“黑面天使”——黑脸琵鹭，以及蓝鲸、蓝鳍金枪鱼、棱皮龟、大白鲨、鲸鲨、海獭等。知道海洋的神奇生物，如花帽水母、玻璃乌贼、海蝴蝶等。

●认识海洋中的共生现象，如小丑鱼与海葵共生、清洁虾与鳗鱼共生、虾虎鱼与小虾共生、拳击蟹与海葵共生等。知道共生的含义和意义。

●知道珊瑚礁是“蓝色沙漠中的绿洲”，在海洋生物较少的热带—亚热带海洋里拥有非凡的生物多样性。了解著名的珊瑚礁如澳大利亚的大堡礁和我国南沙群岛的珊瑚礁。

6. 海洋工程与技术

●了解船是重要的航海工具。知道船的主要分类和各类船的主要用途。初步了解航海和定位技术（六分仪天体定位、劳兰无线电定位、北斗卫星定位等）。

●了解我国发明的指南针在古代航海中的重要作用以及在现代航海中的地位。

●知道南极和北极及其特点。了解极地科考的意义以及我国在极地科考中取得的巨大成就——建成南极长城站、中山站、昆仑站、泰山站、罗斯海新站以及北极黄河站，进行了一系列卓有成效的科学考察活动。

●了解世界深潜技术的发展状况以及我国在深潜技术研究方面的新成就。知道“蛟龙”号、“深海勇士”号、“奋斗者”号是我国自主研发的载人潜水器，它们为我国深海科学探索立下赫赫功勋。

●知道我国古代拥有世界领先水平的造船技术和航海技术，古代的四大名船——沙船、鸟船、福船、广船得到世界赞誉，郑和下西洋利用的航海天文定位与导航罗盘结合形成的“牵星术”证明明代天文导航居于世界先进水平。

●知道我国现代造船技术处于世界领先水平，建造的海上“巨无霸”显示了中国制造的强大力量。

●知道我国古代的晒盐术和现代晒盐技术的新发展。

●知道海水可以淡化。了解蒸馏法淡化海水技术的基本原理。

●知道人类仿照海洋动物创造了海洋仿生术，如模仿鲸类的体形建造潜艇等。

●知道港珠澳大桥等跨海大桥工程和胶州湾海底隧道等海底隧道工程的重大意义。了解这些海洋工程的建造过程和使用的先进技术。

●知道港口在经济发展中的重要作用，了解国内外著名港口以及我国海港建设的飞速发展。

社会与人文海洋类

7. 海洋权益与海洋安全

●了解我国的海洋强国战略。知道建设海洋强国是中国特色社会主义事业的重要组成部分，对于推动经济持续健康发展，维护国家主权、安全、发展利益，建设社会主义现代化强国，实现中华民族伟大复兴具有重大而深远的意义。

●知道《联合国海洋法公约》关于一国的内海、领海、毗连区、专属经济区、大陆架等的规定。了解我国的海洋国土包括渤海全部，黄海、东海和南海的一部分，以及台湾岛的周边海域和国际海底区域的一部分，总面积约300万平方千米。

●知道钓鱼岛和南海诸岛自古以来就是我国的领土，我国的海洋国土和陆地国土一样神圣不可侵犯。

●了解中国人民解放军海军是中国人民解放军的海上军种，是中华人民共和国的海上武装力量，拥有以新型航空母舰、新型驱逐舰、新型潜艇、新型战斗机为代表的新一代主战装备，是一支强大的海上武装力量，具有辉煌的发展史。

●知道海洋权益主要包括海洋政治权益（如海洋主权、海洋管辖权、海洋管制权），海洋经济权益，海洋安全利益，海洋科学利益，海洋文化利益等。

8. 海洋经济

●知道我国古代的海上丝绸之路和21世纪海上丝绸之路。了解古海上丝绸之路的贡献以及建设21世纪海上丝绸之路的重大意义。

●知道海洋资源包括海洋生物资源、海洋矿产资源、海水资源和海洋动力资源四大类。了解各类海洋资源的主要特点。

●知道海洋矿产资源主要包括滨海砂矿，海洋自生矿物，如海底锰结核等，陆上矿床向海下延伸形成的矿藏，如海底油气资源、煤矿等。了解我国海底可燃冰储量丰富且在世界上首次试开采成功。

●知道海洋中波浪、潮汐等具有能量，波浪能、潮汐能等是重要的海洋能；海洋能是海洋动力资源，具有良好的开发利用前景。

●知道我国海域的鱼类资源和我国的著名渔场，如舟山渔场、渤海湾渔场、南海渔场和北部湾渔场。了解世界著名渔场，如包括北海道渔场、我国舟山渔场在内的北太平洋渔场等。

●知道海洋拥有丰富的旅游资源。了解海洋旅游是以海洋为旅游场所，以探险、观光、娱乐、运动、疗养为目的的旅游活动形式。知道海洋旅游业是海洋服务业的一种重要形式，对于海洋经济有着较大的贡献。

9. 海洋文学

●了解我国古代具有海洋意境的诗词如曹操的《观沧海》等。知道诗人是如何通过海洋诗词来抒发自己情感的。

●了解世界海洋文学名著，如《鲁滨孙漂流记》《老人与海》等，以及海洋文学作品的特点。

10. 海洋艺术

●了解我国著名的海洋画作品，如我国古代的《海错图》和世界著名海洋绘画作品如玛丽·卡萨特的《在沙滩上玩耍的孩子们》。认识海洋画的特点和意蕴。

●了解海洋歌曲、舞蹈、戏剧、雕塑、摄影等艺术形式。

11. 海洋社会与海洋历史

●知道海洋渔村和我国渔村的巨大变化。了解渔家生活。

●知道我国古代的海洋信仰，如四海龙王和妈祖信仰。认识海洋信仰的现代意义。了解妈祖信仰的世界影响。

●知道郑和下西洋、徐福东渡、鉴真东渡等我国古代航海壮举。了解这些航海壮举的历史意义。

●知道“南海一号”宋代沉船打捞重现了古丝绸之路的辉煌，具有重要的考古意义。了解我国其他的海洋考古发现。

●知道重要的海洋场馆，如海底世界、极地海洋世界、海洋博物馆、贝壳博物馆等。了解海洋场馆的教育意义。

12. 海洋管理

●知道休渔期的设定。了解实行休渔制度是保护渔业资源、维护生态平衡、提高渔业效益的有效措施。

●知道世界海洋日暨全国海洋宣传日和开展宣传日活动的重要意义。

二、初中学段

自然海洋类

1. 海洋地理与海洋地质地貌

●认识海洋对地球地表形态的塑造作用。知道波浪作用、潮汐作用、生物作用、气候作用以及冰川作用等多种力量共同塑造了海岸地貌。了解人类填海造陆对地球表面形态产生的影响。

●了解海岸的类型。知道海岸按成因可以分为侵蚀型海岸（以海蚀洞、海蚀平台为显著特点）和堆积型海岸（河流携带泥沙在河口堆积形成向海伸突的三角洲海岸）；自南北回归线附近至赤道的浅海地区，繁殖和生长着珊瑚和红树林等生物群落，分别构成珊瑚礁海岸和红树林海岸，即生物海岸。

●认知海底世界的组成特点，包括海山、海岭、海丘、海台、深海平原、海沟、大洋盆地、大洋中脊等。

●了解我国的地理优势：位于东半球的北半部、欧亚大陆东部、太平洋西岸，陆海兼备，有14个接壤国和6个海上邻国。认识我国的地理优势对我国发展的重要意义。

2. 物理海洋与海洋物理

●了解海浪的分类。知道海浪可分为风浪、涌浪和近岸浪，了解各类海浪的特点。

●了解洋流的成因、分类以及洋流对人类生存与发展的意义。

●了解潮汐对地球的影响，知道潮汐数据统计方法。

3. 大气—海洋环境

●了解赤潮、绿潮等大区域自然灾害的危害。

●认识海洋与气候的关系。了解海洋对气候的调节作用以及气候对海洋的影响。

●认识风暴潮的危害、发生规律和预防措施。

●了解海洋噪声如船舶噪声、声呐噪声、水下工程噪声等与海洋噪声污染。

4. 海洋化学

●认识海水的组成，知道海水主要含钠离子（Na^{+}）、镁离子（Mg^{2+}）、钙离子（Ca^{2+}）等阳离子，以及氯离子（Cl^{-}）、硫酸根离子（SO_4^{2-}）等阴离子。

●能够设计实验方案并进行海水晒盐及食盐精制实验。

●知道大气中除了氮气、氧气、二氧化碳、水汽外，还有一些空气负离子和空气正离子；海边的空气中含有较多的空气负离子（负氧离子），有利于人的身心健康。

5. 海洋生物与海洋生态

●了解海洋生态系统的基本含义。知道保护海洋生态系统的重要意义。

●认识珊瑚虫，知道珊瑚虫、珊瑚和珊瑚礁之间的关系。了解珊瑚礁的成因以及珊瑚礁生态系统的重要意义。

●了解海洋鱼类是如何自主控制浮沉的。领会海洋生物体结构与功能的关系。感受生命及大自然的神奇和美妙。

●认识海洋无脊椎动物类群。了解海洋无脊椎动物的形态结构以及保护海洋无脊椎动物的重要意义和有效途径。

●认识海洋植物在生态系统中的作用。了解海洋藻类的结构和生活习性。认同结构与功能相适应的生物学观点。

●认识海洋生态系统及海洋生命的多样性。知道不同海洋生物有特定的生存条件。

6. 海洋工程与技术

●认识海底数据中心建设的意义及其对于建设海洋强国的重要的作用。了解海底数据中心建设是对海洋空间资源利用的重要领域以及我国海底数据中心建设的现状和发展前景。

●明确国家发展海洋牧场、建设蓝色粮仓的规划和要求。认识我国蓝色粮仓建设的优越条件和面临的挑战。了解我国沿海省、市、区为推进蓝色粮仓建设采取的有力措施。

●了解回声定位原理，以及声呐在海洋中的应用如探测鱼群、作为潜水器的“眼睛”等。

●了解工业上精制海盐的方法及生产流程。认知海盐与矿盐的基本区别。

●了解潮汐能发电、波浪发电、温差发电的基本原理。

●了解海水淡化（蒸馏法）的原理和生产流程。

●认识海上钻井平台等海洋工程项目。了解这些工程项目的重要作用。

社会与人文海洋类

7. 海洋权益与海洋安全

●了解我国建设海洋强国的总体目标、主要任务和战略安排。

●了解《联合国海洋法公约》关于海洋权益争端的解决原则。知道运用法律来保护国家海洋权益和解决海洋权益争端问题。

●了解我国在南海问题上的基本立场以及解决南海争端的政策主张。

●认识核潜艇的重要价值。了解我国核潜艇的发展历程以及以“自强自立、求真务实、创新协同、拼搏奉献”为代表的核潜艇精神。

●了解郑和航海精神的重要价值。认识郑和下西洋对中国乃至对世界的深远影响，坚定对郑和航海精神的政治认同。

●了解中国载人深潜事业的发展历程与现状。感受我国深潜人的精神风貌。

8. 海洋经济

●认识海洋产业及其在海洋经济中的地位。了解我国海洋产业总体规划与发展状况。

●认识21世纪海上丝绸之路建设对于发展海洋经济的重大意义。

●了解丰富的海底油气资源。认识海底油气资源的开发利用方式及其发展趋势。

●认识海水资源的开发利用价值。了解我国海洋盐业的发展状况。

●认识海洋交通运输业的重要意义。了解我国海洋交通运输业的发展状况和海洋交通运输业对于我国经济建设的贡献。

●认识耕海牧渔对于保护鱼类资源和海洋环境的重要意义。了解海洋牧场的组成特点和生产方式。

●认识海洋旅游在提升人类生活、促进经济发展、提升社会文明方面的重要作用。了解我国海洋旅游业发展状况以及政府采取的政策措施。

●认识常见海洋食物的生物种类以及所提供的营养物质。了解海洋食品的特征及海洋食品业的发展状况。

9. 海洋文学

●了解《山海经》中的海洋神兽、四大海神以及后代海神发展演变的历史。认识《山海经》对后代浪漫主义文学的影响及价值。

- 了解海洋文学的价值与作用以及我国海洋文学的发展历史。
- 了解现代海洋文学作品及其发展趋势。

10. 海洋艺术

- 了解我国海洋艺术中的非物质遗产。知道海洋艺术中的非物质遗产对于发展我国海洋文明的贡献。

11. 海洋社会与海洋历史

- 认识妈祖信仰的历史渊源和文化内涵。知道妈祖文化的传播脉络。了解龙王信仰等其他的海洋神灵信仰和海洋传说。
- 了解田横祭海节、象山开渔节等祭海节庆。知道祭海活动的起源、内容、形式、文化价值、社会价值和经济价值。
- 了解我国古代各时期的航海业发展状况。认识中国历史上的大航海时代并与欧洲地理大发现的大航海时代进行对比。
- 认识我国古代海上丝绸之路的辉煌盛况。了解古代海上丝绸之路由繁盛走向衰落的史实与原因。
- 知道我国的海洋教育和研究机构如海洋大学和海洋研究所等。了解海洋教育和研究机构在发展我国海洋事业中的重要作用。
- 知道中国近代屈辱多来自海上。认识甲午海战的惨烈。了解甲午战争中国失败的原因和应该汲取的历史教训。
- 认识我国古代海港如泉州港对推动古海上丝绸之路发展的重要作用。

12. 海洋管理

- 认识全球海洋治理面临的困境及其原因。了解我国关于全球海洋治理的主张和行动，感受全球海洋治理的中国智慧。

三、高中学段

自然海洋类

1. 海洋地理与海洋地质地貌

- 了解海洋地质构造，能运用大陆漂移学说、海底扩张说和板块构造说分析、解决问题。知道海岸及海底表面形态的形成、演化和分布规律。
- 认识海蚀地貌的基本形态、基本类型。了解海蚀地貌如海蚀崖、海蚀洞、海蚀拱桥、海蚀柱、海蚀天窗、海蚀平台的形成过程。

2. 物理海洋与海洋物理

●了解海洋环流的基本形态。认识海洋环流的基本规律以及对于航海的影响。

●了解海水电导率及其影响因素。能够依据正确的实验原理设计完整的实验方案测量海水的电导率。了解海水的电导率与溶解的固体总量、盐度之间的关系。

●了解帆船平面帆的受力以及力的合成与分解。认识帆船在不同风向下的航行状况。能够运用伯努利原理认识翼型帆的作用。

3. 大气—海洋环境

●了解海洋性气候的特点、海陆风的成因、季风的成因和季风气候的特点及分布等。

●了解海洋环流对于地球气候的影响。知道海洋内部的洋流运动以及海陆之间的热力差塑造了地球上复杂多样的天气气候现象。了解极端天气事件如厄尔尼诺、拉尼娜、台风等气象灾害的形成原因。

●认识海洋腐蚀的种类与苛刻性。了解海洋环境各区腐蚀特点和主要腐蚀介质以及海水腐蚀的影响因素及其作用。

●认识海洋中海水微塑料的存在、危害。知道海水微塑料的组成、结构与性质。了解海洋微塑料的来源、分布以及检测海洋微塑料的方法。认识治理海洋微塑料的措施与方法。

●认识海水中的离子平衡以及海水中含碳、钙物质的平衡物系。了解大气二氧化碳与海洋表层水二氧化碳的平衡变化对海水酸化影响的机理。

●了解珊瑚白化及珊瑚死亡的原因以及拯救珊瑚的措施与方法。

●认识海啸引起的灾害是由海水的重力和冲击形成的力的作用结果。了解海啸具有巨大的破坏力。

●了解海洋湿地及其分类、价值。了解红树林湿地的分布。了解红树林独特的生理特性及其与环境的关系。

●了解“海浩”现象及其成因。理解“海浩”与海雾的差别。认识“海浩”的影响、危害与应对措施。

4. 海洋化学

●认识海盐可溶性杂质的成分。能够选择合适的除杂试剂探究杂质离子的去除过程并明确去除海盐中杂质离子的一般步骤。能够设计并实施实验方案精制海盐。

●了解海水中储备丰富的镁元素。了解金属镁在海水中的存在形态及浓度。能够论证海水提镁的可行性并设计模拟海水提镁的实验方案。

●能够在实验室中模拟由苦卤浓缩液获取并分离得到纯净溴单质的实验方案并进行模拟实验。能够设计海水提溴工艺流程，实现物质的富集并在这一过程中践行循环利用、节约成本、安全高效、绿色环保等技术思想。

●认识海带中碘元素的存在形式。了解提取海带中碘元素并分离、富集碘的方法。

5. 海洋生物与海洋生态

●了解原始生命诞生于海洋的观点以及海洋是生物进化的摇篮的学说。

●了解海洋生态系统的组成成分和营养结构。认识海洋生物与环境的关系。

●了解基因表达产物与鱼类体色控制的关系。认识基因的多样性决定性状的多样性。

●了解海藻高效利用光能的机制。知道该机制的重要价值并深化“结构决定功能，功能反映结构”的观念。

●认识海洋生物淡化海水的方式。了解半透膜的性质和渗透现象。

●了解海洋生物的进化过程以及进化过程中对所处困境的解决方法。能够运用进化与适应观解释海洋生物多样性的成因以及海洋生物多样性对人类社会发展的影响。

●了解不同海域的浮游生物种类。知道海洋生物与其生存环境的适应关系。

●了解海洋生态文化及其发展状况。

6. 海洋工程与技术

●认识海域综合规划与海洋空间资源科学开发的重要意义。了解国务院于2015年发布的《全国海洋主体功能区规划》的内容要求。

●了解海水电池的构成要素。认识新型镁/海水燃料电池的组成特点和实际应用。认识海水电池技术及其应用前景。

●了解渗透作用的工业应用——反渗透技术。关注仿生膜在海水淡化领域的进展和影响。

●了解海洋生物多倍体育种的原理在生产实践中的应用。

●了解海上桥梁防腐的长效保护措施。

●了解工业上海盐精制的基本过程与操作。认识工业生产中的现代制盐工艺。

●了解工业上海水提溴、海水提镁、海水提钾、海带提碘的生产流程。

●了解我国古代造船技术、航海技术、海洋渔业技术与海盐业生产技术的成就，体会我国古代劳动人民的创新精神，感受我国古代科技发展水平。

●了解海水电导率测量技术及其在水质监测等方面的应用。

●了解风帆助航技术及中国翼型帆的成就。

●了解海底环境的特殊性和对洲际通信的特殊要求。认识海底光缆（光纤）的结构。了解铺设海底光缆的重要意义和作用。

●了解海洋卫星的作用，认识卫星对科研、经济、军事的重要作用。知道我国的海洋卫星已进入世界先进行列。

●认识海洋信息化的重要意义。了解搭建信息系统过程的各个环节及信息系统的架构模式。

●认识鹦鹉螺贝壳螺旋线的数学规律。了解鹦鹉螺成为建筑领域仿生对象的原因。

●了解我国进行的重大海洋科考活动以及这些活动的重大意义。了解世界范围内重大海洋科考活动。

社会与人文海洋类

7. 海洋权益与海洋安全

●认识海权的含义。了解我国的海权思想并与马汉的海权论等西方国家的海权理念进行对比。认识我国海权思想的先进性。

●认识构建海洋命运共同体理念是构建人类命运共同体理念的重要组成部分。了解构建海洋命运共同体的时代内涵和重大意义。

●了解海洋强国战略的基本内涵。认识建设海洋强国的必要性以及海洋强国建设与实现中华民族伟大复兴之间的关系。

●认识21世纪海上丝绸之路的时代内涵。了解21世纪海上丝绸之路在促进沿线各国政策沟通、道路联通、贸易畅通、货币流通、民心相通方面共享、共赢的重要意义。

●知道岛、礁对于国土与国防的重要价值。了解中日关于钓鱼岛主权的纷争以及钓鱼岛主权归属中国的历史依据与法理依据，能够实证分析钓鱼岛及其附属岛屿自古以来就是中国的固有领土。了解中国海警巡航钓鱼岛及其附属岛屿的重要意义。了解中菲黄岩岛争端的真相以及南海诸岛主权归属中国的历史依据和法理依据，能够实证分析南海诸岛自古以来就是中国的固有领土。了解我国对南海问题的原则立场。

●了解中国人民解放军海军在保卫国家主权和领土完整、维护地区和世界和平方面作出的重大贡献。

8. 海洋经济

●知道海洋经济是一种什么样的经济形态。了解我国海洋经济的发展状况以及世界海洋经济的发展趋势。

●认识我国陆海统筹建设海洋强国发展战略的重大意义。了解海陆统筹发展主要包括优化国土空间开发战略布局、统筹陆海资源开发利用、统筹陆海产业发展、统筹陆海交通基础设施和通道建设、统筹陆海生态环境保护。

●了解海底可燃冰的组成、结构和形成原因。理解可燃冰是能源的后起之秀。认识可燃冰商业化开采的现状与发展趋势。

- 了解国际海底资源包括富钴结壳、多金属结核、多金属硫化物等。知道各种国际海底资源的主要成分和用途。了解我国拥有的国际海底资源的专属勘探权。
- 了解海岸带的开发利用。知道海岸带人口密集、生产力发达、现代化程度高，由港口码头组成的航运中心、沿岸的临港工业以及能源基地等是发展海洋经济的基础，蕴藏着巨大的开发利用潜能。
- 了解海洋空间的开发利用方式。能够综合分析各种区域性海洋资源开发利用和海洋环境保护对国家安全的影响。
- 了解建设全球海洋中心城市对地区、国家的重要意义以及我国海洋中心城市建设的格局和现状。
- 了解海洋医药资源的开发利用以及我国海洋医药业的发展状况。

9. 海洋文学

- 认识中外现当代海洋诗歌颂扬的海洋精神。了解中外现当代海洋诗歌的创作特点。
- 能够从语言、构思、形象、意蕴、情感等多个角度欣赏古代海洋诗歌经典作品，发现诗人独特的艺术创造。

10. 海洋艺术

- 了解我国海洋艺术的历史演变和特色。能够体会海洋艺术融于生活的重要意义。
- 了解现代海洋节庆活动的艺术内涵。

11. 海洋社会与海洋历史

- 了解海洋信仰与海洋民俗的缘起与发展。认识海洋信仰与海洋民俗的历史意义与现代发展。
- 认识宋代海外贸易的繁荣状况。了解宋代海外贸易繁荣的原因。认识宋代海外贸易繁荣在国内外产生的积极影响以及对“21世纪海上丝绸之路”建设的借鉴作用。

12. 海洋管理

- 了解全球海洋治理的中国方案的主要内容和基本含义。知道新时代以来我国海洋生态治理的基本情况和取得的重大成果。

第四节　中小学生应具备的海洋意识与海洋素养

海洋意识对于提高人们对海洋价值的认识与理解、促进人类与海洋的和谐共生至关重要，它可以激发人们科学合理地开发利用海洋资源、关心爱护海洋环境的自觉，引导人们在保障海洋生态健康、实现人类与海洋可持续发展方面作出积极贡献。海洋素养则是人们对海洋的人文情怀、社会关注、科学探索和生态保护的集中表现，培养和发展海洋素养是现代海洋教育的核心任务。

一、海洋意识

（一）关于意识

现代心理学界将意识分为广义意识和狭义意识。广义意识概念认为，意识是赋予现实的心理现象的总体，是个人直接经验的主观映象，表现为知、情、意三者的统一。知：指认知，是人类对世界的知识性与理性的追求，它与认识的内涵是统一的。情：指情感，是人类对客观事物的感受和评价。意：指意志，是人类在追求某种目的和理想时表现出来的自我克制、毅力、信心和顽强不屈等精神状态。狭义意识概念认为，意识是人们对外界和自身的觉察与关注程度。意识既包括对外界事物的觉知，也包括对自身内部状态的觉知；既涉及觉知时刻的知觉、思维、情感和欲望等各种直接经验，也包括对这些内容和自身行为的评价。

意识具有能动性，即人的意识能够能动地反映客观事物并反作用于客观事物。这主要表现在以下四个方面。一是意识活动具有目的性和计划性。人的意识活动不同于动物的无目的的本能活动。人对于客观世界的反映具有一定的动机和目的，并在实施前制定行动目标、确定行动方式和安排行动计划等。二是意识活动具有选择性和创造性。人对客观世界的反映是主动的、有选择的，即根据一定的目的要求来选择反映什么、不反映什么以及如何反映。意识反映的不仅仅是事物的外部表现，还有事物的内在本质和发展规律；既能反映事物的当前状态，又能追溯事物的过去状态和预测事物的未来状态，甚至可以超越时空限制创造出理想世界或幻想世界。三是意识具有指导实践、改造客观世界的作用。在意识的指导下，人能够能动地通过实践把意识中的事物变成现实的事物，将在没有人参与的情况下不可能存在的事物创造出来。意识对客观事物的反作用有正反两个方面的表现：正确的意识会促进事物的发展，错误的意识则会阻碍事物的发展。四是意识具有指导、控制人的行为和生理活动的作用。意识活动依赖于人体的生理活动又反作用于人体的生理活动。积极的自我意识会使人精神高昂、积极向上，消极的自我意识则会使人精神萎靡、悲观消沉。

（二）关于海洋意识

海洋对于国家发展的重要意义在我国古代就被先哲圣贤们意识到。例如，《韩非子·大体篇》曰："历心于山海而国家富。"《续资治通鉴长编拾补·卷五》曰："东南利国之大，舶商亦居其一。"15世纪初，我国明朝的航海家郑和劝谏皇帝保留船队时说道："欲国家富强，不可置海洋于不顾，财富取之海洋，危险亦来自海上……一旦他国之君夺得南洋，华夏危矣。我国船队战无不胜，可用之扩大经商，制服异域，使其不敢觊觎南洋也。"到了近代，一些仁人志士的海洋意识有所增强，为国家"向海而兴"奔走相告，如梁启超曾发表《祖国大航海家郑和传》一文，呼吁国家要以郑和创造的海上辉煌来激励国人反击西方海权扩张、重振中国海权。当今中国，海洋教育不断深入发展，增强海洋意识、树立海洋强国观念已蔚然成风。

海洋意识是人们对海洋的自然规律、战略价值和作用的认识，是人们在社会活动中涉海行为的自我反映。关于海洋意识的研究要涉及海洋意识主体要素（主要包括人群、公众、国家等）以及海洋意识客体要素（包括自然海洋、人海关系、海洋社会、海洋生态等），因而不同的学者对于海洋意识的定义给出了不同的表述，例如：

杨志成（1990）认为，海洋意识是一个国家或民族在一定的时期内对其所属海洋乃至世界海洋的认识以及对海洋资源综合开发利用程度的总称①；

何兆雄（1998）认为，海洋意识是指人类在与海洋构成的生态环境中，对本身的生存和发展采取的方法和途径的认识总和②；

孙志辉（2008）认为，海洋意识是人类对海洋的战略价值和作用的反映和认识③；

冯梁（2009）认为，21世纪中华民族海洋意识作为一种社会意识，是指21世纪中华民族作为一个整体，对海洋在中华民族的历史、现实，特别是未来发展中的地位、作用和价值系统的理性认识④；

陈艳红（2010）认为，海洋意识是人们对海洋世界总的看法和根本观点，指人类

---

① 杨志成. 海洋意识初探［J］. 军事经济研究，1990（10）：41-44.

② 何兆雄. 试论海洋意识［J］. 学术论坛，1998（2）：73-76.

③ 孙志辉. 提高海洋意识　繁荣海洋文化［J］. 求是，2008（5）：53-54.

④ 冯梁. 论21世纪中华民族海洋意识的深刻内涵与地位作用［J］. 世界经济与政治论坛，2009（1）：71-79.

在与海洋构成的生态环境中，对自身的生存与发展采取的方法与途径的认识的总和[①]；

赵宗金（2011）认为，海洋意识是人们对人海关系的自觉意识，是人在社会活动中涉海行为的自我反映[②]；

同春芬等（2015）认为，海洋意识是人类在认知、情感、行为倾向方面对海洋的观念总和，它形成于人们对海洋的认识和互动过程中[③]；

陈国成（2021）认为，海洋意识是人类在长期的海洋生活、生产、实践活动中，对海洋的自然规律变化和战略价值作用等问题的根本认知和科学理解而形成的对海洋国土、海洋安全、海洋战略、海洋权益、海洋开发、海洋保护、海洋教育等方面的正确认识和理性实践[④]。

赵宗金（2017）在《海洋意识是何种意识》一文[⑤]中指出，海洋意识根植于人类涉海活动，是公众对海洋的自然规律、战略价值和作用的认识，是特定历史时期人海关系观念的综合表现。从心理学上意识的角度进行理解和界定，海洋意识通常分为海洋认知、海洋情感、涉海行为意向三个层面。海洋认知包括与海洋现象、海洋事务、人海关系等有关的感觉、知觉、记忆、思维、判断、表象和语言等心理过程和意识内容。海洋情感是在上述过程中产生的情绪、情感体验，主要涉及人地关系、地方认同等内容。涉海行为意向是在涉海活动过程中各个主体指向海洋的需要和动机等内部准备状态。海洋意识与公民意识关系密切，通常把海洋意识看成是公民意识的重要组成部分。从公民与国家的涉海活动内容来看，海洋意识可以分为海洋公德观念、海洋公平意识与海事参与观念三个类型。从公民与国家在海洋发展中所持的价值观角度来看，海洋意识可以分为传统海洋价值观、西方海洋价值观与当代中国和谐海洋价值观三种海洋价值观念类型。从知识生产的角度来看，海洋意识也是学科意识的一种。海洋意识的研究具有跨学科的性质。根据海洋特征进行的海洋意识研究，主要与海洋自然科学有关。在人地关系、人海关系理论背景下开展的海洋意识研究，主要与人文地理学科有关。在关于意识的理论背景中开展的海洋意识研究，则可以划归到社会心理

① 陈艳红. 发展海洋文化的关键在于海洋意识教育［J］. 航海教育研究，2010，27（4）：12-15.

② 赵宗金. 人海关系与现代海洋意识建构［J］. 中国海洋大学学报（社会科学版），2011（1）：25-30.

③ 同春芬，张绍游. 海洋意识研究的回顾与展望［J］. 大连海事大学学报（社会科学版），2015，14（2）：78-85.

④ 陈国成. 海洋意识的内涵、特性及大学生培育路径研究［J］. 景德镇学院学报，2021，36（4）：88-93.

⑤ 赵宗金. 海洋意识是何种意识［J］. 中国海洋社会学研究，2017（5）：73-80.

学或环境心理学范畴。在国家关系视域中开展的国家之间海洋观念比较分析，主要从政治学或国际关系学的视角出发。从理论建设与学科发展的角度来推进海洋意识研究，探求的必然是一种科学发展的路径。目前，关于海洋意识内涵的理解表现出两个基本特征。第一，强调从人海关系角度考察海洋意识内涵。海洋意识是人们对人海关系的自觉意识，是人在社会活动中涉海行为的自我反映。第二，从海洋强国和国家海洋战略需求的角度分析现代公众的海洋认知。研究者们认为，发展海洋经济、建设海洋强国需要增强全体公民的海洋意识，使他们充分认识海洋的价值，为此要向人民群众普及海洋权益和海洋环境意识，使人民群众树立海洋国土观、海洋科学观、海洋文化观及海洋法制观，让更多的人关心并且参与我国的海洋强国建设。据此，海洋意识的基本类型或基本内容也通常被概括为海洋国土意识、资源意识、环境意识、权益意识和国家安全意识等。在这里，海洋意识就是海洋观，就是指与国家主权以及经济社会发展需要相匹配的公众海洋认知。

结合国内外关于海洋意识的研究，本研究认为，所谓海洋意识，是指人们对于海洋对人类存在与发展的作用、地位与重要性的总体认识和基本反映，体现了人们在关心海洋、认识海洋和经略海洋活动中的认知、情感和行为。

2018年5月，北京大学海洋研究院受自然资源部办公厅委托编制的《国民海洋意识发展指数（MAI）研究报告（2017）》[①]在北京大学发布。该报告显示，2017年我国31个省、自治区、直辖市海洋意识发展指数（MAI）的平均得分近八成达到及格水平。总的来看，我国国民海洋意识的发展指数得分整体上偏低，国民海洋意识发展指数呈现从沿海地区往内陆地区递减的趋势，海洋意识教育提升的空间和潜力较大，海洋意识教育工作有待进一步加强。

（三）关于中小学生海洋意识

对于中小学生来说，应根据小学、初中、高中学段学生知识储备、生活经验、身心特点和认知水平的不同，分别提出具体的海洋意识教育目标。总的来看，中小学海洋教育应引导中小学生增强“陆海统筹”的海洋国土意识、“依海富国”的海洋经济意识、“与海为善”的海洋环保意识、“守海有责”的海洋权益意识和“和谐包容”的海洋合作意识[②]。

① 国民海洋意识发展指数课题组.国民海洋意识发展指数（MAI）研究报告（2017）［M］. 北京：海洋出版社，2019.

② 王宏. 增强全民海洋意识，提升海洋强国软实力［N］. 人民日报，2017-06-08（15）.

1.“陆海统筹”的海洋国土意识

海洋国土意识即海洋主权意识。海洋国土是一个沿海国家其内水、领海和管辖海域的统称。我国既是陆地大国也是海洋大国。根据《联合国海洋法公约》，我国既享有200海里专属经济区和大陆架的主权权利和管辖权，也享有专属经济区和大陆架资源勘探和开发权。国家主权是我国的核心利益，海洋国土及其海洋权益是国家主权的重要组成部分。海洋安全是国家安全的重要组成部分。海上安全是陆上安全的扩展，不仅关乎国家的生存安全，更关乎国家的发展安全。近代以来，西方列强对我国发动的、使我国饱受屈辱彻底陷入半封建半殖民地深渊的五次大规模战争，都是以海军控制我国沿海制海权为先导的。进入21世纪，随着海洋战略地位的空前提高，海权争夺日益激烈。由于西方某些国家的介入，我国黄海、东海和南海的海洋领土主权、海洋权益、海洋安全屡受侵犯。近年来，我国维护海洋通道安全、海外利益安全的压力进一步增大。因此，培养中小学生的海洋国土意识，引导他们树立海洋国土忧患感和责任感、增强建设海洋强国的使命感尤为重要且紧迫。

在中小学海洋教育中，要引导学生深刻领会海洋在国家经济发展和主权安全全局中的重要战略地位，从单一陆域国土空间思维转变为海陆一体国土空间思维，树立陆海统筹理念，深植海洋国土意识。

2.“依海富国”的海洋经济意识

海洋是一座蓝色资源宝库。海洋资源是指与海水水体及海底、海面有着直接关系的物质和能量，包括海洋矿物资源、海水化学资源、海洋生物资源和海洋动力资源，它们分布广、数量大、开发潜力巨大，对于人类的生存与发展来说是一笔宝贵的财富。海洋将地球上的陆地连在了一起，有效地利用海洋、加强对外开放、扩大对外贸易会使国家走上繁荣昌盛之路。明朝郑和七下西洋的壮举以及他集几十年航海的感悟让他于晚年发出“欲国家富强不可置海洋于不顾……财富取之海洋……”的疾呼就充分说明了这一点，我国实行改革开放、建设海洋强国取得举世瞩目的伟大成就更是证明了这一点。现在我国的海洋产业迅速崛起、海洋工程频传捷报、海洋经济对GDP的贡献率越来越高，海洋强国建设成为实现中华民族伟大复兴的重要力量。

在中小学海洋教育中，要引导学生充分认识到坚持协调利用（人与海洋之间的协调，资源与资源之间以及资源与生态之间的协调，海洋各部门之间的协调）、高效利用（高生产效率，高资源利用率）、环保利用（增加生态效率，减少环境风险）的重要意义，充分认识到海洋经济是推动国民经济发展的重要引擎，确立多层次、大空间海陆资源综合利用的现代海洋经济发展观，增强科学利用海洋资源大力发展海洋经济的意识。

3.“与海为善”的海洋环保意识

目前，人类活动造成的海洋污染成为海洋的一大痼疾，威胁着海洋生物的繁衍和人类自身的健康。2013年7月30日，习近平总书记在中共中央政治局就建设海洋强国研究进行第八次集体学习时发表重要讲话指出，要下决心采取措施，全力遏制海洋生态环境不断恶化趋势，让我国海洋生态环境有一个明显改观，让人民群众吃上绿色、安全、放心的海产品，享受到碧海蓝天、洁净沙滩。要把海洋生态文明建设纳入海洋开发总布局之中，坚持开发和保护并重、污染防治和生态修复并举，科学合理开发利用海洋资源，维护海洋自然再生产能力。要建立入海污染总量控制制度，从源头上有效控制陆源污染物入海排放。要完善海洋工程环境影响评价制度，坚决把好环评关口，杜绝严重损害海洋环境的项目上马。要尽快制定海岸线保护利用规划，从严控制围填海项目，保护滨海湿地，严肃查处边申请、边审批、边施工的“三边工程”以及化整为零、越权审批的做法。要加快建立海洋生态补偿和生态损害赔偿制度，开展海洋修复工程，推进海洋自然保护区建设，完善海洋环境突发事件应急反应机制。

在中小学海洋教育中，要引导学生深入学习、认真贯彻习近平总书记关于海洋生态文明建设的重要论述，充分认识海洋生态的脆弱性与保护海洋生态环境的重要意义。

4.“守海有责”的海洋权益意识

2013年7月30日，习近平总书记在中共中央政治局就建设海洋强国研究进行第八次集体学习时发表重要讲话指出，要维护国家海洋权益，着力推动海洋维权向统筹兼顾型转变。我们爱好和平，坚持走和平发展道路，但决不能放弃正当权益，更不能牺牲国家核心利益。要统筹维稳和维权两个大局，坚持维护国家主权、安全、发展利益相统一，维护海洋权益和提升综合国力相匹配。要坚持用和平方式、谈判方式解决争端，努力维护和平稳定。习近平总书记的重要讲话明确了我国维护海洋权益的基本路线与战略方针。这一路线与方针具有四重含义：一是要坚守维护主权权益的底线原则，决不放弃领土主权主张和合法权益；二是保证国家利益最大化，在维护自身合法权益的同时，保证区域形势和周边环境的稳定，为发展提供良好的国际国内环境条件； 三是随着综合国力水平提升，维护海洋权益工作的力度应加大；四是和平对话依然是解决争端首选方式。当前，海洋权益争端已成为我国与周边国家发展关系最突出的障碍性因素之一，并呈现出长期性、复杂性及不确定性特征。这就决定了在相当长的时期内，我国海洋维权要坚持做好三方面工作：一是扎实有效维护国家主权和合法权益，二是全面统筹维权与维稳关系，三是以创新思维处理海洋权益争端①。

① 侯毅. 新时代我国维护海洋权益工作的政策基础与路径选择［J］. 中国边疆史地研究，2018，28（2）：12-20.

在中小学海洋教育中，要引导学生充分认识到我国海洋安全环境和维权形势的复杂性和严峻性，坚定地支持国家捍卫领土完整和海洋权益，增强海洋权益意识，做国家海洋权益的忠诚守护者。

5. “和谐包容”的海洋合作意识

当今世界海洋的和平和安宁关系到世界各国的安危和利益，需要各国共同维护和珍惜。世界各国应抛弃零和思维，树立共同、综合、合作、可持续的全球安全观，构建公正合理的海洋秩序；以开放、融通、互利、共赢的合作观为指导，共建蓝色伙伴关系，在海洋经济发展、海洋科技创新、海洋能源开发利用等领域开展务实合作，实现海洋经济高质量、可持续发展。我国倡导维护海洋生态平衡、建设海上丝绸之路、发展蓝色伙伴关系，为全球的海洋治理贡献了中国智慧、提供了中国方案。

在中小学海洋教育中，要引导学生认真领会我国以“和平合作、开放包容、互学互鉴、互利共赢”的“丝路”精神，同世界各国一道，为促进共同发展、增进各国人民福祉而努力的重大意义，增强海洋合作意识，为共建海洋命运共同体贡献力量。

心理学研究表明，一个人思想意识与行为方式的变化，需要经历服从、认同、内化三个阶段，这是增强意识的基本路径。中小学海洋教育中的海洋意识培养不能仅停留在教师传授上，而要开展各种实践活动，培养学生对海洋的情感，激发学生探究海洋的兴趣，引导学生增加对海洋的感知并将获得的感知与情感结合起来，使认同的外在信息转化为内在的认知，增强海洋意识。

二、海洋素养

（一）关于素养

“素养”一般指人的修养，是沉淀在人身上的对人的生活、学习、工作、发展有价值、有意义的品质，表现为人在特定情境中综合运用知识、技能分析、解决问题的能力。我国自古以来就十分看重人的素养，如《后汉书·卷七四下·刘表传》曰“越有所素养者，使人示之以利，必持众来”，《汉书·李寻传》云“马不伏历，不可以趋道；士不素养，不可以重国”。当今世界，人的素养的内涵更加丰富，对于一个人的思维方式、行为习惯的影响越来越大；其外延也大为拓展，包括思想政治素养、知识素养、文化素养、职业素养、身心素养等。

核心素养是人的素养中最重要的部分，是优秀公民的共同基因。教育部在《关于全面深化课程改革　落实立德树人根本任务的意见》中，明确把核心素养的内涵界定为“学生应具备的适应终身发展和社会发展需要的必备品格和关键能力”。核心素养是一个全球关注的概念，它的提出大致经历了以下过程。1996年，国际21世纪教育委员会向联合国教科文组织提交的研究报告《学习：内在的财富》（*Learning：The Treasure Within*）提出了“教育的四大支柱”：学会求知、学会共处、学习做事和学会做人。这一报告虽然没有直接提出核心素养概念，但指明了人才培养的主要方向。1997年，经济合作与发展组织启动了“素养的界定与遴选：理论和概念基础”项目，旨在确定一组核心素养。2003年，经济合作与发展组织发布了研究报告《核心素养促进成功的生活和健全的社会》（*Key Competencies for a Successful Life and a Well-Functioning Society*），构建了一个涉及“人与工具”“人与自己”和“人与社会”三大类九种核心素养的素养框架体系，把核心素养以及核心素养教育对于人的发展和社会进步的重要作用凸显出来。2005年，经济合作与发展组织发布了研究成果《核心素养的界定与遴选：行动纲要》（*The Definition and Selection of Key Competencies：Executive Summary*）。关于其中的“Key”一词，2013年12月裴新宁教授在《全球教育展望》上撰文指出，它除了“关键的”之外，还有“基本的、主要的、必不可少”的含义，应该意译为“核心的”。关于其中的“competencies”一词，经济合作与发展组织在《核心素养的界定和遴选：行动纲要》中明确指出，它“不仅仅是知识和技能，还包括在特定情境中利用和调动社会心理资源（包括技能和态度）以满足复杂需求的能力。例如，当一个人正在与他人交流时，他会利用个人的语言知识、IT操作技能和相应的态度与之进行有效沟通。其中表现出来的ability就是一种competency”。2001—2003年，欧盟委员会专门为建设和研制核心素养建立了工作小组，以甄别和界定“新基本能力包括哪些内容”“它们如何与课程相整合”以及“如何在人一生的学习中培养与发展”；2002年3月，工作小组发布研究报告，详细阐释了什么是核心素养，指出核心素养代表了一系列知识、技能和态度的集合，是可迁移的、多功能的，也是每个人发展自我、融入社会及胜任工作所必需的。2006年，欧盟委员会通过建议案《以核心素养促进终身学习》。另外，新西兰于2005年、法国于2006年、美国于 2007年、新加坡于 2010年、日本于2013年也分别提出了本国核心素养的框架。

在我国，2012年11月8日召开的中国共产党第十八次全国代表大会首次提出“把立德树人作为教育的根本任务”。2013年1月，第一篇关于学生核心素养培养的学术论文《我国义务教育阶段学生核心素养模型的构建》发表，9月，教育部哲学社会科学研究重大课题委托项目“我国基础教育阶段和高等教育阶段学生核心素养模型研究”立项，由此掀起了我国核心素养研究的热潮，为国家关于核心素养培养的政策制定和实践推进提供了强有力的智力支持。2014年3月，教育部印发《关于全面深化课程改革　落实立德树人根本任务的意见》，将核心素养写入深化课程改革以落实立德树人根本任务的教育目标中，这是“核心素养”一词首次出现在教育部发布的文件中。2016年9月，由教育部委托北京师范大学联合国内高校近百位专家历时3年完成的《中国学生发展核心素养》研究成果在京发布。教育部于2017年12月印发《普通高中课程方案和语文等学科课程标准（2017年版）》，于2022年4月印发《义务教育课程方案和课程标准（2022年版）》，进一步要求各学科教学注重培养和发展学生的学科核心素养。

核心素养是人们适应现在生活及面对未来挑战应具备的知识、能力与态度。对于学生来说，核心素养指学生应具备的适应终身发展和社会发展需要的必备品格和关键能力，突出强调个人修养、社会关爱、家国情怀，更加注重自主发展、合作参与、创新实践。

（二）关于海洋素养

海洋素养是一个关于海洋教育目标的核心概念，开展以海洋素养为中心的海洋教育已成为国内外海洋教育界的基本共识，并在海洋教育界形成了不同的概念解释。

2002年，美国探索学院（College of Exploration）和国家地理学会（National Geographic Society）联合举办了“生命之海洋”在线会议，为制定海洋素养的核心原则等铺平了道路，被视为海洋素养运动的开端。2004年，美国探索学院主办了为期两周的“通过科学标准提高海洋素养”在线研讨会，到会的海洋科学家和教育工作者们就海洋素养的定义和原则达成了共识，并形成7项核心原则和45个基本概念。2005年，《海洋素养：K-12海洋科学的核心原则与基本概念》定稿，确定了一个具备海洋素养的美国人在中学毕业前应该知道的知识内容。2006年，美国有关机构开始编制《K-12海洋素养范围与序列》，并于2009年定稿。《海洋素养：K-12海洋科学的核心原则与基本概念》与《K-12海洋素养范围与序列》共同构成了海洋素养的基本架构。该框架认为“海洋素养就是指海洋对你的影响以及你对海洋的影响”，在基础上提出海洋素养“七原则”：地球有一个具有许多特征的大海洋；海洋和海洋生物塑造着地球的特征；海洋是影响天气和气候的主要因素；海洋使地球变得宜居；海洋支持着丰富的生命和生态系统；海洋和人类之间有着千丝万缕的联系；海洋大部分尚未开发。海洋素养“七原则”主要是从海洋的自然属性出发，强调了人与海洋的相互作用与依存性，得到了西方国家海洋教育界的普遍认可。

2007年，国际太平洋海洋教育工作者网络成立，其愿景是“培养对海洋价值的更全面的理解，引导基于智识、负责任的和创造性的决策，以寻求保护和恢复太平洋海洋生态系统的完整性”；其使命则是“成为促进合作关系的领导者，从而创造在太平洋地区社会各层面建立海洋素养所必需的资源、项目、培训和领导力”。

成立于2012年的欧洲海洋科学教育工作者协会，致力于通过与科学家、教师、政策制定者和公众的合作，在欧洲推行海洋素养教育，以建立一个由具备海洋素养的公民组成的社会。该组织的地中海分支机构在美国海洋素养框架的基础上，结合地区实际开发了《地中海海洋素养》。自2013年起，欧盟委员会开始实施“地平线2020”计划，相继资助了“海洋变革”和“海洋责任”两项推进海洋素养宣传的行动计划。

成立于2016年的亚洲海洋教育工作者协会，致力于分享和学习国际海洋教育信息，创建亚洲海洋教育工作者网络；对国家海洋教育课程标准进行研究和改进，促进包括传统的生态知识在内的亚洲海洋素养的提升；鼓励政府、政策制定者、利益相关者、科学家、教育者和公众的协作。协会认为，海洋素养指的是人对于海洋对人类的影响以及人类活动对海洋所造成的影响的了解，其基本含义包括两个方面。海洋素养基本含义的一个方面是人看待大自然的方式。长期以来，人们一直认为自然财富是无限的，人类可以毫无节制地利用自然资源以带来经济繁荣；但实际情况是自然系统的承受力是有限的，人类必须重视自身活动对海洋产生的影响。海洋素养基本含义的另一方面是人们对科学的看法发生了变化。一直以来，人们认为科学是人类的宝贵财富，科学进步给现代人们带来更舒适的生活；但事实是科学的作用是有限的，只能适度发展，在发展科学的同时需要理解人与自然之间的相互影响，贯彻互惠原则。

2017年6月召开的联合国支持落实可持续发展目标（Sustainable Developmerot Goals，简称SDG）14即保护和可持续利用海洋和海洋资源以促进可持续发展会议，为进一步在国际上推广海洋素养概念和框架提供了平台。联合国教科文组织与相关机构和合作伙伴提交的《全民海洋素养：提高人们对海洋的保护、恢复和可持续利用的认识的全球战略》报告提出“全民海洋素养”行动计划，指出要“鼓励海洋教育方面的合作与交流，以改善海洋文化框架；提高海洋与人民日常生活之间双向互动的意识，使公民能够调整日常行为；采用创新手段培养具有海洋文化素养的公民，承认环境挑战，并就海洋管理和海洋资源利用问题作出系统的知情和负责任的决定”[①]。此外，联合国海洋会议（UN Ocean Conference）以“行动呼吁”的形式，以协商一致的方式通过了政府间达成的声明，“支持促进海洋相关教育的计划，例如将其作为教育课程的一部分，以提升海洋素养和保护、恢复和可持续利用我们海洋的文化”[②]。

2017年12月，联合国教科文组织发布《全民海洋素养：工具包》，介绍了海洋素养的定义、发展历史、核心原则以及活动案例，为世界各地的教育者提供工具、方法和资源，以推动以海洋素养为中心的海洋教育工作。

2021年，《联合国“海洋科学促进可持续发展国际十年”内的海洋素养行动框架》

① 刘训华. 教育性是海洋教育的第一属性［J］. 宁波大学学报（教育科学版），2021（2）：11.

② 王美. 国际海洋素养运动：从科学教育边缘走向中心［J］. 上海教育，2022（20）：18-21.

发布，其内容包括三个部分：一是介绍海洋素养（涉及海洋认知、海洋意识、海洋教育和海洋文化等）及其对“海洋十年”的重要作用，二是提出海洋素养行动框架，三是描述现有海洋素养发展措施与“海洋十年”参与机制之间的相互联系。

在我国，海洋学者十分重视对于海洋素质的研究。早在2012年，马勇就提出并界定了海洋素养教育的含义，指出：“海洋教育是由教育者对受教育者施以有关海洋自然特性与社会价值认识、海洋专业能力以及由人的海洋知识（意识）、海洋情感、海洋道德与海洋行为等素质要素构成的海洋素养的培养活动。”2017年，我国台湾学者吴靖国指出，海洋教育是“唤起海洋意识，提升海洋素养”的教育，海洋素养主要指知识、能力与态度。近年来，许多海洋教育先进地区、学校与机构提出了接近或贴近海洋素养层次的海洋教育目标。例如，浙江舟山市中小学海洋教育目标是通过“求海之真、扬海之善、至海之美”，培养“阳光+洋气”型的学生。

马勇（2021）在《从海洋意识到海洋素养——我国海洋教育目标的更新》①一文中指出，在海洋教育中应将“知、情、意、行”四要素引申为“海洋认知素养”“海洋情感素养”“海洋意志品质”与“海洋行为素养”，构成海洋核心素养；考虑到多年来人海关系的紧张，迫切需要建立人海的良好伦理关系，故再加进一个“海洋道德素养”。由此，马勇提出了海洋素养应包括海洋认知素养、海洋情感素养、海洋道德素养、海洋意志品质与海洋行为素养。

2021年12月18日，全国海洋教育研究联盟和中国海洋大学联合主办的第三届中国海洋教育论坛暨海峡两岸海洋教育研讨会在青岛召开。此次论坛凸显海洋素养培养与海洋教育课程改革研讨主题，首次提出了“中国海洋素养”概念。会议认为，海洋素养作为推进海洋教育的核心概念已成为世界各国海洋教育领域的共识。长期以来，国际海洋教育界将美国提出的“七原则”作为重要依据，但是该体系忽略了海洋的主权属性、社会属性，主要将其作为自然物的存在，具有局限性。中国在海洋教育推进中，紧抓海洋素养概念，并从社会参与、人文情怀、科学探索、生态互享四个维度构建符合中国国民发展需要的海洋素养体系。

刘训华（2023）在《中国海洋素养：理念、体系与逻辑演进》②一文中指出，所谓中国海洋素养（China’s Marine Literacy），是指国民在日常生活中形成的，体现中国发展特征并适应个人和社会发展需要的，与海洋相关联的知识、价值观、必备品格和关

---

① 马勇. 从海洋意识到海洋素养——我国海洋教育目标的更新［J］. 宁波大学学报（教育科学版），2021（2）：5-8.

② 刘训华. 中国海洋素养：理念、体系与逻辑演进［J］. 深圳大学学报（人文社会科学版），2023，40（4）：147.

键能力的总和。中国海洋素养以“人海和谐发展”为价值指向，分为社会参与、人文情怀、科学行动和生态互享 4个维度，综合体现为主权意识、海洋社会、法治思维、文史底蕴、海德锻造、厚植海美、科学精神、探索海洋、勤于实践、人海共生、资源保护、海洋环境等12 项素养，每项素养又体现为两种具体形态。

为了以新作为推动海洋强国建设取得新成就，全面推进中国式现代化，我们应在习近平新时代中国特色社会主义思想的指引下，实施以培养人的海洋素养为核心的海洋教育，即海洋教育的目标必须提升到海洋素养培养的层次。

（三）关于学生的海洋素养

学生海洋素养的确立应符合立德树人教育根本任务的要求和我国海洋强国建设的需要，与中国学生发展核心素养相融通，与学生所学课程的核心素养培养要求相衔接，密切结合学生的知识经验、生活经验、身心特点和认知水平。

鉴于此，中国海洋大学海洋文化教育研究中心经过历时3年的课题研究，初步提出由4个层面和12个基本要点组成的学生海洋素养基本架构。

学生海洋素养基本架构

认知层面

丰富海洋知识 丰富海洋自然科学知识，初步了解海洋现象、性质和发展变化规律，具有一定的分析海洋现象、探究海洋奥秘的能力；丰富海洋社会科学知识，认识到人与海洋和谐共生的重要性和必要性，理解维护国家的海洋权益和海洋安全的重要意义；丰富海洋人文科学知识，理解海洋文化的丰富内涵，认识到中国海洋文化历史悠久、源远流长、丰富多彩、特色鲜明，是中华文明的重要组成部分；具有自主学习、数字化学习和终身学习海洋知识的意识和能力，能够不断地完善海洋知识体系、丰厚海洋文化积淀。

理解海洋价值 了解海洋的生态价值、气候作用、资源功能和空间意义，认识到海洋是人类生存与发展的重要基础、海洋始终伴随着人类文明进步的脚步，树立起正确的海洋价值观；了解我国既是陆地大国，也是海洋大国，我国主张管辖的海域面积约为300万平方千米，认识到海洋在我国维护国家主权、安全和发展利益，全面建设社会主义现代化国家，实现中华民族伟大复兴中的重要作用；了解海洋在国际政治、经济、军事、科技等领域竞争中的突出战略地位，能够认真学习和积极践行构建海洋命运共同体理念。

发展海洋思维 了解海洋思维是一种开放性思维、包容性思维和协作性思维，相较于陆地思维具有更显著的“开放包容、互动交换、协同合作、勇于创新”等特征，更能顺应新时代发展的需要；理解海洋思维始终伴随着危机意识和竞争精神；认识到更高水平改革开放需要海洋思维，构建人类命运共同体需要海洋思维；能够主动地发展海洋思维，建立起以“开放包容、相互合作”为核心的海洋思维模式，具有较高的运用海洋思维分析、解决问题的能力。

情感层面

欣赏海洋之美 了解海洋美是包括海洋景观美、海洋社会美、海洋科技美、海洋艺术美等的多元之美，具有发现、感知、欣赏、评价和表达海洋美的兴趣和能力；认识到海洋绘画、海洋雕塑、海洋摄影、海洋音乐、海洋戏剧等海洋艺术形式不仅表达了海洋之美，而且展现了人类与自然之间相互依存、共同发展的和谐关系；了解海洋美是美丽中国的重要组成部分，熟知我国海洋艺术的杰出成就以及海洋艺术对于促进我国社会发展和文明进步的重要意义，能够积极宣传中国海洋之美。

厚植海洋情怀 认识到海洋与人类的生存与发展息息相关，对海洋抱有崇敬之情和感恩之心，能像对待生命一样关爱海洋；知道浩瀚深邃的海洋奥秘无穷，具有探索海洋奥秘的浓厚兴趣，能够主动地为认识海洋造福人类而走向海洋、亲近海洋；赞赏海洋的“生生不息，潜力无限”“海纳百川、取则行远”，树立起海洋般宏大的家国情怀，充满民族自豪感和爱国热情，积极投身于建设海洋强国、实现中华民族伟大复兴的宏伟事业之中。

崇尚海洋精神 认识到中华海洋精神是中华民族的海洋价值取向、思维方式和优秀品质的集中反映，具体表现为“天人合一”的哲学精神、“海纳百川”的包容精神、“战风斗浪”的拼搏精神、“以苦为乐”的奉献精神、“四海一家”的和合精神、“勇立潮头”的创新精神；理解现代中华海洋精神的“开放包容、和平发展、开拓创新、与时俱进”和“关注海洋、以海图强、统筹兼顾，人海和谐”的价值追求，能够积极主动地学习中华海洋精神、弘扬中华海洋精神、践行中华海洋精神。

意志层面

尊重海洋属性 认识到海洋是地球上的客观存在，是一个由固态、液态、气态物质组成且无生命物质与有生命物质物共存的复杂统一体；理解海洋像地球上其他的客观事物一样，具有自己的自然属性及其所决定的发展变化规律，而且这种自然属性和发展变化规律不以人的意志为转移，人类应当顺应海洋的自然属性和发展变化规律；能够积极主动地了解海洋的自然属性和发展变化规律，尊重海洋的自然属性和发展变化规律，促进人海和谐共生良好关系的建立。

遵循海洋伦理 了解海洋伦理是人类在开发与利用海洋过程中形成的人与人、人与社会、人与海洋关系所应遵循的行为准则和行为规范；认识到人类在开发利用海洋

资源的过程中必须遵循一系列原则和道德规范，以确保海洋资源的可持续利用和海洋生态系统的健康；认识到当代人所拥有的开发利用海洋资源的权利和所承担的保护海洋资源的义务都是平等的，每一代人都要为下一代人保存丰富的资源与良好的环境；能够遵循海洋伦理来认识海洋的开发与利用问题，践行海洋伦理，规范涉海行为。

维护海洋法治　了解国内以及国际上有关海洋的法律法规，理解海洋立法对于开发利用海洋资源、发展海洋经济、保护海洋环境、维护海洋权益和海洋安全等的重要意义，认识到依法治海会让人类与海洋更加和谐，能够促进人类社会与海洋的可持续发展；知道我国全面推进依法治海、加速建设法治海洋是贯彻依法治国的应有之义与建设海洋强国的基本保证，能够认真学习和践行海洋法律法规，积极宣传依法治海，支持国家法治海洋建设。

行为层面

建设海洋强国　了解“依海富国、以海强国、人海和谐、合作共赢”是我国新时代海洋观的核心，认识到建设海洋强国是中国特色社会主义事业的重要组成部分，是实现中华民族伟大复兴的重大战略任务，共建21世纪海上丝绸之路是建设海洋强国、实现中华民族伟大复兴的重大战略举措；认识到新时代学生在建设海洋强国、实现中华民族伟大复兴新征程中的使命任务与责任担当，能够积极主动地学好建设海洋强国的本领，深入了解和积极宣传我国建设海洋强国和共建21世纪海上丝绸之路所取得的伟大成就。

参与海洋治理　了解海洋是人类寻求解决陆地资源匮乏、环境恶化、人口膨胀三大难题的希望所在；认识到当今全球海洋所面临的海洋健康问题、不合理地开发利用海洋资源问题和非传统安全问题等，理解全球海洋治理的紧迫性和重要性；认识到构建海洋命运共同体理念为全球海洋治理指明了前进方向，为建设和呵护美丽繁荣的海洋家园提供了中国方案，能够认真学习、积极宣传、主动践行构建海洋命运共同体理念，以保护海洋环境的实际行动助推全球海洋治理。

热心海洋实践　了解人类的海洋探索之旅，认识到人类开发、利用和保护海洋等实践活动对于人类社会发展的重要影响；理解海洋技术对于海洋开发、利用、保护等海洋实践活动的重要作用，熟知我国在海洋技术方面取得的重大成果；能够积极主动地参与包括海洋研学活动、海洋宣传活动和海洋公益活动在内的各种海洋实践活动，注重通过活动体验丰富海洋认知、陶冶海洋情感、弘扬海洋精神、增强海洋意识、培养和发展海洋素养。

对于中小学生的海洋素养培养，应基于“学生海洋素养基本框架”，分别提出各学段的具体要求，尤其注意加强以下三方面的教育，做到循序渐进、螺旋提升。

一是认知教育。认知与知识既独立存在，又相互关联。知识是对不以人的意志为转移的客观存在的反映和解释，而认知则是人们获取知识、应用知识来分析、理解、推理和判断的思维过程。知识是认知的基础，而认知又能够有效地促进知识的生成和创新。对海洋的认知是人们关于海洋的认知活动，是人们获取海洋知识，应用海洋知识分析、理解、判断和解决海洋现象和海洋问题，进而形成科学海洋观念的过程。对海洋的认知是学生海洋素养培养与发展的基础。

二是情感教育。从心理学角度来看，情感是一个人对于生命态度的表征，既具有个性化特点，又具有社会化特点。人通过海洋活动体验所形成的对于海洋的愉悦感，通过观察海洋现象和思考海洋问题所形成的对于海洋的理智感，会促使人达致人海和谐的最高境界。人基于海洋认知与海洋审美等形成的海洋情感，能够激发人对于海洋的道德行为的形成，并使他们获得包括对海洋的道德感在内的道德体验。培养学生对于海洋的情感，有利于培养他们对于海洋现象和海洋问题的好奇心和求知欲望，增强他们对于海洋的关注，使他们在探索海洋的学习过程中有所发现、有所创造。培养和发展学生对于海洋的情感，依托于他们对于海洋的认知能力；而对海洋的情感增强，又会提升他们对于海洋的认知能力。

三是行为教育。人们对于海洋的行为表现是人们关于海洋的责任心和使命感的外化，也是人们对于海洋的"知、情、信"的终极指向，主要体现在"识海、爱海、敬海、护海、用海"中的"护海"和"用海"上。对于学生来说，一是要培养维护国家海洋主权和海洋权益的能力，二是要培养科学合理地开发利用海洋资源的能力，三是要培养保护海洋环境和维护海洋生态的能力，四是要培养预防和应对海洋灾难以及自我保护的能力。

邱德峰等（2023）在《学生素养发展为什么要以实践为本位——情境学习理论视角的考察》[①]里特别强调了关于学生素养培养的实践本位问题。

一是学生具身参与是素养培养与发展的前提。身体是个体获取外界刺激、信息的第一来源， 学习的过程始终伴随着学习者的情绪情感因素，而情绪情感恰恰是具身化的一种体现。 个体只有通过具身体验才能在知识、技能、情感、审美、思维等方面得以提升，所以素养的培养与发展需要主体参与实践 。"参与隐喻"的学习观认为，知识从根本上是处于实践之中的，需要学习者化被动为主动并真实参与其中。 建构主义学习观认为，学习是一个需要学习者身心投入的活动，需要学习者在已有经验的基础

① 邱德峰，王思宇，于泽元. 学生素养发展为什么要以实践为本位——情境学习理论视角的考察［J］. 北京教育学院学报，2023，37（2）：66-71.

上进行自我建构。素养的培养与发展亦是如此。

二是学生在实践共同体中的合作互动是素养培养与发展的重要途径。所谓的实践共同体至少包含共同的参与、合作的事业与共享的知识库三个必要的结构要素。其中，共同的参与是指共同体成员彼此之间的互动并通过这种互动拉近彼此之间的情感，产生对于某一事物或问题的共享意愿；合作的事业是指共同体所有成员一起朝着共同的目标愿景努力并交流、合作和分享；共享的知识库是指固化了的共同的资源以及共同体成员之间用于协商意义和组织学习的专门用语。学生正是在实践共同体中通过承担某种角色，在自主能动地与他人协作交流、分享互动中，促进知识、情感、社会规范、价值观、意义等的获得的。

三是提升分析、解决实际问题的能力是培养与发展素养的核心。素养是一种多种要素的综合体，除了具体的知识和技能外，人际沟通、社会责任感、社会规范、集体意识等都是素养的重要体现。素养的核心体现的是应对复杂问题情境时所表现出来的问题解决能力、动手能力、迁移能力等。学生是否形成了相关素养，也应该以他们在实践情境中对实际问题的解决作为标准来评判，即学生能否将习得的知识内化再通过实践来外显。

第三章 中小学海洋教育的实施

海洋教育是一种综合性强又不同于一般学科教育的教育形态。在中小学实施海洋教育，必须多种途径协同贯通，包括海洋教育与学科教学的融合实施、开设海洋教育地方课程和校本课程、组织海洋研学活动和其他海洋主题活动、营造海洋文化校园、采取科学的评价策略等，这样才能达到普及海洋知识、弘扬海洋精神、增强海洋意识进而培养与发展海洋素养的目的。许多地方和学校的做法为中小学海洋教育的有效实施提供了宝贵经验。

第一节 海洋教育与学科教学融合实施

国家课程学科教学是中小学校对学生实施教育的主渠道，要有效地在中小学开展海洋教育，必须利用好这一主渠道。

海洋系统是一个复杂的综合体，它的组成与发展变化是全方位的，研究它涉及众多学科知识，这就决定了中小学海洋教育的开展可以与多个学科的教学融合起来。中小学海洋教育与学科教学融合实施，既可以使海洋教育得以有效实施，又可以为学科教学的理论联系实际搭建良好平台，促进学生海洋素养与学科核心素养的共同发展。

要实现中小学海洋教育与学科教学的融合实施，就要掌握有关的实施策略，主要包括探寻海洋教育与学科教学的结合点以及融合海洋教育和学科教学内容科学地设计教育活动。

一、探寻海洋教育与学科教学的结合点

在中小学教学中进行海洋教育与学科教学的融合实施，首先要探寻海洋教育内容与学科教学内容的结合点。找准了结合点，才能使有关的海洋教育在学科教学的过程中自然地生发并发展起来，也才能利用海洋教育搭建的平台使学生习得的学科知识得以拓展和深化，从而实现海洋教育与学科教学的双促进。

寻找学科教学内容与海洋教育内容的结合点应从以下几方面着手。

1. 认真领会课程标准的目标要求，切实掌握海洋教育的目标要求

一个学科的课程标准规定了这一学科的课程性质、课程目标、内容要求并提出了教学实施建议等，是界定和表达学生经过一个阶段的学习后应该知道什么和能够做些什么的教学指导性文件，尤其是培养和发展学生学科核心素养的重要依据，全面反映了国家对学生学习结果的期望。

海洋教育的目标要求确立了海洋教育的方向，规定了海洋教育的内容和应培养的海洋素养，反映了海洋教育的价值取向。

各学科教学通过学科教学活动来培养学生的学科核心素养，海洋教育通过教育活动来培养学生的海洋素养，目标都指向素养，必定有融合之处。为了实现海洋教育与学科教学的融合实施，就需要认真领会课程标准的目标要求和海洋教育的目标要求，寻找它

们之间的关联，明确学科教学与海洋教育在培养学生素养方面的“结合点”。

2. 深入剖析学科教学内容和海洋教育知识体系，寻找它们之间的结合点

中小学学科教学内容来自教学资源。教学资源是为教学活动有效开展提供的各种可被利用的条件，通常指教科书、教师用书、教学案例、影视、图片、课件、教具等；其中，各学科的教科书和教师用书是教师组织学科教学内容的主要依据。中小学海洋教育知识体系知识点是中小学开展海洋教育活动的知识内容依据。因而，要想找到中小学学科教学内容与海洋教育内容的结合点，就必须深入剖析学科教学资源尤其是教科书和教师用书的内容以及海洋教育知识体系的知识点，建立它们之间的联系。

3. 用好联想思维，强化关联分析

“世界上的一切事物都处于普遍联系之中”是一个重要的哲学观点。这一观点强调，世界上事物的联系具有普遍性，任何事物都处于普遍联系之中，孤立的事物是不存在的。事物的普遍联系是客观的，不是人们主观臆造的。不同的联系，对事物的存在和发展具有不同的作用。这就要求我们必须认识和把握事物之间的真实联系，必须具体分析事物之间的各种不同的真实联系。为此，我们在研究问题时应当用好联想思维、强化关联分析。

联想思维是一种开拓性、创新性思维，包括由事物之间在时间或空间上的接近而引起的接近联想，由事物之间在外形、性质或意义上的相似而引起的相似联想，由事物之间完全对立或存在某种差异而引起的对比联想，由于事物之间存在因果关系而引起的因果联想，以及由两种事物的某些相同或相似的性质推断它们的其他性质也可能相同或相似的类比联想[①]。所谓关联分析是以具有的已知信息的要素为起点，通过不断地联想而完整地建立系统中所有要素之间的关联关系的分析过程。关联分析依据的是关联性。关联性指的是系统内的各种要素，既具有独立性又具有相关性，而且各要素和系统之间同样存在这种相关性；也就是说，系统中每个要素都不是孤立存在的，它们之间时刻都在相互作用着。任何一种事物或现象都是一个由各个要素之间相互联系与作用而形成的具有特定结构和功能的有机整体。

运用关联分析方法时，要强化要素分析，即全面深入分析、逐项细致考察研究对象的各构成要素及其属性，深入挖掘其中的有效信息以及它们所隐藏的有价值信息。分析隐藏信息往往能够找到考察对象构成要素之间联系的重要线索，进一步认识各构成要素之间的关联性。

---

① 王亚东，赵亮，于海勇，等. 创造性思维与创新方法［M］. 北京：清华大学出版社，2018：52-54.

显然，关联分析和联想思维是我们寻求学科教学内容与海洋教育内容结合点的重要思维方法，用好联想思维、强化关联分析就容易找准学科教学内容与海洋教育内容的结合点，甚至隐藏较深的结合点。

4. 加强多学科融合，实现多学科参与

海洋是个复杂的综合体，据此进行的海洋教育具有一定的复杂性、综合性及系统性。这使得中小学海洋教育任务无法仅与单一学科或个别学科的融合来完成，而需要多个学科的共同参与。

多学科融合实施的海洋教育，能够发挥不同学科的教育功能，从不同角度凸显所揭秘的海洋现象特征和所讨论的海洋问题的解决要素，为学生从不同维度认识、感悟、体验海洋提供了可能。这不仅能够拓展学生的海洋认知维度，还能提升学生对有关海洋现象和海洋问题的认知水平。

多学科融合实施的海洋教育，为学生综合运用所学学科知识解决真实的海洋问题提供了舞台。利用这一舞台来激发学生的探究热情、提升学生探究能力，既有利于学生学科核心素养的发展，又有利于学生海洋素养的提升。

为了实现海洋教育与学科教学的有效融合实施，需要构建贯穿小学、初中、高中三个学段的海洋教育体系，注重学段之间海洋教育与学科教学相融合的递进与深入，充分挖掘不同学段、不同课程中与海洋教育相关的教学资源，积极探寻与优化海洋教育与学科教学融合实施的教学方式，以分散在各学段的学科教学与海洋教育的融合实施，实现对学生的全面系统的海洋教育。

需要注意的是，素养的培养与发展需要经过一个长期性、系统性的教育过程。因此，为了融合海洋素养和学科核心素养促进学生素养水平的提升，要长期坚持海洋教育与学科教学的融合实施，通过不断地积累，使学生获得必要的海洋认知和学科认知，引导学生逐步提升海洋敏感度和学科敏感度，塑造积极向上的海洋人格与精神以及学科科学精神和人文精神，并将海洋教育学习收获与学科学习收获融为一体，促进自身的全面发展。

二、融合海洋教育和学科教学内容科学地设计教育活动

海洋教育和学科教学内容融合实施的方式多种多样，开展项目式探究活动是一种值得提倡的实施方式。

海洋教育内容与学科教学内容融合的项目式探究活动，指的是基于海洋教育内容和学科教学内容的融合，以项目式教学理念为指引，以学生自主探究和合作研讨为主要形式的探究活动。这种探究活动，有些可以利用学科教学时间在课堂上集中进行；有些可以由教师在课堂教学时予以布置，引导学生在课下分散进行，然后再利用课堂

教学时间进行总结汇报、成果展示等。

（一）海洋教育内容和学科教学内容融合的项目式探究活动的主要环节

1. 创设项目情境

学科教学需要情境创设，学科教学内容与海洋教育内容融合的项目式探究活动的开展同样需要情境创设。

现代建构主义学习理论提出了情境性学习观点，认为具有社会价值的学习只有在具体的情境中才会发生，学习者应将学习与具体的情境结合起来，通过参与情境性学习活动来内化相关的知识与技能，提高有关能力。

社会建构主义理论认为学习是一个社会过程，而不是仅仅发生在学习者个人内部的、由外部力量塑造行为的被动发展过程，有意义的学习只有当学习者个体参与社会活动时才会发生。

情境学习理论认为知识具有情境性，情境是学习发生与进行的必要条件，能够指引学习并有助于学习知识的保留；学习是个体参与实践，与他人、环境等相互作用，形成参与实践活动的能力，提高社会化水平的过程。

情境学习理论倡导“问题—构建学习”。基于问题的学习，要求学习者在有意义的、复杂的问题情境中与同伴合作解决问题，主动学习与问题解决相关的知识与技能，形成自主学习的能力。基于构建的学习，强调学习者运用已有的经验，主动构建内部心理表征。在“问题—构建学习”过程中，学习者通过自主探究与合作学习，基于问题的解决来构建对知识的理解，使学习更主动、更广泛、更深入地联系原有经验，分析当前情境中的问题，生成新理解和新假设。

对于海洋教育内容与学科教学内容融合的项目式探究活动来说，情境是一种由一定的海洋场景、海洋事件构成的，其主体是具有重要社会发展意义的，与学科知识密切关联的海洋实践共同体。这个海洋实践共同体蕴含着要探究的海洋问题，能够吸引学生参与其中且与学生的最近发展区相一致，围绕中心海洋场景或核心海洋事件提供学习支架，引导学生通过主动参与及彼此间的交流，增强对海洋实践共同体文化的认同感。

由以上分析不难看出，在开展海洋教育内容与学科教学内容融合的项目式探究活动时，创设良好的问题情境是十分重要的。需要注意的是，在组织学生开展项目式探究活动的过程中，要让学生的探究学习过程始终在创设或铺设的情境内进行，而不能只是情境引入，即不能以情境引导学生进入学习状态后就不再发挥情境的作用了，否则只会大大降低情境的功能效用。

一般说来，海洋教育内容与学科教学内容融合的项目式探究活动的情境创设应遵循以下原则。

探究性原则 学习情境引发的海洋问题应具有一定的难度，要求学生经过积极的甚至艰苦的探究过程予以解决。情境问题应形成具有一定层次的结构，促进学生的思维逐步深入。情境中隐含的发现问题和解决问题的线索应是比较隐晦或多元化的，答案不一定是唯一的、确定的。情境中的有关内容可能与问题解决不直接相关，但往往会涉及非智力因素，这些非智力因素有利于激发学生的问题解决欲望和探究动机，对于学生素养的培养与发展也十分重要。

情境素材要形式新颖、富有悬疑性和挑战性、信息丰富且有较大的发展空间，以利于学生思考与探究。

真实性原则 创设的学习情境应是真实的海洋情境，其中所包含的问题应是真实的海洋问题。只有在真实的海洋情境中，学生才能切实弄明白海洋知识的价值。如果仅仅是知识转化，或者虚拟海洋场景或海洋事件，那么，所设置的问题就很可能是抽象的或虚假的，也就消解了学习情境应发挥的功能。

复杂性原则 在一定意义上，真实性就意味着复杂性。书本上从具体海洋现象和海洋问题中抽象出来的、以文字符号来表述的海洋知识，相对于复杂多样的现实海洋来说是大大简化了。依据现实海洋，依据未被简化的海洋场景或海洋事件所设置的学习情境，是多元的、开放的、动态的，亦即复杂的。这样的海洋学习情境要比以抽象知识设置的海洋学习情境纷繁多样、变化万端。

主体性原则 以学生为主体创设的学习情境，要能够引导学生将自己的价值观念以及学习经验和生活经验融入其中，并且在学习过程中建构自己的意义理解。教师要时刻关注学生的探究学习，了解他们都知道了什么、关心什么、想做什么、能做什么，并及时为他们提供学习支架。为了凸显情境的主体性，情境创设既要紧扣教育目标、密切结合当前的教育内容并适合学生当前的认知水平，又要接近学生熟悉的环境且具有丰富的信息，还要便于学生在创设的情境中发现和提出问题、寻找独特的解决途径、在问题解决过程中进行知识的意义建构。

在组织海洋教育内容与学科教学内容融合的项目式探究活动时，要引导学生通过所创设的情境发现并提出探究问题，其一般程序是从真实情境中提炼出的真实的、复杂的海洋问题，将真实的、复杂的海洋问题转化为学科综合性问题，将学科综合性问题拆分成用有关学科知识可以解决的学科基本问题，然后通过探究一一破解学科基本问题，使学科综合性问题最终得以解决，从而从学科的角度理解真实的、复杂的海洋问题并为全面解决它们奠定基础。

2. 安排项目任务

广义的任务，是指在日常生活或工作中人们需要完成的事情。项目式学习或项目式探究活动的任务，是指学生面临当前学习的困惑，没有现成方法可以使用，需要调动自身知识、经验、技能来探究并尝试完成的事情。

每一个项目式探究活动都要设置一定的项目任务，使学生明确探究过程中要进行哪些活动、做些什么事情。项目任务中的主任务是围绕项目主题安排的，它往往要被拆分成几个子任务让学生逐一完成，最终达成总任务规定的目标。

在海洋教育内容与学科教学内容融合的项目式探究活动中，为了完成任务，学生必须进行一系列的思维活动，如分析任务、表征任务、拆分任务、提出假设、搜集证据、验证假设等。项目任务的来源是开放式的，没有现成的答案，也没有一定的规则限制，需要学生结合自己的知识经验和生活经验，在实际操作中运用创造性思维、发散性思维、批判性思维等来完成项目任务。在完成项目任务的过程中，学生要梳理海洋知识和与之相关联的学科知识，并在活动后的元认知反思中，使思维层次得到提升、问题解决能力得以提高。这一切都是在任务的驱动下进行的，没有任务，项目式探究活动也就不复存在了。

3. 明确项目目标

在学科教学与海洋教育融合的项目式探究活动中，除了确定任务外，学生还必须明确任务完成要达成的目标。只有这样，学生的探究活动才会有方向，学生在探究过程中才会不断地得到目标的激励和聚合，学生的探究结果才会有评价的标准。

海洋教育内容与学科教学内容融合的项目式探究活动是学科教学与海洋教育的融合实施，其项目目标也应是学科教学目标与海洋教育目标的融合，尤其是学科核心素养与海洋素养培养目标的融合，这样才能使海洋教育与学科教学自然融合起来，真正达到基于学科教学实施海洋教育和通过海洋教育促进学科教学的目的。

4. 设计项目活动

海洋教育具有很强的实践性，项目式学习本身就是体验性学习，这就决定了海洋教育内容与学科教学内容融合的项目式探究活动是一种体验性的教育活动。

体验性学习是指学生作为学习的主体，亲自参与或置身于某种情境，投入全部的心智去感受、关注、欣赏、经历、评价某种事物或某个过程，从而获得某种知识、技能、情感，加深对原有知识、技能、情感理解的学习。体验性学习特别有利于学生意识的增强以及素养的培养和发展。

项目活动是海洋教育内容与学科教学内容融合的项目式探究活动的主体，也就是说，海洋教育内容与学科教学内容融合的项目式探究活动的各项任务都是通过各种各样的活动来完成的，如观察、实验、观看、查询、阅读、参观、调研、采访、操作、制作、表演、绘画、竞赛、辩论、写作、交流、展示、汇报等；为了支持活动的开展，还需要有知识支持、方法导引、工具提供等。在项目式探究活动中，学生自主探究与合作研讨相结合，参与活动过程，收获活动体验，深化知识理解，拓宽知识视野，培养核心素养，实现全面发展。这些都是单纯的说教式教学难以实现的。

5. 组织项目总结

海洋教育内容与学科教学内容融合的项目式探究活动的每个项目任务都有明确的项目目标，完成项目活动后，学生需要通过项目成果展示学习结果，以达到交流分享经验、促进自我发展的目的。成果形式可以是无形的口头总结汇报等，也可以是有形的实物、模型、报告、论文、方案等。

海洋教育内容与学科教学内容融合的项目式探究活动的各个环节环环相扣、有机衔接，使海洋教育基于学科教学得以有效实施，使学科教学依托海洋教育得以深化拓展。

具体说来，以项目式探究活动的方式进行海洋教育与学科教学的融合实施具有以下意义。

1. 有助于海洋教育的有效实施

海洋教育与学科教学的融合实施，根据学生的学科知识结构、认知能力以及自身的生活经验，引导学生在依托海洋情境，运用学科知识与方法分析、解决真实的海洋问题的过程中，认识海洋是人类可持续发展的重要物质基础，在构建海洋认知体系的同时，感受、认识利用和保护海洋的重要性，树立探索海洋、研究海洋的科学态度以及正确的海洋价值观。在这一过程中，博采众长、兼容并收、相融共生、勇立潮头、开拓进取的海洋工作者的海洋精神会激励学生奋发图强，努力提升发现、提出、分析、解决海洋实际问题的能力，增强海洋意识、发展海洋素养。因而，以项目式探究活动的方式进行海洋教育与学科教学的融合实施是中小学海洋教育的有效途径。

2. 有助于促进学生的深度学习

深度学习是指在教师的指导下，学生围绕具有挑战性的学习主题，通过积极探究实践，深刻掌握学科核心知识，并运用知识解决实际问题的学习。海洋项目主题贴近自然、贴近社会，具有很强的挑战性。学生借助海洋真实情境，可以了解有关知识及其在客观世界里的呈现形式，并将概念的实际意义与概念的形成过程有机结合起来，从而使知识学习在真实问题的解决过程中上升到概念建构有效、研究方法科学和认识路径优化的模型化和理性化层面，进而实现对知识的深层理解并形成“专家思维”，引发知识跨情境的迁移与应用，实现“深度学习”。

3. 有助于学生学习方式的转变

海洋项目能够为学生展现真实的海洋情境和要解决的真实海洋问题。学生在从海洋情境里发现、提出问题并探索问题解决方法的过程中，会遇到陌生而又复杂的信息，如数据、图形、图表等。借助这些真实的信息，教师可以设计多样化的项目学习任务，引导学生开展分类与概括、证据与推理、模型与解释、符号与表征等具有学科特质的学习活动，并通过小组合作、实验探究、讨论交流、成果展示等多样化的学习方式，解决真实海洋情境下复杂程度不同的问题，培养和发展学科核心素养。不仅如此，教师还可以组织学生走出校门，到图书馆、海洋馆、海上设施、海洋资源开发利用场所、涉海科研院所等进行参观访问、调查研究，积极开展建构式、探究式和问题解决式的学习活动与社会实践，有效地促进学生学习方式的转变。

4. 有助于学生批判性思维能力和创新性思维能力的培养

通过海洋情境素材生成的主题实践活动或课堂教学，能够引发学生对海洋探索的热情以及对海洋类社会性议题的关注，促使学生综合运用所学学科知识，多角度、辩证性、批判性地认识和分析面临的真实海洋问题，对所关心的未知探索及所关注的社会性议题做出正确的判断。在这一过程中，学生能够增强创新意识，并从实践层面提升批判性思维能力和创新性思维能力。

5. 有助于学生学科核心素养的培养与发展

学科核心素养是指学生在面对真实、复杂的问题情境时所表现出来的价值判断、关键能力和必备品格。海洋项目所提供的情境都是真实的、复杂的且具有挑战性的。学生面对这样的情境发现、提出、分析和解决问题时，需要运用原有的认知模型，开展假设推理、寻找证据的学习活动，并基于证据推理发现或建立新的模型，然后开展类比思维解决实际问题并进行成果印证，从而实现认识在“基于实践”“通过实践”“为了实践”的过程中的不断提升。这样一来，学生就能在整个学习过程中真实而持续地把核心知识学习与身心活动有机结合起来，在创造、体验、感悟中把外在的知识转化为内在的关键能力和必备品格，从而落实学科核心素养的培养和发展任务。

开展海洋教育内容与学科教学内容融合的项目式探究活动，取得海洋专业人员的帮助与指导至关重要。海洋专业人员具有丰富的专业知识和经验，能够协助教师指导学生确立科学的探究目标和制订可行的活动方案，丰富活动的内容和实施的方式；能够向学生传授实际应用知识，帮助他们理解问题的本质和掌握解决问题的方法；可以引导学生分析实际案例和分享实践经验，将学习与实践紧密结合起来，理解知识的应用场景和现实意义；可以协助学生获取实地考察和使用专业设备的机会或与有关单位进行合作研究，拓展学习资源。通过海洋专业人员的参与，海洋教育内容与学科教学融合的项目式探究活动能够更好地与实际的海洋世界联系起来，使活动更加真实、有意义和具有可持续性。

第二节　海洋教育与学科教学融合实施研究

在中小学海洋教育中，涌现出许多海洋教育与学科教学融合实施的研究成果，这些研究成果充分说明了海洋教育与学科教学融合实施是必要的也是可行的。现以小学综合实践活动、小学数学、初中道德与法治、初中历史、高中化学、高中地理学科的研究为例予以说明。

小学综合实践活动

项目驱动，学科融合，“六化”策略助推海洋教育

青岛无棣四路小学　李　丽

《中小学综合实践活动课程指导纲要》指出，综合实践活动是从学生的真实生活和发展需要出发，从生活情境中发现问题并将其转化为活动主题，通过探究、服务、制作、体验等方式，培养学生综合素质的跨学科实践性课程；课程目标制定以培养学生综合素质为导向，课程开发面向学生的个体生活和社会生活，课程实施注重学生主动实践和开放生成，课程评价主张多元评价和综合考察。综合实践活动课教学与海洋教育有着密切联系。综合实践活动课与海洋教育融合实施是培养小学生综合实践活动学科核心素养、增强小学生的海洋意识、发展小学生的海洋素养，以服务于国家海洋强国建设、提升国家海洋软实力的有效途径，在小学综合实践课教学中应充分利用这一途径实现综合实践活动课教学和海洋教育的双丰收。

一、综合实践活动学科教学融合海洋教育的基本框架

在海洋教育与综合实践活动课教学融合实施的过程中，我们遵照《中小学综合实践活动课程指导纲要》的要求，从海洋资源、海洋经济、海洋文化、海洋环境、海洋权益、海洋科教六个层面入手，挖掘国家课程教材体系中的海洋教育切入点，借助现代化海洋数字教育资源，引导学生运用综合实践课的学习方式，开展项目式探究活动。各年级综合实践活动与海洋教育融合实施的基本框架（部分）见表3-2-1。

表3-2-1 各年级综合实践活动与海洋教育融合实施的基本框架（部分）

<table>
<tr><td rowspan="3">年级</td><td rowspan="3">综合实践活动领域</td><td rowspan="3">综合实践活动主题</td><td>海洋资源</td><td>海洋经济</td><td>海洋环境</td><td>海洋文化</td><td>海洋权益</td><td>海洋科教</td></tr>
<tr><td>A.生物资源
B.海水资源
C.矿产资源
D.空间资源
E.其他</td><td>A.海洋产业
B.海洋旅游
C.其他</td><td>A.海洋污染
B.海洋治理
C.其他</td><td>A.海洋文学
B.海洋艺术
C.海洋信仰
D.海洋民俗
E.其他</td><td>A.海洋国土
B.海洋军事
C.其他</td><td>A.海洋技术
B.海洋科考
C.海洋教育
D.海洋场馆
E.其他</td></tr>
<tr><td colspan="2">融合海洋教育范畴</td><td colspan="4">海洋教育内容及目标</td></tr>
<tr><td>一年级</td><td>考察探究活动领域</td><td>寻找生活中的标志</td><td colspan="2">海洋权益</td><td colspan="4">海洋航行，船舶、游轮各种安全方面的标志的认识，学习海军旗语的含义，创编旗语操或者旗语儿歌</td></tr>
<tr><td>二年级</td><td>考察探究活动领域</td><td>我与蔬菜交朋友</td><td colspan="2">海洋经济</td><td colspan="4">通过访问、认识常见的海鲜食材，了解其经济价值和食用价值，通过海洋食品种类的介绍，知晓其营养丰富性，了解其对青少年健康成长的重要性</td></tr>
<tr><td>三年级</td><td>社会服务活动领域</td><td>争当集体劳动小能手</td><td colspan="2">海洋文化</td><td colspan="4">初步了解生活中常见的海洋鱼类，学会常见鱼类的辨别及烹饪，对食用完的鱼骨进行分类、处理，初步掌握简单的鱼骨画制作</td></tr>
<tr><td>四年级</td><td>考察探究活动领域</td><td>跟着节气去探究</td><td colspan="2">海洋环境</td><td colspan="4">初步了解海洋自然灾害的内容和表现，如风暴潮的灾害、海上大风的预警、海浩现象的研究、海雾现象的研究等</td></tr>
<tr><td>五年级</td><td>考察探究活动领域</td><td>我也能发明</td><td colspan="2">海洋经济</td><td colspan="4">通过搜集资料、实地考察等方式了解海岸带的开发与利用，利用主题班会、队会的形式进行交流改造海岸的利与弊，利用小组合作的方式对家乡海岸进行再规划，了解人类改造海岸的现状及海洋产业发展对海岸带的影响</td></tr>
<tr><td>六年级</td><td>职业体验活动领域</td><td>走进爱国主义教育基地、国防教育场所</td><td colspan="2">海洋科教</td><td colspan="4">参观海军博物馆，学习有关海军的知识，了解海洋国防的意义，培养爱国主义精神与增强责任担当意识</td></tr>
</table>

二、综合实践活动学科融合海洋教育的实施策略

（一）深研纲要，力求海洋教育主题情境化

《中小学综合实践活动课程指导纲要》规定的综合实践活动课程的总目标为“学生能从个体生活、社会生活及与大自然的接触中获得丰富的实践经验，形成并逐步提升

对自然、社会和自我之内在联系的整体认识，具有价值体认、责任担当、问题解决、创意物化等方面的意识和能力”。综合实践活动课程的本质特征是生活化、综合化、实践性。因此，在综合实践活动课教学与海洋教育融合实施时，要将切入的视角放在引导学生从真实的海洋情境中提炼具有学习意义的活动主题，获得关于自我、社会、自然的真实体验，建立学习与实践的有机联系上。

（二）精选模块，实现海洋教育内容榫卯化

《中小学综合实践活动课程指导纲要》要求学校在课程规划时要为每一个学生参与活动创造必要条件、提供发展机遇，允许和鼓励师生从生活中选择有价值的活动主题；要引导学生主动运用各门学科知识分析解决实际问题，使学科知识在综合实践活动中得到延伸、综合、重组与提升；可将有关专题教育，如优秀传统文化教育、革命传统教育、国家安全教育、心理健康教育、环境教育、法治教育、知识产权教育等，转化为学生感兴趣的综合实践活动主题，让学生通过亲历感悟、实践体验、行动反思等方式实现专题教育的目标。《中小学综合实践活动课程指导纲要》分了三个学段，从价值体认、责任担当、问题解决、创意物化四个方面详细阐述不同学段的学生要完成的课程目标，围绕课程目标推荐主题，每一个活动主题都有简要的提示说明或者指导意见。在综合实践活动课教学与海洋教育融合实施过程中，我们结合海洋教育的六个方面，以领域模块为单位，研读精选其中的指导意见提示点，寻求两者之间的结合点，进行互相交融。表3-2-2是以四年级为例的综合实践活动与海洋教育融合点一览表。

表3-2-2 四年级综合实践活动与海洋教育融合点一览表

综合实践活动领域	综合实践活动主题	课程指导纲要内容	融合海洋教育范畴	海洋教育内容及目标
考察探究活动	我们的传统节日	结合时令，选择端午节、中秋节、重阳节、春节等一个或几个传统节日，利用收集资料、访问、实地考察等方法，了解节日的来历、习俗、故事等；参与体验该节日的1～2种习俗，并进行交流分享，增强对传统文化的探究意识和认同感	海洋经济	了解青岛的特色节日——海洋节、红岛蛤蜊节、田横祭海仪式，参与其中，增强活动体验，了解有关节日的发展历史
	跟着节气去探究	结合二十四节气，观察身边的植物、动物、天气等物候变化；长期坚持，认真做好记录，并尝试编制当地的自然日历，理解农业生产与物候变化的关系。关注自然现象，探索自然变化，初步树立严谨求实、一丝不苟的科学态度	海洋环境	初步了解海洋自然灾害的内容和表现，如风暴潮的灾害、海上大风的预警、海浩现象的研究、海雾现象的研究

续表

综合实践活动领域	综合实践活动主题	课程指导纲要内容	融合海洋教育范畴	海洋教育内容及目标
社会服务活动	我做环保宣传员	调查和发现身边存在的环境问题，分析可以采取的措施和解决办法，开展环境保护宣传活动，体验绿色生活方式，树立保护环境、节约资源的观念和生态意识	海洋环境	了解海滩污染的现状，调查海滩垃圾的来源和类别
职业体验及其他活动	走进博物馆、名人故居、农业基地	在外出考察前，利用上网、查阅资料等多种途径，了解社会资源单位的基本情况、资源内容与特点；提出研究问题，设计考察方案；通过任务驱动的方式，有效地开展实践活动，获得研究结论。增加对本地自然状况和社会生活状况的了解，增长生活经验，提高社会适应能力	海洋文化	初步了解海洋博物馆、海洋名人故居等有哪些，深入探究海洋博物馆等展出的内容，设计游览和考察路线，感悟海洋博物馆等展品的意义
设计制作活动 劳动技术	创意木艺坊	使用手工锯、曲线锯、木板、KT板、乳胶、砂纸等工具和材料，初步掌握木工直线锯割和曲线锯割技术，运用插接、钉接、黏结等连接方法制作小木工创意作品。在学习木工基本技艺过程中，学习创意表达，提高动手实践能力，体验工匠精神	海洋经济	初步了解适宜海洋牧场养殖的海洋动植物的名称、生活习性、养殖技术等内容，进行新型海洋牧场的创意设计
研究性学习活动 信息技术	网络信息辨真伪	运用考察探究活动中学习的发明创造方法，针对发明创造对象进行功能改进或重新设计，学会启动浏览器，浏览网站，利用搜索引擎搜索并获取自己需要的信息，在此基础上学习保存需要的网页的方法，掌握在网络上搜索信息的方法，提高判断真实信息和虚假信息的能力	海洋科教	认识海洋生物外形和功能特点、海洋生物仿生学及其运用，了解海洋科技发展动态

（三）精心设计，凸显海洋教育手段多样化

在综合实践活动课教学与海洋教育融合实施过程中，教师可借助信息化技术手段，精心设计研学活动内容，引导学生多种感官参与，开展项目式探究活动。

例如，五年级的“礼赞海洋工程”项目式探究活动设计为：通过对港珠澳大桥建成通车这一辉煌时刻的展示，以港珠澳大桥的建设成就激发学生探究海岸工程的欲望；通过网上观看我国建设超级海上工程的视频、网上冲浪了解各种各样的海岸工程、绘制思维导图归纳整理海岸工程的种类、动手制作桥隧名片、进行海底隧道和跨海大桥应用对比研究、电脑动画模拟海洋工程技术攻关等活动，拓宽学生的海洋知识视野，提升学生利用综合实践活动课习得的信息技术解决实际问题的能力，实现跨学科整合，培养学生的海洋素养。

（四）开发创新，实现海洋教育资源整合化

新课程方案提出，学校教育教学活动要紧紧扣住适应社会发展所需要的核心素养，特别是在真实情境中解决问题的能力。这一要求的提出必然带来教学改革的新变化，学生在教育教学活动中的主体地位将得到进一步加强。因此，在综合实践课教学与海洋教育融合实施的过程中，教师要跳出教学看教学，摆脱根深蒂固的知识教授者身份，立足于学生核心素养培养，注重学生能力的提高，做学生学习活动的指导者、陪伴者、引导者、点拨者。教师应充分借助功能强大、操作便捷的教育数字平台，为学生的海洋教育项目式学习提供丰富的数字化海洋教育资源，如提供平台网址、制作海洋指导微课、汇总学习引导资源库、联系社会海洋教育资源等。

教育资源的整合，跨学科探究活动的开展，拓宽了项目式探究活动的形式与路径，形成一个个海洋教育学习型场域，让海洋教育无处不在、无时不有。

（五）搭建平台，力争海洋教育成果交融化

新课程方案的实施，让综合实践活动学科的教育教学活动目标更加清晰：以培养学生综合素质为导向，引导学生综合运用各学科知识认识、分析和解决现实问题，提升综合素养，着力发展核心素养，注重培养社会责任感、创新精神和实践能力，以适应快速变化的社会生活、职业世界和个人自主发展的需要，迎接信息时代和知识社会的挑战。综合实践活动课教学与海洋教育的融合实施，要求教师既要关注过程又要重视结果，通过项目式探究活动成果展示，促进探究活动的深化与拓展，使学生核心素养水平不断提升。

（六）关注发展，促进海洋教育评价多元化

在综合实践活动课教学与海洋教育融合实施过程中，教师应抓住评价这个抓手，以多元化评价、表现性评价理论为指导，通过设计“自己评、伙伴评、老师评、家长

评”等多主体、多元化评价，将评价过程变成自我、伙伴、老师、家长等主体共同参与的、多元交互共建的、充满民主关爱氛围的互动过程，引导学生正视自我、勇于反思、交流协商、不断改进、注重内化，从而促进核心素养的进一步发展。在每一个活动设计中，教师都要适当安排一些学习内容引导学生与教师、家长、小伙伴分享，以增进学生与教师、家长、伙伴的真诚沟通和相互了解；在活动的最后阶段，要安排学生进行自我学习总结反思，引导学生正确认识自己、激励自己。

小学数学

如何基于小学数学学科教学开展海洋教育

青岛德县路小学　王庆莲

一、结合学科课程标准和海洋教育的目标要求，确定学科教学与海洋教育的融合实施内容

基于小学数学课程标准的核心素养培养要求和海洋教育的海洋素养培养要求，我们认为可以在海洋科技、海洋资源、海洋经济、海洋文化、海洋权益、海洋教育六大领域，将数学教学内容和海洋教育内容融合起来组织教学（表3-2-3）。

表3-2-3　数学教学与海洋教育融合实施一览表

领域	年级	数学教学	海洋教育
认识图形，比较图形→走进海和洋	一年级	1. 初步知道图形整体与部分的关系； 2. 了解比较的方法； 3. 知道在平面上（如地图）如何辨别方向； 4. 体会身边处处有数学	1. 知道海洋分为海和洋，知道地球上有四大洋和许多海，加深对海洋的认识； 2. 了解我国周边的海洋，培养热爱祖国、热爱海洋的情感
认识方向，联系生活→海洋旅游	二年级	1. 结合现实生活，根据“上北下南左西右东”的规则，学会辨认平面图上四大方向的方法，建立初步的空间观念； 2. 能在生活中发现、提出和解决有关方向和位置的简单问题，感受数学与日常生活的密切联系，培养对数学的兴趣	1. 认识海洋之美，培养热爱海洋之情； 2. 了解海洋和人类的生存发展的关系； 3. 初步了解国家海洋的分布，增强爱国主义教育

续表

领 域	年级	数学教学	海洋教育
三位数乘一位数，数学与生活→海洋鱼类	三年级	1. 正确找出因数末尾0的个数和积末尾 0 的个数的关系，培养数学推理能力，提升口算技能； 2. 掌握三位数乘一位数的笔算方法，理解算理，并能正确进行计算，学会估算方法，培养估算意识，感受估算的合理性与价值； 3. 联系生活实际，学会从数学的角度发现问题和提出问题，综合运用数学知识解决简单的实际问题，体会数学与生活之间的联系	认识海洋鱼类，了解海洋鱼类与人类生活的关系，感悟大海的美好
认识万以上的数，联系生活→海岛	四年级	1.结合海岛的情境感受大数的意义，正确读出万以上的数； 2.会比较万以上数的大小，能把整万、整亿的数改写成以“万”“亿”作单位的数，体会用“万”或“亿”为单位计数的简洁性	1. 了解海岛的成因及分类，感知海岛给人们的生活带来的变化； 2. 欣赏中国主要海岛的故事，感受海岛的魅力； 3. 通过动手制作海岛模型，了解海岛的组成，培养学生探究海岛的兴趣和维护海岛权益的法律意识
折线统计图，联系生活实际→海水淡化	五年级	1. 能根据收集、整理的数据填写统计表，并能对统计表中的数据进行简单的分析； 2. 认识折线统计图，体会折线统计图的特点，能根据统计表中的数据绘制折线统计图。在分析统计图的过程中，进一步理解统计方法，发展统计观念	1.了解海水淡化的原因与原理，感知地球上淡水资源紧缺的现状； 2.了解海水淡化的方法和工艺流程，了解蒸馏法海水淡化过程，并进行简单模拟，培养动手操作能力； 3. 了解海水淡化的优缺点，了解青岛市海水淡化发展现状，关注海水淡化发展方向，培养保护海洋、节约水源意识

续表

领 域	年级	数学教学	海洋教育
百分数，扇形统计图→旅游经济	六年级	1. 初步学会分类整理繁多的数学信息，认识扇形统计图，理解分量和总量的关系；灵活地将分数、小数、百分数进行互化； 2. 运用扇形统计图、百分数解决实际问题，根据具体数据选择恰当的统计图；尝试读简单的旅游统计图表，运用数学语言解释统计结果，进一步体会数学与生活的紧密联系； 3. 在运用数学知识和方法解决问题的过程中，感受数学的价值	1. 了解青岛现有的海洋旅游资源种类及其分布情况； 2. 走进青岛旅社，了解某旅社近3年内青岛海洋旅游经济情况； 3. 了解青岛海洋旅游景点及旅游文化产品，感受海洋对人类社会文化及经济发展的影响，增强知海、爱海、护海和珍爱海洋资源的情感

二、小学数学教学与海洋教育融合实施的策略

基于对课程标准提出的核心素养的解读，我们在教学过程中首先要注重创设真实的情境，引导学生认识真实的世界、提升解决实际问题的能力；其次要制定指向核心素养的教学目标，并且将这个目标贯穿在教学的全过程；第三要选择能够引发学生思考的教学方式，比如启发式、引导式等，发展学生的思维；最后还要注重跨学科的学习，如数学与综合实践活动、数学与科学、数学教学与海洋教育的联系等。这些，也是我们确定小学数学教学与海洋教育融合实施策略所依据的原则。

（一）以数学教科书中的情境窗为基础创设海洋教育活动

青岛版数学教材三年级上册第三单元的单元教学情境是“富饶的大海”，围绕着单元教学情境设置三个信息窗，分别是“捕鱼归来”“海水养殖”“走进海产品加工车间”。围绕这个单元教学情境以及信息窗的内容，同时又结合地方课程课本《蓝色家园》的内容，我们确定了“体验鱼儿带来的乐趣”这个主题，根据该主题设置了“跟随船队去捕鱼”“走进海鲜市场”“探秘鱼片制作”三个项目任务。三个项目任务中的研究问题分别与数学教材中的一个信息窗的主题相对应，根据信息窗的主题来确定研究问题。

【案例描述】

情境再现一：小明学数学

小明做了这样一道数学题：“一艘渔船出海回来在码头卸鱼。渔民伯伯将船上的鱼装在塑料筐子里往岸上运，每一个塑料筐里大约盛9千克的鱼。渔民伯伯卸下了985筐鱼，船上还有大约2 000千克的鱼。算一算，这次出海这艘渔船大约捕了

多少鱼？”小明一算，结果是10 865千克。啊，一艘渔船就能捕这么多鱼，真是大丰收啊！

谈话：你知道小明是怎么算的吗？他用到了我们所学的哪些数学知识呢？和你的小伙伴交流一下吧。

情境再现二：跟随船队去捕鱼

一共有多少条鱼？如果每一群里有300条鱼，一共定位了3群，那一共是多少条鱼呢？每群30条，共3群呢？每群700条，共5群呢？每群70条，共5群呢？每群7 000条，共5群呢？列式算一算，你能发现什么？

提问：对于这些末尾有0的口算有什么好方法呢？你能结合刚刚解决的数学问题概括地说一说吗？

【案例分析】

在以上两个教学片段中，我们为学生呈现的是数学教材中的情境图，又根据海洋教育的需要将主题改编成学生喜欢的“体验鱼儿带来的乐趣”主题，围绕这一大主题进行一个个小情境主题展现，让一个个小情境主题更贴近学生的生活实际。这样，学生学习的兴趣度会更高，也符合课程标准提出的“三真”原则：创设真实的情境，认识真实的世界，解决真实的问题。

（二）就地取材，以周围生活为情境素材创设海洋教育活动

例如，二年级的“熟悉旅游中的方位判断”，六年级的“青岛旅游数据统计”。

青岛是一座沿海城市，每年都有大批游客来青旅游，是游客打卡的胜地。结合当地文化，我们确定二年级海洋教育与数学教学融合实施的重点内容是认识海洋旅游平面图的方向，其对应的数学知识点是认识方向；六年级海洋教育与数学教学融合实施的重点内容是了解旅游经济，其对应的数学知识点是百分数和扇形统计图。根据研究主题，二年级确定了“看图游海底世界”“寻找海水浴场”“崂山在哪里”三个项目任务，六年级确定了“统计青岛海洋旅游资源”“帮旅行社算算账”“探秘导游一天的活动”三个项目任务。

【案例描述】

情境再现：我乘轮渡去青岛旅游

小伙伴们，猜猜我是谁！没错，我就是热爱旅游、热爱海洋的小小旅行家！我的家在青岛西海岸，我经常利用假期的时间到青岛市南区、崂山区的旅游景点去游玩，而且总喜欢乘坐从黄岛到青岛的渡轮去青岛市南区。这一次我想带你们

去沙滩软绵绵的海水浴场、被称为“海上第一名山”的崂山、“海洋动物欢聚一堂”的海底世界游览一番，一起出发吧！

巧用门票：

（1）根据海底世界的游览路线图可知，里面有几个展馆？它们都在哪个方位呢？海兽馆在淡水生物馆的什么方位（指方向和位置）？检票口在水族馆的什么方位？

（2）最西边的展馆是什么？如果要到海兽馆去看海豹，从入口处出发应该怎么走（向北、向南、向东或向西）？

【案例分析】

根据课程标准关于加强实践体验的要求，教师应从生活情境入手，用数学的眼光来引导学生进行实践，把数学知识融入活动中，或将数学知识运用到探究实践中。这样的教学，会使学生对于数学的认知保持一致，使他们认识到数学是从生活中抽象出来的但又运用到生活中去的一门学科，它不是孤立的，而是和其他学科一起，存在在生活中的每一件事、每个现象中。

根据二年级学生的年龄特点，我们设置了“巧用门票游览海底世界”“如何找到海底世界”“寻找海水浴场”等真实情境，引导学生在游玩中掌握有关方位的数学知识，达到将数学知识融入活动中、在活动中体验学数学的价值的目的。

（三）以故事为情境素材打通数学教学与海洋教育的壁垒

例如，一年级的“走进海和洋”，四年级的“海岛探秘”。

小学生的年龄特点决定了他们特别喜欢听故事，我们将海洋教育与小学数学的知识点整合到故事中，这样学生在欣赏故事的过程中就可达成本节课的教学目标。

在故事中，我们确定一年级的项目任务是“认识海和洋”“遥望四大洋”“赞美中国海”，四年级的项目任务是“认识海岛的形成”“欣赏中国海岛故事”“维护我们的海洋权益”。

【案例描述】

情境再现：绕地球一圈

在课堂上学了判断方向的方法之后，爱动脑筋的小明成了个“方向迷”。有一天，他突然想到，如果从我国的青岛乘船向右绕地球游览一圈会经过哪些地方？于是，他找来地球仪查看起来。哦，原来要经过这么多地方！小明通过上网查询，了解到这一路景色壮美、故事多多。于是，他暗下决心：好好学习航海知识，长大了做个探险家去环球旅行。

【案例分析】

课程标准强调要重视生活情境和社会情境，而社会情境涉及的社会问题、社会状况，对于小学生而言，特别是一、二年级的学生来说，有体会但并不那么深刻，不如与生活息息相关的生活情境能更加吸引他们。所以在教学中，我们有意识地收集生活情境中的数学知识，并将其运用到课堂教学中。

课程标准加强了学段之间的联系。我们在一、二年级可以设置一些活动化、游戏化和生活化的活动，教一些简单的数学知识。比如在上述案例中，我们巧妙地将数学故事纳入其中，让学生在结合地球仪了解有关海和洋的知识（图3-2-1）中加强对分类、比较的理解，弄清整体和部分的本质区别。

图3-2-1 海和洋的比较

（四）以当下的海洋热点创设海洋教育活动

例如，五年级的“展望海水淡化”。

海水淡化是国内外研究的热点。选取海水淡化这一主题，结合五年级学习的知识点——折线统计图，既可以培养学生的创新意识和实践能力，也可以增强学生的社会责任感。

根据研究主题确定五年级的项目任务是“认识海水淡化”“走进海水淡化厂”“关注海水淡化的发展方向”。

【案例描述】

人们为什么要进行海水淡化呢？

从遥远的太空看地球，地球呈现出漂亮的蔚蓝色，这是由于地球拥有海洋的缘故。

数据统计表明，海洋约占地球总水量为96.5%；而淡水资源仅占总水量的2.53%，除去无法取用的冰川和高山冰冠中的水，陆地上可利用水量不到地球总水量的1%。

提问：根据这些数据，你有什么想说的？

学生结合扇形统计图展开讨论。

小结：尽管地球水资源丰富，但对于人类来说，要维持生命，需要的是淡水。多年来，伴随着人口增长，水资源污染等问题，淡水资源更是紧张。有人预言，19世纪争煤，20世纪争油，21世纪可能争水。

面对着生产、生活所需要的淡水资源相对匮乏的状况，人类自然而然地把目光投向了水资源储量浩大的海洋，“向海洋要淡水”已经形成了方兴未艾的产业。

数学小知识：折线统计图

我们一起来看看某工厂海水淡化的成本吧！

仔细读图（图3-2-2），你都读到了哪些数学信息？你能结合这些信息完成任务吗？赶紧试一试吧！完成后小组合作交流一下吧。

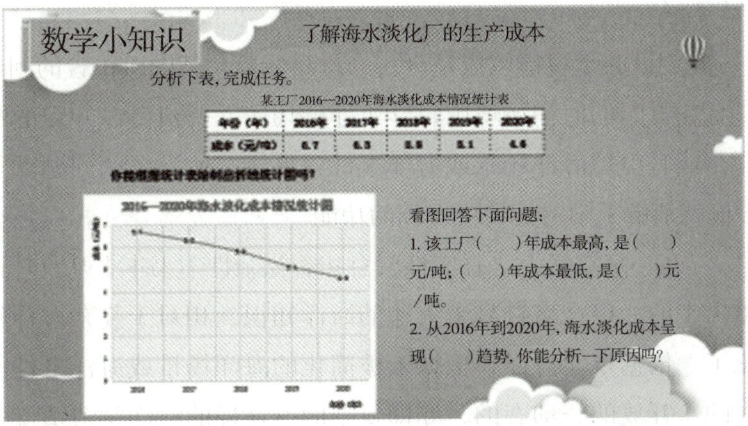

图3-2-2　数学小知识

尽管海水淡化的成本已降到4～5元/吨，经济可行性已经大大提升，但仍远高于传统的水价，对此你有什么想法快和你的小伙伴交流一下吧！

【案例分析】

课程标准强调教学中真实情境的创设。真实的生活情境贴合学生的经验、认知，更能促发学生产生对数学学习的兴趣和欲望。社会情境往往涉及较重要的社会问题。在教学中，我们有意识地收集生活情境中的数学知识，并将其运用到课堂教学中（图3-2-3）。

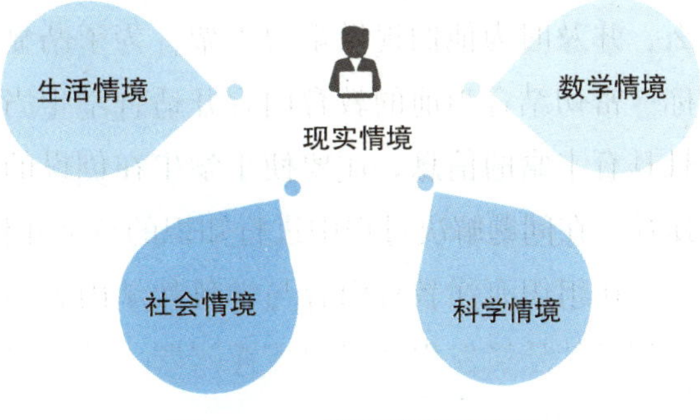

图3-2-3　现实情境示意图

上述案例中，我们结合当下海洋热点设计的“海水淡化”这一情境主题，能引起高年级学生的兴趣；结合五年级学习的折线统计图，能培养学生的探究能力和时间能力，增强学生的社会责任感。

三、海洋教育与小学数学融合实施的途径

在海洋教育与小学数学教学融合实施的过程中，我们从多方面思考融合实施的主

题，根据研究的主题确定研究的问题；研究的问题之间不是简单的罗列，而是根据项目任务形成螺旋上升式问题组。

在实际的教学中，我们按以下途径来实现数学教学与海洋教育的融合实施。

每个研究主题针对不同的年级都确定3个项目任务，项目任务与研究问题一一对应。项目的研究问题以学生的口吻提出，拉近教学内容与学生之间的距离，激发学生探究的热情。整个研究主题以海洋教育为大情境，活动性栏目（引导学生开展活动用的栏目）的内容和辅助性栏目（为学生活动提供工具和指导的栏目）的内容交替整合在教学设计中，以学生已有的认知为基础螺旋式推进。数学知识的学习既可以通过活动性栏目的方式进行，也可以利用辅助性栏目来实现。在活动性栏目的教学设计中，学生可以动起来，听、看、思考、发现，还可以借助网络搜集资料。学生通过活动性栏目进行学习时，可以利用辅助性栏目加深理解、拓宽视野。

对于每个海洋教育与数学教学融合实施的项目式探究活动，我们都会设置三个项目任务。在第一个项目任务中，活动性栏目与辅助性栏目结合出现，凸显结合数学学科的学科性质。在第二个项目任务中，数学学科知识的呈现方式是探究性活动，根据情境自编题目。在第三个项目任务中，学生动手实践的项目较多，呈现方式是“探究角”，以开放型问题和反思型问题为主。

数学教学与海洋教育融合实施的过程对每一位学生来说都是一个“开窍”的过程。学生开展的是以解决实际问题为目标的任务活动，指向的是数学核心素养：让学生学会用数学的眼光观察现实世界，以任务驱动激发学生的研究兴趣，在解决问题的过程中引导学生主动思考、提出质疑、自主探究，开展合作式学习，提升合作探究能力，培养探索精神，发展数学思维，使学生学会用数学思维思考现实世界。学生学会了像科学家一样地思考问题，就会沉浸在海洋情境中不断地探索一个又一个的海洋问题和数学问题，体验运用数学知识解决海洋真实问题的乐趣，全面提升数学学科核心素养和海洋素养。

初中道德与法治

素养导向的项目式探究活动助推学科教学与海洋教育融合实施

——道德与法治课教学与海洋教育融合实施的探索与思考

青岛第二实验初级中学 王淑芬

一、初中道德与法治课教学和海洋教育相通相融

（一）学生素养培养方面

中小学海洋教育的主要任务是培养和发展学生的海洋素养，包括认知层面的丰富海洋知识、理解海洋价值、发展海洋思维，情感层面的欣赏海洋之美、厚植海洋情怀、崇尚海洋精神，意志层面的尊重海洋属性、遵循海洋伦理、维护海洋法治，行为层面的建设海洋强国、参与海洋治理、热心海洋实践，这与道德与法治课程旨在提升学生的政治认同、道德修养、法治观念、健全人格、责任意识的教学要求是相通的。

道德与法治课教学担当着培养学生正确的政治方向、世界观、人生观、价值观和深厚的家国情怀的重任。例如，在“守望精神家园”一课的教学中，我们将海洋精神的教育贯穿其中，引导学生认识源远流长的中华海洋精神、明朝郑和的航海精神到现代核潜艇精神，这与树立社会主义核心价值观、弘扬民族精神的学科教学价值是一致的，符合社会主义核心价值观教育的要求。

培养学生良好的道德修养是道德与法治课教学的任务之一。道德与法治课教学要引导学生把道德规范内化于心、外化于行，这与行为层面的海洋素养培养相得益彰。在“社会生活讲道德”的教学中，我们结合海洋教育，引导学生认识和领悟“海纳百川，有容乃大”的人生哲学，“潮涨潮落、生生不息”的生命承受力、自我调节力与战胜挫折的勇气和意志，“大海既能载舟也能覆舟”的坚持人民至上的情怀，“一滴水只有放进大海才会永不干涸”的以集体利益为重的观念。这些都有助于学生形成健全的道德认知和道德情感，发展他们良好的道德行为。

法治观念是行为的指引。道德与法治课教学引导学生践行“法律面前人人平等”“权利义务相统一”的理念，做社会主义法治的忠实崇尚者、自觉遵守者、坚定捍卫者。在七、八、九三个年级的“法治中国”教学中，我们引领学生认识国内、国际海洋立法和海事审判，熟悉有关的海洋法律，这对于提升学生的法治观念大有裨益。

责任意识强是担当民族复兴大任时代新人的内在品质。在“中国梦”“构建人类命运同体”和“走向未来的少年”的教学中，我们加入“海洋中心城市建设”“海洋牧场”“海洋生态”“海洋数据”“海上丝绸之路”等海洋教育内容，引导学生关注有关海洋问题，积极参与保护海洋、保护海洋生态环境、维护海洋权益等宣传活动和公益活动，极大地提升了学生对集体、社会、国家、人类的责任感，增强了他们的主人翁意识，培养了他们的担当精神，提高了他们的参与能力。

（二）教育内容方面

分析部编初中道德与法治教材内容和海洋教育知识体系不难看出，初中道德与法治教材内容和海洋教育知识体系有很多结合点，对这些结合点按学科课程标准和海洋教育的目标要求进行拓展深化，可以实现初中道德与法治教学与海洋教育的融合实施（表3-2-4）。

表3-2-4　初中道德与法治教学内容与海洋教育内容结合点一览表

知识类别	学科教学内容	有机结合点	海洋内容	学科核心素养	海洋素养
富强与创新	踏上富强之路； 改革开放是强国之路	坚持改革开放→剖析沿海区域发展	我国沿海对外开放的格局； 沿海区域发展面临的机遇与挑战； 探寻挖掘沿海区域发展潜力	政治认同 责任意识	认知层面（丰富海洋知识、理解海洋价值、发展海洋思维） 情感层面（厚植海洋情怀）
	创新驱动发展； 创新驱动是国家命运所系	创新驱动是发展的第一动力→走近海底数据中心，推动海洋强国建设向纵深发展	制约未来海洋发展的瓶颈； 创新对于海洋强国建设的重要意义； 谋求创新，建设海洋强国	政治认同 健全人格 责任意识	认知层面（丰富海洋知识、发展海洋思维） 情感层面（崇尚海洋精神） 行为层面（建设海洋强国）
民主与法治	建设法治中国，国家利益至上； 国家安全是国家生存与发展的重要保障，是人民幸福安康的前提	树立总体国家安全观→聚焦海上国防	海防的历史教训和当前海防形势； 推进国防现代化之海上大国重器； 见证中国海军的发展与壮大	政治认同 法治观念 健全人格 责任意识	认知层面（丰富海洋知识、理解海洋价值） 意志层面（维护海洋法治）

续表

知识类别	学科教学内容	有机结合点	海洋内容	学科核心素养	海洋素养
文明与家园	守望精神家园； 民族精神是中华民族发展壮大的精神支柱，是维系各民族团结奋斗的强大精神纽带，是实现中华民族伟大复兴的不竭精神动力	守望精神家园→传承海洋精神	源远流长的海洋精神； 弘扬航海精神、核潜艇精神	政治认同 道德修养 健全人格 责任意识	认知层面（丰富海洋知识） 情感层面（厚植海洋情怀、崇尚海洋精神）
	建设美丽中国； 促进人与自然和谐共生； 坚持创新、协调、绿色、开放、共享的新发展理念	促进人与自然和谐共生→聚焦“浒苔绿潮”；解密“蓝色粮仓”	我国海洋生态面临的挑战以及危害； 认识休渔期； 海洋渔业资源的保护； 海洋渔业的可持续发展	政治认同 道德修养 法治观念 责任意识	认知层面（丰富海洋知识、理解海洋价值、发展海洋思维） 情感层面（厚植海洋情怀、崇尚海洋精神） 意志层面（遵循海洋伦理、维护海洋法治） 行为层面（建设海洋强国、参与海洋治理）
和谐与梦想	构建人类命运共同体； 当今世界是一个开放的世界、发展的世界、紧密联系的世界； 秉持共商、共建、共享的全球治理观，推动构建人类命运共同体的伟大进程	构建人类命运共同体→推进“21世纪海上丝绸之路”；笃行全球海洋治理的中国方案	“海洋命运共同体”的中国方案； “海上丝绸之路”的中国行动； 共享海上发展契机的中国智慧	政治认同 责任意识	认知层面（丰富海洋知识、理解海洋价值） 行为层面（建设海洋强国、参与海洋治理）

二、初中道德与法治教学与海洋教育融合实施的策略

（一）以活动为路径，培养和发展学生的学科核心素养和海洋素养

在道德与法治教学与海洋教育融合实施的过程中，我们注重结合道德与法治课特有的综合性、实践性、开放性的特点，寻找学科教学与海洋教育的结合点，在每项海洋教育活动的设计中，紧紧围绕学科核心素养和海洋素养培养要求，明确活动设计的意图与指向。例如，教学道德与法治“延续文化血脉”一课，我们结合郑和航海精神设计了“弘扬郑和的航海精神”项目式探究活动。在其中的“解密邮票里的郑和下西洋”这一子项目研究中，我们设计了“视野拓展”（小邮票、大学问）“合作探究”（邮票背后的故事）“创意展现”（创意设计《郑和下西洋》纪念邮票展等内容），使学生从中既感受到中华文化的博大精深、源远流长，也懂得了许多航海知识，还通过绘画创作、演讲比赛、海报宣传等活动实现了有关能力的培养。

（二）以海洋故事为依托，以海洋情境为“载体”，陈情与说理相结合

对于故事，不能简单地讲述，而是要在讲故事的过程中渗透道理领悟。例如，对于道德与法治课的“中国人民不仅创造了灿烂的文化，而且形成了以热爱祖国为核心的爱好和平……的民族精神”，我们向学生讲述了“弘扬郑和的航海精神”中“三宝井”的故事，引导学生认识郑和下西洋是一次伟大的和平之旅，让学生从生动形象的故事中感受和理解“爱好和平、睦邻友好”既是郑和下西洋的精神符号，也是中华民族的优良传统；在教学“做负责任的人”中的“承担责任不言代价与回报”时，我们让学生阅读黄旭华和他的核潜艇的故事《谜一样的人生 谜一样的王牌》，引导学生从生动形象的故事中感受周围有许许多多履行责任却不计代价和回报的人，正是因为他们的敢于担当，我们的生活才更加安全、更加温暖、更加充满阳光和希望。这些真实的海洋故事，使道德与法治教学更有吸引力和感染力，也能有效地将海洋教育和道德与法治课教学融合起来。

（三）挖掘节日文化内涵，厚植海洋情怀和家国情怀

在道德与法治课教学中，我们充分利用有关纪念日，组织学生举办故事交流会、演讲比赛、绘画海报设计比赛等有意义的活动，引导学生增长才干、发展素养。例如，对于道德与法治课中的“美德万年长”和“高扬民族精神”，我们结合“弘扬郑和的航海精神”的航海日活动，通过解读“中国航海日标志”，引导学生领悟“水纹”与“如意纹”等图形的象征意义，深化学生对航海日内涵的认识；创意设计并制作“中国海洋日”宣传海报，传承航海精神，将海洋节日文化融入道德与法治课教学中，寓教于乐。在活动中，学生在体验中感受，实现了“从单一走向丰富”“由单向走向综

合”的教学效果，使学生对学科知识和海洋知识的理解更加深刻了。

（四）注重开展社会实践活动，引导学生积极参与，提升学生的使命感

“纸上得来终觉浅，绝知此事要躬行。”道德与法治课教学要求“把思政小课堂同社会生活大课堂结合起来”。在教学中，我们将道德与法治课正确的价值引导渗透到鲜活的海洋主题活动之中，做到知识教育与实践教育并举、说理教育与体验教育相结合，引导学生在实践中积极探究和体验，促进健康发展。例如，教学道德与法治“在社会中成长”和“勇担社会责任”等课时，我们开展了真实的、典型的、能够服务核心素养培养又有感染力且能够引起学生共鸣的“聆听黄旭华和核潜艇的故事”项目式探究活动，引导学生参观感悟、制作体验，如组织学生参观青岛海军博物馆的退役401核潜艇并听讲解、发挥创造力利用生活中的塑料瓶等材料制作潜水艇模型……通过真实的场景、现场的讲解和模拟创作，让学生在社会实践中逐步深化自己的认识，更深刻地了解我国核潜艇的发展历程和核潜艇研制取得的巨大成就，更明白肩上的责任和使命，使学生在社会实践中扩宽视野、提升能力，实现学以致用、知行合一。

（五）热点时政与课程整合，植“信念”于心，打造一道独特课堂风景线

理论性和实践性相统一是道德与法治课程的教学原则。一门学科的教育教学，应当贴近学生的生活实际，通过选取学生身边形象鲜活的事例，引导他们在真实生动的生活实际中体验感知和积极思考，帮助他们更好地理解和应用所学知识，同时增强教学的说服力。时政资源具有新颖、富有吸引力的鲜明特点，教师选用适宜的时政资源开展道德与法治课教学，能够极大地丰富教学内容来推动教学活动的开展，激发课堂教学的活力，增强课堂教学的效果。为此，道德与法治课教师应该而且必须具有“时政敏感度”，能够有效地将现实的时政资源转换成课堂教学资源，并与课堂教学内容紧密地结合起来，利用适宜的时政资源创设教学情境，提出精要、恰当并触及实质的问题，营造师生互动、生生互动的教学氛围，“用活”时政热点，以形式多样的探究活动，引导学生提高学习兴趣和学习参与度，加深对道德与法治学科知识的理解，培养分析和解决实际问题的能力，培养和发展学科核心素养，树立正确的世界观、人生观和价值观。另外，这种时政与课程教学结合的方式还能更好地促进教师的专业发展，提高教师的教学能力。

（六）利用海洋教育资源开辟第二课堂

教师可以把课堂由室内移到室外，以课题研究为切入点，通过问题设计，以任务驱动的方式引导学生在活动中把课本上的某一个观点或几个观点结合起来做进一步深入调查，促进海洋教育和道德与法治教学的融合。例如，在教学“我国面临严峻的资源问题、环境问题”时，我们以“浒苔来袭”为切入点，组织学生开展社会调研，认识浒苔暴发的原因，了解我国近海海域浒苔灾害给经济、环境带来的影响，梳理当

前我国浒苔治理方面采取的主要措施，引导学生撰写“加强区域合作，共同治理浒苔绿潮”倡议书，以及围绕如何更好地实现浒苔的无害化处理与资源化利用等问题的研究报告。通过课题研究，学生进一步感受到我国面临的环境问题的严重性，也激发起学生对科学探索、科学创新的欲望，进一步增强了他们“舍我其谁”的责任担当。在教学“人与自然和谐共生”时，我们引导学生利用假期与家人或同学一起探访海洋牧场，从海洋牧场的自然条件与生态系统、海洋牧场的建设与生产活动等角度，结合国家关于海洋牧场建设的规划和要求，分析我国海洋牧场建设面临的机遇与挑战，撰写“发展海洋牧场，建设蓝色粮仓”的研究报告。这对于帮助学生树立正确的海洋价值观，认识海洋是人类生存与发展的重要基础、科学地开发利用海洋和保护海洋生态环境有利于人类社会可持续发展具有重要的意义。

初中历史

如何在初中历史教学中进行海洋教育

青岛第二实验初级中学　吴龙远

一、初中历史学科中的海洋教育内容及海洋教育目标

部编版初中历史教材中海洋教育方面的内容十分丰富。海洋史从类别上可以分为海洋政治史、海洋经济史、海洋文化史、海洋科技史、海洋军事史等。从时空顺序上来看，不同时代对海洋关注的角度和重视程度不同，因而海洋政策及其成效也明显不同。海洋教育的重要目标就是全面提升学生的海洋素养。单就中国历史来看，从海上丝绸之路的角度，我们可以按时间顺序梳理出一条清晰的线索，即辉煌灿烂的古代海上丝绸之路、走向衰落的中国近代海上丝绸之路、备受国际赞誉和影响深远的21世纪海上丝绸之路。同时，统编版历史教材增加了大量关于国家主权、海洋权益等方面的爱国主义教育内容；新课程标准也明确要求，通过了解郑成功收复台湾、清朝在台湾的建制等各种举措，认识南海诸岛、台湾及其包括钓鱼岛在内的附属岛屿是中国的固有领土。在历史教学中，我们要善于发掘教材中的这些丰富而生动的海洋教育内容，采取各种教学手段和方式渗透海洋教育，逐步提升学生的海洋素养。这既是强化历史教学的需要，也是新课标理念倡导的跨学科学习的需要。

结合部编初中历史教材内容，按照海洋教育的要求和目标，我们确定了初中历史

教学内容与海洋教育内容的结合点。在教学中，根据这些结合点将相关的历史教学内容与海洋教育知识体系中的知识点内容融合起来，可以使学生对相关的海洋知识和历史知识了解得更加全面、理解得更加透彻，全面培养和发展学生的历史学科核心素养和海洋素养。我们编制的“初中历史学科教学内容与海洋教育结合点一览表”见表3-2-5和表3-2-6。

表3-2-5　初中历史学科教学内容与海洋教育结合点一览表（中国历史）

时期	类别	学科教学内容	海洋教育内容	融合或拓展点
中国古代史	政治	秦朝的疆域四至； 汉代海上丝绸之路的开辟； 隋炀帝三次派人前往琉球； 元朝设澎湖巡检司管辖琉球和澎湖； 宋代鼓励海外贸易，设置市舶司； 清设台湾府、建立台湾行省，清朝前期疆域，清“闭关锁国”政策等	统一的多民族国家的发展离不开海洋； 中华民族对海洋的探索和开拓； 控制、利用和开发海洋的重要性	海洋神灵信仰的形成和发展（妈祖信仰、龙王信仰等）； 蓬莱阁与八仙过海的传说； 徐福东渡的传说与考证； 统一多民族国家版图的奠定过程
	经济	春秋时期煮盐业的发展； 汉代海上丝绸之路沟通中外； 宋代海外贸易繁盛、造船业的发展； 元代海上丝绸之路达到鼎盛； 明代郑和下西洋	中华民族对海洋的开发和利用； 古代海上丝绸之路（对外交往和贸易）的发展历程	渔灯节、祭海节等海洋节日及沿海地区海洋民俗民风的形成； 齐桓公称霸与“海王之国”； 中国古代海港
	科技	相传黄帝制造船只； 大禹治水疏导河流入海； 北宋时中国海船使用指南针，阿拉伯人将指南针传到欧洲； 宋代造船技术领先世界	科技的发展支撑古代航海事业的发展； 古代航海技术领先世界； 中华民族对世界航海发展的贡献	海洋考古发现：南宋古沉船——南海一号； 宋代著名的海港和造船业中心； 指南针的发明、应用和传播
	军事	明朝戚继光抗倭、郑和下西洋； 明末荷兰殖民者侵占台湾，郑成功收复台湾	古代来自海上的威胁； 控制海洋的重要性； 海权意识的萌发	中国古代海权丧失的开始； 海上丝绸之路由盛转衰
	文化	炎帝煮盐的传说； 隋唐时中外文化交流频繁：“遣唐使”，鉴真东渡日本，玄奘西游天竺	海洋民风民俗的形成； 对外开放交流的重要性（文明因交流而多彩）	全国各地的渔盐博物馆（中国渔盐文化）； 海洋节日与海洋神灵信仰； 海洋民间故事

续表

时期	类别	学科教学内容	海洋教育内容	融合或拓展点
中国近代史	政治	《南京条约》《天津条约》《马关条约》等开放通商口岸、割让领土、协定关税等； 《辛丑条约》拆毁大沽炮台，允许外国军队驻扎北京到山海关的铁路沿线要地等； 抗战胜利，台湾回归祖国怀抱等	近代海洋主权遭到破坏，海洋权益和国家主权受损； 近代民族危机主要来自海上； 加强海军建设和巩固海防的重要性	维护海洋权益的斗争； 中华民族海权意识和海洋意识的不断觉醒； 近代落后的根源及落后就要挨打的历史教训
	经济	洋务派以“自强”为口号开办军事工业，以“求富”为口号开办民用企业； 中国近代民族工业的发展情况，近代海上交通运输工具发展情况	近代海防和海军工业建设； 近代海上交通运输工具发展情况	近代海防和海权意识的觉醒与行动； 近代仁人志士救国的方式
	军事	近代四次来自海上的侵略战争； 洋务运动中洋务派筹建三支海军队伍，北洋舰队规模最大、甲午海战北洋舰队全军覆没	来自海上的侵略战争； 近代海军发展史； 北洋舰队全军覆没的历史教训及启示	刘公岛与甲午海战博物馆； 新旧中国海军发展比较； 反侵略战争中为国捐躯的民族英雄
	文化	洋务派派遣留学生出国留学、筹建新式学堂； 近代新式学堂的创办和近代教育事业的发展情况	近代文化教育事业的发展情况及海外（洋）因素	京师大学堂——北京大学的前身； 近代海外留学潮及对中国历史的影响
中国现代史	政治	香港、澳门回归祖国； 海峡两岸的交往； 改革开放的伟大决策	香港、澳门和台湾问题的由来； “九二共识”； 解决台湾问题，实现国家统一	台湾自古以来就是中国的领土
	经济	对外开放； 加快构建开放型经济新体制，推动共建“一带一路”高质量发展	对外开放的过程和形成的格局； 对外开放、海外交往的重要性	改革开放的伟大成就； 建设21世纪海上丝绸之路的战略
	军事	海上钢铁长城——新中国海军建设	新中国海军发展状况； 海防建设对维护海洋权益的重要性	海军装备现代化发展的重要性； 我国的航空母舰

表3-2-6 初中历史学科教学内容与海洋教育结合点一览表（世界历史）

时期	类别	学科教学内容	海洋教育内容	融合或拓展点
世界古代史	政治	古希腊城邦的出现和（雅典）民主政治	西方文明的源头——海洋文明	希腊民主政治——西方民主政治的源头
	经济	古希腊地理位置特点，适宜航海业和海外贸易的发展	西方海洋文明的特点	中西方文明源头比较、性质的不同
	军事	亚历山大大帝东征，东西方文化的交流	战争——西方文明交流的方式之一	东西方文明交流碰撞的方式
	文化	希腊最早的文明——爱琴文明，源于地中海区域； 亚历山大大帝东征，促进了东西方文化的交流	中华海洋文化与西方海洋文化的不同	希腊神话故事、“诺亚方舟”与“大禹治水”的对比
世界近代史	政治	葡萄牙、西班牙的殖民掠夺； 英国的殖民扩张； 荷、英、法的殖民争霸； 世界市场的形成、欧洲文化的传播	西方海洋观下的世界	海洋时代的到来； 东西方海洋观的比较
	经济	新航路的探索：哥伦布“发现”美洲、麦哲伦船队全球航行； “三角贸易”的血泪史； 西方早期资本的原始积累	世界市场的形成、经济全球化的开端	西方资本原始积累的方式； 《马可波罗行纪》对西方的影响
	军事	早期的殖民掠夺：葡萄牙与西班牙的殖民掠夺、英国的殖民扩张、荷法英的殖民争霸战争	西方大国走向海洋强国之路	西方海洋大国的崛起的方式及影响
	科技	欧洲地理学的发展、“罗盘”传入欧洲、欧洲造船技术的重大突破	新航路开辟、海外殖民扩张的科技基础	中国古代科技对近代西方社会发展的影响
世界现代史	政治	“一战”后《凡尔赛条约》和《九国公约》；“二战”后美苏冷战、北约和华约的对峙； 《开罗宣言》涉中国领土内容	帝国主义国家对海洋的控制与掠夺	法西斯国家的侵略扩张； 钓鱼岛是中国领土的国际法依据
	经济	经济全球化与世界贸易组织的成立	经济全球化的趋势	当今时代逆全球化的表现及我国的应对之策
	军事	“一战”后，帝国主义国家开展海军军备竞赛；“二战”中珍珠港事件、诺曼底登陆、中途岛大海战	海洋在世界政治格局演变中的重要性	“二战”中的太平洋战场； 美国海军力量的发展

二、初中历史教学中实施海洋教育的途径方式、策略和应该遵循的原则

（一）途径与方式

1. 课堂教学和学习过程中的渗透

例如，教学“明朝的对外关系”中郑和下西洋的内容时，首先让学生明确郑和下西洋使中国古代海上丝绸之路达到了顶峰，然后引导学生回顾中国古代海上丝绸之路的盛况，分析古代海上丝绸之路不断发展和繁盛的原因，探究海上丝绸之路的发展历程与中国历史发展的渊源，明确文明交流的重要性和海洋对中华民族繁荣昌盛的重要意义，树立正确的海洋价值观。

2. 课内外结合，由课内向课外延伸和拓展

例如，教学甲午中日战争相关的知识时，在学习教材内容的基础上，教师及时布置任务，要求学生课下通过上网与查阅文本资料，结合从鸦片战争到甲午海战的历史，分析重视、加强海防和海军建设的重要性等；另外，还可以通过小组合作学习，引导学生登陆甲午海战博物馆官方网站查阅资料或利用节假日到刘公岛及甲午海战博物馆进行游学考察，然后以北洋海军的发展及甲午海战情况为主题写一篇考察报告并与同学交流分享。

3. 开展课外专题研究性学习或主题游学活动（包括跨学科研究性学习）

这类活动一般要在学生对相关知识有了一定储备的基础上进行。事先，教师要与各学习小组商定好研究的主题，然后给学生留出充分准备的时间且时间跨度可以长一些，每个学期开展1～2次活动即可。例如学习完中国古代史后，可以组织学生以中国古代海上丝绸之路发展历程为主题，进行一次专题性的研究活动。首先，追述海上丝绸之路的历史变迁，通过观看相关电视专题片、网上查阅资料或查阅文本资料、游学考察等方式，了解中国古代海上丝绸之路的历史盛况，并认识古代海上丝绸之路历千年而不衰的原因、海上丝路的发展与中华民族发展的内在关系；然后，再探究古代海上丝绸之路走向衰落的标志性事件和根本原因、古代海上丝路变为西方国家对中国进行殖民之路的历史根源，以学习小组为单位，搜集、研究相关资料，分步合作探究，完成各个研究任务；最后，以“回望中国古代海上丝绸之路的历史变迁”为题，写一篇专题研究（学习）报告，在全班进行分享交流、成果展示。

（二）实施策略

1. 作为学生学习的指导者，教师要不断更新海洋教育理念

初中历史教师必须认识到海洋文化教育的重要性，通过不断学习及时更新自己的教育教学理念，学会使用科学的教学方法，将海洋文化教育融入历史教学中，帮助学

生发展正确的海洋价值观，形成知海、爱海的海洋认知和海洋情感，不断增强海洋意识，提升海洋文化素养，为自己的未来发展和国家的繁荣进步奠定基础。

2. 基于教材挖掘海洋文化教育要素，将学科知识和海洋教育内容融合起来，实现学科教学与海洋教育的双促进

历史教材包含着丰富的海洋文化教育素材，教师应充分挖掘、灵活利用这些素材，巧妙地、有目的地、有意识地在历史教学中渗透海洋文化教育，培养学生的海洋素养。例如，利用明朝戚继光抗倭史实，让学生认识倭寇入侵是中国古代最早的来自海上的威胁，是中国古代海权丧失的开始，标志着海上丝绸之路由盛转衰，从而明确增强海洋意识的重要性等。此外，历史教师可以适当地进行拓展和延伸，促进相关海洋知识的扩展。例如，由宋代海外贸易的繁盛联想到水下考古发现——南宋古沉船“南海一号”。

3. 创设真实的海洋情境，从情境中引出相关的海洋教育问题

要选择真实的海洋事件作为情境素材，然后加以评述构成教育情境。选择的海洋事件要典型，要对应海洋文化教育要解决的问题。所形成的情境要能激发学生的探究动机，为学生的学习做好铺垫。创设情境时要避免只是简单地说明要研究的问题及其重要性，为此，要查找各种相关的海洋事件，挑选最典型的海洋事件通过生动的表述创设情境。例如，教学新航路开辟与回顾大航海时代，可以以“好望角”名称的由来作为情境素材。这样创设的情境，既与新航路的开辟密切相关，又能激发学生的学习兴趣，有利于引导他们从中提炼出探究问题。

4. 课内课外结合，在课内学习的基础上进行课外拓展，引导学生结合教材内容进行研究性学习和开展各种游学活动

作为历史课堂教学的有效补充和延伸，课外学习是增强学生海洋意识的一个重要途径。历史教学中海洋文化教育的渗透也需要积极开发课外课程资源。例如，由洋务运动中洋务派筹建三支海军队伍，拓展到今天海军的现代化发展；由炎帝煮盐的传说和春秋时期煮盐业的发展，拓展到中华民族的渔盐文化和相关的民俗、民风等。在教学过程中，教师还要充分挖掘相关的乡土海洋教育素材，这样可以拉近学生与历史的距离，使历史更加有说服力。例如对于青岛地区的学生来说，在学习宋代设置市舶司的知识时，可以联系青岛胶州市营海镇的历史［胶州营海镇（密州板桥镇）为北宋时全国五大商埠之一、长江以北唯一通商口岸；1088年，板桥镇设置了市舶司］。

5. 采取灵活多样的方式，有效激发学生参与教学活动的积极性

无论课内的学习还是课外的拓展活动，教师必须精心准备、时刻关注学生的学习状态并适时予以调整，注意运用各种方式积极调动学生参与学习活动的热情。为此，在教学过程中可以采取以下方式。

（1）合理利用与海洋教育相关的视频资料

合理利用相关的视频资料对学生进行海洋文化教育，既符合课程标准的要求，又符合初中学生的认知特点，更容易激发学生的探究兴趣与动机。例如，教学甲午战争相关内容时，可以引导学生通过网上观看有关甲午战争的纪录片，深刻理解甲午海战的影响，认识到甲午海战改变了两个东方国家的命运。日本“一战”而起，开始疯狂扩张，最终走向彻底失败的深渊。中国一蹶不振，但又在痛苦中猛醒，是中华民族救亡图存的起点。回望甲午海战的滚滚硝烟，挫败的伤痛令国人心情难以平复，失败的原因令国人扼腕叹息。

（2）开展海洋知识方面的讲座、演讲等

开展海洋知识讲座对培养和发展学生的海洋素养具有重要作用。结合学习进度和内容，配合跨学科学习的主题，教师精心组织和准备，不定期地开展海洋知识讲座，可以丰富学生的海洋知识，开阔学生的海洋视野，提高学生的学习兴趣，在潜移默化中将海洋文化渗透到他们心中。讲座时间以一节课为宜，主讲者不限于教师。有条件的学校，可以邀请海洋教育方面的专家到学校面向师生举办讲座；也可以在教师指导下，安排对某一方面海洋知识感兴趣的学生进行演讲。学生的演讲要建立在精心研究和准备的基础上。演讲前，教师对演讲者一定要进行指导。例如，教学我国台湾地区的历史时，为了让学生认识海峡两岸血脉相连、台湾自古以来就是中国不可分割的一部分，教师至少可从以下三个方面准备资料，力证海峡两岸血脉相连。一是从地理地质的角度来看，远古时期大陆与台湾原本连成一体，后因为地壳运动，相连接的部分成为海峡，台湾遂成海岛；二是考古研究发现大量的古迹与文物都充分证明了海峡两岸同根同源、同祖同文、血脉相连；三是中国历朝历代都对台湾地区进行管辖。

（3）引导学生参与实践活动，编辑制作海洋教育主题小报、手抄报，撰写人物小传等

进行海洋文化教育还需要学生积极参与实践活动。根据学习内容，教师可以指导学生利用课本中关于海洋方面的历史事件、人物等知识制作小报、手抄报或撰写人物小传、小论文等；也可以设定主题，利用学校黑板墙制作多种多样的板报。这些方式，可以有效地激发学生的学习兴趣，并增进他们对海洋的了解。例如，教学甲午海战时，可以向学生布置制作手抄报和撰写小论文的任务。甲午海战中涌现出众多英雄人物，如邓世昌、刘步蟾、丁汝昌、林永升、林泰曾等，他们奋勇杀敌，为国壮烈牺牲，值得我们永远铭记。在查询整理资料的基础上，教师可以组织学生开展下列活动：制作一份“北洋水师群英谱”手抄报，全班或全校进行一次甲午战争英雄人物手抄报展览；选择一位甲午英雄，如邓世昌、丁汝昌等，写一份人物小传，与同学交流分享。

（4）运用“问题探究，互助合作”的模式，课内外结合进行海洋教育

新课程理念下，自主探索与合作交流已经成为学生学习的重要方式。学生在合作学习的过程中，以自主探究为基础，以合作研讨为着力点，以解决问题为驱动力，不仅能获得学习的成功感、体味到自我实现的喜悦，还能增强责任意识、使命意识和团队意识等。例如，在分析探究古代海上丝绸之路走向衰落的根本原因时，教师首先提出问题：古代海上丝绸之路是一条文明交流之路，也是一条人类交往之路，但从明朝中后期开始，古代海上丝绸之路开始走向衰落，那么，古代海上丝路走向衰落的根本原因是什么？对于这样的问题，教师可指导学生以学习小组为单位，课下搜集相关的资料，进行合作探究，撰写小论文等；然后，利用课堂教学时间进行小组之间的交流研讨和成果展示，深刻理解从明朝中后期开始古代海上丝绸之路走向衰落的原因，并形成全班的共识。

此外，还可以课内外结合，通过绘制故事绘本或地图、进行课本剧表演、制作思维导图或结构示意图、讨论会和辩论赛等形式，激发学生的学习兴趣和参与学习的积极性。

6. 开展项目式探究活动

项目式探究活动是实现学科教学与海洋教育的融合、培养和发展学生海洋素养的重要途径之一。项目式探究活动能够使学科教学与海洋文化教育结合得更为紧密，应当将其充分运用到历史学科课堂教学、课外活动和课外作业中，使其成为学科教学与海洋教育融合实施的重要学习方式。

每个项目式探究活动都要确定一个主题，主题要有利于历史学科核心素养和海洋素养的共同培养和发展。为此，教师要提前仔细研究历史教材内容和海洋教育知识体系，提炼相关主题，精心设计项目活动方案。活动方案主要包括项目目标（学科学习目标，海洋学习目标）、项目任务、项目活动（可以分成若干次活动）、项目总结（包括成果展示）、项目评价等内容。项目活动设计要求精练、准确，探究性和指导性强。项目式探究活动要紧密配合学科教学，可用于日常教学，也可用于单元复习。每个项目式探究活动可以分解为三个左右的微项目，微项目要以具体真实的海洋问题为引领，以问题的解决形成微项目任务，在这一过程中辅以知识介绍和方法导引，形成有关的探究过程，通过活动体验来提升学生的海洋素养。

（三）应该遵循的原则

在初中历史教学中进行海洋教育，教学活动和任务设计、学习内容和情境素材的选取以及教学策略和学习方式的选择应聚焦于学生海洋素养的提升和发展，为此应该秉持以下原则。

1. 注重融合性

历史学科教育与海洋教育的融合实施既包括历史学科学习内容与海洋教育内容的

有机融合，也包括多种学习方式方法的融合，要使课堂学习与课外探究有机结合、史料研析与社会实践有机结合、校内学习与校外活动有机结合，引导学生实现历史学科核心素养与海洋素养共同提升。

2. 强化开放性

学生的学习不能仅局限于课堂，而要由课堂、学校扩展到社区乃至整个社会，使学生的学习方式从被动地接受转变为主动地探究和发现，引导学生把课堂上的知识学习和社会实践学习结合起来，使学习渠道多样化、学习方式生活化，实现学习的有效迁移，促进全面发展。

3. 体现多样性

为了有效调动学生学习的兴趣和积极性，在历史教学与海洋教育融合实施的过程中，教师要为学生提供多样化的学习途径，采取多样的教学策略和手段，激发学生的思维。所采取的方式包括自学、辩论、表演、合作探究、研究性学习、主题游学等。总之，只要有利于海洋教育和历史学科教学，能够使学生在分析、解决问题的过程中得到多方面发展的学习方式都可以使用。

4. 富有层次性

历史学科教学中融合海洋教育，需要将课本内容整合并予以拓展，使学生的学习过程步步深入、环环相扣。为此，学习内容的安排要有层次性，要由浅入深、循序渐进。如果学习内容的安排和教学环节的设计缺乏层次性，往往导致学生的学习过程衔接不佳而出现断层。

5. 实现跨学科深度学习

2022年版的初中历史课程标准倡导跨学科主题学习，在历史学科教学中进行海洋教育契合了这一教学理念。在历史教学过程中，教师要注意引导学生围绕某一研究主题，将历史学科与地理、道德与法治等学科结合起来共同实施海洋教育，以项目式学习和课题式学习等方式开展深度学习，并形成相关的研究性学习成果。

《义务教育历史课程标准（2022年版）》指出：“义务教育历史课程是学生在马克思主义唯物史观指导下，了解中外历史发展进程、传承人类文明、提高人文素养的课程，具有思想性、人文性、综合性、基础性特点，具有鉴古知今、认识历史规律、培养家国情怀、拓宽国际视野的重要作用。”海洋是一个复杂的综合体，海洋教育是一种综合运用海洋自然科学、海洋人文科学与海洋社会科学的知识与技能培养学生海洋素养的教育，并为学科教学搭建了理论联系实际的重要平台。实现历史学科教学与海洋教育的融合实施，既能促进历史学科教学，又能推动海洋教育。

高中化学

基于海洋情境的高中化学项目式教学设计与实施

——以“海上钢架桥防腐方案设计”为例

青岛三十九中　邢瑞斌　刘翠

中国海洋大学海洋文化教育研究中心　刘宗寅

指导专家：北京师范大学化学学院　王磊

一、海洋教育内容的化学教学分类

海洋教育主题内容丰富、涉及面广。借鉴北京师范大学王磊团队有关“化学与社会发展”主题内容及其学科能力构成模型的相关研究，我们将海洋教育内容分为资源、能源、材料、健康和环境等维度，着重以化学与海洋环境保护、化学与海洋资源利用、化学与海洋能源开发、化学与海洋材料制造、化学与海洋医药合成等为载体，将化学知识与海洋研究，海洋资源开发利用与海洋环境保护相融合，设计项目任务，引导学生利用所学知识对有关的海洋真实问题作出分析、解释，建立从化学、技术、环境等多角度综合考虑和系统分析、解决海洋问题的思维体系，认识化学在认识海洋、探索海洋、研究海洋、开发海洋、保护海洋等方面的重要作用，提升关心海洋、经略海洋的能力，落实化学核心素养及海洋素养的培养与发展任务。

表3-2-7列出了高中化学教材（以鲁科版化学教材为例）内容与海洋情境创设相关联的部分内容。

表3-2-7　高中化学教材内容中海洋教育知识点表现形式与教育属性

高中化学教材内容		海洋教育知识点表现方式	海洋教育知识点教育属性
化学必修第一册	走进化学科学绪言课	近海含油污水油水分离材料及其作用原理	化学与海洋环境
	钠及其化合物	海水中的重要元素——钠元素	海水化学资源及其开发利用
	氯及其化合物	海水中的重要元素——氯元素	海水化学资源及其开发利用
	物质的量	水分子与水的微粒构成；一定浓度的氯化钠溶液的配制	微观认识大海、定量分析海水成分

续表

高中化学教材内容		海洋教育知识点表现方式	海洋教育知识点教育属性
化学必修第一册	微项目——探秘膨松剂（鲁科版）	侯德榜制碱法——海水“制碱”	海水化学资源及其开发利用
	物质的分类与转化	海底可燃冰燃烧图示；胶体净化海水、海雾	海水化学资源及其开发利用、海雾性质研究
	离子反应	食盐的精制实验	海水化学资源及其开发利用
	氧化还原反应	利用氧化还原反应制备物质（海沙制备纯硅）；食盐中加碘盐的检验	海水化学资源及其开发利用
	铁及其化合物	海上平台、轮船、潜艇等金属腐蚀、防护及合金的性质	海洋腐蚀研究与防护
	硫及其化合物	海底硫化物，海底“黑烟囱”，酸雨威胁生态环境和人类生存	海洋环境研究
	氮及其化合物	海水氮元素循环、含氮废水造成水体富营养化（水华、赤潮）；含氮废水处理工艺流程设计	海洋环境研究
化学必修第二册	原子结构与元素性质	海水中^{35}Cl、^{37}Cl核素丰度研究；日本核污水排海危害；氡温泉的利与弊	海水成分与海洋环境研究
	元素周期律和元素周期表	海底矿藏金属如锰、钴等元素性质研究与预测	海洋矿产资源及其开发利用
	化学键	氯化钠的形成、组成微粒及晶胞分析	海水化学资源研究与开发利用
	微项目：海带提碘与海水提溴（鲁科版）	海带提碘、海水提溴	海水化学资源研究与开发利用
	化学反应与能量转化	绿藻电池的原理、海水电池的制作	海水化学资源研究与开发利用
	认识有机化合物	可燃冰主要成分甲烷的结构	海洋矿产资源及其开发利用
	从化石燃料中获取有机化合物	可燃冰开采及钻井平台 海水中塑料分类及降解	海洋矿产资源及其开发利用 海洋环境污染及其治理
	饮食中的有机化合物	海豹生物标本的制作（蛋白质变性）	海洋生物资源及其开发利用

续表

高中化学教材内容		海洋教育知识点表现方式	海洋教育知识点教育属性
化学选择性必修1	原电池原理及应用	海水电池的制作	海水化学资源研究与开发利用
	电解池原理及应用	工业电解饱和食盐水制烧碱	海水化学资源研究与开发利用
	金属的腐蚀与防护	海水金属的腐蚀与防护	海洋腐蚀及其防护
	化学反应限度	海水中二氧化碳的溶解平衡	海洋环境研究
	水和水溶液	海水的酸碱性探究	海洋环境研究
	弱电解质电离 盐类的水解	海水弱碱性溶液平衡分析	海洋环境研究
	沉淀溶解平衡	珊瑚生长与白化现象原理探究	海洋环境研究
	离子反应应用	海水中提取二氧化碳，改善海水质量	海洋环境研究
	微项目（鲁科版）	揭秘索维尔制碱法和侯氏制碱法	海水化学资源研究与开发利用
化学选择性必修2	原子结构模型	海上灯塔灯光颜色变化探究	海洋科技
	元素性质及其变化规律	电子捕获器（电负性强弱）检测海产品中含磷	海洋科技
	共价键模型	防晒霜在海上作业时的应用及原理	海洋科技
	共价键与分子的空间结构	可燃冰甲烷分子结构正四面体探究	海洋矿产资源研究与开发
	分子间作用力	冰山独特物理性质及生命DNA中氢键	海洋科技
	认识晶体	雪花晶体的认识	海水化学研究
	几种简单的晶体结构模型	冰及其微粒结构探究	海水化学研究
	液晶、纳米材料与超分子	海洋植物中绿藻叶绿素分子结构探究	海洋生物资源研究与开发利用
化学选择性必修3	认识有机物	海洋生物中分离出的海葵素结构与合成	海洋生物资源研究与开发利用
	有机物的结构与性质	深海鱼油不饱和脂肪酸的结构	海洋生物资源研究与开发利用

续表

高中化学教材内容		海洋教育知识点表现方式	海洋教育知识点教育属性
化学选择性必修3	烃类	可燃冰——甲烷、鲨鱼油中角鲨烯性质研究、海水资源的开发与利用；PX（对二甲苯）在生产和生活中的应用（化工污染）	海洋资源研究与开发利用
	烃的衍生物（醇酚醛羧酸）	生漆之王——车船、电缆的高级涂料、有机酸类研究	海洋科技
	糖类和核酸	生命之糖——海藻糖	海洋生物资源研究与开发利用
	合成高分子化合物	海洋微塑料的检测与降解	海洋环境污染与防护

二、基于海洋情境的项目式教学设计

基于海洋情境的高中化学项目式教学设计可以用“沙漏-圆盘”的模型来表示（图3-2-4）。

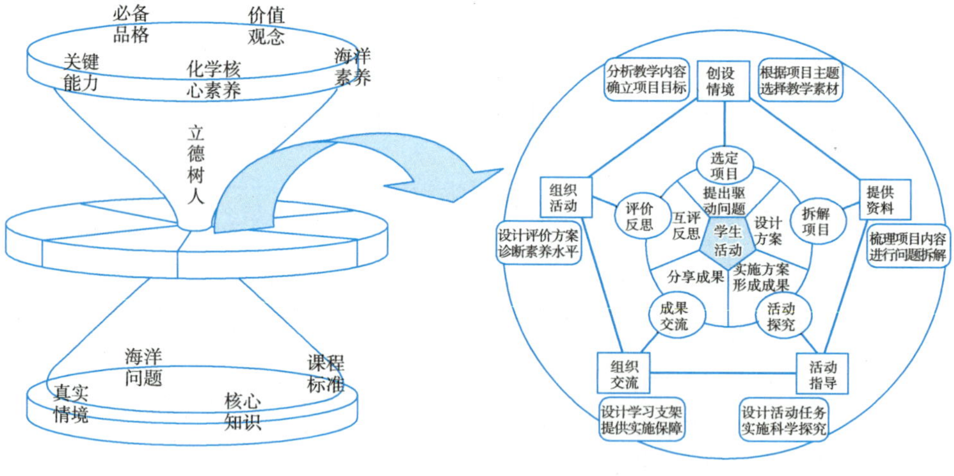

图3-2-4　“沙漏-圆盘”项目式教学设计与实施模型

使用该模型具体包括如下步骤。

（1）由沙漏模型确立核心知识、课程标准要求与海洋真实情境之间的结合点，即深入理解学科教学的根本任务、学科特征和课程标准的要求，充分分析教材内容，认真学习并熟悉海洋教育内容与学习任务，探寻化学教学与海洋教育的融合实施。

（2）明确化学教学与海洋教育有机结合点针对的真实海洋问题。通过这一有机结合点要解决什么样的海洋真实问题、如何从海洋真实问题中提炼出化学问题、用哪些化学知识来解决海洋问题中的化学问题，加深对真实海洋问题及其解决策略的理解，落实海洋素养教育。

（3）利用圆盘外层步骤，根据要解决的问题和相关内容设计项目式教学方案，构建教学的基本框架。

（4）利用圆盘内“五边形步骤”形成项目式教学方案，内容如下。① 创设情境，选定项目。a.情境创设：给出所针对的真实海洋问题的情境描述，明确其中的真实海洋问题，为提炼学科问题做好铺垫。b.项目目标：包括两部分，一是海洋教育目标，包括海洋知识、海洋意识和海洋精神；二是化学教学目标，包括化学知识拓展与深化、所涉及的化学核心素养发展目标。② 提供资料，项目拆解。每个微项目任务分为2～3个子任务。微项目总任务要拆解并落实到各个子项目中，包括每个子任务要完成的具体任务，即开展哪些活动、完成哪些工作。③ 活动指导，项目探究。微项目的各子项目要完成以探究为主的具体活动，同时提供项目活动支架。④ 组织交流，成果展示。展示项目式教学的成果，包括实物的和非实物的，形式可多种多样。⑤ 组织活动，项目评价。开展项目评价时要在注重个人点评、小组互评及教师评价相结合的同时，强化过程性评价与终结性评价的有机结合，使评价与优化贯穿项目始终。

（5）利用圆盘“内环圆形步骤图”执行教学方案。该模式是从项目总任务开始，对总任务需要解决的真实问题进行拆解，形成子任务及驱动问题，然后按照“问题的提出→问题的假设与论证→问题的解决”思路开展教学。在这一过程中，“核心知识”“海洋情境”均服务于“驱动问题”的解决，全面体现了项目式教学培养和发展学生的化学学科核心素养的优势、真实海洋情境的载体功能以及化学核心知识的工具性价值。

三、基于海洋情境的高中化学项目式教学实践案例

（一）主题内容分析

“金属电化学腐蚀与防护”是高中化学鲁科版选择性必修1第1章第4节“金属的腐蚀与防护”的内容，包括：① 金属电化学腐蚀的原理；② 金属腐蚀的防护；③ 电化学腐蚀原理的应用。课程标准要求学生“了解金属发生电化学腐蚀的本质，知道金属腐蚀的危害，了解防止金属腐蚀的措施”；学业要求为“利用电化学原理解释金属腐蚀现象，选择并设计防腐措施”；教学活动建议部分指出，“以吸氧腐蚀为探究性实验，调动学生的积极性，以调查与交流形式讨论防止钢铁腐蚀的方法，创设真实情境，组织学生开展基于电化学模型选择反应、设计防腐措施等实践活动，形成合理利用化学反应中能量变化的意识和思路，提升‘科学探究与创新意识’‘科学态度与社会责任’化

学学科核心素养”。

学生已经学习了原电池、电解池的原理，具备了分析电化学问题的思路，且在第1课时学习了金属腐蚀原理（化学腐蚀和电化学腐蚀），此时亟须帮助学生构建在真实环境中抽离出电化学模型的方法，提升利用模型解决实际问题的能力。

本节课依据“沙漏–圆盘”模型，综合上述要求与建议，取自教材海水腐蚀素材并应用于海上金属防护这一真实复杂问题情境，以“海上钢架桥防腐方案设计”项目为活动主线，把“电化学理论基础知识及分析思路”贯穿于整个问题解决的过程中，设计层层深入的驱动性学习任务，让学生自主建构金属腐蚀分析与防护模型，将化学知识的学习迁移到海洋教育情境、社会服务以及科技创新的实践活动中，进行深度思考，促进学生形成对电化学过程系统分析的思维，使学生化学学科核心素养和海洋素养得到全面落实。

（二）项目教学目标

（1）分区认识不同海洋环境的腐蚀性，了解各区腐蚀介质及腐蚀特点的同时，自主建构金属电化学腐蚀与原电池模型之间的关联，进一步理解金属电化学腐蚀的本质，掌握从海洋问题中提炼化学学科问题进而解决海洋实际问题的思路与方法，增强海洋意识，发展宏观辨识与微观探析化学学科核心素养。

（2）掌握从破坏原电池反应的角度设计海上钢架桥防腐方案的方法，初步形成金属防护的一般思路，发展证据推理与模型认知的化学学科核心素养。

（3）通过课外实地考察，了解海上钢架桥防腐实际应用的多重长效措施，在领略海洋科技魅力的同时，优化防腐方案，发展科学探究与创新意识、科学态度与社会责任化学学科核心素养。

（三）项目任务及教学流程

项目以“海上钢架桥防腐方案设计”为真实任务，引导学生把自己想象成一名海上桥梁工程师，完成海上钢架桥梁防腐方案的设计。首先，明晰海洋环境苛刻的腐蚀性及腐蚀的复杂性，在分区认识海洋腐蚀环境特点的前提下，了解海上钢架桥电化学腐蚀与原电池模型的关联；然后，利用金属电化学腐蚀模型，从破坏原电池反应的角度寻找金属防腐措施，完成海上钢架桥防腐方案的设计；最后，在课外实地考察、认识现代防腐科技成果的基础上，利用电化学防腐模型优化设计海上钢架桥长效分区防腐方案，具体教学流程见表3–2–8。

表3-2-8　项目任务及教学流程

项目任务	学生活动	教师支持	设计意图
总任务：为确保海上钢架桥工程寿命100年，为其设计防腐方案	1. 观看视频《港珠澳大桥主体桥梁工程全线贯通：探秘大桥防腐防锈》《青岛胶州湾大桥防腐措施》； 2. 课前查阅资料：了解青岛胶州湾大桥所处腐蚀环境； 3. 展示查阅资料	创设情境：展示青岛胶州湾大桥附近海域苛刻的腐蚀环境； 问题导引：为确保工程使用寿命100年，应如何为跨海大桥暴露在外的钢结构设计防腐方案	引导学生认识海洋环境苛刻的腐蚀性与防腐的复杂性，分析真实海洋问题情境，将保护海上钢架桥这一海洋情境问题转化为化学学科问题，形成认识问题、解决问题的思路
任务1：探究海洋环境的苛刻腐蚀性	1. 分析海洋环境不同区域的腐蚀介质、腐蚀特点及影响因素，推断金属腐蚀类型，填写有关表格； 2. 在了解海洋苛刻腐蚀性及海洋不同区域腐蚀特点基础上，设计项目规划流程及方案	资料支架：资料卡片1：海水的复杂腐蚀环境； 资料卡片2：海洋腐蚀环境分区与腐蚀速度腐蚀曲线	引导学生认识海洋腐蚀的真实性、复杂性和挑战性，在了解海洋环境不同区域腐蚀介质、特点及腐蚀影响因素后，研究腐蚀类型及海洋环境中钢架桥不同部位分区腐蚀，落实宏观辨识与微观探析核心素养
任务2：探究海上钢架桥的电化学腐蚀	1. 利用原电池模型分析钢架桥的电化学腐蚀； 2. 设计实验证明钢架桥发生电化学腐蚀； 3. 关联原电池模型与海上钢架桥电化学腐蚀元素，探究不同环境分区（大气区、飞溅区、潮差区）对钢架桥的腐蚀作用，明确腐蚀机理	问题导引：金属腐蚀与原电池模型之间的关联； 实验支架：吸氧腐蚀红墨水实验；利用数字化手持技术氧气传感器测定吸氧腐蚀氧气浓度变化； 资料支架： 资料卡片3：浓差电池	引导学生从钢架桥所处的环境，利用原电池模型分析钢架桥的电化学腐蚀，并通过设计创新实验予以验证，探究钢架桥分区腐蚀的机理；在提升运用化学原理分析海洋腐蚀问题能力的同时，培养学生科学探究与创新意识，发展证据推理与模型认知的化学学科核心素养
任务3：从破坏原电池反应角度，设计防腐方案	1. 构建金属电化学防腐思维模型； 2. 应用防腐模型，提出钢架桥防腐方案，合作交流优化方案； 3. 展示课下实施的防腐效果验证实验	点评方案，指导方案交流； 资料支架： 资料卡片4：Fe^{2+}检验方法	引导学生构建金属电化学防腐思维模型并依据模型的形成思路——破坏原电池形成条件提出防腐方案，加深对于金属电化学腐蚀的理解，提升科学探究与创新意识化学核心素养

续表

项目任务	学生活动	教师支持	设计意图
任务4：制订多重长效防腐方案，保证工程寿命100年	1. 课外实践：资料查阅，实地考察，咨询专家，了解跨海大桥的多重长效防护措施； 2. 知识应用，设计海上钢架桥多重长效（100年）分区防腐方案，制作PPT交流展示； 3. 课后作业：查阅侯保荣院士金属防腐研究经历，撰写读后感并进行交流	资料支架： 资料卡片5：胶州湾大桥与港珠澳大桥的多重长效防腐措施	引导学生通过资料查阅、实地考察及咨询专家认识海洋环境中钢架桥的多重长效防腐措施，并优化自行设计的海上钢架桥防腐方案，领略我国海洋科技的魅力，强化工程思维，发展科学探究与创新意识、科学态度与社会责任的化学学科核心素养

（四）项目实施过程及学生学习成果

项目任务的提出及拆分

【课前任务】① 观看视频《港珠澳大桥主体桥梁工程全线贯通：探秘大桥防腐防锈》（视频来源：央视网）。

② 查阅资料，了解胶州湾大桥所处腐蚀环境。

【学生展示】青岛多雾多雨、天气潮湿，海洋大气、工业大气等腐蚀性强；胶州湾位于北方冰冻海域，胶州湾大桥附近海水含盐量高达 29.4‰ ~ 32.9‰。胶州湾大桥暴露在外的钢箱梁、缆索、护栏和其他钢结构处在严重的腐蚀环境中。

【情境问题】如果你是跨海大桥建设中标公司的工程师，为了确保跨海大桥使用寿命达到100年，应如何为跨海大桥暴露在外的钢架结构设计防腐方案?

【项目任务】为海上钢架桥设计防腐方案。

【分组讨论】海上钢架桥防腐方案设计，应从哪些方面入手?

【学生汇报】我们小组认为，应从三个方面开始研究，首先从探究海洋环境为什么会有苛刻的腐蚀性开始，然后探究海上钢架桥的电化学腐蚀原理，最后根据原理探讨如何防护海上钢架桥才不被腐蚀。

项目任务1：探究海洋环境的苛刻腐蚀性

【教师导引】海上钢架桥的腐蚀与所接触的腐蚀介质密切相关，钢架桥的不同结构部位处于不同的海洋腐蚀环境中，所接触的腐蚀介质也就有所不同。海洋环境苛刻的腐蚀性是通过腐蚀介质的不同作用表现出来的。

【分组讨论】请结合资料卡片1、2，查阅相关资料，分析海洋环境不同区域的腐蚀介质、腐蚀特点及影响因素，推断海洋环境中金属腐蚀的类型，并以表格形式表示出来。

【资料卡片1】海水的复杂腐蚀环境

海水是一种含盐量相当高的腐蚀性介质。表层海水含盐量一般在32.0‰～37.5‰之间，随水深的增加，海水含盐量略有增加。盐分中主要为氯化物，占总盐量的88.7%。由于海水总盐度高，所以具有很高的电导率。海水pH通常为8.1～8.2，且随海水深度变化而变化。若植物非常茂盛，CO_2减少，溶解氧浓度上升，pH可接近10；在有厌氧性细菌繁殖的情况下，海水中溶解氧量低且含有H_2S，此时pH常低于7。正常情况下，表面海水氧浓度随水温大体在5～10毫克/升范围内变化。海水温度一般在-2～30℃之间，热带浅水区海水温度可能更高。

【资料卡片2】海洋腐蚀环境分区与海水腐蚀速度曲线（图3-2-5）

根据海洋环境、腐蚀介质差异及对金属构筑物腐蚀作用的不同，通常将海洋腐蚀环境分为大气区、飞溅区、潮差区、全浸区、海泥区。

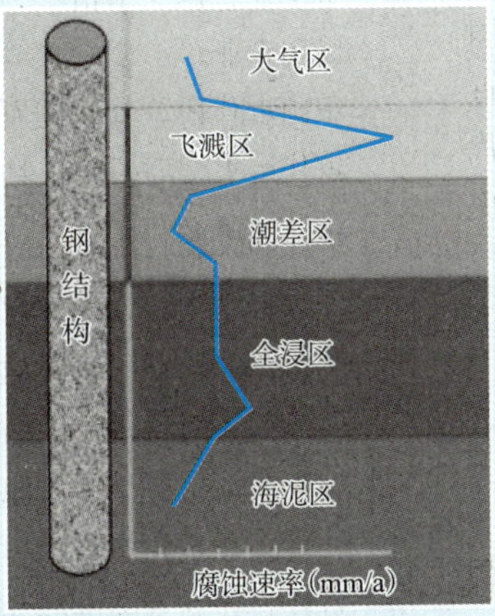

图3-2-5 “海洋腐蚀环境分区”与腐蚀速度曲线

① 大气区：一般指高出海平面2米以上的区域。大气中含有O_2、CO_2、SO_2、H_2O（水蒸气）以及悬浮于其中的氯化盐、硫酸盐等，湿度大，温度较高。此区金属腐蚀速率常比内陆大气高4～5倍以上。

② 飞溅区：一般指高出海平面0～2米的区域。此区常受到含有气泡的海水的冲击；氧气供给充足，海水中的溶解氧含量较高，环境干湿交替，阳光照射导致温度较高，是各区中腐蚀最为严重的区域。

③ 潮差区：涨潮时浸在水下、落潮时埋入水中的区域。此区受潮汐和风的冲击，干湿边界瞬即变化，海平面上下氧气浓度有差别。

④ 全浸区：全部浸在海水中的区域。此区可分以下三区。浅海区：平均低潮线至50米水深区，海水温度和氧溶量较高、海水流速较快、海洋生物多，金属材料主要发生电化学腐蚀和生物腐蚀，其腐蚀较海上大气区严重。大陆架区：海平面以下50～200米水深区，海水含氧量降低，水温与水流速度下降，海洋生物较少，金属材料主要发生电化学腐蚀，其腐蚀速率低于浅海区。深海区：水深大于200米的区域，海水压力较大，海水含氧量一般较低，水温接近0 ℃，含盐量和水流速度较低，海洋生物少，金属材料主要发生电化学腐蚀。

（5）海泥区：主要由海底沉积物构成。含盐量高，电阻率低，金属的腐蚀要比陆地上土壤严重；缺氧，金属腐蚀速率比在海水中要低。海底沉积物中通常含有大量硫酸盐还原菌，会产生H_2S、NH_3等物质，加速金属腐蚀。

【分组讨论】海洋环境不同区域的海洋腐蚀（图3-2-6）。

大气区

飞溅区

潮差区

图3-2-6　大气区、飞溅区、潮差区的海洋腐蚀

【学生汇报】学生分组，查阅资料，交流研讨，各小组汇报成果（表3-2-9）。

表3-2-9　各学习小组汇报成果小结

区域	腐蚀介质	腐蚀影响因素	腐蚀类型
大气区	大气中主要含有H_2O（水蒸气）、O_2、CO_2、SO_2以及悬浮于其中的氯化盐、硫酸盐等，湿度大、盐分和温度高，存在显著的干湿循环效应	腐蚀速度取决于海洋大气的相对湿度、温度、含盐量、灰尘和污染等因素。在腐蚀曲线中显示相对较慢	电化学腐蚀
飞溅区	海水冲击及干湿交替频繁，水膜停留时间长，含盐粒子量高，海水中溶氧量高，日照充足	溶于海水中的气泡对金属材料表面具有较强冲击破坏作用，导致金属保护膜和防护涂层老化且剥落加速，造成严重局部腐蚀。属于腐蚀最快区域，应该重点防腐	电化学腐蚀、化学腐蚀、海水冲击腐蚀
潮差区	与飞溅区比较而言，潮差区的氧气扩散速度较慢，海水冲击作用较弱，材料表面温度通常接近于表层海水温度	金属材料表面与溶有大量氧的海水周期性接触，涨潮时被充气海水浸没，受到海水和海浪的共同作用，形成海水腐蚀、气泡腐蚀及物理冲刷；退潮时露出海面，但金属材料覆盖海水液膜，形成类似大气区的腐蚀；此外，金属材料的水下部位与潮差区形成氧浓差电池。从腐蚀曲线可以看出，潮差区水下部分腐蚀较严重，正是浓差腐蚀的结果	电化学腐蚀、生物腐蚀

续表

区域	腐蚀介质	腐蚀影响因素	腐蚀类型
全浸区	全浸区可分为浅海区、大陆架区和深海区。浅海区海水温度和溶氧量较高、流速较快，存在着大量的海洋生物，污染较重，金属材料主要发生电化学腐蚀和生物腐蚀，其腐蚀速率高于海洋大气区；大陆架区海水含氧量降低，水温与水流速度下降，海洋生物明显减少，金属材料主要发生电化学腐蚀，其腐蚀速率低于浅海区；深海区压力较大，海水含氧量一般较低，水温接近0 ℃，矿物盐溶解量和水流速度较低，海洋生物活性小，金属材料主要发生电化学腐蚀		电化学腐蚀、生物腐蚀
海泥区	腐蚀环境十分复杂。海底沉积物中通常含有大量硫酸盐还原菌，会产生H_2S、NH_3等大量腐蚀性硫化物，其腐蚀速率可增加6~7倍甚至15倍以上	海底沉积物含盐量高、电阻率低，是一种良好电解质，相对于陆地上的土壤来说对金属材料的腐蚀性较强，属于腐蚀最慢的区域	电化学腐蚀、化学腐蚀

【教师设问】了解了海洋苛刻的腐蚀性以及海洋环境不同区域的腐蚀特点后，针对电化学腐蚀，如何为海上钢架桥设计防腐方案呢?

【学生汇报】依据以上的分析，我们将项目主任务又拆解为两个子任务：①探究海上钢架桥腐蚀的电化学原理；②应用电化学原理设计海上钢架桥防腐方案。

【成果展示】学生汇报项目规划流程及方案，最终确定方案（图3-2-7）。

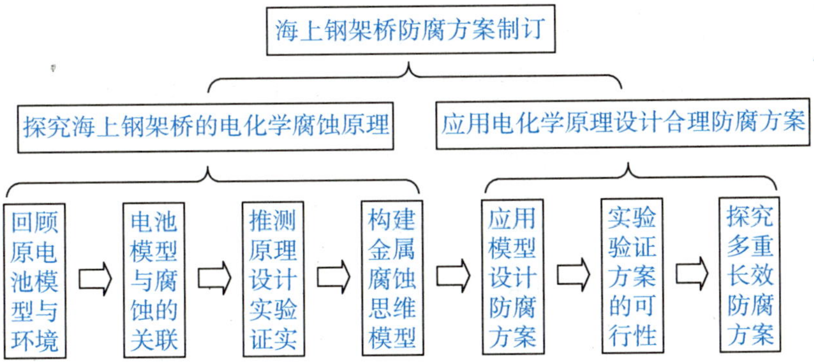

图3-2-7　海上钢架桥防腐方案制订示意图

项目任务2：探究海上钢架桥的电化学腐蚀

【教师导引】金属电化学腐蚀是建立在原电池基础上的，如图3-2-8所示。

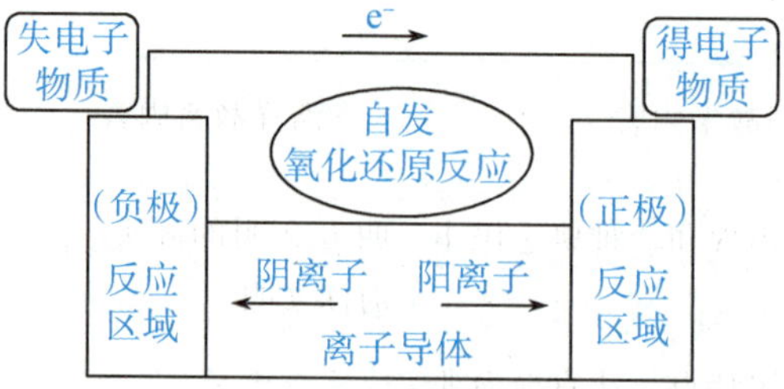

图3-2-8　金属腐蚀与原电池模型之间的关联

【分组讨论】如何利用原电池模型分析海上钢架桥的电化学腐蚀呢？

【学生汇报】海上钢架桥的电化学腐蚀与原电池构成如下。

（1）电子导体：钢铁材料（Fe与C相互接触）。

（2）离子导体：海水中为海水；海面上（大气区）为含有CO_2、SO_2以及氯化盐、硫酸盐等盐的水膜。

（3）电极：负极为钢铁材料中的Fe，正极为钢铁材料中的C。

（4）电极反应物：负极为Fe，正极为O_2（海水中的溶解氧）。

（5）自发氧化还原反应：Fe与O_2发生反应。

（说明：在阐述理由时，有的学生会不知所措，思维遇到障碍，找不到正极，找不到电解质溶液，更找不到得电子物质等）

【教师导引】如何证明海上钢架桥发生了电化学腐蚀且正极反应物就是氧气呢？请各小组设计实验方案，并通过实验加以验证。

【分组讨论】如何利用原电池模型证明海上钢架桥发生电化学腐蚀？

【小组交流1】我们小组设计的实验方案如图3-2-9所示。有电流产生即可证明上述体系发生了电化学腐蚀，红墨水液面上升即可证明正极得电子物质为氧气。

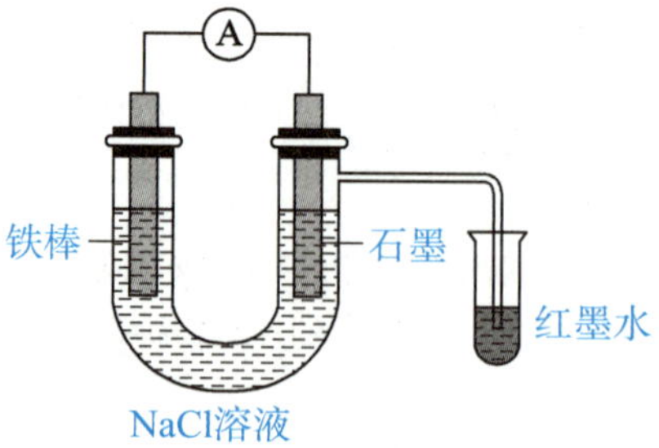

图3-2-9　学生设计的实验方案示意图

【小组交流2】我们小组不完全同意上述观点，红墨水液面上升，U形管中气体减少一定是氧气吗？不一定，所以，可补充利用带火星木条熄灭实验证明减少的气体就是氧气。

【小组交流3】我们小组的设计更为精准，利用手持技术氧气传感器，测定容器中氧气浓度变化，利用其数据变化曲线，证明减少的气体即为氧气（图3-2-10）。

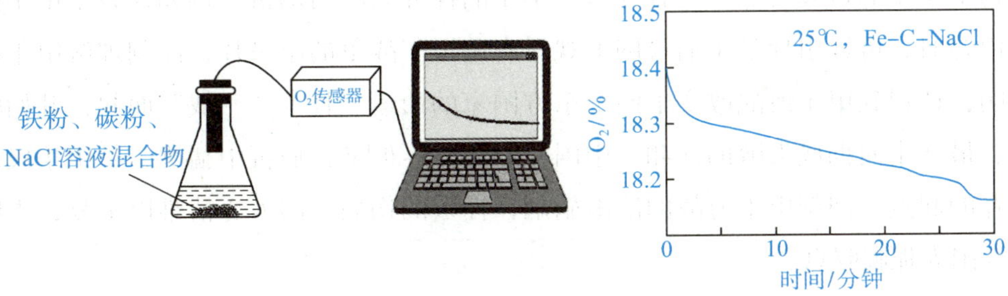

图3-2-10 手持技术氧气传感器测定容器中氧气浓度变化

【教师导引】如何用图示的方法说明海上钢架桥的电化学腐蚀呢？

【分组讨论】画出原电池模型与海上钢架桥电化学腐蚀的关联图。

【展示交流】如图3-2-11所示。

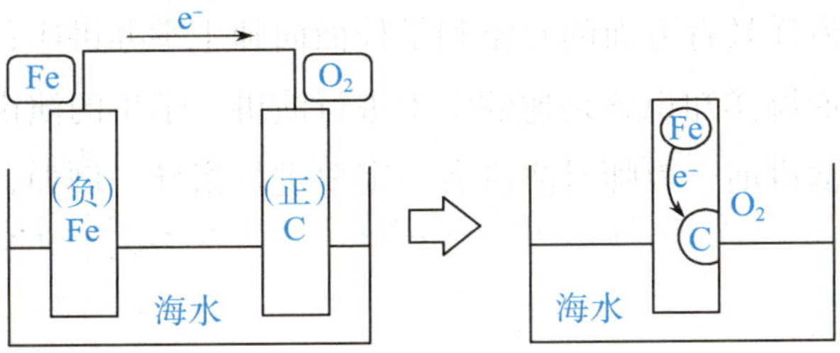

图3-2-11 海上钢架桥腐蚀与原电池模型关联图

腐蚀过程涉及的反应如下：

负极：$2Fe-4e^- = 2Fe$；正极：$O_2+4e^-+2H_2O = 4OH^-$

总反应化学方程式：$2Fe+O_2+2H_2O = 2Fe(OH)_2$

根据已学知识，$Fe(OH)_2$在空气中不稳定，很快被空气中氧气氧化失水形成铁锈。

$4Fe(OH)_2+O_2+2H_2O = 4Fe(OH)_3$，$Fe(OH)_3$失水生成铁锈$Fe_2O_3 \cdot xH_2O$。

【教师导引】从以上实验探究和分析可以看出，分析金属的电化学腐蚀时，首先要关注它所处的环境，然后与原电池模型要素进行关联，一一对应。

请结合资料卡片3，探究潮差区海上钢架桥的电化学腐蚀。

【资料卡片3】浓差电池

浓差电池，顾名思义，是利用物质的浓度差产生电势的一种装置。两侧半电池中的特定物质有浓度差，由于浓度差导致半电池上发生的氧化还原反应程度不同，从而产生不同的电势（图3-2-12）。

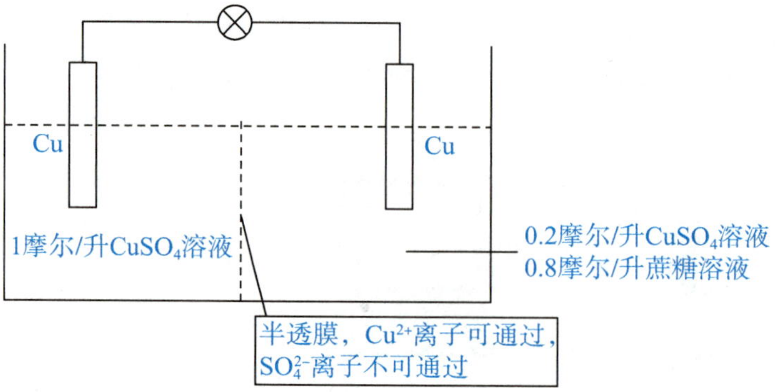

图3-2-12　不同浓度硫酸铜溶液形成的浓差电池示意图

【分组讨论】潮差区电化学腐蚀——浓差电池的构成。

【学生汇报】退潮时，类似海上大气区电化学腐蚀。涨潮时，形成的浓差电池。

（1）负极：钢架构（水下部分）；负极反应物：Fe（钢架构水下部分，海水中O_2浓度低）。

（2）正极：钢架结构（潮差区）；正极反应物：O_2，（海水中O_2浓度高）。

（3）电解质溶液：海水。

项目任务3：从破坏原电池反应的角度设计海上钢架桥防腐方案

【教师导引】能否建立一个金属电化学防腐思维模型，然后利用这一思维模型设计海上钢架桥的防腐方案？

【分组讨论】如何建立金属电化学防腐思维模型，组间交流形成共识。

【展示交流】金属电化学防腐思维模型示意图（图3-2-13）。

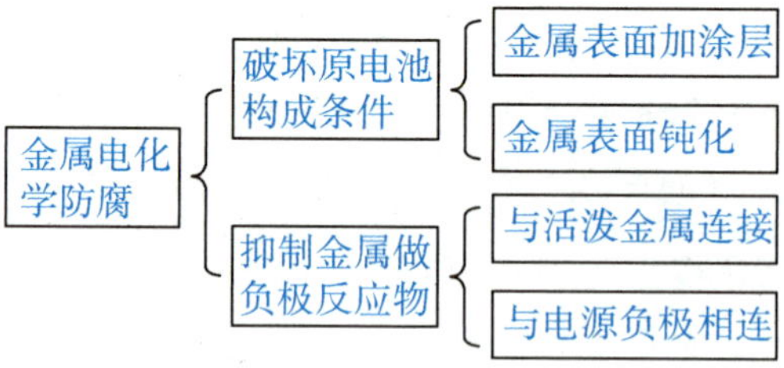

图3-2-13　金属电化学防腐思维模型示意图

【教师追问】如何利用金属电化学腐蚀防护思维模型，为海上钢架桥设计电化学腐蚀防腐方案？

【分组讨论】设计的海上钢架桥电化学腐蚀防护方案见表3-2-10。

【展示交流】

表3-2-10　海上钢架桥电化学腐蚀防防护方案

防腐原理		防腐图示	防腐方法
破坏原电池构成条件	隔绝与O_2和海水接触，切断原电池的闭合回路	 钢架构表面涂油、刷漆、涂缓蚀剂等	涂层法
	表面形成钝化膜，切断原电池的闭合回路	 钢管表面酸洗钝化，生成不锈钢等	钝化法
抑制金属失电子	铁连接活泼金属：Zn、Mg、Al等，抑制铁失去电子被氧化	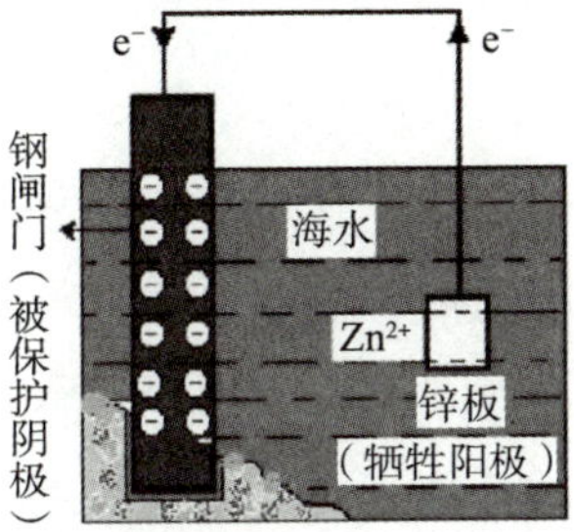 与更活泼金属Zn相连	牺牲阳极的阴极保护法
	铁与电源负极相连，强烈抑制铁失电子被氧化	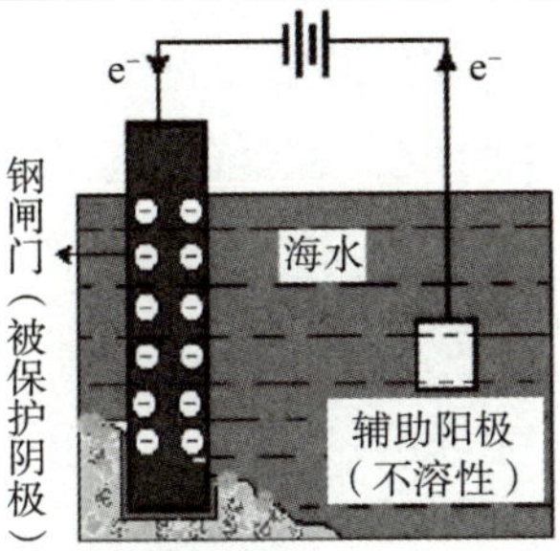 Fe与电源负极相连	外加电流的阴极保护法

【教师导引】以上防腐方案效果如何？请结合资料卡片4，设计实验验证所涉及的防腐方案效果。

【资料卡片4】亚铁离子检验方法

铁氰化钾化学式$K_3[Fe(CN)_6]$，遇到Fe^{2+}能生成蓝色沉淀。

$3Fe^{2+}+2[Fe(CN)_6]^{3-}=Fe_3[Fe(CN)_6]_2\downarrow$

【分组讨论】设计防腐方案，并展示课下实施的防腐效果验证实验。

【小组交流1】实验设计如图3-2-14所示。

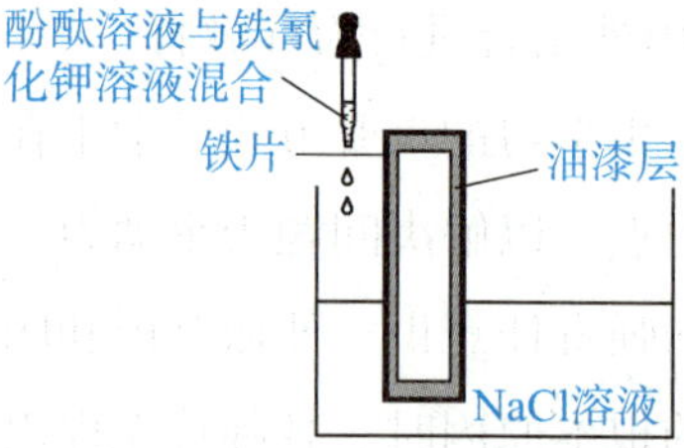

（a）涂层法

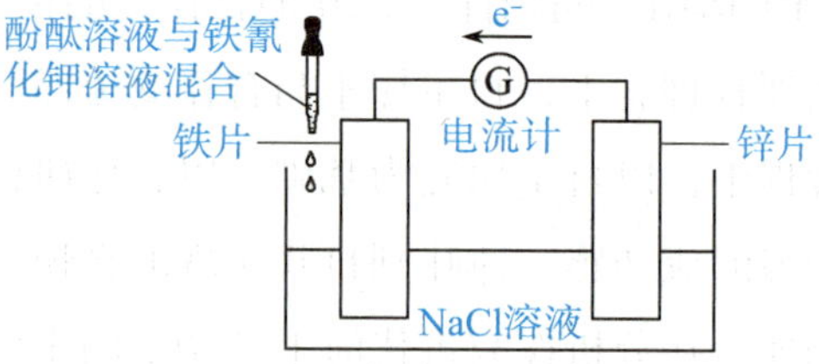

（b）牺牲阳极的阴极保护法

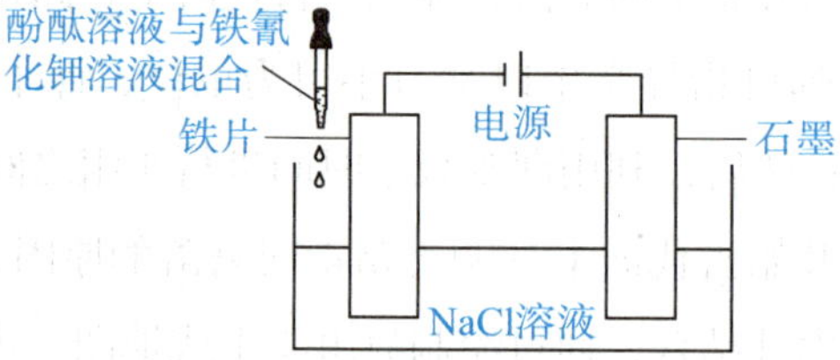

（c）外加电源的阴极保护法

图3-2-14　学生实验方案示意图

在以上三组实验是我们控制值变量进行的实验探究，我们小组均选用大小相同的同质铁片，放入相同浓度、温度相同的食盐水中，均加入5～6滴酚酞溶液和铁氰化钾溶液，对铁片采取控制变量法的保护措施（图3-2-14），研究其防腐效果。图3-2-14（a）石蜡或油漆涂层——两组；图3-2-14（b）与铁片大小相同的锌片或镁片相连接——两组；图3-2-14（c）连接电源电压为6伏或12伏——两组（注：持续安全电压是24伏），放入同一实验室实验台上进行。

实验效果：1.5小时后，观察现象：图3-2-14（a）两组，没有任何现象；图3-2-14（b）：锌片附近无明显变化，镁片变暗，铁片附近铁角处变红（与镁连接的铁片处颜色稍深），未见有蓝色沉淀，说明发生了反应：负极：$2Zn-4e^- = 2Zn^{2+}$、$2Mg-4e^- = 2Mg^{2+}$；正极：$O_2+4e^-+2H_2O = 4OH^-$；图3-2-14（c）：不论是6伏还是12伏电压时，铁片和石墨附近均有气泡产生且12伏时铁片附近红色较深，未见有蓝色沉淀，说明发生的反应为$2H_2O+2e^- = H_2+4OH^-$。

【小组交流2】我们在上述实验的基础上还补充了后续实验：实验开始后，对每组实验盒，每天均要加入一定量相同体积的蒸馏水，以保证食盐水因蒸发而导致的浓度变化。50天后发现，图3-2-14（a）油漆涂层有老化、皲裂现象，稍有蓝色沉淀产生，石蜡涂层未变化，无任何变化。图3-2-14（b）露出液面以上部分铁片（与锌片连接）变深暗，铁片与液面交界处露出蓝色沉淀，锌片表面凹凸不平；与镁片连接铁片变暗，铁片附近有微蓝出现，镁片已溶解。图3-2-14（c）12伏电压时，铁片无变化，但有大量气泡附着且附近溶液变红，石墨电极附近有刺激气味气体产生。以上三组6个实验现象，进一步证明了不同防护措施及不同强度要求对金属的保护效果有所不同。

项目任务4：制订海上钢架桥的多重长效防腐方案

【教师导引】以上我们讨论了海上钢架桥的电化学防腐问题，其本质是破坏原电池反应的某些要素，阻止形成原电池；且破坏的要素越多，防腐效果越好。基于这一思路，为确保海洋苛刻腐蚀性环境中的钢架桥使用寿命100年，在建造时往往都要采取多重长效防护措施。请同学们结合资料卡片5及实地考察、咨询专家，了解跨海大桥的多重长效防护措施。

【资料卡片5】青岛胶州湾跨海大桥与港珠澳跨海大桥多重长效防腐措施

资料1：查阅资料显示，青岛胶州湾跨海大桥，海面以上结构采用了长效保护的热喷锌铝合金与多重防腐蚀涂层的组合体系，海面以下结构采用耐腐蚀混凝土、透水模板布、外加电流阴极保护、表面涂层防护的综合防腐蚀技术。

资料2：港珠澳大桥（使用寿命120年）浸泡在海水中，如何保证桥墩不被海水腐蚀？（可网上查阅，观看视频）

【实地考察】学生利用周末，分小组在老师带领下，到胶州湾跨海大桥海湾引桥处实地考察，探究大桥不同部位的腐蚀情况及保护措施（实地考察任务单略），专访大桥管理处工作人员。

【设计应用】以小组为单位，结合实地考察情况，优化设计跨海大桥的多重长效防腐方案及PPT，展示交流。

【展示交流】如图3-2-15所示。

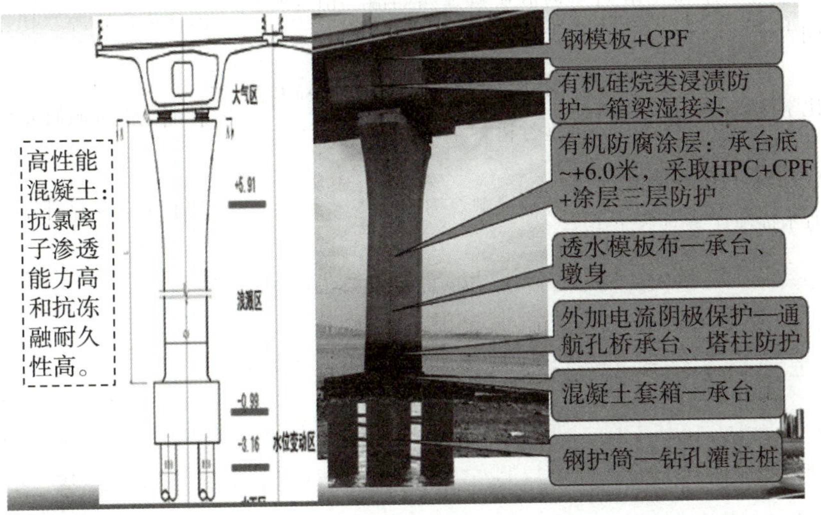

图3-2-15　学生设计的胶州湾跨海大桥多重长效分区防腐方案示例

【课后拓展】查阅中国科学院侯保荣院士金属防腐研究经历资料，进一步明确跨海大桥的多重长效防腐措施，并以海上钢架桥为例撰写“金属电化学腐蚀与防护”小论文。

高中地理

指向海洋素养培养的项目式探究活动的研究与实践

浙江杭州第二中学钱江学校　欧阳彩红

基于课题研究和实践探索，为达到海洋教育的素养培养要求，本研究提出了指向海洋素养培养的项目式探究活动模型（图3-2-16）。

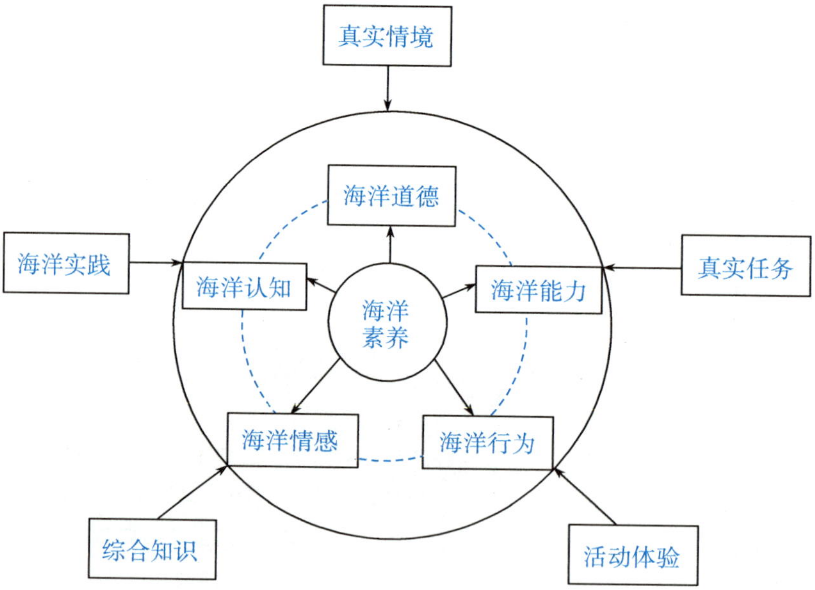

图3-2-16　指向海洋素养培养的项目式探究活动模型

一、基于真实海洋情境提供海洋素养转化环境

素养是学生在特定情境中所展现的品质，素养的形成有赖于学生通过自身活动与具体情境发生互动，需要学生通过真实情境重建知识与客观世界的联系，驱动高阶思维导向的知识运用，理解知识的情境性，体悟情境的知识价值。传统的填鸭式教育无法链接海洋知识与海洋情感。环境熏陶是情感产生的重要机制，在各种真实情境下创

设的任务和活动才能引导学生通过认知、体验达到情感的生成。在海洋教育中，真实海洋情境是知识理解到情感升华的纽带和桥梁。这就要求教师在设计教育活动时将关于海洋知识学习过程匹配到蕴含相关知识和问题的特定的海洋真实情境之中，引导学生直面现实的海洋问题情境，激发探究兴趣和学习动机，展开探究活动，通过经历知识产生的过程，积极地与知识建立情境性联系，并对习得的知识进行深度理解和特别感悟，为海洋知识到海洋素养的转换提供良好环境。

二、以真实性项目任务驱动素养培养

真实性学习问题和学习任务的意义，在于搭建现实任务情境和探究活动之间的联系，通过真实的、有意义的问题和任务，驱动学生在探究活动中运用所学知识、已有资源进行基于假设、取证、验证和结论的探究活动，持续推动学生的深入思考、信息处理、问题质疑，实现知识向素养的转化。为增强海洋教育的情境性和实践性，进一步驱动学生探究和应用海洋知识，实现海洋知识向海洋素养的转化，需要设置真实性海洋问题，提供知识向素养转化的载体。教师应从真实的海洋世界出发，在教学中尽可能地创设真实的海洋问题情境，基于现实海洋情境提出问题，并根据学情将其转换为学生的“最近发展区”内可以解决的真实性问题。

三、以知识综合应用促进素养发展

对于复杂的海洋真实问题，运用单一学科知识去解决是难以奏效的，需要学生综合运用多个学科知识对其进行探讨。指向海洋素养培养的项目式探究活动需要引导学生运用综合知识去探索海洋世界，运用综合知识分析问题、解决海洋问题，即走出“碎片化知识”的学习进入深度学习，为知识的有效理解和迁移准备条件，实现素养培养所强调的知识和技能的综合应用。项目式探究活动探寻学科间的知识关联，实现分散的学科知识跨学科统整的逻辑化、结构化。指向海洋素养培养的项目式探究活动设计，可以根据具体海洋教学内容和相关学科知识的关联性，从多个相关学科的内容中综合提炼出一个更高阶的主题；此外，学生在进行活动时，也需要有效地整合相关学科知识。这样，不仅可以为学生提供完整的系统的海洋知识，更重要的是可以让学生获得连续的思维过程和完整的经验，促进海洋素养培养目标的达成。

四、经历多种体验驱动素养发展

正如爱因斯坦所言，概念和命题只有通过感觉经验的联系才获得意义和内容，体验和感悟是将知识转换为个体意义的必然路径。真实有效的学习过程是学生亲身体验和探究的过程，学生只有在亲身经历、感知、体验、探究的基础上才能建立知识与自身的意义关系，才能真正获得意义性理解的知识，并将其转化为能力和素养。因此，指向海洋素养培养的项目式探究活动，应当重视多感官体验的教育过程，引导学生开展多种形式的海洋实践活动，将较为陌生的海洋相关知识转换为相对具体的感性的认知，变成能够看、听、触的实体。例如，一是在项目主题的确定上，教师可以运用互联网查阅文献、收集资料，对网络资源进行甄选与整合，设计体验性的真实海洋问题情境；二是在项目活动开展过程中，教师可以将信息技术引入活动，利用现代化科学技术辅助海洋实践活动，引导学生进行活动体验；三是在项目成果展示上，教师可以指导学生运用信息技术展示自己的作品，采用文字与图片、音频、视频相结合的方式，将抽象、单一的呈现方式 转化为形式多样又喜闻乐见的多媒体呈现手段，进一步引导学生进行活动体验。

五、以知识反哺实践，以实践催生素养

知识通过实践转化才能真正成为学生的能力与素养。学生只有在实践活动中通过亲历、体验和反思，不断将符号性的、理论性的海洋知识转化为具有个体意义的知识，才能将所学的海洋理性知识逐步转化为个体知识和个人能力，才能不断丰富自身的海洋素养。例如，通过收集相关的海洋资料以及参与海洋调研活动，学生才能真实、具体地感受到知识对于社会实践的意义；通过解决有一定挑战性的海洋实际问题，学生才能真正了解海洋现象、海洋问题背后的知识，感受其内在的思维逻辑；通过制作有社会效益的产品，学生才能培养起对海洋的真情实感和社会责任担当意识。

【案例】

守护红树林湿地

项目任务

了解湿地概念、分类、价值，制作关于湿地价值和保护的宣传册；聚焦红树林湿地，了解红树林湿地的分布及独特的生理特性和环境的关系，探究红树林生态价值，制作关于红树林的PPT；以海南省东寨港为案例认识红树林湿地、分析红树林面积萎缩的原因及其恢复措施，撰写“生态建设下红树林保护与人民群众利益协调发展”的研究报告。

项目目标

1. 了解湿地的分类及分布，了解湿地的价值，培养区域认知能力。

2. 通过红树林湿地的分布探究红树林的生长习性，结合具体的案例掌握红树林的独特的生理特性和价值，培养区域综合分析能力。

3. 理解人类对于海洋的认识是随着人类对海洋生态认识的变化而变化的，认识解决红树林保护与渔民生计问题谋求人地协调可持续发展的重要性，提升分析、解决海洋实际问题的能力。

项目情境

筑牢海岸绿色生态保护屏障

在400多年前的一次大地震中，距离海南岛海口市东北30千米远的东寨港地区地层下陷，使得这里海岸线曲折多弯，海湾开阔，滩面缓平，许多曲折迂回的潮水沟分布其间：涨潮时沟内充满水流，滩面被淹没；退潮时，滩面裸露，形成分割破碎的沼泽滩面。优越的地理环境非常适宜植物生长，于是这里有了一片海中森林：潮涨时，绿色的树干随着海浪在水中漂荡；潮落后，绿树露出树干和根部，主根和众多支根牢牢扎在滩涂中。这片海中森林就是红树林，这片海岸也就成了著名的东寨港红树林湿地。

红树林是海岸的保护屏障，对于维护海岸的绿色生态具有重要的意义。1980年，东寨港红树林湿地经国务院批准为国家级自然保护区，成为我国建立的第一个红树林湿地自然保护区，为我国首批列入《国际重要湿地名录》的7个湿地保护区之一，总面积达5 240公顷，其中红树林面积为1 771公顷。

现在这里，不仅红树林郁郁葱葱，成群结队的椋鸟也时常掠过上空又俯冲到水面，群居而生的白鹭或林端站立嬉戏或空中翩翩起舞……这一切，都得益于东寨港国家级自然保护区生态保护工作的持续推进。

问题栏

1. 湿地如何分类？它有什么价值？

2. 红树林湿地的分布和环境的关系？红树林具有什么价值？

3. 东寨港红树林湿地面积变化的原因是什么？人们采取了哪些措施恢复红树林湿地？红树林保护和人民群众的利益如何协调发展？

项目活动

项目活动一　关注滨海湿地

全球分为海洋、森林、湿地三大生态系统，湿地在地球上分布非常广泛，总面积8.56亿公顷，占全球土地面积的6.4%。湿地系统指海洋和内陆常年有浅层积水或土壤过湿的地段，包括沼泽、滩涂、低潮时水深不超过6米的浅海区，也包括河流、湖泊、水库、稻田等。湿地中水文、土壤、气候、生物等要素相互作用，形成了湿地生态系统环境。至2023年2月，我国湿地面积约为5 635万公顷，是全球湿地类型最齐全的国家之一。

观看—感受

●网上观看纪录片《中国湿地畅想曲》等介绍我国湿地的视频，了解湿地及其分类。

思考：东北是我国湿地分布最广的地区，至2023年2月，在我国被列入国际重要湿地名录的82处湿地中有12处位于黑龙江省。东北湿地为什么分布如此广泛？

相关提示：我国东北地区地形三面环山，开口向南敞开，有利于海洋水汽进入，气候较为湿润；地处高纬度，蒸发量小；有冻土层存在，地表水较丰富，环境冷湿。

查询—研究

●网上冲浪，了解湿地的价值和保护措施，制作关于湿地价值和保护的宣传册。

滨海湿地是指陆地生态系统和海洋生态系统的交错过渡地带。

阅读—理解

我国的滨海湿地分布

按《国际湿地公约》的规定，滨海湿地的下限为海平面以下6米处（习惯上常指大型海藻的生长区外缘），上限为大潮线之上与内河流域相连的淡水或半咸水湖沼以及海水上溯未能抵达的入海河的河段，包括河口、浅海、海滩、盐滩、潮滩、潮沟、泥炭沼泽、沙坝、沙洲、潟湖、红树林、珊瑚礁、海草床、海湾、海堤、海岛等。

我国滨海湿地的分布总体上以杭州湾为界，分为南、北2个部分（表3-2-11）。杭州湾以北的滨海湿地，除山东半岛和辽东半岛的部分地区为基岩质海滩外，多为砂质和淤泥质海滩。由环渤海滨海湿地和江苏滨海湿地组成。环渤海滨海湿地主要由辽河三角洲和黄河三角洲组成，江苏滨海湿地主要由长江三角洲和废黄河三角洲组成。杭州湾以南的滨海湿地以基岩性海滩为主，其主要河口及海湾有钱塘江、杭州湾、晋江口、泉州湾、珠江口河口湾和北部湾等。在河口及海湾的淤泥质海滩上分布有红树林，从海南省至福建省北部沿海滩涂及台湾地区西海岸均有分布。在西沙群岛、中沙群岛、南沙群岛及台湾岛、海南岛沿海还分布有热带珊瑚礁。

表3-2-11 中国滨海湿地主要分布区

地区	主要湿地区域
辽宁省	辽河三角洲、大连湾、鸭绿江口、辽东湾
河北省	北戴河、滦河口、南大港、昌黎黄金海岸
天津市	天津沿海湿地
山东省	黄河三角洲及莱州湾、胶州湾、庙岛群岛
江苏省	盐城滩涂、海州湾上海市崇明东滩、江南滩涂、奉贤滩涂
浙江省	杭州湾、乐清湾、象山湾、三门港、南麂列岛
福建省	福清湾、九龙江口、泉州湾、晋江口、三都湾、东山湾
广东省	珠江口、湛江港、广海湾、深圳湾、韩江口
广西壮族自治区	铁山港和安铺港、钦州湾、北仑河口湿地
海南省	东寨港、清澜港、洋浦港、三亚、大洲岛、西沙群岛、中沙群岛、南沙群岛
港澳台地区	香港米铺和后海港、台湾淡水河、兰阳溪、大肚溪河口、台南、台东湿地

（来源：中国科学院烟台海岸带研究所，黄河三角洲可持续发展研究院《湿地基础知识数据库》）

思考：我国的滨海湿地分布具有哪些特点？

我国自1985年加入世界遗产公约以来，截至2020年共有14块湿地被评为世界自然遗产。其中有13块处于我国内陆地区，盐城黄海湿地是我国第一块与海洋直接相关的世界自然遗产，是世界面积最大的连片泥沙滩涂，是东半球第一块、全球第二块潮间带世界自然遗产，标志着中国世界自然遗产从陆地走向海洋“零”的突破。

信息在线

盐城黄海湿地与候鸟

盐城黄海湿地，是全球数以百万计迁徙候鸟的停歇地、换羽地、越冬地和繁殖地，也是全球九条候鸟迁徙通道中最长、迁飞候鸟数量最多且面临生态威胁程度最高的东亚—澳大利西亚候鸟迁徙路线上的中心枢纽。俄罗斯、中国、韩国等22个国家因鸟类迁徙而搭建起紧密的“生命共同体”。

制作—体验

- 搜集我国滨海湿地的资料，制作关于我国滨海湿地的PPT，与同学们交流展示。

视野拓展

法国布列塔尼的拜尔德奥德恩滨海湿地

法国大西洋沿岸布列塔尼西端的拜尔德奥德恩滨海湿地，有悬崖、卵石脊、潮间带泥滩、淡水潟湖、沼泽、池塘和广阔的细沙海滩，周围有十多千米长的风状沙丘，拥有超过1 000种动物种类，其中包括大约320种鸟类。该湿地是世上珍稀鸟类如环斑鸻、文须雀和白头鹞的栖息地，每年有大量水栖苇莺穿过海湾。这里有许多受保护的植物如兰、海丝兰、黄花百合等，沿海小河流则是欧洲鳗鲡洄游上游的产卵地。《国际湿地公约》在官网上发布法国将布列塔尼的拜尔德奥德恩滨海湿地列入国际重要湿地名单。

项目活动二　聚焦红树林湿地

红树林是生长在热带、亚热带海岸潮间带，受周期性潮水浸淹，由红树植物为主体的常绿乔木或灌木组成的湿地木本植物群落。

观察—思考

● 网上观察红树林湿地世界范围分布示意图，了解红树林在世界上的分布；阅读以下资料，了解红树林在我国的分布。在观察和阅读的基础上思考回答问题。

我国的红树林群落续断分布于海南、广东、广西和福建等省份，以及台湾、香港和澳门等地区。红树林在我国的天然分布北界为福建省福鼎市，人工引种北界为浙江省乐清市。由海南岛向北，随着纬度逐渐升高，气候带由中热带（海南岛南部）、北热带（海南岛北部、雷州半岛及台湾岛南部）、南亚热带（广西壮族自治区、广东省、福建省南部沿海地区及台湾地区北部）到中亚热带（福建省北部及浙江省沿海地区），红树林分布面积及树种数都显著减少，林相也由乔木变为灌木，树高降低。

思考：世界和我国的红树林空间分布具有什么样的特点？

信息在线

红树林

红树林中树木树皮割开后是红色的，马来人在砍伐这种植物时，发现刀口变成了红色，他们就利用这种植物的树皮提炼红色染料，将树皮称作“红树皮”。这是因为红树内富含单宁酸，单宁酸遇空气氧化后变成红色，所以被称为红树植物。

红树林中，除红树科的木榄、红茄冬、角果木、秋茄等以外，还有使君子科、海桑科、马鞭草科、紫金牛科等16个科近30种植物。

红树林生长在海湾、河口地带，长期受到海水的浸泡和台风的袭击，形成了自己特有的生存方式和繁殖能力。

阅读——理解

神奇的红树林

在美丽迷人的海洋上，红树林海岸具有一种独特的动态美：涨潮时海水浸淹滩涂，大小不一的丛丛树冠露出海面，如同碧波荡漾中的一座座绿岛在水中漂浮摇曳；退潮时，盘根错节的植株，犹如巨人般挺立在海滩，绿意盎然，多姿多彩。

红树林植物生长环境多是淤泥质滩涂，周期性海水浸淹，导致土壤缺氧。

红树植物的进化智慧，使其具有大出树冠十多倍的呼吸根。各种板状、拱形、指状等造型不一的呼吸根向空中生长，形成了被誉为“海底森林”的红树林奇观。

潮间带含盐量很高，大大限制了红树植物对水分的吸收利用。同时，热带、亚热带地区的强光、高温环境加速了水分的丧失。红树植物吸收水分的能力主要通过保持叶片较高的渗透压来实现，对于不得不进入体内的多余盐分，则通过盐腺泌盐、落叶脱盐等方式排出去。白骨壤、桐花树、老鼠簕等红树植物，叶片表面具有盐腺，可以主动富集盐分并把多余的盐分排出叶面，干燥后现出白色的盐晶体。

红树植物最奇妙的特征是胎生繁殖：植物种子还没有离开母体时就已经在果实中开始萌发，长成筷子状或者笔状的胚轴。发育成熟后，幼苗垂直降落，插到海滩淤泥中，很快就在淤泥中扎根生长成为新的植株。没有及时扎根的胚轴，随着海流在海上漂流数月，在千里之外扎根生长。

（以上节选自2022-01-06人民网“人民资讯”《红树林好处知多少》）

思考：红树林具有哪些独特的形态结构和生理特性？

合作——研讨

● 与同学组成小组，阅读下文并查阅资料，完成有关任务。

1958年8月23日，福建省厦门市曾遭受一次历史上罕见的强台风袭击，12级台风由正面向厦门沿海登陆，随之产生的强大而凶猛的风暴潮，几乎吞没了整个沿海地区，人民生命财产损失惨重。但在离厦门不远的龙海市（现龙海区）角尾乡海滩上，因生长着高大茂密的红树林，结果该地区的堤岸安然无恙，农田村舍损失甚微。1986年广西沿海发生了近百年未遇的特大风暴潮，合浦县398千米长海堤被海浪冲垮294千米，但凡是堤外分布有红树林的地方，海堤就不易冲垮，经济损失就小。许多人称赞红树林是他们的“保护神”。

研讨：红树林为什么能够保护海滩上的堤岸？

视野拓展

红树林价值知多少

1. 生态繁殖价值：红树林以凋落物的方式，通过食物链转换，为海洋动物提供良好的生长发育环境。红树林区内潮沟发达，有利于深水区的动物来到红树林区内觅食栖息、生产繁殖。红树林生长于亚热带和温带并拥有丰富的鸟类食物资源，是候鸟的越冬场和迁徙中转站以及各种海鸟的栖息地和繁殖地。

2. 吸纳净化价值：红树林可吸收污染物，降低海水富营养化程度，防止赤潮发生，具有净化海水和空气的功能。

3. 保护海岸价值：盘根错节的发达根系屹立于滩涂之中，对海浪和潮汐的冲击有着很强的适应能力，起到护堤固岸的作用；茂密高大的枝体宛如一道道绿色长城，有效抵御风浪袭击，起到防风消浪的作用。

4. 积淤造地价值：红树林在海滩上形成了一道樊篱，促进了淤泥的沉积，能有效地滞留陆地来沙、减少近岸海域的含沙量；而密致的支柱根，加速了淤泥的沉积作用。随着红树群落向外缘发展，陆地面积也逐渐扩大。

5. 医疗药用价值：木榄和海莲类等果皮可用来止血和制作调味品，叶子可用于控制血压；海漆类等的树叶可以减轻牙疼。

6. 科研旅游：红树林兼具陆地生态和海洋生态特性，其特殊的环境和生物特色使得红树林成为自然的生态研究中心，对科普教育、发展生态旅游业具有积极作用。

制作—体验

● 搜集资料制作介绍红树林的PPT，与同学们交流展示。

项目活动三　走进红树林湿地

海南东寨港的红树林湿地是我国著名的“海上森林”，闻名中外。

观看—感受

● 网上观看视频《［远方的家］神奇的东方家园——从雨林到海洋 海南东寨港：走进红树林》，了解海南东寨港红树林湿地。

信息在线

海南东寨港国际重要湿地：我国红树林连片面积最大保护区

海南东寨港国家级自然保护区成立于1980年1月3日，1986年7月晋升为国家级自然保护区，1992年被列入国际重要湿地名录，是我国建立的第一个以红树林为主的湿地类型自然保护区，其保护对象为红树林及其湿地生态系统。

海南东寨港国家级自然保护区面积3 337.6公顷，红树林面积1 771.08公顷；保护区内动植物资源丰富，有红树植物20科36种、海草2科4种、两栖类5科6种、爬行类6科13种、哺乳类7科9种、鸟类45科214种、鱼类61科165种、软体类58科151种、虾蟹类21科70种、昆虫类66科208种，是物种基因和资源的宝库。

东寨港也是迄今为止我国红树林中连片面积最大、树种最多、林分质量最好、生物多样性最丰富的自然保护区，1992年被列入国际重要湿地名录，2005年被《中国国家地理》杂志评为中国最美八大海湾之一，2006年被国家林业局评定为全国示范保护区，2012年被《森林与人类》杂志评为中国最美20处森林之一，2019年被全国绿化委员会评为“全国造林绿化模范单位”。

近年来，东寨港在红树林保护修复方面取得了长足的进展，得到社会各界的肯定。

2014年3月30日，海口市人大常委会出台了《关于加强东寨港红树林湿地保护管理的决定》，将红树林湿地总体保护和控制范围由5万多亩增加至12万多亩。同时建立巡护检查制度，严厉打击保护区内非法猎捕、捕捞、毁林占地等行为。

2013—2020年共清退养殖塘5 776亩（包括保护区周边区域），恢复种植红树林4 655亩，累计投入总计2.69亿元。

2013年以来，由于受到团水虱、台风、海平面上升等因素的影响，红树林及湿地生态系统出现退化，保护区多方寻求对策措施，开展修复工作，成功修复红树林1 831亩。

（来源：国家林业和草原局微信公众号2022-09-16）

查询—研究

●查阅资料进行研究，撰写一篇关于海南东寨港红树林湿地保护历史沿革与发展前景的研究报告。

不仅是海南东寨港，我国其他地方的红树林湿地保护工作也开展得扎实有效。

合作—研讨

●与同学组成小组，查阅资料，了解我国的湿地保护情况。选取感兴趣的红树林湿地，了解湿地保护的具体措施。

观看—感受

●网上观看视频，了解浙江省温州市苍南县如何谋求红树林保护与当地生态、社会经济的协调发展。

信息在线

浙江省温州苍南重视发展和保护红树林

浙江省温州市苍南县根据《温州生态市建设总体规划》《温州市林业第十一个五年发展规划》已经把红树林发展与保护作为今后林业发展重点内容之一；在防护效益和景观效果明显的地段优先发展和保护红树林。在苍南县鳌江河口建成一个红树林发展保护示范区。苍南沿浦湾形成约2 700亩的红树林湿地，同时将建设沿海岸廊道、观海平台、山海渔歌和海滨沙地等廊道节点配套设施，为公众打造独特的滨海景观，并带动周边旅游产业发展，发挥有效的经济效益和社会效益。

视野拓展

国外的红树林保护举例

印度尼西亚政府将生态旅游作为发展经济和保护资源的重点，科学研究涉及红树林碳储量、红树林污染、水产养殖等方向。

越南红树林生态开发以“生态养殖+植物利用”为主，红树林对虾混合养殖模式已成功推广，轮伐为主要植物利用方式；生态旅游正在发展。

美国红树林生态开发兼顾生态旅游、自然教育和科学研究，重视红树林保护与管理，生态旅游完善，自然教育普及，科学研究实力雄厚，但对生态养殖和植物利用的开发不足。

在澳大利亚新南威尔士州，政府通过经济补偿农民“退田还湿”，增加了超过440公顷的河口湿地；在维多利亚州通过现场评估、递交管理计划，招标管理者。生态旅游以休闲型为主，保护区和公园提供野生动物走廊、骑行、观赏鸟类、水上游乐、公众教育等项目。科学研究涉及鱼道修建、堤岸设计、河岸植物种植、盐沼移植等方向。总之，澳大利亚红树林开发以生态旅游为主，科学研究较为成熟，为工程设计提供理论基础。

红树林湿地保护要涉及当地人民群众的切身利益，因而充分调动政府依法保护、管理红树林湿地积极性和当地广大人民群众自觉参与保护、管理红树林湿地的积极性，特别是依法维护当地人民群众的合法权益，扎扎实实做好当地人民群众的转产、就业、安置等生活生产实际问题，是红树林湿地长远发展的核心问题。

写作—表达

●查阅资料进行研究，撰写“生态建设下红树林湿地保护与人民群众利益协调发展”研究报告。

第三节　开设海洋教育地方课程与校本课程

开设海洋教育地方课程、开发海洋教育校本课程或构建海洋教育校本课程体系是中小学海洋教育的重要实施途径。

一、中小学海洋教育地方课程

地方课程作为国家基础教育宏观课程结构中的重要组成部分，是指地方各级教育主管部门根据国家课程政策，以国家课程标准为基础，在一定的教育思想和课程观念的指导下，根据地方经济、政治、文化的发展水平及其对人才的特殊要求，充分利用地方课程资源而开发、设计、实施的课程。

为了发展海洋事业、建设海洋强国，我国沿海地区的一些地方开设了海洋教育地方课程，为这些地方的海洋教育开辟了新的渠道。由于中小学地方课程的实施具有重要的导向作用，其主导价值在于通过课程满足地方社会发展的现实需要，因而海洋教育的地方课程会与当地各项海洋事业的发展及海洋人才培养密切联系，当地也会为地方课程海洋教育的开展提供更多的社会资源和各方面的支持。因此，凡是开设了海洋教育地方课程的学校，要利用好地方课程这一渠道大力开展海洋教育。

以海南省为例。海南省以原国家海洋局宣传教育中心编写的“中小学海洋意识教育系列教材·海南版”《我们的海洋》为教材开设地方课程，全面实施以提升海洋意识为核心的海洋教育，内容主要包括海洋资源、海洋经济、海洋科技、海洋文化、海洋强国五大板块，各板块覆盖海洋保护、海洋休闲生态旅游等多方面内容（表3-3-1）。

表3-3-1　海南省中小学海洋意识教育专题内容的基本框架①

学段	适用年级	一级主题	二级主题
小学	三年级	你好，海洋	蓝色的海洋；多变的海洋；走进海与洋

① 钟昌红，姚锐，陈力. 中小学海洋意识教育的探索与实践：以海南省为例［J］. 基础教育课程，2021（1）：19-25.

续表

学段	适用年级	一级主题	二级主题
小学	三年级	认识海洋“居民”	千奇百怪的鱼儿；各显神通的海兽；有趣的虾兵蟹将；五光十色的海被；多姿多彩的海洋植物；神秘的海底“花园”
		和大海交朋友	来自海洋的美食；海南，我的家乡；和大海交朋友
	四年级	领略海洋之美	海岛美景；南海珊瑚礁；极地风景线
		结识海洋精灵	海洋里的大块头；鸟中“绅士”；海洋中的长寿之星；南海的砗磲；海中“花伞”
		品味海洋文化	绘画与大海；古诗与大海；历史悠久的海神信仰；畅游海洋馆
	五年级	关爱海洋珍稀物种	“海中大熊猫”——中华白海豚；“活化石”——鲎；“黑面天使”——黑脸琵鹭；似鱼非鱼——文昌鱼
		保护美丽海洋环境	海南红树林；对赤潮说“不”；保护渔业资源；做一名护滩使者
		探索神秘海底世界	“南海一号”进新家；沉睡海底的古代村庄；深海，不是生命的荒漠；“蛟龙”深潜显神威
初中	七、八年级	海洋现象	潮汐与人类生活；小黄鸭大洋漂流启示；独特的海南海岸地貌；鬼斧神工的海底地貌
		海洋资源	耕海牧渔大有作为；丰富油气海底来；向大海求医问药
		海洋经济	长盛不衰的海洋运输；魅力无穷的海洋旅游
		海洋科技	极地科考频传捷报；郑和壮举中的科技元素；核电站与海洋环境
		蓝色家园	保护海洋生态；维护海洋权益；魅力无穷中国海
高中	一、二年级	海洋科技	生命起源于海洋；海洋与气候；海洋生物与现代仿生；发展中的海水淡化
		海洋资源	“能源新秀”可燃冰；开发国际海底资源；海洋空间资源的利用
		海洋经济	海岛的开发与保护；蓝色经济展新貌
		海洋文化	影视展现的海洋文化；多彩的海南海洋文化
		海洋强国	中国近代屈辱多来自海上；海洋战争与维权新路；建设强大的海军；经略海洋，建设海洋强国

“中小学海洋意识教育系列教材·海南版”《我们的海洋》反映了海南岛独特的海洋风貌、体现了海南岛海洋资源的特色，教材内容中充满了海南元素，包括珊瑚礁、砗磲、红树林、海口海底村庄、海洋海岸地貌、海南国际旅游岛建设等，引导学生了解海南风土地貌、熟悉常见海洋现象、关注身边海洋资源，增强对所属区域海洋风格的认识。教材注重引导式和探究式教育，设计了“观察·思考”“联想·分析”“活动·研讨”“交流·分享”四个主要活动性栏目，通过“时代寄语”明确每一个专题涉及的海洋意识，利用“蓝色行动”“后续研究”栏目进行拓展性探索；强化观察思考、

实验探究、参观访问、调查研究、合作研讨等活动体验，引导学生在思考及实践中获取海洋知识、弘扬海洋文化、树立科学的海洋观念、增强海洋意识、培养和发展海洋素养。在具体实施过程中，考虑到学科专业性和科学性，海南省教研机构倡导小学以科学课教师、综合实践活动课教师为主，初、高中以地理、生物、物理、化学、历史、政治、综合实践活动等学科教师为主组建校内海洋意识教育教师队伍。

经过多年的持续探索，海南省中小学海洋意识教育形成了省、市、县、学校协同攻关的“自上而下”及发挥市县、学校主体责任的“自下而上”的双向实践路径（图3-3-1）[①]。

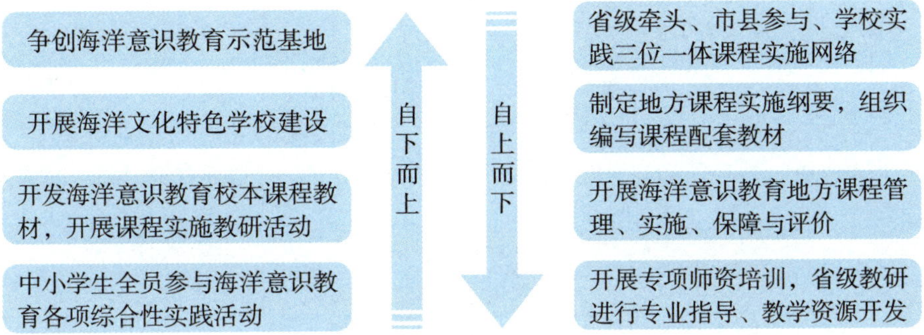

图3-3-1　海南省中小学海洋意识教育实践探索双向路径示意图

海南省省级教育教学主管部门制定全省性海洋意识教育课程实施文件、开展师资培训，由省级地理、科学、生物等学科教研员以及海南师范大学教授组成省级专家队伍对全省的中小学海洋意识教育予以支持与指导；省级教研机构还整合各校的海洋意识教育创新举措，指导学校开展海洋意识教育课题研究，通过经验的凝练、提升，发挥其示范引领和辐射作用。市、县和学校成立海洋意识教育学科组，开展教学研究，利用规定的课时进行系统的专题教学，采取校内教学活动与校外实践活动相结合的教育教学方式开展多样化的海洋实践性活动，选取海洋意识中的不同侧面实现海洋文化校本课程、海洋主题校园文化的多样化建设。

二、中小学海洋教育校本课程

关于“校本”，有学者指出：一是为了学校，二是在学校中，三是基于学校。校本课程，又称为学校课程，是学校在确保国家课程和地方课程有效实施的前提下，针对

① 钟昌红，姚锐，陈力. 中小学海洋意识教育的探索与实践：以海南省为例［J］. 基础教育课程，2021（1）：19-25.

学生的兴趣和需要，结合学校的传统优势及办学理念，充分利用学校和社区的课程资源，自主开发或选用的课程。校本课程开发主体是学校的教师。由此可以看出，校本课程具有很大的灵活性，各校教师完全可以根据学校自身的教育资源和校外的社会资源开设海洋教育的校本课程，有效地对学生实施海洋教育。

郭妙琴（2015）在《如何实施海洋教育课程》①一文中介绍了浙江省舟山市普陀区沈家门小学开设校本课程——“海纳课程”，有效实施海洋教育取得丰硕成果的情况。

课程重在培养现代海洋人才必备的基础素养和能力：自信、担当、宽容、无私、坚毅、谦卑。围绕这些基础素养，从横向上开设以海立德、以海启智、以海健体、以海育美、以海崇劳五个篇章，每个篇章五个单元，每单元四课，完成时间是一个学年，纵向上从一年级至六年级逐渐上升。

表3-3-2 “海纳课程”目录

年级	以海立德	以海启智	以海健体	以海育美	以海崇劳
一年级	自信 1. 淘蓝海珍宝 2. 聆听海的声音 3. 争做海之骄子 4. 炫出精灵风采	1. 走进舟山方言 2. 走进舟山游戏 3. 争当海洋小神通 4. 海洋世界的分类	1. 海洋民间体育——竞速类游戏 2. 海洋休闲体育——认识海洋休闲体育 3. 海洋生存技能——海上生存必备用具 4. 海洋生物保健——水	1. 走进舟山方言童谣 2. 走进各地童谣 3. 海味十足的渔民画 4. 精彩纷呈的渔民画	1. 渔港风情 2. 个人海味小名片 3. 贝类世界 4. 一网探海
二年级	担当 1. 追寻大海的足迹 2. 倾听渔民的故事 3. 学做家里的主人 4. 学做社会小主人	1. 走进舟山民谣、童谣 2. 安全在我心中 3. 争当海洋小交警 4. 海鱼的长度与重量	1. 海洋民间体育——协调类游戏 2. 海洋休闲体育——环岛自行车 3. 海洋生存技能——救生设备的运用 4. 海洋生物保健——糖	1. 走进舟山跳蚤舞 2. 走进国内外民间民族舞蹈 3. 翁山船板画 4. 畅游无纸世界	1 家乡海鲜 2. 五彩贝拼贴 3. 潮汐能发电 4. 海底世界

① 郭妙琴. 如何实施海洋教育课程［J］. 人民教育，2015（22）：48-51.

续表

年级	以海立德	以海启智	以海健体	以海育美	以海崇劳
三年级	宽容 1. 听海，品海之韵律 2. 赏海，感海之韵味 3. 悟海，学海之宽容 4. 赞海，展海之胸怀	1. 走进谚语 2. 海精灵游家乡 3. 争当海洋小明星 4. 鱼类中的对称图形	1. 海洋民间体育——灵敏类游戏 2. 海洋休闲体育——攀岩运动 3. 海洋生存技能——海上求生 4. 海洋生物保健——蛋白质	1. 走进舟山锣鼓 2. 走进地方锣鼓 3. 走进舟山笼裤 4. 走进时尚服饰	1. 海水探秘 2. 神奇渔人结 3. 灯塔与导航 4. 鱼儿多多
四年级	无私 1. 我们去看海 2. 走进海边人家 3. 大海无私对对碰 4. 名人无私面面观	1. 舟山成语 2. 魅力舟山 3. 争当海洋小使者 4. 鱼类中的统计知识	1. 海洋民间体育——益智类游戏 2. 海洋休闲体育——沙滩运动 3. 海洋生存技能——海上逃生 4. 海洋生物保健——脂肪	1. 走进翁州走书 2. 走进中国曲艺 3. 走进海岛雕塑装饰 4. 走进装饰艺术	1. 海味小吃 2. 海鲜菜肴小厨师 3. 走进灾害性天气——台风 4. 网上赏千岛
五年级	坚毅 1. 找寻大海精神 2. 探寻坚毅品质 3. 学做坚毅精灵 4. 磨炼大海意志	1. 走进舟山传说 2. 海岛烽火 3. 争当海洋小博士 4. 走进海洋编码	1. 海洋民间体育——竞技类游戏 2. 海洋休闲体育——海上运动 3. 海洋生存技能——溺水救护 4. 海洋生物保健——无机盐	1. 走进舟山渔民号子 2. 走进劳动号子 3. 走进舟山贝雕 4. 品味雕刻美韵	1. 渔家民俗 2. 小虾的养殖 3. 跨海大桥 4. 探索海洋
六年级	谦卑 1. 看大海容万物百川 2. 有一种美丽叫谦卑 3. 永葆一颗谦卑的心 4. 透过谦卑看世界	1. 走进海洋文化 2. 海之骄子 3. 争当海洋小卫士 4. 海产品中的百分率	1. 海洋民间体育——团队合作类游戏 2. 海洋休闲体育——海钓运动 3. 海洋生存技能——定向航海 4. 海洋生物保健——维生素	1. 走进舟山渔歌 2. 走进国内外民歌 3. 走进沙雕 4. 堆积沙的梦想	1. 海边人家 2. 织渔网 3. 碧海蓝天 4. 走进海上之舟

"目标引领—活动体验—分享呈现"是最基本的课程实施流程。"海纳课程"学习主要由三大板块组成。

第一板块为目标引领——导航学生探索活动。在海洋教育活动的主题与目标确定之后，教师引导学生讨论交流，从不同视角细化目标，最后形成一个个具体的任务专题，使整个主题活动有明确的目标导向。经过协商，由学生自主确定活动任务，自主活动增强了学生的使命感和责任感，具体的任务专题也增强了活动的有序性和实效性。在活动之前，教师尽可能多地提供有关主题活动的资料，以引导学生有方向、有针对性地开展活动。

第二板块为活动体验——拓展学生动手动脑的空间。学生在"雏鹰冲浪"中尽情走向广阔空间，通过多种途径收集相关的工具、材料，整理资源，如去图书馆或上网查找有关知识，从家中、超市、社区等收集材料，通过实地考察、采访等途径，获取大量的材料，准备各种材料，既为海纳课程活动作好充分的准备，又锻炼了自己的实践活动能力。根据每次活动的主题，学生以亲身体验和实践进行整理、创作与本次主题有关的作品，即"精灵拾贝"。可以是课题小报告、模式小制作、电脑小报、创意绘画、影像资料，等等。在完成主题活动后在组内、班级进行交流，进一步改进作品。

第三板块为分享呈现——充分展示学生学习成果。通过一周左右的"冲浪""拾贝"等活动，学生在课堂里与伙伴们交流自己的活动成果。展一展、说一说、演一演，做一做、比一比、赛一赛等等，形式不拘一格。学校也为学生设立多种成果展示平台，如学校科技室、科艺长廊、班级争章台等等，都是展示成果的平台。围绕着主题，以学生真实生活中产生的问题为研究对象，通过调查、访问、实验、考察等方式，使学生在真实问题解决过程中获得积极体验和丰富经验，形成社会关爱和责任感。

（以上节选自郭妙琴《如何实施海洋教育课程》）

现在许多学校以STEM教育理念为指导，实现国家课程的校本化，构建独具特色的融合海洋教育的学校课程。

刘群（2021）在《STEM教育理念下的小学海洋教育"融合式"育人模式研究》① 一文中指出，STEM教育理念下海洋教育融合式育人模式是指在STEM理念之下，建构小学的海洋教育课程，并将海洋教育课程与其他学科课程科学融合有效实施，即将STEM与海洋教育课程（场馆课程、学科海洋、牧场课程）、基础学科课程（科学、技术、工程和数学等）、拓展研学课程、社团个性课程、德育课程等进行科学融合，突出海洋情境、跨学科融合、项目式学习、多维评价等核心特征，进行知识运用、解决

① 刘群. STEM教育理念下的小学海洋教育"融合式"育人模式研究［J］. 现代教育，2021（12）：42-45.

问题、融合创新、协同育人，体现跨学科、趣味性、情境性、探究性、体验性、合作性、艺术性等特点，实现将海洋与科学、技术、工程、数学、科技、劳动等多学科间的科学融通，形成STEM理念下以海洋内容学习为轴心的多学科融合的育人模式，以发展学生海洋素养和核心素养，培养新时代创新型人才。

山东省青岛嘉峪关学校在STEM教育理念下构建了海洋教育融合式育人模式的课程体系。

1.“海洋 + 基础学科”融合课程

学校尝试打破学科间壁垒，通过学科融合解决学习和生活中的实际问题，组织骨干教师深度挖掘学科间的共通点和融合点，将相关内容重组与整合，并在校本化实施过程中，与海洋教育相融合，推动课程融合建设和课堂教学等创新，促进学生学习方式的变革和核心素养的提升。例如，学校开发的“深海机器人”项目的系列课程，将语文、科学、信息技术、美术、音乐等多学科进行统整，教师带领学生从机器人不同的用途入手，通过对“制作方案的合理设计、机器人的科学搭建、传感器的灵活使用、机器人外观的精心装饰”等进行系列课程的融合学习，培养学生的创新和实践能力，促进了学生个性发展。

2.“海洋 + 社团活动”个性课程

学校开发了20多门“海洋+社团活动”个性课程，来满足学生的个性化发展需求。每名学生都可以自由选取自己感兴趣的课程。如，学校在木工坊开设的“大航海时代”课程，从制作说明书撰写，到船只设计、制造等形成系列课程。在校海洋馆研发的“鱼骨妙想”系列课程，重在探究鱼骨成分，了解鱼骨分类，学习用鱼骨制作主题画作，并与语文、美术等学科融合，进行配诗、制作鱼骨画等。这样的课程重在依托海洋元素培养想象力、动手实践能力以及综合运用知识的能力。社团的学生们展现出了无穷的创造力。

3.“海洋+嘉童学院”高端课程

在STEM教育理念引领下，我们发现部分学生对海洋融合课程表现出浓厚兴趣，且研究不断走向深化，有较强的创新和探究能力，他们迫切希望有更深层次的研究。老师们被学生强烈而迫切的学习愿望所感染，于是成立了满足部分学生更高学习需求的“嘉童海洋学院”。“嘉童海洋学院”在STEM教育理念下，将海洋与学科有机融合，深入探索研发了“STEM+海洋（Sea）+ 学科（Subject）”的“3S”项目式课程，开发了以海洋为背景、以学科为载体的“3S”课程。例如，海洋与美术融合的“创意纸塑”“纸影戏”“立体折纸”“神奇的贝壳”等。为适合不同学段学生开展海洋主题研究，学校专门为学院聘请了7位在海洋研究方面颇有建树的专家作为顾问。在科学家导师指导下，他们在浴场附近为嘉童海洋学院的学生开发了学校专属的海洋生态教室——“海洋牧场”课程，学生专门学习以海藻生物种植为主导的实验课程，对海洋生物和海洋生物工程进行深度研究。海洋牧场也成了学生验证自我想法的学习与实践基地，满足了更高层次学生的课程学习需求。通过高端课程学习实践，学生的自主学习、团队合作、探索实践和创新能力等得到快速提升。

4.“海洋＋童行途中”研学课程

学校还开发了可利用线上线下相结合的方式进行学习的“项目+开放”式的“童行途中”实践研学课程。这一课程有学校顶层的课程设计框架、课程实施方案、周课程内容等。整个实践研学课程以“STEM海洋融合式课程体系”为轴心，为学生学会提出问题、分析问题和解决问题，提升创新实践能力等提供可能。例如，有的“童行途中”课程是学生围绕海洋主题进行海参、海洋贝类、海军强国梦等内容进行实践研究，课程旨在引领学生从生活问题入手，通过查阅相关资料、实地走访体验、设计调查问卷、亲自动手实验、制作相关模型等方式进行探究。研究海参时，通过了解海参、制作海参模型、烹制海参食物、汇报成果等系列课程学习，将研究、实践、表达融合了起来，形成研究链条，提升了学生的研究力和实践能力。这种项目式实践研学课程，需要学生去翻书查阅，请教老师，获取新知，解决新问题。这样可以让学生获得学以致用的乐趣，产生海洋学习的动力和激情，实现素养的全面提升。

5.“海洋＋以海明德”德育课程

学校依据《新时代公民道德建设实施纲要》等统筹、利用、整合校内外优质教育资源，开发了“以海明德”德育课程框架体系，形成了社会各界共同支持参与、课内外与校内外相互融通的育人新格局。

（1）以海启智——“红色基因”课程学校打破了学科壁垒，通过校内与校外红色基因课程融会，让课程走向开放，变革单一学习方式，在蓝色基因中汲取发展的智能，追逐深蓝梦想。例如，学校研发的“海洋讲师团榜样课程”，由我国20多位国防、海防教育专家组成的优秀团队走进校园，讲述国防基础知识、榜样人物事迹等课程，提高了学生的海洋国防意识，在学生心中埋下了红色基因的种子，增进了爱国主义情怀。

（2）以海笃行——“国防研学”课程突破时空的限制，以问题为支架，在“童行途中”综合探索中，设立国防研学课程，做到知行合一。课程内容包括到青岛党史纪念馆、青岛“一战”纪念馆、西海岸海军公园等地进行国防研学实践活动。通过这样的课程研学与实践能更加深入了解中国海军发展的辉煌历史，增强卫疆爱国意识。

（以上节选自刘群《STEM教学理念下的小学海洋教育“融合式”育人模式研究》）

第四节　开展海洋教育活动

中小学海洋教育活动主要包括海洋研学活动、海洋类课题研究、海洋文化校园建设和各种主题活动。

一、海洋研学活动

（一）研学

研学是研究性学习的简称，指的是学生在教师指导下，从学习生活和社会生活中选择和确定研究专题，主动地获取知识、应用知识、解决问题的活动。根据教育部颁布的全日制中小学课程计划的要求，综合实践活动课程是中小学的必修课程，研究性学习是其中的重要内容。除了综合实践活动课程外，为了培养学生的能力、发展学生的素养，中小学其他学科教学也经常组织研究性学习，研究性学习成为各学科重要的教学方式和学习方式。随着教育改革的不断深入，各地中小学不仅注重挖掘校内的教育资源开展教育活动，还充分利用社会资源在校外建立研学基地组织学生到研学基地进行研究性学习。

为了进一步推动素质教育的开展，国家又将研学与旅行结合起来提出研学旅行的要求，以便发挥研学和旅行的双重教育功能来增长学生的才干、培养学生的素质。研学旅行是我国自古以来形成的“读万卷书、行万里路”教育理念的体现，是我国古代游学、近代修学旅行的现代化发展。我国历史上游学、修学旅行取得成就的名人不胜枚举。例如，孔子周游列国，希望得到重用，以便推行儒家的政治主张；徐霞客因游遍了大山名川，才有了举世闻名的地理学专著《徐霞客游记》。在“研学旅行”概念正式提出以前，我国各地经常举办的游学、冬令营、夏令营等活动就具有“研学旅行”的性质，只是在目的性、计划性、组织性等方面没有像现在的研学旅行那么深刻。现在，通过校外旅行体验，满足学生求知需求、实现学生综合素质提升的研学旅行成为中小学素质教育的重要实施方式。

2013年，国务院办公厅在印发的《国民旅游休闲纲要（2013—2020年）》中倡导要“逐步推行中小学生研学旅行”。2014年，国务院在印发的《关于促进旅游业改革发展的若干意见》中，明确提出要积极开展研学旅行，将“研学旅行”纳入中小学生日常教育范畴。2014年，教育部基础教育一司印发《关于进一步做好中小学生研学旅行试点工作的通知》，推动研学旅行试点工作的深入开展。2015年，国务院办公厅印发《关于进一步促进旅游投资和消费的若干意见》，再次提出要“支持研学旅行发展”。2016年，教育部等11个部门联合发布《关于推进中小学生研学旅行的意见》，提出将研学旅行纳入中小学教育教学计划，与综合实践活动课程统筹考虑。2017年，国家旅游局印发《研学旅行服务规范》，以规范研学旅行服务，引导和推动研学旅行健康发展。2017年，教育部印发《中小学综合实践活动课程指导纲要》，明确了综合实践活动是必修课程，并将研学旅行纳入综合实践活动课程的范畴。综合有关开展研学旅行的文件可以看出，开展研学旅行是我国实施素质教育的大势所趋。现在，研学旅行已经成为中小学提升学生核心素养的重要方式之一。这种“自上而下”的引导力量也将研学旅行产业的发展带入了快车道。根据教育部公布的数据，“十三五”期间，我国遴选了622个全国中小学生研学实践教育基地和营地，开发了6 397门研学实践课程和7 351条精品线路①，社会实践育人蓬勃开展。中国旅游研究院发布的《中国研学旅行发展报告2021》指出，这几年处于存续状态的研学企业数量猛增，截止到2021年，已有3万多家研学企业②。

《关于推进中小学生研学旅行的意见》指出，中小学生研学旅行是由教育部门和学校有计划地组织安排，通过集体旅行、集中食宿方式开展的研究性学习和旅行体验相结合的校外教育活动。研学旅行注重引导学生在真实生活环境中通过视觉、听觉、触觉等手段进行研究性学习，以提高实践能力、集体观念、生活能力及学习能力等，是一种引导学生通过直接体验和对体验的反思来构建的有意义学习，具有以下特性。

第一，计划性。研学旅行不是一般性的游学，而是纳入教育部门和学校教育教学计划的、学生必须参加的集体教育教学活动。

第二，实践性。研学旅行是学校理论教育与校外实践教育相结合的教育教学活动，引导学生在自然界与社会的真实情境中，通过“旅行”“考察”“探究”“操作”“体验”“反思”等一系列实践活动中发现和解决实际问题、体验和感受真实生活。

第三，整合性。研学旅行是跨学科的综合性教育教学活动，要求学生综合运用各学科知识和方法全面地认识、思考和解决实际问题。

第四，开放性。研学旅行走出校园、走出教室，学生的学习情境是开放的，学生要探究的实际问题往往没有唯一的答案，需要利用发散思维来解决；学生面对的是真

① 梁希理. 教育部已遴选622个全国中小学生研学基地和营地［EB/OL］.（2020-12-10）［2024-01-25］. http：edu. china. com. cn/2020-12/10/content-76997780. htm.

② 中国旅游研究院. 中国研学旅行发展报告2021［N］. 中国教师报，2021-11-24.

实的世界，并在其中与自然、社会对话和互动。

第五，生动性。研学旅行活动在自然和社会之中开展，学生会感到生动有趣从而积极主动地参与其中，自觉地提升生活品位、审美情趣和创新意识。

研学旅行作为综合实践育人的有效途径，具有以下六个方面的教育功能。

第一，道德养成教育功能。研学旅行是中小学生集体主义精神、生活能力、行为习惯养成的有效载体，为中小学生学会生存生活、做人做事，形成正确的世界观、人生观、价值观筑起坚实的平台。

第二，社会教育功能。组织中小学生走进社会、融入社会，有助于他们更加深刻地认识社会、理解社会，感受社会的发展，增强社会责任感。

第三，国情教育功能。中小学生通过研学旅行走进乡村、社区、工厂、科研院所等，有利于他们了解国情，感受国家发生的巨大变化，树立家国情怀。

第四，爱国主义教育功能。中小学生在研学旅行中，可以感受祖国大好河山的魅力、领略革命先烈的英雄事迹、了解国家社会主义现代化建设取得的伟大成就，从而激发对党、对国家、对人民的热爱之情，增强民族自豪感，培养爱国主义精神。

第五，优秀文化教育功能。中小学生通过研学旅行走进反映、介绍和宣传我国传统文化、红色文化、当代文化的场所，能够更加真切地感受到中华文化的源远流长、博大精深，增强文化自觉，坚定文化自信。

第六，创新精神和实践能力培养功能。研学旅行有助于中小学生动手动脑、发现问题、研究问题，进而培养他们的创新精神和实践能力。

（二）海洋研学

海洋研学是以海洋教育资源为基础的研学活动，海洋教育的实践性特征决定了海洋研学的重要性和必要性。因此，开展海洋教育的中小学都十分重视利用社会海洋教育资源，建立海洋教育研学基地，有计划地组织学生到研学基地开展研究性学习活动；或者根据研学旅行的要求，组织学生进行海洋研学旅行，充实海洋教育的内容。

杜鹃（2019）在《海洋研学的基本问题研究》[①]一文中指出，海洋研学可定义为学生在教师和专业人士的指导下，围绕海洋自然科学、海洋生产生活、海洋人文艺术等方面提出研究问题，并通过类似科学研究的方式，主动获取知识、应用知识、解决问题的学习方式。海洋研学通常包括校外研学基地的研学和研学旅行。

海洋浩瀚无垠、变幻莫测，有很多人类未知的领域，特别容易激发中小学生的好

① 杜鹃. 海洋研学的基本问题研究［C］//中国海洋学会. 中国海洋学会2019海洋学术（国际）双年会论文集. 北京：海洋出版社，2019：140-143.

奇心和求知欲；海洋是一个开放的场域，基于海洋的生产生活也呈现多元开放状态，宜于中小学生开拓思维、展开想象；海洋包容万物、生生不息，永无止境地传递着各种信息，宜于中小学生用发展的眼光来进行课题研究，不断地有所发现、有所创新；海洋问题涉及面广、综合性强，需要多学科协同方能解决问题，便于中小学生利用自己的多学科知识和生活经验采用分析与综合、归纳与演绎相结合的科学方法开展课题研究；海洋研究的复杂性，会使中小学生认识到发挥团队精神的重要性，在课题研究的过程中增强合作意识。

海洋为海洋研学创造了优越的条件；反过来，只有亲身体验海洋、经历海洋问题的解决过程，海洋知识和技能才能学得扎实，海洋意识才能真正增强，海洋素养才能切实培养起来。因此，海洋教育需要海洋研学。海洋教育资源即海洋研学的客体包罗万象，涵盖自然海洋、社会海洋和人文海洋的方方面面，主要包括以下内容。

一是自然海洋类，包括海洋地质地貌、海水运动、海洋生态系统等资源以及海洋科学研究机构、海底世界、海洋极地世界等。

二是海洋经济类，包括为开发利用海洋资源和依赖海洋空间开展的生产活动，直接或间接开发海洋资源和海洋空间的相关产业活动及其形成的经济集合。

三是海洋文化类，包括与海洋有关的人文作品，如海洋文学作品、海洋美术作品、海洋音乐舞蹈、海上运动等资源以及海洋博物馆、文艺演出单位海上运动队等。

四是海洋生活类，包括渔家村落、渔家生活、海洋民俗等资源。

五是海洋政治类，包括海洋权益、海洋法律、海洋管理等资源以及海洋法律部门、海洋管理部门等。

六是海洋军事类，如海军舰船、海岛驻防等资源以及海军部队。

潘思恒（2021）在《海洋研学旅行产品体系设计研究》[①]一文中给出了海洋研学旅行课程资源分类（表3-4-1）。

表3-4-1　海洋研学旅行课程资源分类

大类	主类	资源举例	场所举例
自然科普	自然资源	海洋自然现象、海洋环境景观、海洋灾害、海洋自然规律等方面的资源	海洋自然保护区、海洋风景名胜区、海洋地质公园、海滨森林公园、海洋湿地公园、水利风景区、海洋生态旅游区、海岛群岛等海洋自然保护地

① 潘思恒.海洋研学旅行产品体系设计研究［J］.旅游纵横，2021（17）：87-90.

续表

大类	主类	资源举例	场所举例
自然科普	科普资源	海洋科技研发、海洋科技建设、海洋生物、海洋科技伦理等方面的资源	海洋科技馆、海洋博物馆、海底世界、海洋经济港口、海洋科研机构、海洋高等院校、海洋产业园区、国家海洋工程或工业项目及其他海洋展馆等场所
人文国防	人文资源	涉海类传统文化、涉海类非遗传承、现代海洋人文类旅游资源等	海洋人文旅游度假村、渔村渔排、海洋主题公园、海洋文化旅游小镇、海洋牧场、涉海名人故居、海神信仰及其他非遗项目展示地等场所
	国防资源	海权国防教育、爱国主义教育、涉海英雄事迹、革命故事及各类国防军事主题相关资源	依托各类海洋军事主题馆、海权红馆、海洋军事公园、爱国主义教育基地、海洋战争遗址、国防素质拓展海岛基地、涉海类烈士陵园等场所

海洋研学具有十分重要的作用，它有助于整合和升华中小学生的海洋知识体系，使他们熟悉海洋问题的研究思路和研究方法，激发他们的创新思维，进而加深他们对海洋的认知，增强他们的海洋意识，培养和发展他们的海洋素养，引导他们传承海洋文化和海洋精神，最终使他们热心服务于国家海洋强国建设和海洋事业发展。正如中国海洋学会研学工作委员会副主任委员王鄂生所说："海洋研学通过海洋实践教育，提高学生的核心素养，培养具有海洋素养的新一代公民。"

海洋研学实践课程的实施主要包括以下环节。

一是明确设计思路。课程设计应当充分考虑学情，仔细分析选取地点海洋教育资源的特点，并贴合具体的海洋教育知识点，在此基础上，以海洋强国战略为导引，通过研学实践课提高学生对于海洋的认识水平，增强他们的海洋意识，培养他们的海洋素养。

二是制定研学目标。中小学海洋研学实践课程目标分为基础性目标和发展性目标。其中，基础性目标应围绕海洋研学实践课程所涵盖的基础知识点展开，发展性目标更多地包含意识增强目标和素养培养目标。海洋研学导师应充分考虑学生的诉求和海洋研学实践课程内容，撰写详细的海洋研学实践课程目标。

三是组织课程实施。海洋研学实践课程实施分为研学前教学、研学中教学和研学后教学三个阶段。研学前教学指的是在正式开展现场海洋研学实践课程之前，海洋研学导师应充分引导学生预习海洋研学实践课程内容，了解相应的理论知识；必要时，应进行校内相关知识的课堂教学，或者以网络教学的方式播放课程视频、微课，提前使学生接触到相应的海洋研学实践知识，确保学生有准备地进行海洋研学实践。研学中教学指的是保证海洋研学实践课程是一次完整的教学活动，不能因为海洋教育实践基地或营地的多元化而使海洋研学实践课程教学不规范。为此，海洋研学导师应根据课程设计板块，撰写教案和教学设计，做到每个教学环节都有章可依。研学后教学指的是海洋教育实践基地或营地的研学课程结束后，海洋研学导师组织学生进行相应的总结和提升工作。此部分教学可以直接在海洋教育实践基地或营地完成，也可以给学生留出充分的时间，让他们消化、吸收研学内容后在校内进行。

四是进行课后评定。海洋研学实践课程课后评价分为学生自评、小组互评和海洋研学导师评定三个部分。学生自我评价充分尊重学生的主体性，引导学生对自己在活动中的表现进行反思与评价，填写“学生自我评价表”并交给海洋研学导师。小组评价由小组组长组织、全体组员经讨论后填写小组评价表，完成后交给海洋研学导师。海洋研学导师评价应以学生自我评价和小组评价为依据，并根据在海洋研学实践对学生指导的情况，客观地对学生进行综合评价。需要注意的是，由于面对的学生较多、工作量较大，海洋研学导师评价表要尽可能以客观表述或者打分为主，既保证评价的公正性，又降低评价的工作量。

何晓丹、高超、徐皓（2021）在《面向海洋教育的高中地理研学旅行设计——以舟山渔场为例》①一文中指出，《普通高中地理课程标准（2017年版2020年修订）》更为注重加强海洋教育，在课程内容设计方面要求融入海洋意识教育；新人教版高中地理各册教材中，“渔场”“渔业”多次出现在课文或案例、思考、阅读等栏目中且都具备一定的海洋教育属性。据此，他们提出了舟山渔场研学旅行设计思路与实施方案。

表3-4-2 “渔场”“渔业”在高中地理教材的体现及其海洋教育属性

章节		表现方式	海洋教育属性
必修1	3.2海水的性质	说明海浪的大小影响海洋捕捞活动；海水盐度的稳定性对于海水养殖极其重要。	海洋自然地理认知
	3.3海水的运动	说明洋流对海洋生物资源和渔场的分布有显著的影响，寒暖流交汇易形成大的渔场。 案例：纽芬兰渔场的形成与衰落。	海洋自然地理认知 海洋生态观
必修2	5.3中国国家发展战略举例	说明我国海洋生物种类繁多，渔场面积广阔，海洋是“未来的粮仓”。 说明钓鱼岛及其附属岛屿自古以来就是中国的神圣领土，中国渔民历来在这些岛屿及其附近海域从事生产活动。	海洋资源观 海洋权益意识

① 何晓丹，高超，徐皓. 面向海洋教育的高中地理研学旅行设计——以舟山渔场为例［J］. 地理教学，2021（17）：54-58.

续表

章节		表现方式	海洋教育属性
选必1	4.2洋流	说明寒流和暖流交汇处易于形成大渔场以及世界著名渔场秘鲁渔场的成因。	海洋自然地理认知
选择性必修3	2.4海洋空间资源开发与国家安全	说明人类最初对海洋空间的开发利用主要为海岸和近海的渔盐之利和舟楫之便。 案例：《联合国海洋法公约》规定的国家海洋权益包含可依法开发渔业等海洋经济产业；各国享有在公海捕鱼等权利。	海洋资源观 海洋权益意识
选修2	3.2海水的运动	说明波浪造成的颠簸对渔业作业具有影响。 说明洋流对流经海区的渔业生产有重要的影响。	海洋自然地理认知
	5.1海岸带的开发	说明滩涂是发展水产养殖业的良好场所，中国是世界上水产养殖业最发达的国家之一。	海洋资源观
	5.2海洋资源的开发利用	说明海洋生物资源丰富，海洋渔业是开发海洋生物资源的主要产业。但目前，海洋生物资源的开发利用中存在许多问题，如由于过度捕捞，传统经济鱼类资源不断衰减。对此，我们一方面要保护海洋环境，防止海洋污染，加强海洋管理；另一方面要合理捕捞，捕养结合，由单纯的天然采捕向海洋农牧化转变，实现海洋生物资源的可持续利用。 思考：为什么我国要实行休渔制度？禁渔期为什么选择在伏季？	海洋资源观 海洋生态观 海洋科技观
	6.3维护海洋权益加强国际合作	阅读：在海洋经济技术工作方面，我国的国际海洋合作已经开展的合作项目有中国东海渔业和沿海海洋资源管理与开发项目等。	海洋资源观 海洋权益意识

1. 研学旅行地点——舟山渔场

舟山渔场是我国最大的近海渔场，与千岛渔场、纽芬兰渔场、秘鲁渔场齐名。舟山渔场位于杭州湾以东，浙江东北部，范围为北纬29° 30′-31° 00′，东经120° 30′-125° 00′，面积约5.3万平方公里，自古以丰富的渔业资源闻名，享有“祖国渔都”和“东海鱼仓”的美称，是我国发展海洋渔业的重要基地。舟山渔业科技实力雄厚，建设有我国首个国家级远洋渔业基地——舟山国家远洋渔业基地以及3个我国首批海洋牧场科技工作站，对于我国现代渔业的发展具有重要意义。其中，舟山国家远洋渔业基地在大力发展远洋渔业的同时，积极挖掘、发挥其海洋科普教育价值，于2020年底获评舟山市中小学生研学实践教育基地。

2. 舟山渔场研学旅行设计思路

舟山渔场研学旅行设计思路如图3-4-1所示。

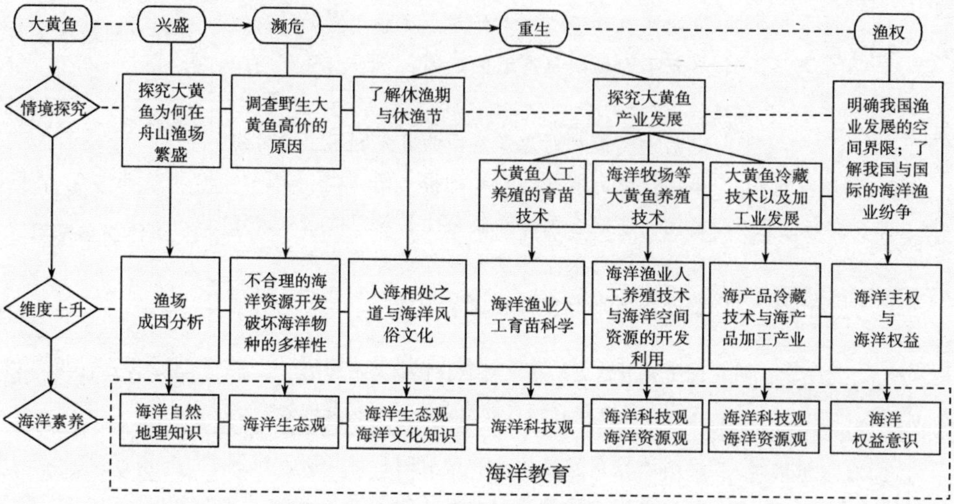

图3-4-1 舟山渔场研学旅行设计思路

3. 舟山渔场研学旅行具体实施

舟山渔场研学旅行具体实施方案见表3-4-3。

表3-4-3 舟山渔场研学旅行具体活动设计

<table>
<tr><th colspan="2">情境探究主题</th><th>活动设计</th></tr>
<tr><td colspan="2">大黄鱼为何在舟山渔场繁盛</td><td>① 小组合作收集大黄鱼习性、鱼汛等相关资料；再结合海水的性质、洋流等所学知识，分析大黄鱼在舟山渔场盛产的原因。
② 前往浙江省海洋生态环境监测中心，体验监测海水水温、盐度、深度等海水性质以及海洋生物质量的科学方法。</td></tr>
<tr><td colspan="2">野生大黄鱼高价的原因</td><td>小组合作在渔场码头进行调查并记录包括野生大黄鱼在内的10种海产品价格，由野生大黄鱼的高价引发学生思考，探究其背后的原因。</td></tr>
<tr><td colspan="2">何为休渔期与休渔节</td><td>通过访谈渔民的方式了解休渔期的时间与意义，了解渔民在休渔节这一文化节日如何开展庆祝活动。</td></tr>
<tr><td rowspan="2">大黄鱼养殖产业发展</td><td>大黄鱼人工育苗技术</td><td>① 前往浙江省海洋水产研究所，探究大黄鱼人工鱼苗培育的科学技术，了解水产养殖学等涉海学科。
② 若研学在春夏之交鱼苗投放时节开展，可让学生参与体验人工鱼苗投放。</td></tr>
<tr><td>大黄鱼养殖技术</td><td>前往舟山定海远洋渔业小镇，探究深海渔场、海洋牧场等海水养殖技术，了解海洋空间资源的开发利用。</td></tr>
</table>

续表

情境探究主题		活动设计
	大黄鱼的冷藏与加工	① 在定海远洋渔业小镇探究低温保鲜、气调保鲜等大黄鱼保鲜技术。 ② 探究大黄鱼腌制、熏制以及下脚料加工增值的加工生产技术。
渔权问题	我国渔业发展的空间界限	小组合作结合《联合国海洋法公约》以及我国主张的海域空间结构示意图，明确我国在哪些海域可以开展渔业活动，进而明确我国海洋主权与海洋权益问题。
	我国与国际的海洋渔业纠纷	开展相关座谈会，结合近些年我国渔民的国际冲突事例，了解我国面临的海权纷争问题，思考海洋主权的重要性以及如何维护我国的海洋安全与海洋权益。

舟山渔场研学本着过程性评价与结果性评价相结合、学生与教师共参与的原则，制定了舟山渔场研学评价表（表3-4-4）。

表3-4-4 舟山渔场研学评价表

评价导向	评价指标	（满分100）比重	评价主体	
			学生自评	教师参评
过程性评价	渔场研学活动参与的积极性	10%		
	情境探究中的沟通交流能力	10%		
	小组合作时的团队合作能力	10%		
	海洋地理知识的迁移运用能力	10%		
	研学中问题的分析与探究能力	10%		
结果性评价	渔场研学的问题调查、探究成果	10%		
	渔场研学总结汇报	20%		
	渔场研学作品展示	20%		
得分	——	——		
总分	=学生自评×70%+教师评价×30%			

（以上节选自何晓丹、高超、徐皓《面向海洋教育的高中地理研学旅行设计——以舟山渔场为例》）

在青岛西海岸新区，“明月·海藻世界”是目前全球唯一以海藻为主题的旅游景区，从海藻几十亿年前的品类到如今的几千个品种，参与研学的学生都能在这里先睹为快。这里有海藻活性物质国家重点实验室，集基础研究、技术开发、工程应用、产业孵化于一体，内设功能食品研究室、分子美食研究室、肉制品研究室、烘焙实验室、饮品实验室、中央厨房等。在“明月・海藻世界”，参与研学的学生可以看到海藻中的活性物质魔幻般的变化：让面包更Q弹、让面条有嚼劲、让火腿含脂少、让酸奶更浓郁……“明月・海藻世界”还有全世界唯一的以海藻与健康为主题的沉浸式体验场馆，参与研学的学生可以在复原的海底地形和海洋生态中漫步，聆听大自然的声音；可以伴随着独特的海藻主题，亲手制作海藻冰沙、海藻燕窝、水晶蛋糕等海藻美食，现场品尝它独特的口感；可以为家人朋友们制作面膜、手工皂等护肤礼品，作为青岛旅行独特的伴手礼；可以通过海藻鱼子酱实验、海藻美容体验、“果冻”创可贴实验、亲子互动DIY海藻手膜等动手实践，感受海藻的神奇！

为了加强对海洋研学的指导，中国海洋学会于2019年增设了研学工作委员会。发展海洋研学，师资是关键，课程是核心，基地是保障。目前，海洋研学呈现出基地、营地成为研学主体，基地、营地—学校协同育人，研学课程精品化（深度融合）三个发展趋势，沿海各地要因地制宜，挖掘海洋教育资源和城市海洋文化基因，丰富海洋研学教育产品，加强研学旅行组织管理，促进海洋研学教育规范健康发展。

现在各地十分重视海洋研学旅行资源的开发。例如，在2022年“青岛研学旅游节”启动仪式上，青岛市文化和旅游局发布了青岛研学旅游地图，推出青岛海洋研学旅游八大主题线路[①]。

青岛海洋研学旅游八大主题线路

一、海洋+竞技|扬帆逐浪竞飞翔

推荐线路：青岛奥帆博物馆—中华人民共和国水准零点—山东海丽应急安全培训中心

奥帆博物馆，承载2008奥帆赛的美好记忆，探寻御风航行的奥秘，开启乘风破浪的体验，感受人与海洋的和谐共生，提高果敢自信的优秀品质。

中国水准零点，高度从这里开始，探索从这里启航。洞悉地理测绘知识，领略世界航海文化。

海丽应急安全培训中心，真实的应急场景再现，创新的实景沉浸教学，学习救生技能，防患于未然。

二、海洋+文博|流金岁月追光影

推荐线路：青岛市博物馆—青岛德国总督楼旧址博物馆—1907电影博物馆—青岛电影博物馆

① 青岛市文化和旅游局. 青岛海洋研学旅游八大主题线路［EB/OL］.（2021-12-27）［2024-01-25］. http：//whlyj. qingdao. gov. cn/wlzy/xlgl/202112/t20211227_4142263. 5html.

青岛市博物馆，城市文化名片，承载着城市记忆，诉说着岁月文明。听海洋之城历史，赏万千稀有文博，强自我思辨能力。

青岛德国总督楼旧址博物馆，探寻西方建筑风格的流变轨迹，欣赏东西相会的建筑经典，在品读历史中感悟家国情怀。

1907电影博物馆，追溯时光印记，千余件电影拷贝，留存时光痕迹，典藏级电影手稿，镌刻岛城魅力。

青岛电影博物馆，体验全息投影和虚拟现实前沿技术，展示绿幕抠像和动作捕捉电影科技，来一场与电影的美丽邂逅。

三、海洋+科技|蔚蓝之光智慧星

推荐线路：海信探索中心—海尔世界家电博物馆—西北工业大学青岛研究院三航展厅—北京航空航天大学青岛研究院

海信探索中心，探索科技奥秘，启蒙科学心智，魔方机器人，莫比乌斯环……开启“玩中学，学中玩”的互动体验。

海尔世界家电博物馆，展现家电科技发展脉络，还原年代生活场景，体验增强现实技术光影剧场，徜徉世界家电史时光旅行。

西北工业大学青岛研究院三航展厅，雄奇三航筑国防，飞天巡洋任翱翔。航模表演，释放激情；三航课堂，探索科学；火箭互动，放飞梦想。

北京航空航天大学青岛研究院，推动无人机教育发展，传播无人机文化知识，弘扬创新实践精神，培养具备开拓创新潜力的下一代创新人才。

四、海洋+文化|学史明礼渔家傲

推荐线路：崂山书院—崂山二月二农场—胶州孔子六艺园—韩家民俗村

崂山书院，山海辉映，鸥鸟云集，感悟道法自然，陶冶美好情操，体验国学仪礼，提升文韵涵养。

二月二农场，依山而建，绿树环绕，传承农耕文明，研学民俗非遗，体悟乡土情怀，传袭刻苦精神。

孔子六艺园，体验礼、乐、射、御、书、数，弘扬齐鲁文化，传承儒家思想，传播历史经典，洗涤学子心灵。

韩家民俗村，再现胶州湾畔渔、盐、耕、读文化，呈现大青岛灿烂海洋文明。触摸先民使用过的渔网，编一张网，听美人鱼的天籁之音。

五、海洋+古城|寻古探幽胶东客

推荐线路：即墨古城—青岛胶东非物质文化遗产博物馆—即墨雄崖所古城

即墨古城，大街小巷，青石漫地，古朴建筑，石坊林立，漫步千年古城，感受流光溢彩，品读灰墙黛瓦。

青岛胶东非物质文化遗产博物馆，数千件民俗藏品，记录千百年胶东古老文明。做面食、看酿酒、学扎染、唱柳腔、制风筝……让非遗世代传承。

巍峨城忆雄崖所，金戈雄风剑犹鸣，明初抗击倭寇要塞，今日爱国教育基地。观“镇威门”雄风依旧，懂“雄崖所”海防重任。

六、海洋+工业|探秘百年工业潮

推荐线路：山东港口青岛港—青岛纺织博物馆—青岛啤酒博物馆—明月海藻世界

百年青岛港，与城市共生，俯瞰港口沧桑巨变，弘扬大国工匠精神。

青岛纺织博物馆，爬满青藤的水塔，见证了青岛纺织工业的辉煌，依托近百年工业遗存，再现“上青天”纺织文化底蕴。

青岛啤酒博物馆，世界视野、民族特色、穿透历史、融汇生活，展现青岛啤酒百年历程，记录青岛工业百年文明。

明月海藻世界，小海藻，大世界，解密海藻成分构造，学习自然科学原理，体验DIY制作实验，拓展想象创造力，启蒙青少年纯真的海洋情怀。

七、海洋+生态|遨游听涛生态行

推荐线路：青岛极地海洋世界—青岛海底世界—青岛贝壳博物馆—青岛森林野生动物世界—青岛翠林云庄乡村乐园

青岛极地海洋世界，夜宿极地、鱼我同眠。极地奇妙夜，开启童真梦幻之旅；海洋小课堂，探索极地海洋奥秘。

青岛海底世界，中国第一座水族馆扩建。在海底隧道中探索未来，与人鲨共舞中感受美妙。

青岛贝壳博物馆，聆听来自数亿年前海洋的问候，感受“海贝之王”的震撼，惊叹贝壳世界的神奇。

青岛森林野生动物世界，穿梭于丛林之间，游走于猛兽之上。参观讲解、游戏体验，了解动物栖息地保护，领略动物世界的魅力。

青岛翠林云庄乡村乐园，感受生态农业魅力，体验丛林探险，挑战自我极限，让“田园之旅，生态体验”成为一种全新的生活方式。

八、海洋+科普|经略海洋强国梦

推荐线路：国家深海基地—青岛海洋科学与技术试点国家实验室—青岛海洋地质所—中国科学院海洋研究所

国家深海基地，接触世界前沿深海装备，赏析深海奇特资源，与“蛟龙号”亲密互动，创造投身海洋事业的激情。

海洋科学与技术试点国家实验室，突破行业技术壁垒，推动海洋知识普及，展现博大精深的海洋文化底蕴，展示深海大洋的奇幻魅力。

海洋地质所，登海洋科考船，探海洋地质科技，集中展现海洋地质学科特色和最新科研成果，做海洋地质科普领航者。

中科院海洋所，耕海探洋，唯实求真，弘扬科学家精神，普及科学知识和科学方法，体验海洋科学魅力，来这里开启一场“奇妙海洋探秘之旅”。

二、海洋类课题研究

组织中小学生开展海洋类课题研究是深化中小学生海洋教育的重要方式。课题研究可以激发学习和探究的兴趣，促进学生的深度学习，强化他们对于科学思想方法的理解，发展他们的发散性思维、创造性思维，使他们能像科学家那样有所发现、有所创造，形成科学研究的必备品格和良好习惯，这对于推动中小学海洋教育深入发展、培养海洋专业人才是大有益处的。

例如，在青岛三十九中（中国海洋大学附属中学），课题研究是每位高中生的必修课程。学生在中科院海洋研究所、中国海洋大学等专业指导老师的带领下，或走进专业实验室动手实验，或走出校门开展社会调查，或在学校或家里开展创意设计，积极参与海洋类课题研究，实践动手能力、逻辑思维、综合分析及团队合作等方面的能力都得到极大的提高，还形成了一系列优秀的课题，如对青岛地区使用海鲜体内微塑料含量的调查研究、可降解保鲜膜制作研究、实验室条件下晒制海盐研究、Q235钢在海水中的腐蚀行为研究、不同环境对绿萝生长的影响研究、重金属对丰年虾生长的影响研究、微生物制剂对藻类生长影响研究、阴离子杀菌性研究、海月水母的习性与繁育研究等都得到海洋专家和有关方面的好评。2015年，国际著名海洋地质专家哈克博士考察了青岛三十九中之后留下一句感叹：“这是我见过的世界上科学教育做得最好的学校之一，不久的将来这里一定能培养出诺贝尔奖获得者。”

青岛中学采取与自然资源部第一海洋研究所（简称海洋一所）合作推出“海底两万里”海洋科学项目研究课程的方式，组织学生开展海洋类课题研究。海洋一所专家走进校园，为师生带来了海岸带管理、海洋环境、海洋生物、海洋腐蚀、极地科考等海洋项目研究课程。2022年，青岛中学特聘在物理海洋、海洋地质、海洋生态和海岸带四个研究领域出类拔萃的四位青年科学家引领学生进行“海洋酸化的成因与应对”“沉积环境中微小生物蛋白石的提取”“鉴定与环境指示”“海岛的认知、探究与保护”“海洋地质调查的方法与实践”不同方向的课题研究。四位专家分别走进校园十余次，带领学生进行各专题的发展前沿介绍、实验室探究、专业数据处理与分析等科研工作。参研学生被专家渊博的知识、高超的科研水平深深吸引，他们在教授的悉心指导下完成了选题的实验探究、报告撰写等工作。课题研究结题时，海洋一所和青岛中学联合举办答辩活动，参与答辩的学生分别对自己的海洋科学项目研究报告进行了阐述，评委们给予认真的专业点评。学生在答辩过程中展现出来的系统分析角度、专业数据图表分析、多学科交叉思想论述、创新观点解读等深受专家们的好评。专家们认为，参与答辩的学生对研究课题理解深刻、专业阐述系统清楚，表现出高中生不一般的科研能力，同时对研究报告中的思路、数据和结论作出了专业性指导，以帮助参与答辩的学生进一步修改、完善研究报告。在此基础上，答辩活动还评出一、二、三等奖，对学生的科研工作进行鼓励。获奖学生纷纷发表感想，例如，“作为第一次科研经历，接触并研究海洋酸化这个全新的领域永远是新奇的。怀揣着听课时的迷茫查资料、看笔记，完成研究报告的过程中，问题被一一破解，无形中把海洋酸化与地理上所学联系起来，学会了分析数据、绘制图表等，收获了知识和研究问题的思路，最大的收获莫过于意识到对于分析一个综合性的问题掌握最基本的知识是远远不够的，更重要的是对影响因素有所了解后进一步从生物、地理、化学甚至物理的角度展开了研究”；“这一学期的海洋科学项目课程，我们认识了植硅体，并从方法学上尝试了从复杂的环境土壤样品中寻找植硅体。由于试剂和离心机未满足提取要求，实验未达到预期。尽管有些遗憾，我们依然有所收获：首先，在认识客观世界上，我们走到了微小颗粒的维度（微米级），了解了其来源、形成过程、存在形态和环境指示意义；其次，我们尝试了分离不同性质颗粒的实验方法，利用颗粒物之间理化性质的差异，从复杂体系中抽丝剥茧，寻找到我们需要的‘东西’。在寻找植硅体的过程中，我们一步一步地接近‘未知’，也一步一步地接近‘科研’，这与从中学课本上的收获有很大区别。在专家的引领下，我们从‘未知’和‘不确定性’中得到知识，也带来了一种喜悦。相信我在以后的学习中会常常收获”。青岛中学目前拥有海洋研究中心、海洋化学、海洋生物学、水产养殖学、海洋地质学、物理海洋学六间海洋科学类功能教室与实验室，空间充足，设备齐全。青岛中学与海洋一所建立起海洋类课程与教学研究合作关系，为培养海洋科学类人才做好启蒙与基础性工作。①

① 丁小迪.“海底两万里课程”之青岛中学—海洋一所海洋科学项目研究答辩活动.［EB/OL］,（2023-09-15）［2024-01-25］. http：//www. sohu. com. cn/a/765285261-121124009.

三、海洋文化校园建设活动与海洋文化教育活动

校园文化是学校教育的重要组成部分，是一所学校独特的精神风貌的反映。抓好校园文化建设，有利于促进学生的健康成长和全面发展。苏霍姆林斯基说的“我们的教育应当使每一堵墙都说话”，强调的就是学校环境对于育人的重要性。

中小学实施海洋教育，应引导学生积极主动地参与海洋文化校园建设活动。

周军海（2016）在《海之韵校园文化的设计与实践》①一文中介绍了上海朱家尖小学的海之韵校园文化的设计与实践；其中，对于海之韵文化校园建设强调要在“铸海之魂”的基础上“塑海之形”。

●铸海之魂——让“美丽学校”理念识别系统蕴含海之韵味

1. 确立海之韵学校发展愿景

朱家尖小学树立“铸海之魂”的办学理念。这个魂，是海纳百川、有容乃大的宽广胸怀，是敢拼爱拼、能赢会赢的坚强意志和行至千里的勇气，是热情阳光、豪迈开放的“朱小”精神。

2. 转化海之韵文化理念为共识

朱家尖小学把办学目标定位为“建设具有素质化、人文化、生态化、国际化的，在省内有一定影响的海洋文化特色鲜明的学校”。围绕这一目标，提炼出校训为“奠定成长的基础，成就海洋的梦想”、育人目标为“阳光洋气的海洋小卫士”、办学理念为“以爱育爱、雅言雅行”、办学特色为“唯美校园、海洋文化、优雅学生”，让“美丽学校”理念识别系统具有浓浓的海之韵味。

●塑海之形——让“美丽学校”环境识别系统蕴含海之韵味

学校环境识别系统，亦称环境统一化，是对人所能感受到的环境系统实行规范化的管理。朱家尖小学把海洋文化融合在环境识别系统之中，对校园环境进行了海洋化的改造。大到整个学校，小到特色功能室、教室、走廊、花坛、景观等，角角落落融入海洋元素，处处塑造海之形态，把“海之韵文化”体现得淋漓尽致，不仅彰显着校园文化的润物无声，而且蕴涵着对海洋文化的不懈追求。

1. 室外环境文化蕴含海之韵味

学校主体建筑共有5幢教学楼，根据“健康、安全、文雅、乐学、环保”五小使者培养目标和海洋动物独特品质，分别命名为海鸥楼、海狮楼、海豚楼、海马楼、海星楼，海洋韵味鲜明。楼间的花坛也设计为各种海洋动物形状，犹如海洋生物自由穿梭楼间，呈现自然灵动的生态情境，彰显人与海洋和谐共存之美。校门广场侧面设置有恢宏大气的沙质浮雕墙，浮雕内容包括舟山航海历史、海岛师生校园生活、海底世界的海洋生物等。学校海之韵文化走廊布局颇

① 周军海. 海之韵校园文化的设计与实践［J］. 上海教育科研，2016（3）：89-92.

有特色，如一楼为海洋环保主题墙、二楼为海洋科技走廊、三楼为海洋艺术走廊。走廊边还摆设有学生海洋环保类小制作、生态水族箱、海洋教育读物，还有海洋新能源开发利用等宣传展板。此外，校园内还建有五大海洋环保系统：雨水回收系统、风能太阳能二合一发电和演示系统、环保书写系统、海洋科技系统及绿色景观系统，它们提供给师生一个探索海洋科技、捕捉海洋信息、勇于开拓创新的广阔空间。

2. 室内环境文化蕴含海之韵味

学校建有24个海味功能室，有海洋科技馆、生态小导游模拟室、海洋烹饪室、海洋舞蹈室、灯光沙画室、微型沙雕制作室等，海洋环保教育功能鲜明。学校标识直观形象，处处体现海之韵味，如校徽设计成在蔚蓝的大海上跳跃的孩子、楼层指示牌设计成帆船形状、班牌设计成海洋动物形状，还有寓意扬帆起航的帆形楼层示意图、海洋五小使者德育争章体验台等。就连学校的厕所文化也紧扣海洋教育，他们以年级段为单位，以班级承包的形式，开展厕所海洋文化的布置，形成了一二年级海洋卡通、三四年级海洋漫画、五六年级海洋知识这一厕所文化的梯度布局。

（以上节选自周军海《海之韵校园文化的设计与实践》）

组织中小学生参加海洋文化活动是中小学海洋教育的重要途径。中小学海洋文化活动形式多种多样，如海洋节庆活动、海洋新闻采访活动、海洋调查研究活动、海洋文艺活动、海洋绘画活动、海洋体育活动、海洋科技活动、海洋宣传活动、海洋志愿者活动、海洋专题报告活动等。

青岛市自2015年起，每年在全市举办一届中小学海洋节。中小学海洋节是青岛市中小学生学习海洋知识、增强海洋意识、发展海洋素养、展示海洋教育成果的重要平台，活动内容丰富多彩，包括海洋知识竞赛、海洋科普讲解大赛、海洋绘画大赛、海洋原创征文大赛、“海洋探索奖”评选、海洋科普进校园等一系列特色活动，每年吸引数十万中小学生参加，成为全市中小学持续时间长、参与学生广、教育成果多的全市性中小学学生特色节庆活动。青岛市中小学海洋节赛事活动不断升级，品牌影响力持续扩大，主办单位不断增加，支持保障力度不断加大。青岛市大批中小学生通过海洋节庆活动等海洋教育，培养了动手实践能力，增强了海洋意识，促进了自身全面发展；许多学生借助海洋节庆平台等深度融入海洋教育，由此热爱海洋、喜欢研究海洋，一步一步成长为海洋领域的后备专门人才。

第五节　强化海洋教育评价

开展科学严谨的海洋教育评价是深入推进海洋教育实践、促进海洋教育开展必不可少的环节。

教育评价是引领教育改革与发展的重要手段，具有**鉴定功能**（认定、判断被评价对象合格与否、优劣程度、水平高低等实际价值）、**导向功能**（引导被评价对象朝着理想目标前进）、**激励功能**（激发和维持被评价对象的内在动力，调动其内部潜力，提高其积极性和创造性）、**诊断功能**（对教育的成效、矛盾和问题作出判断）、**调节功能**（对被评价对象的教育教学或学习等活动进行调节）、**监督功能**（对被评价对象起检查、督促作用）、**管理功能**（对被评价对象顺利完成预定任务、达成预期目的的约束）等功能。显然，为了使中小学海洋教育健康发展，必须强化中小学海洋教育中的评价环节。

一、中小学海洋教育评价的总体依据

2013年，教育部印发了《关于推进中小学教育质量综合评价改革的意见》，从教育评价的角度对促进学生全面发展作出了规定，旨在将品德、心理健康、兴趣特长以及学业负担等指标充分纳入教育质量的评价体系中来，发挥教育评价的导向作用，落实素质教育和促进学生全面发展的教育目标。

《关于推进中小学教育质量综合评价改革的意见》提出要用全新的“绿色评价”体系为中小学校“全面体检”。所谓“绿色评价”，包括《中小学教育质量综合评价指标框架（试行）》所提出的学生品德发展水平、学业发展水平、身心发展水平、兴趣特长养成、学业负担状况5个方面20个关键性指标。其中，品德发展水平包括行为习惯、公民素养、人格品质、理想信念4个关键性指标，学业发展水平包括知识技能、学科思想方法、实践能力、创新意识4个关键性指标，身心发展水平包括身体形态机能、健康生活方式、审美修养、人际沟通、情绪行为调控5个关键性指标，兴趣特长养成包括好奇心求知欲、爱好特长、潜能发展3个关键性指标，学业负担状况包括学习时间、课业质量、课业难度、学习压力4个关键性指标。“绿色评价”是体现素质教育要求、以学生发展为核心、科学多元的中小学教育质量评价，有利于促进学生

的全面发展和健康成长。

2020年，中共中央、国务院印发了《深化新时代教育评价改革总体方案》，要求各级各类学校“坚持立德树人，牢记为党育人、为国育才使命，充分发挥教育评价的指挥棒作用，引导确立科学的育人目标，确保教育正确发展方向”，“坚持科学有效，改进结果评价，强化过程评价，探索增值评价，健全综合评价，充分利用信息技术，提高教育评价的科学性、专业性、客观性。坚持统筹兼顾，针对不同主体和不同学段、不同类型教育特点，分类设计、稳步推进，增强改革的系统性、整体性、协同性”。

为了全面理解并实施《深化新时代教育评价改革总体方案》与《关于推进中小学教育质量综合评价改革的意见》，应特别注意以下几点。

1. 树立科学的教育质量观

要树立全面质量观和促进发展观。无论是针对学生个体的评价，还是针对学校的评价，都要以发展的眼光看待现阶段的教育质量问题，以促进学生的发展、教师的发展、学校的发展为评价的根本目标，通过评价让立德树人这一教育根本任务真正落到实处。

关注教育评价，应是对教育目标达成的关注。教育活动的结果在教育活动开始之前就以目标的形式存在于活动设计者的头脑里，引导着教育活动的全过程。教育目标既是教育活动的出发点，也是教育活动的归宿，并且贯穿于教育活动的全过程中。那么，教育活动是否达到教育目标？达成度如何？为教育目标的达成所付出的努力如何？哪些需要坚持？哪些需要改进？所有这些问题都应通过教育评价来得出答案。

2. 增强质量多元意识

每所学校都有自己的办学目标，而且各有特色、各具优势，因而要用多元化的质量观衡量多样化的教育。对于学生来说，要强调每个学生都是独立的个体，都有自己的个性特点和擅长之处，绝对不能用千篇一律的标准去衡量他们。只有充分尊重个性，才能为社会培养出不同类型的人才。

3. 重视改进评价方式方法

《关于推进中小学教育质量综合评价改革的意见》指出，要“注重考查每个学生进步的程度和学校的努力程度进行评价，改变单纯强调结果不关注发展变化的做法”，就是要使用发展性评价的方式——“增值评价”。增值评价是指评价学生在一段时间教育过程后的成长和变化，以这些成长和变化取代原来对学生在某一个特定时刻表现结果的关注；对学校来说，增值评价以考查评价学生在原有基础上进步的幅度来评价学校。

《深化新时代教育评价改革总体方案》指出，要“完善过程性考核与结果性考核有机结合的学业考评制度，加强课堂参与和课堂纪律考查，引导学生树立良好学风”。这就要求我们收集、整理、分析关于学生发展的所有信息并得出结论性的认识。由于涉及每一个学生的信息将是数量大、多元化的，因此必须运用现代信息技术进行处理，以满足关注每一个学生的要求；为了充分发挥评价对于提升教育质量的作用，要注意将信息分析的结果及时融入各个教育环节中。

二、中小学海洋教育中对学生的评价策略

（一）基于活动任务的评价策略

从活动任务的角度来看，海洋教育评价应实现评价内容的多元化。

中小学海洋教育的任务涉及面广、内容丰富、内涵深刻，服务于学生海洋素养的培养与发展。因而，依据中小学海洋教育的目标体系和内容体系，海洋教育评价不仅要关注学生在海洋基础知识和基本技能的学习、海洋精神的传承与发扬、海洋意识增强基础上的海洋素养培养和发展水平，还要关注学生在整个教育过程中的努力程度和各种表现；要将形成性评价与总结性评价结合起来，加强对学生参与海洋教育活动的学习经历和项目式学习成果展示等资料的积累与分析，全面反映学生的学习状态、参与程度、情感态度，充分发挥评价的引领作用。

（二）基于活动过程的评价策略

从活动过程的角度来看，海洋教育评价应加强诊断性评价和形成性评价。

诊断性评价亦称准备性评价，是指在进行某项海洋教育活动前，评估学生的学习准备程度，包括认知、情感、技能等方面具备的条件，以便对所要采取的教育措施做出鉴定，保证教育活动计划顺利、有效实施而进行的测定性评价。学情调查就是一种诊断性评价。诊断性评价是海洋教育活动设计的前提和基础。

形成性评价亦称过程性评价，是在海洋教育活动过程中，为调节和完善教育活动，保证教育目标得以实现而进行的确定学生学习成果的评价。形成性评价的主要目的是全面观察、了解学生的学习状态以及学生海洋素养培养与发展状况，以改进、完善教育过程。形成性评价并不是只关注过程而不关注结果，它包括“核心活动的评价”（小组或个人评价）“阶段性成果及项目作品的评价”（小组评价）“项目总结的评价”（个人评价）三个部分，可以分别设计相应的等级评价量表、自我反思记录表或活动表现观察记录表进行针对性评价。一张完整的评价表一般包括指标、评价标准、等级等。

（三）基于评价方式的评价策略

从评价方式的角度来看，海洋教育评价宜侧重于开放性评价和差异化评价，实现定性评价和定量评价的有机结合。

由于学生成长经历、认识水平有所不同以及知识经验、生活经验存在差异，在评价时要关注学生的个性差异做到区别对待，为此应采取开放性评价和差异化评价的方式。

开放性评价的开放性包括评价内容（海洋道德、海洋认知、海洋能力、海洋情感、海洋行为等）的开放性，评价时机（活动前、活动中、活动后）的开放性，评价方法（定性、定量评价）的开放性，评价呈现方式（包括实物成果、书面文字报告、口头交流汇报等）的开放性。

差异性评价基于开放性评价，是开放性评价形成的差异化结果，表现为海洋教育开放式评价落实到每个学生身上形成的评价结果的差异性。

在中小学海洋教育评价过程中，要将定量评价与定性评价有机结合起来，发挥各自的优势，实现对学生进行全面评价。定量评价通过具体的、可操作的评价指标设计测试问题，根据学生作答情况给予相应分数，评价方式更具有普适性。定性评价往往根据不同的教育活动针对不同学生进行，可以更全面地观察、了解各个学生各方面的情况。

总之，要避免单纯用试卷考试的方式来评价学生参与海洋教育的状况，而要运用多元化评价方式，全面、真实地了解学生在海洋教育活动中的表现和收获。为此可以采取以下方式。

一是可以用笔试方式检查学生对于海洋基础知识和基本技能学习目标的达成情况；

二是可以用问卷调查、知识竞赛、召开座谈会等方式了解学生参与海洋教育活动的状态和程度；

三是可以用小制作、小视频、小论文、研究报告等成果展示的方式反映学生参与海洋教育的收获和学习水平；

四是可以通过演讲、表演、宣传活动组织等方式，在活动中评价学生接受海洋教育的学习效果。

对于海洋教育活动中具体评价呈现方式（表3-5-1），要根据具体的教育内容、教育方式、活动地点等科学选取。选取的原则一是适于教育内容和教育方式，二是学生较为喜爱，三是便于教师操作和评判。

表3-5-1 海洋教育活动中具体评价呈现方式

海洋教育活动过程	具体评价呈现方式
前期	问卷调查、资料搜集、数据积累、实验记录、观察笔记等
中期	思维导图、论文报告、讨论记录、方案计划、调查总结等
后期	实物成果、研究报告、测试成绩、视频展示、个人总结等

（四）基于评价主体的评价策略

从评价主体的角度来看，海洋教育评价应将学生自我评价和他人评价结合起来。

学生是海洋教育活动的主体，在海洋教育评价过程中，仍然要以学生为主体，将学生自我评价和他人评价结合起来，实现评价的多元化。

学校应建立起学校管理者、教师（包括研学导师）、学生、家长共同参与的评价机制，对学生参与海洋教育活动的情况进行全面评价。

除了学校管理者、教师（包括研学导师）、家长对学生进行评价外，学生也要通过互评、小组集体评等方式进行互动评价，并在评价过程中互相激励、共同进步。

学生自评体现了对学生主体性的尊重，有利于学生自我学习、自我反思、自我教育。同学互评既反映了同伴之间的评价、认同，又反映了评价对象的团队合作能力。学校管理者和教师评价则是从更高位的教育目标达成情况、学生表现、素养培养和发展落实情况等方面进行评价。家长评价可以从家庭教育的角度来促进学生的成长。不同主体评价角度不同，有利于全面反映和评价中小学海洋教育的情况以及学生海洋素养的培养和发展情况。

阮水芬（2016）在《海洋素养的质性评价研究》[①]一文中指出，在基于“海洋素养”提升的评价中，既要考虑学生是独立而完整的发展体，又要考虑现代海洋教育的综合性与系统性，通常采取以质性评价为主的多元化评价方法，并将其贯穿于教师与学生交往的整个过程中。

采用形式丰富、途径各异的评价手段目的在于能从参与度、完成度、有效度等不同维度全面地评价学生在海洋教育活动中的表现，使评价即时性与持续性相结合，形成性与终结性相结合，系统性与阶段性相结合，整体性与综合性相结合，如图3-5-1所示。

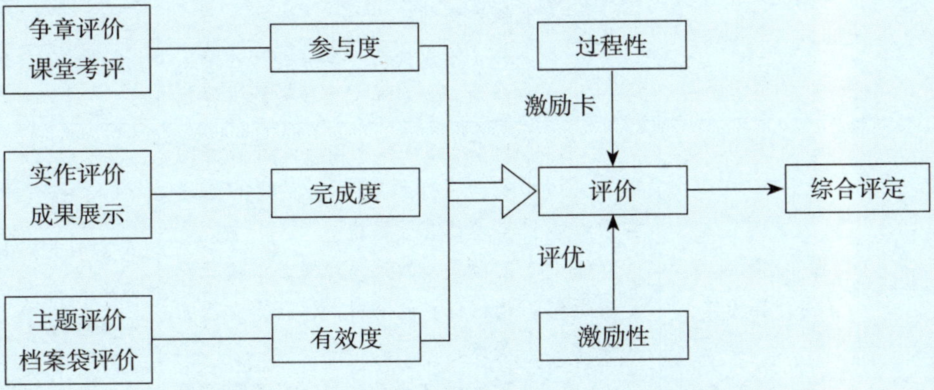

图3-5-1　基于海洋素养提升的评价机制示意图

① 阮水芬. 海洋素养的质性评价研究［J］. 上海教育科研，2016（3）：93-95+77.

争章评价 将小学阶段海洋教育内容有机分解为各章目，构建以“海洋传媒章”为主要方式的争章评价体系。

表3-5-2 小学生“海洋传媒章”争章体系

年级	章名	争章目标	争章要求	媒体形式
一年级	海洋小神通章（海洋资源类）	探索海洋资源 走近海洋宝藏	1. 认识3种以上海洋生物，了解认识它们的形态和生活习性； 2. 认识1种以上的海洋矿物，了解海洋矿物资源，体验大自然的奥妙； 3. 能用自己喜欢的方式表现海洋生物，描绘出它们的形象和争奇斗艳的海底世界	绘画，橡皮泥，纸工，手工，一次性盘子装饰等
二年级	海洋小交警章（海上交通类）	了解海洋交通 感受海洋魅力	1. 了解3种以上的海洋交通工具以及相关交通知识，明白它们给人类生活带来的便捷； 2. 能动手拼装或制作一件常见的海洋交通工具模型； 3. 选择自己喜欢的一种形式展示所了解的海洋交通知识，感受科技给海洋带来的魅力	绘画，电子小报，动漫，手抄报，橡皮泥，手工等
三年级	海洋小明星章（海洋文化类）	亲近海洋文化 快乐伴我成长	1. 学唱一首与海有关的儿歌或歌曲，体会其蕴含的海洋气息； 2. 读两则海洋探险故事，制成小报与小伙伴分享，学习航海家的探险精神； 3. 了解家乡的一个海洋文化节庆活动，为海洋文化节设计吉祥物	儿童画，拼贴画，手工制作，电子小报，摄影等
四年级	海洋小天使章（海洋环保类）	探索海洋环保 走进绿色海洋	1. 说出3种以上破坏海洋环境的行为，列举3条以上的保护海洋环境的有效措施； 2. 收集反映海洋环境基本状况及海洋保护的资料，体验大自然的奥妙； 3. 能用自己喜欢的方式表现“蔚蓝海洋我的家”主题	电子小报，海洋环保科技讲座，小课题研究等

续表

年级	章名	争章目标	争章要求	媒体形式
五年级	海洋小博士章（海洋科技类）	探索海洋科技 遨游智慧星空	1. 收集海洋科技方面的资料，制作一张电子小报； 2. 通过合作进行海洋标本、船模、机器人、小发明等制作； 3. 能用自己喜欢的方式表现有关海洋科技方面的动漫形象或故事	绘画，手工，电子小报，动漫等
六年级	海洋小卫士章（海洋国防类）	海防知识我知道 守护海洋保祖国	1. 知道我国海防线上的天然屏障“四大群岛”，了解舟山群岛在国防上的重要作用，为守护家乡出谋划策、描绘蓝图； 2. 了解海洋在人类生存与发展中的地位和作用，以及对于一个国家安全与发展利益的作用； 3. 能说出几个历史上保卫海疆的著名战役或战斗英雄的故事	录像，电子小报，电脑绘图等

活动过程评价　建立各种记录表，对学生的日常学习活动进行描述性评价；可以是课堂的综合表现记录表，可以对某项活动任务完成过程的专项记录表。

表3-5-3　海洋教育课堂学习考评表

项目	内容	自评	小组评	师评
参与状态	是否全程参与学习，是否能自主学习、积极学习	1　2　3	1　2　3	1　2　3
交往状态	生生之间能否友好地、有效地进行合作学习，是否能相互之间给予帮助或大胆发表与众不同的见解	1　2　3	1　2　3	1　2　3
思维状态	思维是否流畅、有条理，是否善于解释、说明、表达所学知识，是否能独立思考、主动探究、善于质疑、提出有价值的问题，见解是否具有自己的思想或创意	1　2　3	1　2　3	1　2　3
生成状态	是否能总结学习所得并以恰当的成果表达学习结果，是否对后续学习更有信心	1　2　3	1　2　3	1　2　3
综合评价				

注：表中评价以“优秀、良好、一般、不足”进行描述，3 个数字是指一个学习主题的 3 次课，对每堂课进行追踪记录，一个主题综合评定一次。

实作评价 实作评价的形式不拘一格，可以是关于海洋的小课题研究报告、学习成果的PPT，也可以是各种海洋生物的标本制作、船模制作、关于海洋的美术作品等，内容丰富灵活，能够从多角度、多层次来考核学生的学习进步情况。针对每一个学习模块都设计有“成就标准”，它是制定评价标准的依据。评价标准以评价表的形式出现，使评价项目更便于测量和操作。

成果展示评价 ①日常展示：利用学校橱窗、厅室、廊檐、墙壁及班级的展示园地等区域展示学生的学习成果和作品。②阶段展示：可以一个年级段一个专题，也可几个年级段一个专题或一个年级段不同专题有机整合成一场展示。③个性展示：有的学生经过几年的学习积累已经有了个性化的特长发展。此时，为学生搭建个性展示的平台，是对学生的一种赏识与激励，如作品展览会、辩论赛、报告会、即兴演讲等。

档案袋评价 ①档案袋的目录设计：无论是纸袋还是网络记录，都应有一个目录单，除了标注有学校、班级、姓名等基本信息外，还要对收集的学习活动资料进行目录编写，以便整理、归类和查找。②档案袋的收录内容：学习过程记录、作品情况记载，每个主题进行一次统计，作业按等级统计次数，学习过程记录从课堂学习考评表和学生综合评价表等评定情况，由组长统计后在全班公布，装入成长袋，学期末作为定性描述的依据之一；活动成果的实作或照片等，将学生在海洋活动过程中所完成的作品按主题整理、归类，按目录整理如绘画作品、小论文、体验日记、小课题研究报告等，有些不能收纳袋中的如模型、实验、艺体类活动可以用照片收录，这些作品都带有前期的学生自评、互评、师评的记录，也是期末进行综合评定的重要依据。③各种荣誉记载卡，见证学生学习进步与发展的各种荣誉证明也应成为成长档案袋的内容之一。

以上基于“海洋素养”提升的评价实践，形成了“实施—评价—反馈（外部驱动）—改进（内部驱动）—发展—再评价”的机制，增强了各中小学实施现代海洋教育的推动力。

（以上节选自阮水芬《海洋素养的质性评价研究》）

三、加强对学校、教师、基地及家长实施或支持海洋教育状况的评价

海洋教育的评价不仅要评价学生的表现和收获，而且要评价学校组织海洋教育、教师实施海洋教育、研学基地支持海洋教育、家长关注海洋教育的情况；后者主要以对学生接受海洋教育情况的评价反映出来，应以此来强化学校、教师、研学基地、家长对于海洋教育的组织、实施、支持或关注，以不断地提升海洋教育的质量。例如，青岛市市南区的区域海洋教育评价不同于一般的教育评价，既带有“区域”所赋予的整体协调的综合性，又具备“海洋”所赋予的学科专业属性。[①]

---

①杨鸿清，王山. 以海洋教育拉动区域教育特色化高质量发展的青岛市南实践［J］. 中国教育学刊，2021（11）：61-66.

区域层面，从区域整体发展角度入手，厘清区域教育与区域发展的密切关系，以评价呼应区域教育的地域特征，充分体现区域教育在区域发展中的作用。市南区建立“市南区海洋特色校园评估标准”，将“教育理念、组织建设、课程建设、队伍基地、经费使用、基地保障”等纳入评价范畴，携手专家资源及第三方资源，使区域教育的内部和外部要素相互渗透、相互作用并迁移，建立起学校、家庭、社会多方参与的评价格局，通过“常规督导”的方式推动区域内各学校构建海洋教育课程体系和创新教育特色。

学生个体评价层面，聚焦海洋教育的育人功能，制定海洋教育实效评价指标，评价内容围绕核心素养要点，进行拓展完善和补充，更多关注思维、情感、意志力。美国教育评价学专家斯塔佛宾曾说：“评价的目的不在证明，而在改进。”因此，区域海洋教育的评价目的不在于评判学生，而更加致力于激励和成就学生。评价过程注重教学评的一致性，关注元认知，脱离记忆与知识的刻板考查，聚焦教育活动参与频次、参与态度等指标，过程上把握“三结合原则”，即过程性评价与终结性评价结合、量化评价与质性评价结合、他评与自评结合，指向学生的自主建构与自主发展，凸显学生个性化的学习过程和学习效果，让每个学生都能得到最适合的教育和最个性的支持，找到属于自己的成长“跑道”。

（以上节选自杨鸿清、王山《以海洋教育拉动区域教育特色化高质量发展的青岛市南实践》）

第四章 中小学海洋教育师资胜任力培养

2013年9月9日，习近平总书记向全国广大教师致慰问信，信里强调："教师是立教之本、兴教之源，承担着让每个孩子健康成长、办好人民满意教育的重任。"

中小学海洋教育开展的关键在于海洋师资队伍的建设。中小学海洋教育师资队伍主要由中小学海洋教育教师和中小学海洋研学导师两部分人员组成。没有高水平的中小学海洋教育师资队伍，中小学海洋教育的有效实施就难以得到保证。理论研究和教育实践都证明，中小学海洋教育师资胜任力是高水平中小学海洋教育师资的重要标志，因而中小学海洋教育师资队伍建设的核心就是提升海洋教育师资胜任力。

第一节　胜任力与胜任力模型

胜任力和胜任力模型都是人力资源管理领域的概念。认识和掌握胜任力和胜任力模型，有利于中小学海洋教育师资队伍成员明确海洋教育胜任力要求，规划好海洋教育专业发展，圆满地完成所承担的海洋教育任务。

一、胜任力

胜任力概念可以追溯至古罗马时代，那时人们通过构建胜任剖面图来说明一名“优秀的罗马战士”的优异属性。20世纪初期，“科学管理之父”Frederick Winslow Taylor运用“时间—动作”分析方法去界定哪些因素导致了优秀工人高质量、高效率的工作过程和结果等。他的这一后来被称为“管理胜任特征运动”的管理学研究被普遍认为是胜任力研究的发端。

20世纪60年代后期，美国国务院对于以学历、智商、学业成绩等为标准选拔的外交官中有90%不能胜任工作感到不满，便邀请哈佛大学教授McClelland帮助设计一种能够有效地预测实际工作业绩的人员选拔方法。麦克利兰对干得好的和干得差的两组外交官进行了行为事件访谈，发现两组人员之间有几项重要的能力差别，如对于“跨文化敏感度”，干得好的外交官特别理解、认同当地的文化习俗，而干得差的外交官则相反并跟当地人产生冲突。这项工作的开展为McClelland的胜任力研究奠定了基础。

1973年，McClelland在《测量胜任力而不是智力》一文中指出，一个人的工作绩效和职业发展是由这个人的智力和个人潜在特质共同决定的，传统的测验不能预测一个人的职业成功或生活中的其他成就。他强调，要从第一手资料入手发掘那些真正能影响工作绩效的个人条件和行为特征，以提高组织效率和促进个人事业成功。为此，他提出了胜任力概念，并将其定义为一种个人潜在特质或者一系列习惯，凭此可以获得更有效或更优质的工作绩效。McClelland的研究成果，在全球范围内掀起了一场胜任力研究热潮。

基于McClelland有关胜任力的界定与分析，国内外专家学者提出了关于胜任力的多元化看法与解释。王科（2020）在《基层公务员政治胜任力提升研究》①一文中综合国外研究给出的胜任力定义，将其分为特质论、行为论和绩效论三类。

① 王科. 基层公务员政治胜任力提升研究［D］. 武汉：中南财经政法大学，2020：7-8.

特质论。该观点认为胜任力是一种个人特质或者一系列习惯（McClelland，1973），凭此可以获得更有效或更优质的工作绩效 。Boyatzis（1982）将胜任力描述为是一些潜在的个体特质，同卓有成效的工作绩效随机相关（变量之间的相应影响）。Spencer（1993）认为胜任力是通过工作经验、生活体验、学习或者培训得到的一些技能和能力 。Mirabile（1997）认为胜任力是伴随着工作中高水平绩效的知识、技能、能力和特征，如问题解决、分析思考、领导力、动机、信仰、价值 。Jackson和Schuler（2003）将胜任力定义为技能、知识、能力和其他一些特征，人们需要这些特征来有效地履行工作 。Dubois（1998）认为胜任力是这样一些特征，知识、技能、思维模式、观念图谱等，单独或者联合使用可以产生良好绩效。

行为论。该观点认为胜任力是工作中能够表现出的，可以观察的技能或者能力（Jacobs，1989），通过这些行为能够成功地完成管理任务 。Marrelli（1998）认为胜任力是可以测量的人类的能力，这些能力是有效的工作绩效所要求的。Intagliata et al.（2000）认为胜任力提供了一种以行为作为术语的方法来定义领导者需要做什么，从而实现组织所需要的结果，并且以同样的方法来构建自己的文化，各层级的领导者都需要这样一个北极星式的导航，协同合作并且产生更加显著和一致的效果 。加拿大财政部秘书处（1999）认为胜任力是履行工作中所需的知识、技能、能力和行为，它们是同达成组织的运营战略目标密切相关的必备手段 。

绩效论。该观点认为胜任力等同于绩效，胜任力和绩效之间的没有差别，绩效标准就是胜任力的标准。例如，英国国家职业资格委员会（1997）将胜任力定义为一种绩效标准，即可以履行工作所要求的角色标准或者满足工作的标准。

（以上节选自王科《基层公务员政治胜任力提升研究》）

我国学者对于胜任力也给出了多种解释，例如：王重鸣（2000）认为，导致高管理绩效的知识、技能、能力以及价值观、个性、动机等特征，即为管理胜任力①；仲理峰、时勘（2003）认为，胜任力特征是能把某职位中表现优异者与表现平平者区别开的个体潜在的、较为持久的行为特征②；彭剑锋（2003）认为，胜任力是指个人能够获得高绩效所必需的一系列特征总和，包括知识技能和自我动机等因素③。

1995年，在约翰内斯堡举行了关于胜任力的会议，几百位人力资源开发专家将胜任力定义为“影响一个人大部分工作（角色或者职责）的一些相关的知识、技能和态度。它们与工作的绩效紧密相连，并可用一些被广泛接受的标准对它们进行测量，而且可以通过培训与发展加以改善和提高”。目前，应用最为广泛的胜任力定义是由

① 王重鸣. 管理心理学［M］. 北京：人民教育出版社，2000：83-120.

② 仲理峰，时勘. 胜任特征研究的新进展［J］. 南开管理评论，2003（2）：6.

③ 彭剑锋. 人力资源管理概论［M］. 上海：复旦大学出版社，2003：240-244.

Spencer于1993年提出的："胜任力是将某一项工作（或组织、文化）中表现优异者与表现平平者区分开来的个人潜在的、深层特征，并且能显著区分优秀绩效和一般绩效的个体特征。"由此可以看出，胜任力概念具有以下特点。

一是与工作业绩高度相关。胜任力体现了目前优秀人员的共性特点，是现有人才产生优秀绩效的基因，这决定了胜任力不是任职资格标准，而是对业绩优秀者和业绩平凡者的能力素质特征的区分。

二是可观察，可衡量和可培养。胜任力可观察指的是看得见的行为模式而不是抽象的能力描述，可衡量指的是可以用测评工具去评价，可培养指的是可以培养、提升。

三是具有前瞻性。胜任力不仅是现有的优秀人才共性特征的集合，而且体现了组织未来的发展规划和文化建设对人才的要求，从而具有一定的前瞻性。

现在普遍认为，胜任力的特征要素主要包括知识（knowledge）、技能（skills）、社会角色（social role）、自我概念（self-concept characteristics）、特质（traits）、动机（motives）；其中，知识和技能最容易被改变，特质和动机最难以被改变和发展，社会角色和自我概念则介于二者之间。

二、胜任力模型

Williams认为："胜任力模型是由特定职位要求的优异表现组合起来的，包含多种胜任力的结构，它描述了有效地完成特定组织的工作所需要的技能、知识和特征的独特组合。"一个有效的胜任力模型通常需要符合以下三个要求：可确认哪些胜任力能带来优秀绩效；以促进组织高绩效为中心；符合组织未来的发展战略。胜任力模型是一种人才标准。它用行为方式来定义和描述业绩优秀人员需要具备的关键素养，能区分出业绩优秀者与业绩一般者的特征，从而成为人力资源管理的有效工具。

目前，比较流行的胜任力模型有胜任力冰山模型、胜任力洋葱模型和胜任力词典。

（一）胜任力冰山模型

胜任力冰山模型由McClelland于1973年提出。McClelland认为，个体的胜任特征因素之间存在明显差异，其中最大的差异有显性和隐性之分，通过构造一座浮于海面上的冰山，可以形象地将这两类胜任特征要素区分出来。显而易见，知识、技能这类特征要素是容易被观察测量的，所以在冰山模型中处于海面之上的冰山部分，属于显性胜任力，其特点是所包含的特征要素可以提升和改变，它们是个体的基础素质；社会角色、自我概念、特质、动机这类要素观察测量起来就困难得多，所以在冰山模型中处于海面下的冰山部分，属于隐性胜任力，其特点是所包含的特征要素隐藏在个体深处，难以改变和提升。与显性胜任力相比，隐性胜任力是区分绩效优秀者和绩效一般者的关键胜任力，对个人的态度和行为表现起到非常重要的作用。冰山模型如图4-1-1所示。

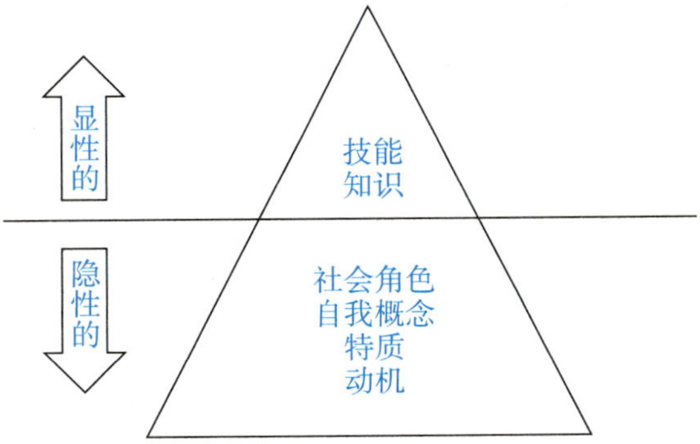

图4-1-1　胜任力冰山模型示意图

胜任力冰山模型各层次胜任要素定义见表4-1-1。

表4-1-1　胜任力冰山模型各层次胜任要素定义表

胜任力素质	定义	包含内容
知识	岗位工作的掌握了解情况和实践经验	如专业知识、工作经验等
技能	运用知识经验完成特定工作任务的能力	如组织协调能力、团队协助能力、突破创新能力等
社会角色	个人理想、对未来职业的预期	如专家学者、经验管理者等
自我概念	对自己身份的认知和看法	如诚信、正直、善良、乐观等
特质	个性的行为特征	如勤恳、踏实、爱心、魄力等
动机	个人对某种事物自然而持续的偏好和观念	如人际关系、团队协作、诚实守信、危机意识等

胜任力冰山模型凸显了六种胜任力要素即知识（knowledge）、技能（skill）、社会角色(social role)、自我概念（self-concept characteristics）、特质（traits）、动机（motives)之间的关系。胜任力冰山模型可用来描述和评价人才的价值，在人才管理实践中发挥着重要作用，被广泛应用于组织需求、岗位设计、人员招聘、培训发展、薪酬激励、绩效评估、职业生涯设计、继任者筹划等，促进人才的规划、选拔、赋能、激励、考核、发展等；具体表现为在人才招聘过程中依据卓越人才行为特征选拔人才加盟，通过实施基于胜任力的培训提升人才的专业知识和技能，通过各种人才绩效考核和薪酬激励并留住核心人才，设计人才的职业生涯路径，建立人才发展计划。

（二）胜任力洋葱模型

胜任力洋葱模型于1981年由Richard Boyatzis对胜任力冰山模型进行改进完善而形成，其思路是从空间顺序上对胜任力要素进行由内到外的划分；其中，知识、技能位于最外层，社会角色、自我概念位于次外层，特质、动机位于核心层。胜任力洋葱模型如图4-1-2所示。

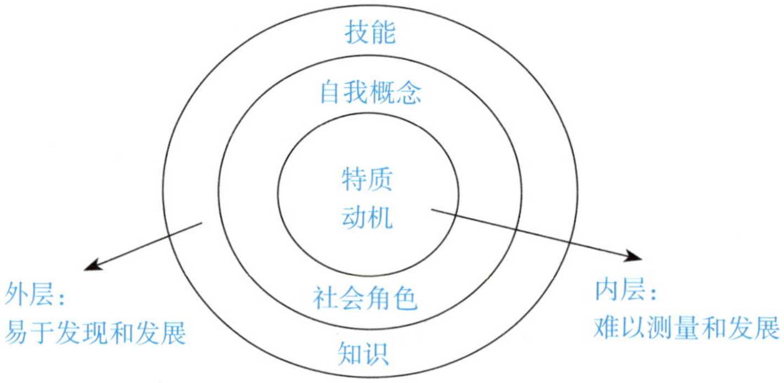

图4-1-2　胜任力洋葱模型示意图

胜任力洋葱模型在优化冰山模型的基础上，对胜任力的各种特征要素进行了分类，清楚地反映出胜任力特征要素的层次之别：由中心向外推及，特征要素越来越易观察和培养；反过来，由外层向内层深入，特征要素越来越难观察和习得。胜任力洋葱模型与胜任力冰山模型密切关联。胜任力洋葱模型中，知识与技能层面对应胜任力冰山模型中的水上部分，社会角色和自我概念层面对应胜任力冰山模型中水下的浅层部分，特质和动机层面对应胜任力冰山模型中水下的最深部分。

其实，胜任力冰山模型和胜任力洋葱模型在本质上都是一样的。两种模型都将员工素养划分为两类：一类为基本素养、另一类为核心素养，而且两种模型都强调核心素养，注重区分个体胜任力特征要素的显性和隐性两种特性，用于预测一个员工的长期绩效。相较而言，胜任力洋葱模型比胜任力冰山模型划分的层次更多、更具层次性，能够更好展现个体胜任力特征要素之间的关联性。

（三）胜任力词典

1989年，McClelland对全球各类组织的200多项工作所涉及的胜任素质进行观察研究。经过深入的研究，他从众多的胜任素质中提炼归纳出21项通用的胜任素质要素，概括了人们在日常生活和行为中所表现出来的知识与技能、社会角色、自我概念、特质和动机等特点。在此基础上，由McClelland主持的咨询机构推出了胜任素质模型词典，内容包括6个基本胜任素质群和21项胜任素质要素（表4-1-2）。

表4-1-2 McClelland胜任素质模型词典的胜任素质群和胜任素质要素

胜任素质群	胜任素质要求
成就与行动族	成就导向，重视次序品质与精确，主动性，信息搜集
帮助与服务族	人际理解与沟通，客户服务导向
冲击与影响族	冲击与影响，组织认知，关系的建立
管理族	培养他人，命令：果断与职位权力的运用，团队合作，团队领导
认知族	分析式思考，概念式思考，技术、职业、管理的专业知识
个人效能族	自我控制，自信，弹性，组织系统，其他个人特色与能力

胜任力的冰山模型、洋葱模型和胜任力词典都是通用模型，各行业会根据本行业的特点以通用模型为基础来构建行业的具体岗位胜任力模型。例如，王倩（2021）在《中小学教师在线教学胜任力模型构建及其应用研究》①一文中给出的中小学在线教学胜任力模型如图4-1-3所示，胡靖梅（2023）在《中小学教师数字胜任力模型构建与

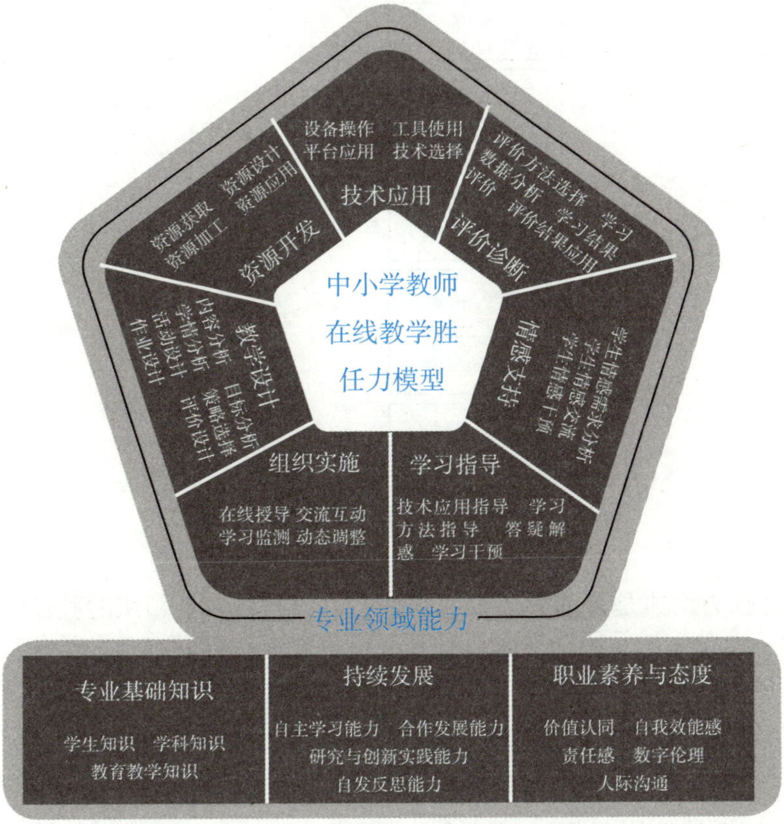

图4-1-3 中小学在线教学胜任力模型图

① 王倩. 中小学教师在线教学胜任力模型构建及其应用研究［D］. 上海：华东师范大学，2021：49.

应用——面向西部农村地区教师的研究》①一文中给出的中小学教师数字胜任力模型如图4-1-4所示。

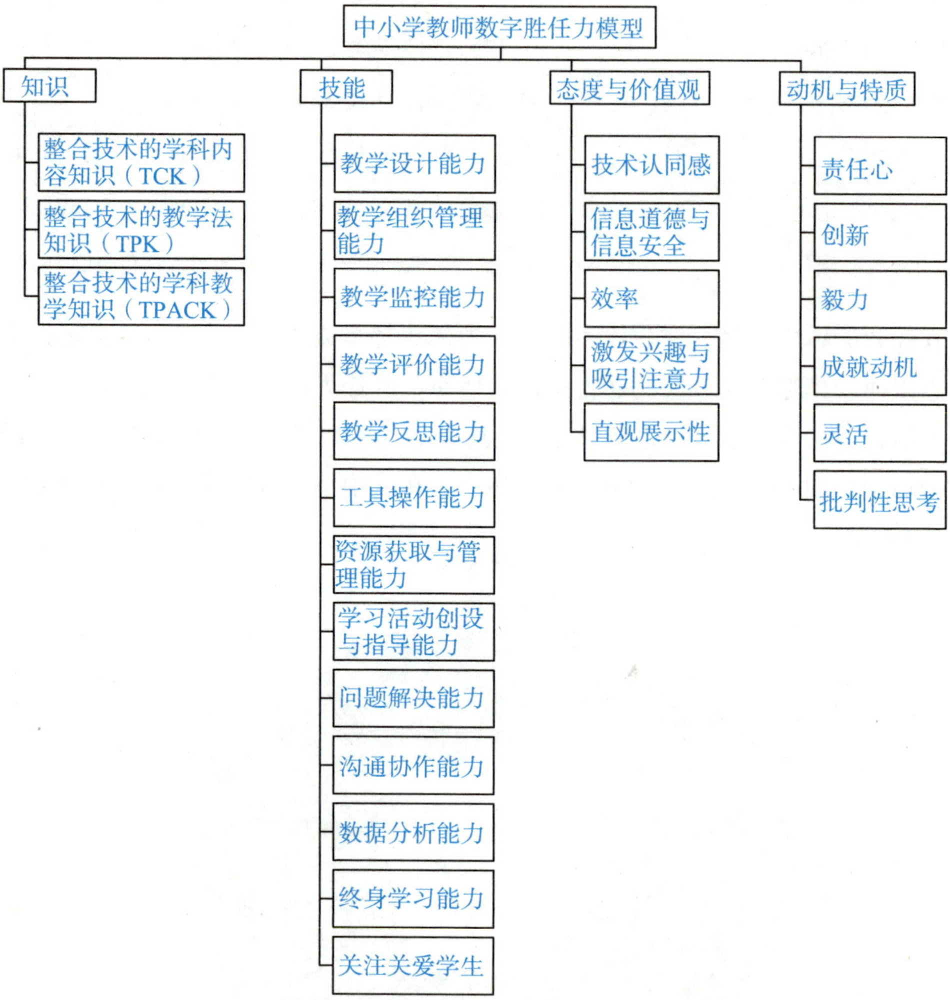

图4-1-4　中小学教师数字胜任力模型图

Spencer 胜任力词典是目前较为权威的胜任力词典，多个领域的胜任力研究者以这个词典为基础，加上所研究领域的细节形成新的胜任力词典。Spencer胜任力词典见表4-1-3②。

① 胡靖梅. 中小学教师数字胜任力模型构建与应用面向西部农村地区教师的研究［D］. 大连：辽宁师范大学，2023：18.

② 徐满强. 初中体育教师胜任力研究［D］. 济南：山东师范大学，2022：17-18.

表4-1-3　Spencer胜任力词典

21项胜任力要素	行为描述
成就导向	激励成就行动的强度与完整性、成就的影响、创新程度
重视次序、品质与精确	降低环境不确定性的潜在动机
主动性	时间构面、自我激励，自我努力成果
咨询收集	想知道的人事物或特殊议题，而主动进行资讯收集
人际沟通	对他人了解之深度、倾听与回应他人
顾客服务导向	以客户需要为重点、主动帮助或服务他人
冲击和影响	为了影响他人而采取的行动、影响或了解的程度
组织知觉力	对组织的了解深度
关系建立	建立或维持友善和温暖的关系
培养他人	培养他人的强度与培养行动的完成度、已培养或指导的人员数量或阶级
命令评量	命令的强度
团队合作评量	助成团队合作的强度、涉及之团队规模促成团队的合作努力或努力积极的程度
团队领导评量	领导角色的强度
分析式思考评量（分析的复杂度）	分析的复杂度、被提问题的大小
分析式思考评量（概念的复杂度和原创性）	概念的复杂度和原创性
技术/专业/管理的专业知识评量	知识的浓度、管理专门知识的幅度、专门知识的取得
自我控制评量	在遭受诱惑、阻力、敌意、压力时，保持冷静、抑制负面情绪及行动的能力
自信心评量	自信、面对失败
弹性评量	改变幅度、行动速度
组织承诺评量	对组织常规的重视程度
其他个人特色与能力	如幽默感

胜任力模型形象地反映出某一行业或某一既定工作岗位中影响个体成功的所有重要行为、技能和知识特征，帮助用人单位选拔优秀的人才，对员工进行绩效评价，并开展合适的培训以实现人才的发展，同时也是驱动组织变革的有力工具。对于个体来

说，可以利用胜任力模型分析工作需求的胜任力、自己在工作中的优势、自己需要提升改进的地方、自己继续学习和职业成长与发展的方向等。因此，构建胜任力模型成为人力资源开发、促进员工发展的重要方式。

胜任力模型的构建主要有两种方法，一是归纳法，二是演绎法。

归纳法是指通过访谈调研，区分并分析目标群体中高绩效者与一般绩效者在工作中表现出的不同特质，探求并归纳实现绩效优异所需要的个人素质，通过总结形成胜任力模型，其构建流程主要包括工作情境分析、行为事件访谈、焦点小组访谈、问卷调研、模型编码、数据统计分析等。Meclelland当时就是使用这种技术进行建模的。

演绎是一个逻辑推理的过程。演绎法主要从群体的价值观和组织的战略目标等推导出目标群体所需要具备的素质，在对这些素质整理加工的基础上形成胜任力模型，其构建流程主要包括战略文化演绎分析、高管访谈、头脑风暴法、专家小组讨论、对标分析等。

行为事件访谈法、职业分析法和专家调查法是胜任力模型构建常用的具体方法。

（1）行为事件访谈法。

行为事件访谈法基于构建虚拟的场景，然后测试胜任力要素特征。运用这种方法时，采访者要不断引导受访者回忆自己失败与成功的事件里印象最深、感触最深的三件事，尽量唤醒他们的记忆，完整地回忆事件过程，然后根据记录对他们的回顾进行分析。这种方法主要适用于小范围研究。

（2）职业分析法。

职业分析法主要包括观察法、问卷调查法、面谈法。

① 观察法：观察法是一种通过对员工工作状态的观察获取有关信息，并通过对信息的比较、分析、汇总等得出职业分析结论的方法。观察法又分为直接观察法（直接对员工工作的全过程进行观察）、阶段观察法（分阶段对具有较长周期性的员工工作进行观察）和工作表演法（对周期很长和突发性事件较多的员工工作进行观察）。

② 问卷调查法：问卷调查法是一种事先拟定一套问卷，由员工进行填写，然后收集问卷并进行统计分析的方法。调查问卷的设计直接关系着问卷调查的成败，所以问卷要设计得科学、完整、合理。

③ 面谈法：面谈法是一种职业分析人员与员工面对面交谈来收集职位信息资料的方法。面谈前，职业分析人员要准备好面谈提纲；面谈中，职业分析人员要控制好交谈氛围，既要防止交谈跑题，又要使谈话对象无所顾虑，做到侃侃而谈，还要及时准确地做好谈话记录。

（3）专家调查法。专家调查法是将专家对于某领域的智慧进行整合的方法。运用专家调查法时，首先要整理好专家给出的反馈意见后再发给专家，让他们继续回复意见；然后再行归纳，依次类推直至得到专家的一致意见。

不同研究者对胜任力进行建模时基本上按照以下步骤进行：第一，确定绩效标准；第二，选择效标样本，即根据已确定的绩效标准选择达到绩效标准的组和没有达到绩效标准的组；第三，获取有关的胜任力要素数据资料；第四，分析收集的数据资料并鉴别出能区分优秀者和普通者的胜任力要素，构建胜任力模型；第五，验证胜任力模型。

徐丽丽（2023）基于有关文献，总结出某公司班组长胜任力模型构建的主要流程：班组长胜任力要素提取、班组长胜任力要素定义和分类、不同岗位胜任力要素等级评定、分别构建两个岗位类型胜任力模型。首先，进行胜任力要素的提取。胜任力要素的提取是胜任力模型构建的基础。要素的提取既要全面反映班组长岗位要求，也要满足班组长个人能力差异。接下来，将提取的胜任力要素进行分类和定义；然后，分别对不同岗位类型的两类班组长的胜任力要素特征等级进行评定，确定该岗位类别班组长的胜任力要素等级。最后，根据前三个步骤的结果形成最终的公司生产类和技术研发类班组长胜任力模型。班组长胜任力模型构建的主要流程如图4-1-5所示。[①]

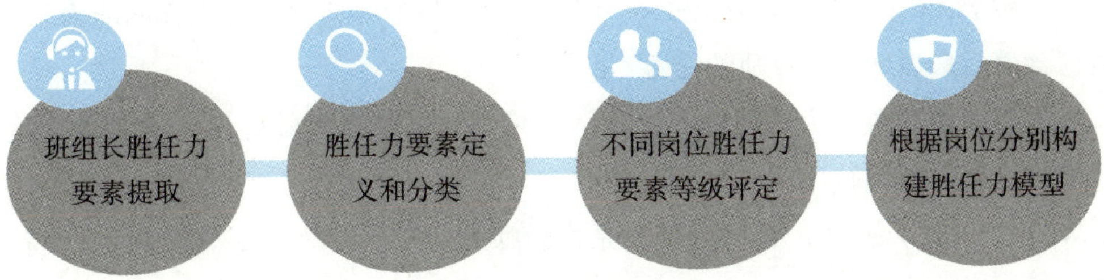

图4-1-5　班组长胜任力模型构建流程示意图

① 徐丽丽. 基于胜任力模型的A公司班组长培训体系研究［D］. 石河子：石河子大学，2023：31.

第二节　中小学海洋教育教师胜任力及其培养

中小学海洋教育教师，包括专职教师和担负海洋教育岗位职责的学科教师，为圆满完成海洋教育任务，必须努力提升海洋教育岗位胜任力，为此要明确海洋教育教师胜任力的构成要素和培养途径。

一、教师胜任力与教师胜任力模型

（一）教师胜任力

相比较而言，教育领域的胜任力及其模型的研究和应用历史发展脉络不像组织管理领域的那么清晰，但两个领域关于胜任力及其模型的研究和应用是相关的，只是研究和应用的背景不同而已，而且教育领域的相关研究萌发得更早。例如，1967年，为了改革当时的教师教育内容，美国联邦教育署研究局开始大力倡导“能力本位教师教育”，强调培养未来教师“能做什么”“应做什么”以及“应具备什么样的能力”，这其中就蕴含着后来被称为“教师胜任力”的因素。

学界对于教师胜任力的研究不断深入，但是目前关于教师胜任力这一概念还没有一个统一的定义，例如：

Watts（1982）认为，教师胜任力是指教师成功开展教学实践需具备的有关教育教学方面的知识与技能[①]；

Carl Olsson 等（2000）指出，教师胜任力是指教师成功教学所要具备的知识、技能和态度等[②]；

邢强、孟卫青（2003）认为，教师胜任力指教师个体所具备的、与实施成功教学有关的一种专业知识、专业技能和专业价值观。它隶属于教师的个体特征，是教师从事成功教学的必要条件和教师教育机构的主要培养目标[③]；

徐建平（2004）提出，教师胜任力是指在学校教育教学工作中，能将高绩效、

① 王思皖. 智慧教学环境下中小学教师教学胜任力模型研究［D］. 大连：辽宁师范大学，2022：6.
② 王思皖. 智慧教学环境下中小学教师教学胜任力模型研究［D］. 大连：辽宁师范大学，2022：6.
③ 邢强，孟卫青. 未来教师胜任力测评：原理和技术［J］. 开放教育研究，2003（4）：39.

表现优秀的教师与一般普通教师区分开来的个体潜在的特征，主要包括能力、自我认识、动机以及相关的人格特点等个人特征①；

Dineke.H 等（2004）认为，教师胜任力是教师在备课、教学等各方面展现出来的相关知识、技能、态度②；

滕珺等（2013）指出，联合国对于教师胜任力的定义是教师技能、特质和行为的结合，具有教师胜任力可以在教师岗位上有较好表现③；

顾佳（2019）认为，教师胜任力主要包括教师这一职业的通用胜任力、核心胜任力与专业胜任力，而专业胜任力终将会渗透学科核心素养的内容，核心胜任力包括学科知识、教学技能、课堂管理等个人特性④；

赵彦玲（2020）把教师能够胜任其工作岗位并产生优秀工作业绩的知识、技能、动机、心理特质和自我概念的总和界定为教师胜任力⑤；

唐艺祯（2020）认为，教师胜任力的本质内涵包括与实施成功教学有关的专业知识、专业技能和态度价值观⑥；

秦自洁等（2020）对教师胜任力进行了细致的划分，将其分为显性胜任力、隐性胜任力两种类型，其中前者指知识和专业技能，后者指教师自身特有的包含价值观、道德素养、个性、动机等在内的多方面能力⑦。

综上可知，研究者们普遍认为教师胜任力是能促进教师成功开展教育教学工作的各项能力特征的总和，这些特征包括容易发现和发展的显性特征和不易被发现的隐性特征，而这些不易被发现的内在的隐性特征是影响教师进行有效教学的关键因素。

教师胜任力能够展现教师绩效衡量标准，并在很大程度上影响教学效果。教师的知识、教育教学能力、个性、自我认知以及对于职业的看法等特征都可以通过教师胜任力细致描述。

（二）教师胜任力模型

对于教师胜任力模型，学界一直有两种不同的取向：一种是推崇“技能”为本

---

① 徐建平. 教师胜任力模型与测评研究［D］. 北京：北京师范大学，2004：23.

② 王思皖. 智慧教学环境下中小学教师教学胜任力模型［D］. 大连：辽宁师范大学，2022：6.

③ 滕珺，曲梅. 联合国未来胜任力模型分析及其启示［J］. 中国教育学刊，2013（3）：5.

④ 顾佳. 新手型小学数学教师胜任力研究［D］. 成都：四川师范大学，2019：12.

⑤ 赵彦玲. 培智学校教师胜任力的现状研究［D］. 上海：华东师范大学，2020：18.

⑥ 唐艺祯. 中小学教师核心素养教育胜任力及培育研究［D］. 重庆：西南大学，2020：9.

⑦ 秦自洁，侯喜军. 基于高职“双师型”教师胜任力模型的教师队伍优化管理［J］. 常州信息职业技术学院学报，2020，19（3）：82-84.

的胜任力模型，另一种是推崇以“素质”为本的胜任力模型。这两种模型都重视在技能、素质、个人效能、知识和理解等不同的特征要素之间取得平衡；前者强调技能和表现的重要性，后者则强调个人效能、解决问题的技巧和良好的判断力等素质的重要性。

林隽伟（2022）在《高中生物学教师教学胜任力模型的构建研究》①一文中介绍，1994年，Tucker 与 Cofsky 对胜任力的特征进行了总结和界定，给出了胜任力五特征理论模型（图4-2-1），并呈现了“胜任力→关键行为→绩效（结果）”这一完整的逻辑链。

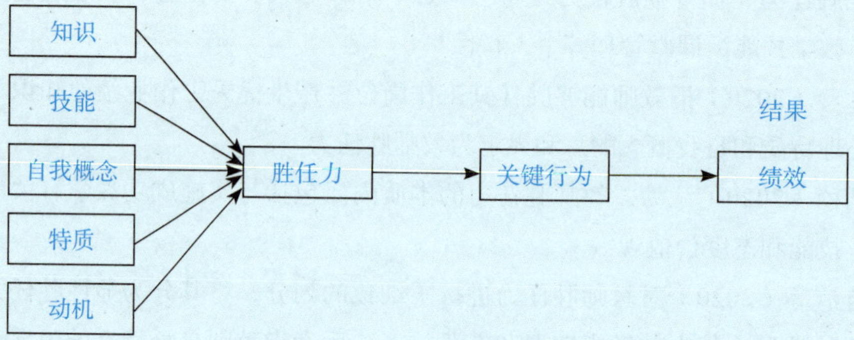

图 4-2-1　胜任力五特征理论模型

在胜任力五特征理论模型中，知识指支撑个体从事职业的事实性与经验性信息，如教师所掌握的教育理论知识与学科知识；技能指个体完成某项具体任务的能力，如教师完成课堂教学的能力；自我概念取决于个体的态度、价值观和自我认知，如自信即是一种个体相信自己能在特定情境中取得成功的自我概念，富有经验的教师相信自己能够灵活恰当地应对课堂上出现的突发状况；特质指个体的生理特征和应对外界环境或信息时表现出的一致反应，如教师遇到学生提问时总是能够耐心地解答；动机则涵盖了个体的情绪、欲望、生理需求或类似的能够引发行为的冲动，如高度重视团队协作的教师会主动积极地与其他教师建立良好的人际关系。在该模型中，动机和特质是除去外界严格监督的影响后使个体在工作中做出特定行为的原初动力，知识、技能、态度的水平将影响最终工作绩效水平的高低。

（以上节选自林隽伟《高中生物学教师教学胜任力模型的构建研究》）

澳大利亚国家教学委员会依据教师胜任力标准提升项目为新教师开发设计的胜任力框架指出，教师胜任力包括五个方面：使用和发展专业知识与价值、与学生和他人沟通互动共同工作、计划和管理教学过程、监控评估学生的进步和学习效果、对连续性的进步进行反思评估和计划。

① 林隽伟. 高中生物学教师教学胜任力模型的构建研究［D］. 上海：华东师范大学，2022：11.

美国国家专业教学标准委员会于1999年制定的教师评价标准（后于2016年更新，简称“NBPTS标准”）共包含5个核心标准：教师应该对学生以及学习负责；教师要了解所教学科，并且知道应该如何教授所教学科；教师有责任组织、监督、指导学生的学习；教师要系统地思考教学实践，并且能够从经验中学习；教师也是学习型社会的成员。

Hay McBer公司于2000年向美国教育与就业部提交的题为“高绩效教师模型”的报告，提出了高效教师的5种胜任特征群：专业化（挑战与支持、信心、创造信任感、尊敬他人）、领导（灵活性、拥有负责任的朋友、管理学生、学习热情）、思维（分析性、概念性）、计划/设定预期（向上动力、信息搜寻、主动性）、与他人关系（影响力、团队精神、理解他人）。

王思皖（2022）在《智慧教学环境下中小学教师教学胜任力模型研究》①一文中，总结了关于教师胜任力指标要素的研究成果（表4-2-1）。

表4-2-1 关于教师胜任力指标要素的研究成果

研究者	研究对象	研究成果
Danielson（1996）	教师胜任力	包括4个维度，分别是计划和准备、授课环境、专业素养、责任感
Bisschoff、Grobler（1998）	教师胜任力	包括8个维度，分别是授课气氛、教师承诺、纪律意识、知识、反思反馈、团结协作、有效性、领导力
Sternberg（2002）	专家型教师胜任力	包括3个维度，分别是专业知识、问题解决的效率和洞察力
Dineke（2004）	教师胜任力	包括5个维度，分别是自我概念、专家知识、学习促进者、组织者、终身学习者
Hay McBer（2006）	高绩效教师胜任力	包括5项高绩效胜任力特征，分别是规范化、领导力、管理学、规划与期待、思考
徐建平、张厚粲（2006）	中小学教师胜任力	包括6项胜任力特征群，分别是服务特征、自我特征、成就特征、认知特征、管理特征、个人特质
张英娥（2008）	幼儿教师胜任力	包括6个维度，分别是：科研与引领能力、教育教学能力、自我监控能力、人格特质、工作品质、学习能力
周榕（2012）	高校教师远程教学胜任力	包括11项通用胜任力（责任感、行业认知、信息素养、问题解决、团队协作、沟通能力、创造性思维、自我效能、自我提升、媒体表达、教学评价）及5项岗位序列胜任力（讲授技能、学科素养、课程设计、监控与支持、咨询与建议）

① 王思皖. 智慧教学环境下中小学教师教学胜任力模型研究［D］. 大连：辽宁师范大学，2022：11.

续表

研究者	研究对象	研究成果
孟凡媛（2016）	小学数学教师胜任力	包括3个维度，分别是知识、能力和专业情意
康毅（2018）	STEAM教师胜任力	包括5项胜任力特征群，分别是人格特征、关系特征、成就特征、认知特征、技能特征
郑旭东（2019）	中小学教师数字胜任力	包括5个维度，分别是数字技术能力、数字教学能力、数字学习与创新、数字价值与追求、基本人格特质
文继英（2021）	中小学教师在线教学胜任力	包括3个维度，分别是：知识技能、态度与发展、动机特质

徐建平（2004）在《教师胜任力模型与测评研究》[①]一文中，将教师胜任特征分两类：一类是基准性胜任力，即指完成工作所必需的普通素质，以及胜任某一职位、某一行业所需要的共同性特征，这是作为教师必须具备的；另一类是鉴别性胜任力特征，即指能区分优秀与普通绩效的胜任特征，简单地说，就是某一职位、某一行业优秀者区别于普通者的独特性特征，具有一定的区分度，也可用于人才选拔。徐建平（2004）构建的我国教师胜任力模型见表4-2-2。

表4-2-2 我国教师胜任力模型

教师共有的胜任特征	组织管理能力	正直诚实	创造性
	宽容性	团队协作	反思能力
	热情	沟通技能	尊重他人
	分析性思维	稳定的情绪	
优秀教师胜任特征	提升的动力	倡导责任感	理解他人
	自我控制	专业知识与技能	情绪觉察能力
	挑战与支持	自信心	概念性思考
	自我评估	效率感	

① 徐建平. 教师胜任力模型与测评研究［D］. 北京：北京师范大学，2004：40.

罗小兰（2010）在《中学教师胜任力模型探究》①一文中，介绍了由9个特征因素群和28项具体的胜任力特征共同构成的完整的中学教师胜任力模型（表4-2-3）。

表4-2-3 中学教师胜任力模型

因素群	胜任力特征
关系特征	构建和谐师生关系、合作关系、沟通技能、关心学生
成就动机	持续学习、责任心、进取心
长远规划	对学生的积极性建构、长期性发展规划
外界支持	获得认同感、社会支持
认知特征	分析性思维、概括性思维、灵活性、创造性
教学智能	教学技能、专业知识
人格特征	耐心和宽容、热情、影响力、自信
管理能力	教学管理能力、决策力、公平性、信息搜集能力
情绪特性	教育机制、情绪控制、敏感性

范文翔、陈盼盼、龚靖（2022）在《STEAM教师胜任力模型构建实证研究》②一文中，给出了由个人特质与STEAM学科基础、创建与维护STEAM学习空间、设计与开发STEAM学习活动、组织与实施STEAM教学活动、专业发展与STEAM竞赛指导等5个维度31个胜任力要素组成的中小学STEAM教师的胜任力模型（图4-2-2）。

总起来看。对于教育教学工作来说，教师胜任力是能将工作绩效高的优秀教师与绩效一般的普通教师区分开来的个体特有的和内在的特征，是教师个体的动机、自我概念、知识、能力、行为、情感以及人格特质等在特定情境中的综合反映。教师胜任力模型清楚地表明了什么样的教师才是优秀教师、如何区分或衡量优秀教师和普通教师。由教师胜任力模型可以看出，优秀教师和普通教师的区别主要表现在教育的使命感、专业精神和工作的自发性、对成就的动力和渴望、对知识的渴望和学习兴趣上。实践证明，优秀教师具有三方面的共同特点：一是具备专家级知识和技能水平，拥有丰富的经验策略，能够有效地解决所面临的教学问题；二是心态好、效率高，能够克服各种困难、集中精力去完成所承担的任务；三是具有创造性见解，善于创造性地解决问题。

① 罗小兰. 中学教师胜任力模型探究［J］. 教育理论与实践，2010（12）：52.

② 范文翔，陈盼盼，龚靖. STEAM教师胜任力模型构建实证研究［J］. 开放教育研究，2022（4）：90.

根据教师胜任力模型中指标要素，教师可以从知识、技能、态度、性格入手，有针对性地提升自己，掌握优秀教师应具有的素质并展现出来，努力提高工作绩效。

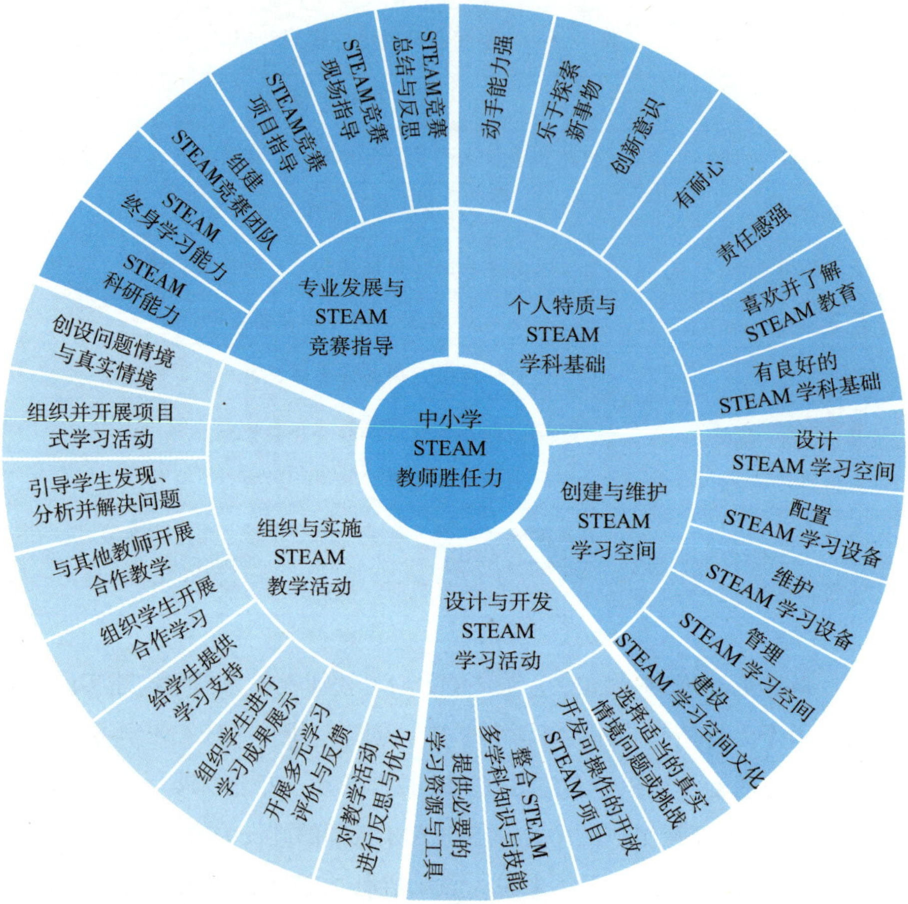

图4-2-2　中小学STEAM 教师胜任力模型

二、中小学海洋教育教师胜任力模型与胜任力培养

（一）中小学海洋教育教师胜任力模型

中小学海洋教育教师包括海洋教育专职教师和学科兼职教师；从海洋教育与学科教学融合实施的角度看，所有学科教师皆可视为海洋教育教师。

教师胜任力模型以及国家中小学教师专业标准等提供了教师胜任力的通用模型或标准。近十几年来，有不少研究者针对不同岗位的教师胜任力开展了研究，这些研究对于学科教师专业成长和胜任力培养都发挥了积极作用。

叶星宇（2021）通过文献查阅、调查分析以及访谈等方式，专门研究了中小学海洋教师胜任力问题，并构建了中包含7个一级指标、30个二级指标的中小学海洋教育教师胜任力模型（表4-2-4）。

表4-2-4　中小学海洋教育教师胜任力模型①

维度	一级指标	二级指标
显性海洋教学胜任力	与海洋相关的知识	内容知识 针对海洋教学策略的理论知识 辅助海洋教学的技术知识 整合海洋教学内容与技术的知识
	设计教学能力	制定海洋教学目标 学情分析 教学模式与策略选择 能够利用信息技术手段快速获取知识的能力 学习环境的准备与设计
	教学实施能力	组织海洋教学课程的能力 与海洋领域相关的实操能力 授课表达能力 课堂交互与即时反馈 相关学科与海洋领域知识等教学技能 教学技术应用 开展海洋教学的实施能力 开展海洋教学的评价能力
隐性海洋教学胜任力	动机	个性 偏好
	创新能力	求知和探索精神 关注海洋教育体系的创新 关注并尝试海洋研究机制创新
	社会角色	教育使命感和责任心 教学交往的素养 以海洋特点为性格培养教育 “海商”教育的培养特点
	教学态度	对海洋的态度 全面的海洋教育观 终身学习与海共生的可持续发展理念

为了凸显海洋教育的海洋素养培养导向、提升中小学海洋教育的水平，中国海洋

① 叶星宇. 中小学海洋教育教师胜任力模型研究［D］. 青岛：中国海洋大学，2021：38.

大学海洋文化研究中心研究人员在查阅大量文献和调查研究的基础上，建构了海洋素养培养导向的中小学海洋教育教师胜任力模型（图4-2-3）。

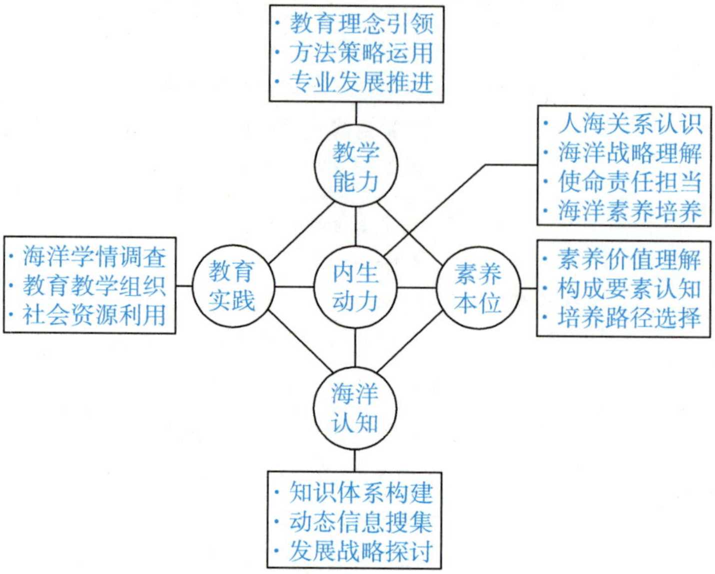

图4-2-3　海洋素养培养导向的中小学海洋教育教师胜任力模型

海洋素养培养导向的中小学海洋教育教师胜任力模型所示胜任力行为特征包括内生动力、教学能力、素养本位、海洋认知和教育实践5个维度共16个要素。

内生动力　“人海关系认识”指具有对人类与海洋建立和谐共生关系的重要性的正确认识，并建立起科学的海洋价值观；“海洋战略理解”指对构建海洋命运共同体理念、建设海洋强国的重大意义，以及开展全球海洋治理的必要性形成了深刻理解；“使命责任担当”指对建设海洋强国、实现中华民族伟大复兴具有强烈的使命感和责任感，对推动全球海洋治理持有积极的态度；“海洋素养培养”指对海洋教育应以培养学生的海洋素养为导向具有清晰的认识，并积极主动践行这一认识。

教学能力　“教育理念引领”指能够通过教育理论学习，以先进的教育理念引领海洋教育教学行为；“方法策略运用”指在海洋教育教学过程中能够科学地运用有关的教育教学方法和策略，提高海洋教育教学水平；“专业发展推进”指注重关于海洋教育教学的专业发展，不断提升海洋教育教学能力。

素养本位　“素养价值理解”指能够正确地理解海洋素养的重要意义，在海洋教育教学过程中自觉地培养学生的海洋素养；“构成要素认知”指能够正确掌握学生海洋素养各层面要素的含义，在海洋教育教学过程中准确地落实海洋素养培养要求；“培养路径选择”指了解中小学生海洋素养的各种培养路径，能够根据教育教学实际有效地选择中小学生海洋素养的培养路径。

海洋认知　“知识体系构建”指能够通过学习建构起科学的海洋教育知识体系，明确所担负的海洋教育任务所涉及的海洋知识在海洋知识体系中的地位和作用；“动态信息搜集”指关注海洋动态和信息，并选择适宜的动态和信息创设海洋教育教学情境，引导学生通过探究真实的海洋问题培养和发展有关的海洋素养；“发展战略探讨”指研究国家关于发展海洋事业的战略部署，明确海洋教育教学的方向和重点，优化学生海洋素养的培养和发展。

教育实践　“海洋学情调查”指善于对学生关于海洋知识和海洋意识等方面的情况进行调查研究，确定海洋教育教学的起点和重点；“教育教学组织”指能够科学地设计和实施海洋教育教学活动，并保证海洋教育教学活动的有效进行；“社会资源利用”指能够充分利用各种能够社会资源开展教育教学活动，引导学生在海洋实践活动体验中培养和发展海洋素养。

从中小学海洋教育教师胜任力模型的要素构成可以看出，中小学海洋教育教师要全面学习海洋知识，掌握中小学海洋教育知识体系，提高自身的海洋认知素养，从而能够准确地、多角度地、灵活地将学科教学的知识内容与海洋教育的知识内容有机地结合起来开发、设计海洋教育活动，提高海洋教育的有效性；要认真学习海洋教育的理论，掌握海洋教育的规律和特征，并将海洋教育理论和一般教育教学理论有机结合起来，增强用科学的教育理论指导海洋教育实践的自觉性和主动性，努力提高海洋教育活动的科学性；要加强海洋教育的实践研究，不仅在校内教育活动中研究，还要走出校门到海洋部门和机构进行研究，探求中小学海洋教育的有效实施途径；要加强对于学情的研究，了解学生对于海洋教育的需求，探求学生发展海洋素养的规律，办受学生欢迎的海洋教育，真正把培养和发展学生海洋素养的任务落到实处；要加强理论与实践相结合的课题研究，做一名研究型海洋教育教师，在课题研究的过程中有所发现、有所创新，不断地提升海洋教育教学能力。

周增为（2023）在《教师胜任力的模型与实现策略》[①]一文中指出，胜任力研究需要教师具备完整的知识体系，这是教师必要的素养，但教师职业的特征决定了教师胜任力核心是重新认识人与人的关系。这是一种系统性的认识，教师需要知道不同的学生对知识体系的不同关联，且要深入地研究哪些要素引起这种不同关联，教师在实践推进的过程中，逐步构筑让教育进一步发生的条件，即创设特定的教育环境，提供有针对性的学习资源，建立人际信任，改善个体情绪，学习才能有效地发生。

---

① 周增为. 教师胜任力的模型与实现策略［N］. 中国教育报，2023-09-01（9）.

（二）专业发展——中小学海洋教育教师胜任力培养的重要路径

1. 教师的专业发展的含义

1972年，英国发表“詹姆斯报告”——《教师的教育与培训》，首次提出“培养、任用、培训”的教师教育“三阶段理论”。自此以后，构建“教师教育一体化”模式促进教师专业发展成为教师教育与培训的基本方向。所谓“教师教育一体化”，指的是为了适应学习化社会的需要，以终身学习与终身教育思想为指导，根据教师专业发展的理论，对教师职前、入职和在职教育进行全程的规划设计，建立起教师教育各个阶段相互衔接的、既各有侧重又有内在联系的教师教育体系，连续地、持续地促进教师的专业发展。

在我国，党和政府高度重视师资队伍建设。2018年1月20日，中共中央、国务院印发了《关于全面深化新时代教师队伍建设改革的意见》。文件指出：“各级党委和政府要从战略和全局高度充分认识教师工作的极端重要性，把全面加强教师队伍建设作为一项重大政治任务和根本性民生工程切实抓紧抓好。”“到2035年，教师综合素质、专业化水平和创新能力大幅提升，培养造就数以百万计的骨干教师、数以十万计的卓越教师、数以万计的教育家型教师。”2018年2月11日，教育部等五部门又印发了《教师教育振兴行动计划（2018—2022年）》，明确提出要全面提升教师素质能力，努力建设一支高素质专业化创新型教师队伍。这两个文件的重要意义在于将教师视为教育的第一资源，将教师的发展永远置于首位，使我国教师专业发展进入新的改革阶段。教师专业发展现已成为当前教育改革关注的焦点，进一步理解和把握教师专业发展的内涵和实质、探索教师专业发展的途径和模式、努力实现教师专业发展的目标已成为中小学教育发展中的当务之急。

教师专业发展主要是指教师作为专业人员，在内外机制的促进下专业结构不断更新、演进和丰富，由一个专业新手教师逐渐向专家型教师成长的过程。

教师专业发展具有主体性、终身性、连续性与系统性等特点，它贯穿于教师的职业生涯的全过程。

2. 教师的专业素养结构

教师专业发展就是教师专业素养的形成和发展的过程。作为一名优秀教师，应努力提升自身的专业素养。

杨瑞勋（2021）在《中小学教师专业发展的师徒制研究》①一文中指出，关于教师的专业素养内容与结构，不同学者从不同视角展开研究并获得一些重要成果，具有代表性的有叶澜提出的教育理念、知识结构、教育能力三因素结构，曾荣光提出的专业知识、服务理想二因素结构，申继亮、辛涛提出的职业理想、知识水平、教育观念、自我

① 杨瑞勋. 中小学教师专业发展的师徒制研究［D］. 天津：天津师范大学，2021：21.

监控能力、教学行为与策略多因素结构，林瑞钦提出的所教学科的知识、教育专业知能、教育专业精神三因素结构等。作为一名优秀教师应主动提升自身的专业素养。

我国著名教育家叶澜（1998）在《新世纪教师专业素养初探》①一文中指出，教师的专业素养结构由教育理念、知识结构、教育能力三个相互联系的因素所构成。

教育理念 教师应具有符合时代精神的教育理念，主要包括通过正确认识教育的未来性、生命性与社会性形成的三种新理念。一是新的教育理念。首先，明确基础教育的主要任务是培养学生适应未来社会生活的能力。其次，明确教师对学生身心发展具有重要作用。其三，明确教育应向社会和全体公民负责，也应更多地依靠社会和家庭的支持。二是具有新的学生观。首先，明确学生是发展中的潜在个体，应将学生视作尽管暂时还显稚嫩却拥有顽强的生命力以及拥有并可能实现的强烈发展愿望。其次，明确学生是不可忽视和替代的学习主体，具有学习的主观能动性，能积极参与教育活动。其三，明确学生之间存有个别差异，应真正重视和尊重学生的个性差异与特长。三是新的教育活动观。首先，明确教育活动是师生之间心灵沟通、交流的"桥梁"。其次，明确教师应树立多元教育活动观，围绕教学活动创设更多机会，让学生走出课堂和校园，到广大的社会中去学习和实践，促进身心全面发展。

知识结构 教师应具备立体的、多层次复合而成的知识结构。处于基础层的专业知识包括当代科学基本知识与人文基本知识、扎实的工具性学科知识与熟练运用知识的技能。处于中层的是能具备1～2门相近或相远学科的专门知识与技能，可按兴趣选择，但内容应是所进行教学工作的基础。第三层是教育学科类知识，首先具备心理学、教育学原理、教育管理学、教学设计、现代教育技术手段应用的知识，其次具备教育科学研究的知识。

教育能力 随着现代社会发展速度越来越快，教师需要教师具有更高更新的能力。首先是社会交往的能力，主要包括教师与学生、教师之间、教师与学生家长之间的交往能力。其次是管理能力，主要包括教师对教育活动决策与设计的能力、作为学生组织者与领导者的管理能力。其三是教育研究能力，主要是指教师对学生科学研究的和对教育实践问题的研究能力。

教师专业发展是教师培养胜任力的重要路径。根据中小学海洋教育教师胜任力模型指标要素的要求，运用海洋研究和教育研究的新成果，不断地促进海洋教育教师的专业发展是保持中小学海洋教育师资队伍活力的重要保障。目前海洋教育教师专业发展的重点包括两个方面：一是掌握海洋教育的理论，明确海洋教育的任务，掌握海洋教育的内容，熟悉海洋教育的方法；二是增强海洋教育的责任担当，激发开展海洋教育的积极性和主动性，有效地推进海洋教育。

---

① 叶澜. 新世纪教师专业素养初探［J］. 教育研究与实验，1998（1）：41-46.

第三节　中小学海洋研学导师胜任力及其培养

海洋教育的实践性决定了海洋研学是中小学海洋教育的重要方式，而承担海洋研学指导任务的海洋研学导师的胜任力水平则是决定海洋研学效果高低的关键因素。

一、中小学海洋研学导师胜任力与胜任力模型

（一）中小学海洋研学导师概念界定

中小学海洋研学导师包括中小学海洋研学旅行指导师和海洋基地、营地研学实践指导教师。

2016年12月国家旅游局发布的《研学旅行服务规范》，将研学导师定义为“在研学旅行过程中，具体制订或实施研学旅行教育方案，指导学生开始各类体验活动的专业人员”。

2019年中国旅行社协会等单位制定的《研学旅行指导师（中小学）专业标准》进一步明确了研学旅行指导师定义，指出研学旅行指导师是“策划、制定或实施研学旅行课程方案，在研学旅行过程中组织和指导中小学学生开展各类研究学习和体验活动的专业人员”。

具体说来，研学旅行指导师是指在研学旅行过程中，策划、制定或实施研学旅行课程方案，组织和指导中小学生开展各类研究学习和体验活动，服务于中小学生，具备教育教学能力和导游服务能力的复合型专业人才，主要是研学旅行相关企业中担任相关职位的人员。

山东省教育厅、山东省发展和改革委员会、山东省文化和旅游厅多部门发布的《山东省省级中小学生研学基地管理办法（试行）》规定，每个研学基地、营地需要配备专业研学实践指导教师，提供面向中小学生群体的专业讲解和指导服务，明确了基地、营地研学实践指导教师的任务和职责。

2023年，中国海洋学会发布《海洋研学导师等级划分及评价方法》《海洋研学基地（营地）等级划分及评价方法》两项团体标准，指出海洋研学导师是指导学生开展海洋研学活动的专业人员，是海洋研学的领导者、组织者、指导者、研究者、设计者及共同学习者，应具备良好的个人素养、丰富的海洋知识和对研学实践的深刻理解。

二、中小学海洋研学导师胜任力

（一）中小学海洋研学旅行指导师胜任力与胜任力模型

研学旅行的复杂内涵体现在研学旅行是一种教育和旅行有机融合的活动上。研学旅行不同于大众旅游，因为服务的对象是中小学生，他们自主学习能力、自我规划能力、自我控制能力、安全防范意识等都较弱；研学旅行又不同于一般的课堂学习，因为学习的地点通常是校外的研学基地、营地或是大自然，面临各种风险要素，这就决定了研学旅行从业者必须同时要满足教育和旅游的双重要求。

2019年中国旅行社等单位制定的《研学旅行指导师（中小学）专业标准》，对中小学研学旅行指导师提出具体要求。

《研学旅行指导师（中小学）专业标准》有关要求

1. 专业态度

（1）专业认识。

① 认识开展研学旅行的意义，热爱研学旅行指导师事业，具有职业理想和敬业精神。

② 认同研学旅行指导师的专业性和独特性，注重自身专业发展，具有终身学习的意识。

③ 重视学生身心健康，将保护学生生命安全放在首位，促进学生的全面发展。

④ 注重人格魅力和学识魅力教育感染学生，做学生健康成长的指导者和引路人。

（2）专业准则。

① 维护学生合法权益，尊重个体差异，平等对待每一位学生。不讽刺、嘲笑、歧视学生。

② 遵守教师和导游的职业行为规范，品行端正，为人师表，身心健康，无传染性疾病，仪容仪表举止得体。

③ 精心制订和实施研学旅行课程方案，完成研学目标，确保安全，让学生拥有快乐有意义的研学旅行生活。

④ 在研学旅行活动中，不得出现违背党的路线方针政策的言行，不得发表错误观点和编造散布虚假信息、不良信息，不得出现损害国家利益、社会公共利益或违背社会公序良俗的行为。

2. 专业知识

（1）研学旅行知识。

① 掌握研学旅行政策法规知识，掌握相关研学旅行目的地及基地、营地的情况。

② 掌握研学旅行组织和服务知识、文明旅游知识和旅行常识。

③ 掌握研学旅行安全风险管理知识，熟悉基本的安全防护救护知识与灾害应急常识。

④ 掌握研学旅行课程方案设计、课程及体验活动实施等知识。

（2）教育教学知识。

① 了解中小学教育教学理论，熟悉学生的认知规律和教育心理学的基本原则和方法。

② 了解新课程改革方向和相关理论，掌握新课程中的教学观和学生观。

③ 了解中小学课程结构和课程类型，熟悉中小学综合实践活动课程内容。

④ 熟悉课程资源开发、管理与利用的方法，掌握研学旅行课程教学知识。

（3）通识性知识。

① 了解保护青少年健康成长方面的有关法律法规知识，熟悉中小学教育的基本情况。

② 了解我国各类非物质遗产和各民族风俗，掌握相应的乡情、县情、省情和国情。

③ 了解相应的自然、人文、社会科学知识，掌握与研学旅行课程方案直接相关的学科内容（编者注：中小学海洋研学旅行指导师应熟悉海洋教育知识体系，掌握必备的海洋知识）。

④ 熟悉现代化的信息技术知识。

3. 专业能力

（1）研学旅行课程方案设计。

① 具有较强的语言文字表达能力，能正确设计或修订完善研学旅行课程方案，保证方案的教育目标正确，教育主题鲜明，教学内容丰富。

② 能从学情和乡土乡情、县情市情、省情国情出发，能根据学校要求和基地营地拥有资源两方面考虑，合理设计出适合不同年龄段学生的研学旅行课程方案。

③ 能将知识、能力和情感（价值观）三维目标设计在研学旅行课程方案中，并能融合在研学旅行的行前、行中和行后各个阶段。

④ 应遵循教育性、实践性、安全性、公益性四大原则设计研学旅行课程方案，能引导和帮助学生设计完成课程研学计划。

⑤ 能合理利用各种资源，开发自然类、历史类、地理类、科技类、人文类、体验类等多种类型的活动课程，设计的研学旅行课程方案能体现出自主性、探究性、体验性、互动性、趣味性等特点。

（2）研学旅行组织与实施。

① 具备良好的组织管理能力、沟通协调能力、教育教学能力和安全保障能力，能将研学旅行的教育目标落实到具体的课程计划中，确保研学旅行安全有序地实施。

② 充分做好行前准备工作。开好行前预备会议，向各方宣传解读研学旅行课程方案。检查各项课程准备工作，关键环节实地查看，确保万无一失。

③ 做好行中组织监督管理工作。应将预先设计课程内容和活动环节一一落实，在旅游车上组织好移动课堂，督促基地营地按方案执行，让所有学生完成预定的研学任务。

④ 做好行后总结评价工作。应灵活运用多种评价方法，客观公正反馈研学成绩，组织好

研学旅行成果汇报，利用评价结果促进学生全面发展和健康成长，同时完善研学旅行课程方案以及研学旅行组织工作。

（3）研学旅行激励与评价。

① 运用过程性评价。在研学方案中应在每一个重要环节中适时设计评价，发现和赏识每位学生的进步，给予学生恰当的评价和指导，通过过程性评价激励学生进行积极的自我评价。

② 采用多元化评价。评价主体、评价对象、评价内容应多元化，对学生的研学态度、研学能力和方法、研学结果等方面进行综合性评价。宜采用激励性语言评价学生的研学过程，用描述性语言评价学生的研学成果。发挥评价的激励作用。研学评价要从学生的原有基础出发，尊重学生的个性特点，强调以鼓励为主的发展性评价。宜采用研学任务卡、研学任务书、研究报告、游记、研学作品等多种形式对学生进行激励性评价。

（4）持续发展。

① 反思提升。不断收集、分析、反馈相关信息，总结反思改进研学工作。

② 不断进行知识的重组融合，提高研学课程再开发的能力。

③ 不断学习现代新技术、运用新技能，探索提高研学效果的新方法。

④ 不断学习旅游和教育领域的最新知识，开创研学旅行工作新的模式与途径。

基于胜任力冰山模型（知识、技能、特质、自我概念、动机五维度），通过文献分析法、工作日志法和行为事件访谈法等多种方法，桑琳洁（2020）分知识、技能、特质、自我概念、动机五个维度共40项对研学旅行指导师的胜任特征进行了描述；其中，知识维度有6个胜任特征，技能维度有12个胜任特征，特质维度有12个胜任特征，自我概念维度有4个胜任特征，动机维度有6个胜任特征。①

表4-3-1 研学旅行指导师胜任特征及其行为特征描述

维度	胜任特征		行为与特质描述
知识	研学旅行知识	研学旅行政策及法规	了解与熟悉国内外研学旅行相关政策及法规
		安全防范及应急管理	了解与熟悉研学旅行国家及所在区域安全管理防范及应急管理知识
		导游基础及导游业务	了解与熟悉导游服务业务与规范等基础知识
	教育教学知识	课程与教学知识	了解与熟悉研学旅行课程与教学的内涵、内容与方法
		学生心理知识	了解与熟悉不同年龄阶段中小学生的心理特点
		研学专题知识	了解与熟悉研学旅行主题与目的地的专题知识

① 桑琳洁. 研学旅行导师胜任力模型建构与应用研究［D］. 华南师范大学，2020：71-73.

续表

维度	胜任特征		行为与特质描述
技能	课程开发	信息收集	能根据研学旅行主题与目的地收集相关资料并进行归纳梳理
		需求分析	能采取一定方法对学生、学校及家长的相关需求进行评估
		快速学习	能通过多种手段和途径，在短时间内学习指定的知识和技能
		文字表达	能运用语言文字阐明自己的观点、意见或抒发思想、感情
		课程设计	能根据需求、研学主题和目的地设计研学旅行课程方案及配套教学工具
	课程实施	课堂教学	能根据研学旅行课程方案进行研学旅行课堂教学
		学生管理	能在研学旅行过程前、中、后对学生进行组织和管理
		成果管理	能在研学旅行中和后对学生的作品和成果进行保存、管理和归档
		评价指导	能在研学旅行中和后对学生的表现和成果进行评价和指导
		记录报告	能在研学旅行前、中、后对学生情况进行记录，并向家长和学校报告
		应变能力	面对突发事件可以迅速找到合理的解决方案
		沟通能力	能顺畅与同伴、学生交流，能把人际关系处理得融洽得当
特质	人格特质	外倾型	拥有乐观开朗、善于社交的人格特质
		领导型	拥有正义公平、指引方向、果断决策的人格特质
		监督型	拥有督促和管理学生的人格特质
		执行力	贯彻课程方案，完成预定教育教学目标的操作能力
		亲和力	在态度、神情等方面给学生一种愿意亲近和接触的力量
	思维特质	大局观	对全局形势进行全面分析、观察和判断
		跨学科	能够超越学科边界进行思考
		反思型	能够经常进行反省和思考
		创新型	拥有有别于常规或者常人的独特的思维方式
		服务型	拥有为学生、家长提供热情、周到、主动的服务的欲望和意识

续表

维度	胜任特征		行为与特质描述
特质	形象特质	良好外观	拥有良好的精神面貌和外形气质
		良好声音	声音条件好，亲和，耐听
自我概念	教育者		把自己视为传授学生知识和技能的人
	安全员		把自己视为对学生的表现和成果进行评价和指导的人
	合作者		把自己视为与同事、学生互帮互助、共同完成任务的人
	组织者		把自己视为组织学生与活动的人
动机	个人发展		认为工作能锻炼和提升个人知识和能力
	成就动机		对工作的完成有很高的定位和期待，强烈追求成就的持续性愿望
	经济回报		认为通过工作可以获得一定的经济回报
	服务社会		认为工作可以回报和服务社会
	培养子女		认为工作可以提升自己培养下一代的能力
	服务学生		认为工作可以服务于学生的发展与成长

闫昕蕊（2022）在《研学旅行导师胜任力模型建构与实践验证》①一文中，给出了研学旅行导师胜任力模型（表4–3–2）和研学旅行导师胜任力特征具体内涵（表4–3–3）。

表 4–3–2　研学旅行导师胜任力模型

因子	因子名称	胜任力特征
1 知识 K	1.1 专业知识	1.1.1学科专业知识
		1.1.2 教育学知识
		1.1.3导游必备知识
2 技能 S	2.1 课程开发与实施	2.1.1信息收集与开发
		2.1.2课程设计
	2.2 安全管理	2.2.1安全急救
		2.2.2灵活机动
	2.3 团队管理	2.3.1团队合作
		2.3.2组织协调能力
		2.3.3 沟通交流能力

① 闫昕蕊. 研学旅行导师胜任力模型建构与实践验证［D］. 重庆：西南大学，2022：33–35.

续表

因子	因子名称	胜任力特征
3 特质 T	3.1 性格特质	3.1.1 领导力
		3.1.2 执行力
	3.2 思维特质	3.2.1创新意识
		3.2.2服务意识
4自我概念 C	4.1 教育者	
5 动机 M	5.1 服务社会，培育下一代	
	5.2 个人发展	
	5.3 成就动机	

表4-3-3　研学旅行导师胜任力特征具体内涵

因子	因子名称	胜任力特征	具体内涵
1 知识 K	1.1 专业知识	1.1.1 学科专业知识	所教学科所必需的专业知识
		1.1.2 教育学知识	了解不同学段中小学生心理特点，并熟悉研学旅行的基本内涵和教育功能
		1.1.3 导游必备知识	熟悉导游的职责与业务
2 技能 S	2.1 课程开发与实施	2.1.1 信息收集与开发	根据不同学情，结合研学旅行的目的地具体情况，搜集相关资料并进行归纳整理
		2.1.2 课程设计	根据搜集到的研学旅行相关资料，制订本次研学旅行活动的具体实施方案
	2.2 安全管理	2.2.1 安全急救	预知研学旅行活动中可能出现的各类安全问题，并能提出应急预案和急救方法
		2.2.2 灵活机动	能灵活科学应对研学旅行过程中出现的各类问题，并给出合理的解决办法
	2.3 团队管理	2.3.1 团队合作	能引导学生加强团队合作，用团队的力量圆满完成研学旅行，实现研学旅行目的
		2.3.2 组织协调能力	能统筹规划整个研学旅行队伍，协调各项事务
		2.3.3 沟通交流能力	能与学生顺畅沟通，交流学习和内心想法

续表

因子	因子名称	胜任力特征	具体内涵
3 特质 T	3.1 性格特质	3.1.1 领导力	有公平公正、果断决策、掌控方向的人格特质
		3.1.2 执行力	贯彻执行研学旅行教育目的，完成预设教学目标的一系列科学操作
	3.2 思维特质	3.2.1 创新意识	拥有区别于常人的思维方式
		3.2.2 服务意识	拥有为学生提供全面贴心周到服务的意识和理念
4 自我概念C	4.1 教育者		将自己已有知识、技能、品质传递给学生的定位
5 动机 M	5.1 服务社会，培育下一代		认为自己的工作有益于社会和下一代发展，甘愿付出
	5.2 个人发展		认为自己的工作可以锻炼个人知识技能，培育优秀人格
	5.3 成就动机		高要求自身工作的完成质量，强烈追求持续成就

（二）海洋教育基地、营地研学实践指导教师胜任力标准

中小学海洋教育基地、营地研学实践指导教师专门从事中小学海洋基地、营地研学指导工作。为了引导中小学海洋基地、营地研学实践指导教师提升研学实践指导能力，中国海洋大学海洋文化教育研究中心研究人员通过参考文献、调查研究，参考胜任力模型，初步制定了中小学海洋教育基地、营地研学实践指导教师胜任力标准。

中小学海洋教育基地、营地研学实践指导教师胜任力标准

1. 专业认识

（1）认识海洋教育是学校教育的重要组成部分；了解海洋教育对于我国建设海洋强国和学校落实立德树人教育根本任务具有重要意义。

（2）认识海洋研学是海洋教育的重要实施方式，对于推动海洋教育的开展具有重要意义；热爱海洋研学事业，具有职业理想和敬业精神。

（3）认识海洋研学是研究性学习的重要方面；了解研究性学习是先进的教育手段，对于培养学生素养具有重要意义。

（4）认识中小学海洋教育基地、营地研学的专业性和独特性，了解中小学海洋教育基地、营地研学实践指导教师的职责和任务，注重自身专业发展，具有终身学习的意识。

（5）认识职业行为规范、品行端正、为人师表的重要性；注重以人格魅力和学识魅力教育感染学生，做学生健康成长的指导者和引路人。

2. 专业知识

（1）海洋知识。

① 熟悉中小学海洋教育知识体系，具有较高的海洋知识素养。

② 精通所负责的中小学海洋研学领域的海洋专业知识，具有较强的利用海洋专业知识分析、解决有关海洋问题的能力，能熟练地运用海洋专业知识指导学生在海洋研学过程中提升海洋知识水平。

③ 了解新课程的课程体系、课程标准，熟悉与所负责的中小学海洋研学领域相关联的中小学学科知识，以便引导学生利用有关的学科知识进行海洋研学。

④ 关注海洋研究的新成果和海洋事业发展的新成就，能及时地将这些新成果、新成就应用于研学指导中。

（2）教育学与教育心理学知识。

① 掌握现代教育教学理论，了解中小学教育规律，能够按照中小学教育的规律开展基地、营地海洋研学活动。

② 熟悉中小学生的心理活动特征和认知水平，能够据此进行不同学段、不同情况的中小学生海洋研学活动方案的设计和活动方案的实施。

③ 了解新课程改革方向，掌握新课程中的教学观和学生观，熟悉中小学综合实践活动课程内容以及课程资源开发、管理与利用的方法。

④ 掌握研究性学习的意义、特点和规律，增强以研究性学习为主要学习方式的现代教学理念。

⑤ 掌握科学的评价方法，合理选取和运用评价工具，科学规范地评价学生的海洋研学活动。

（3）通用知识。

① 熟悉基本的安全防护救护知识与灾害应急常识，能够确保海洋研学活动中的学生安全。

② 熟悉现代化的信息技术知识。

3. 专业能力

（1）能熟练地掌握研究性学习策略组织基地、营地海洋研学活动，保证活动的教育目标正确、教育主题鲜明、教学内容丰富，有效地指导学生的研究性学习。

（2）能经常与学校保持联系，了解学情和教情，能根据学校要求和基地营地拥有资源两方面考虑，合理设计出适合不同年龄段学生的基地、营地海洋研学活动。

（3）能采用多元化评价。评价主体、评价对象、评价内容应多元化，对学生的研学态度、研学能力和方法、研学结果等方面进行综合性评价。

（4）具备良好的组织管理能力、沟通协调能力和安全保障能力，能确保基地、营地海洋研学活动安全有序地实施。

4. 专业品质

（1）认真学习习近平新时代中国特色社会主义思想，以社会主义核心价值观指导自己的言行，遵守教师的职业行为规范，不出现违背党的路线方针政策的言行，不发表错误观点和编造散布虚假信息、不良信息，不出现损害国家利益、社会公共利益或违背社会公序良俗的行为。

（2）具有对海洋研学活动的较强使命感和责任担当，积极热情地组织和开展中小学海洋基地、营地研学活动，精心制订和实施海洋研学课程方案，达成海洋研学目标，让学生拥有快乐有意义的海洋研学生活。

（3）重视对中小学海洋研学的学习，关注中小学海洋研学的发展趋势，积极参与中小学海洋研学的课题研究，不断提升海洋研学的指导水平。

（4）关爱学生，善待学生，重视学生身心健康，将保护学生生命安全放在首位，维护学生合法权益，尊重个体差异，平等对待每一位学生，不讽刺、嘲笑、歧视学生，促进学生的全面发展。

（5）善于反思和总结经验，乐于借鉴“他山之石”，不断学习现代新技术、运用新技能，不断进行知识的重组融合，探索提高海洋研学效果的新方法，提高海洋研学课程再开发的能力。

（6）富有创新精神，敢于质疑，勇于大胆探索，有所发现，有所创造，不断地推出中小学海洋研学的新成果，开创研学旅行工作的新模式与新途径。

三、掌握研究性学习策略——海洋研学导师专业发展的重点之一

基地研学也好，研学旅行也好，核心都是研学，因而海洋基地、营地研学实践指导教师和研学旅行指导师都要认真掌握研究性学习的特点、规律和实施策略。

研究性学习是指学生在教师的指导下，根据自己的兴趣和需求，从自然科学、社会科学、人文科学和自身生活中选取并确定研究课题，用类似科学家进行科学研究的方式，主动地获取知识并应用知识分析、解决问题的学习活动。以知识学习为主的传

统学习不同，研究性学习更加注重获取知识的过程和方法，以及学习过程中学生主观能动性的发挥。

研究性学习的实施一般分为课题确定（提出问题）、课题研究（分析和研究问题）、课题结题（解决问题）三个阶段。

1. 课题确定

本阶段教师要为学生创设真实的问题情境，提供研究范围，确定布置研究任务，并通过开设讲座、组织参观访问、开展信息交流活动、学习研究性学习案例等方式，激活学生已有的知识经验和生活经验，激发学生的探究动机，在此基础上引导学生确定研究课题。

2. 课题研究

本阶段学生实践、体验的内容包括自主探究与合作研讨，提出解决问题的假设，在真实的情境中搜集信息和加工处理信息寻找证据，通过观察、实验、调查等方式并以科学态度运用科学的方法用证据验证假设、得出结论。在这一过程中，教师会向学生提供必备的支持和指导，助力学生的探究活动。

3. 课题结题

在这一阶段，学生要将自己或小组经过实践、体验所取得的收获进行归纳整理、总结提炼，形成书面材料和口头报告材料，进行种形式的成果展示，与同学们交流经验、分享成果。

理论研究和实践探索证明，研究性学习具有以下特点。

1. 主动性

研究性学习的课题由学生根据自己的兴趣和需求自主选择，因而学生具有很强的探究愿望，在学习过程中便会表现出较高的主动性，面对实践自发地研究问题、探求解决问题的途径，从而在实践中获取知识、积累经验、磨炼品格、提高能力、发展素养。

2. 实践性

研究性学习的课题是从实践中产生的，因而研究性学习是一种真实情境下的学习和探究活动，学习过程是在实践中进行的，通过亲身实践获取直接经验，结果具有现实意义。以社会活动为背景，有助于学习者解决现实问题，从而激发好奇心和求知欲，产生学习的内驱力。

3. 开放性

研究性学习的课题是依据学生自身的兴趣和需求由学生自主选择的，因此研究性学习的课题是开放性的；研究性学习中，学生可以根据研究的需要通过不同的途径、采取不同的方法进行学习，因此研究性学习的过程是开放性的；研究性学习所涉及的问题往往没有单一的标准答案，学生需要运用发散思维从不同角度，运用各种观点来分析、解决问题，因此研究性学习的成果是开放性的；研究性学习中，学生可以根据研究的需要广泛利用各种资源，因此研究性学习的资源是开放性的。

4. 过程性

研究性学习既重学习的结果，更重学习的过程，要求学生在过程体验中感受所学知识的应用、熟悉科学研究的方法。这是一个潜移默化的过程，是学生能力提升和素养发展必须经过的过程。

5. 合作性

研究性学习倡导在自主探究基础上的合作研讨，要求学生合作互助、交流分享、共同进步，这与团队合作推动发展的时代趋势是十分吻合的。研究性学习对于学生的合作能力和共处能力的提升大有益处。

6. 专题性

研究性学习是一种针对性强的专题式学习活动，要求学生根据兴趣和需求选择适当的专题开展深入的学习和研究。专题往往具有跨学科性，要求学生充分调动知识体系和认知结构进行综合实践探索，使专题性问题得以解决，并积累专题性问题解决的经验。

杜鹃、卢灵（2020）在《以问题式研学推动海洋教育发展——核心素养下的海洋研学方案设计》①一文中，介绍了与学生生活经验密切相关的海洋垃圾治理专题的海洋研究性学习。

研学主题：守护蔚蓝海洋，我们在行动

一、核心素养框架下的研学目标

表4-3-4 "守护蔚蓝海洋：我们在行动"研学目标

核心素养		具体目标
文化基础	人文底蕴	关注人类的生存与发展；通过艺术和创意来表达自身对海洋生态环境的思考与诉求。
	科学精神	知道什么是海洋垃圾及其危害，了解海洋垃圾的治理状况，掌握其中蕴含的基本知识点（如生态系统、洋流、环境治理等）；具有问题意识，能够独立思考判断，并收集相关资料证据，运用科学的思维方式，多角度、辩证地分析问题；能够不畏困难，勇于探索，积极寻求有效的问题解决方法。

① 杜鹃，卢灵. 以问题式研学推动海洋教育发展——核心素养下的海洋研学方案设计［J］，地理教学，2020（23）：61-64.

续表

核心素养		具体目标
自主发展	学会学习	具有自主学习的意识，掌握研究性学习的方法，能够自觉、有效地获取、评估、鉴别、使用信息。
	健康生活	能够对自己及他人的行为举止进行评估及反思，养成健康文明的行为习惯和生活方式。
社会参与	责任担当	关注海洋垃圾污染所带来的全球性挑战，理解海洋命运共同体的内涵与价值；热爱并尊重自然，认同可持续发展理念，践行绿色生活方式；参与净滩活动等公益和志愿服务，身体力行参与海洋垃圾治理；具有团队意识和互助精神，主动作为，履职尽责。
	实践创新	参与净滩等社会实践活动，具备积极的劳动态度，掌握一定的劳动技能；能够在社会实践中发现问题、提出问题，并依据特定情境和具体条件，选择制订合理的解决方案。

二、问题驱动型研学设计思路

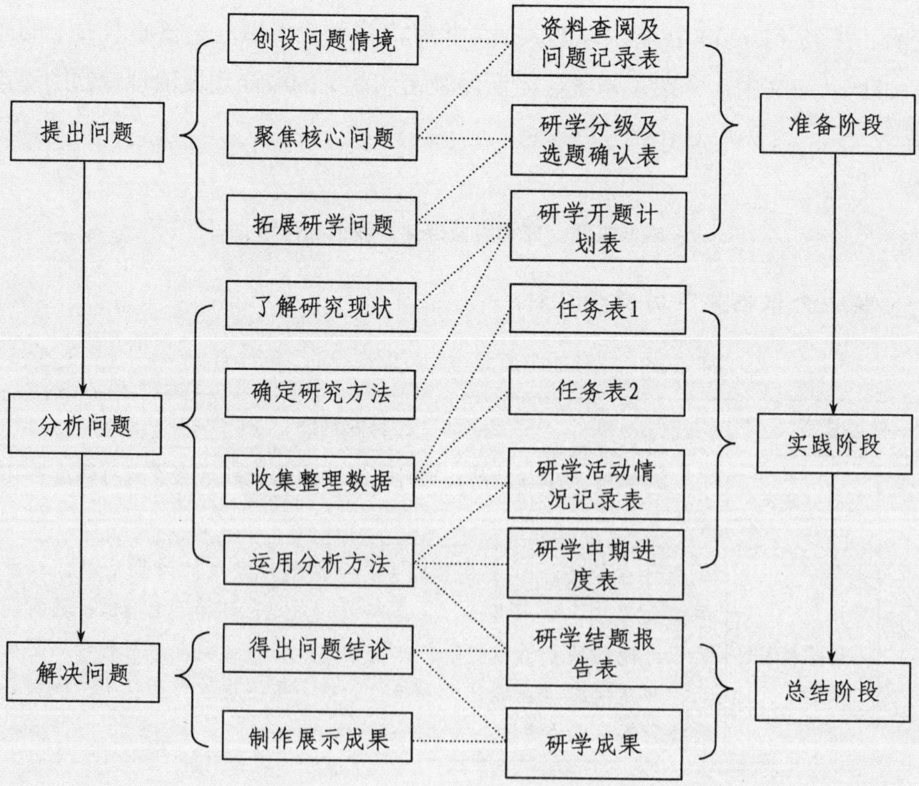

图4-3-1 “守护蔚蓝海洋：我们在行动”研学设计思路

三、表格推进式的研学步骤

1. 准备阶段

围绕“守护蔚蓝海洋：我们在行动”主题，聚焦核心问题，着眼于垃圾的“减量化、资源化、无害化”治理，根据泉州地区资源开发相关线路，考察并落实研学点接待，进行人员安排和资源配置，强化安全管理，制定应急预案，并将与此次研学实践活动相关的事项与内容编制成专题研学手册予以发放。

活动伊始，召集全体参与师生对研学实践进行总体说明，主要内容包括：① 研学实践的基本理念和一般流程；② 海洋垃圾及其治理的基本背景知识；③ 研学方案、实施步骤和具体安排；④ 研学实践安全教育。课上预留足够时间，就学生所关心的事项进行答疑，并引导学生思考与海洋垃圾治理相关的问题，鼓励学生自主查阅相关文献资料。

围绕研学主题，聚焦核心问题预设了部分研学问题作为参考（表4-3-5），鼓励学生提出更加多元化、更具创新性的好问题，并将他们的思考与发问体现在《资料查阅及问题记录表》中。

表4-3-5 “守护蔚蓝海洋：我们在行动”研学问题参考

关注领域	问题驱动
海洋垃圾溯源	海洋垃圾有哪些？它们的源头在哪里？通过哪些渠道进入海洋环境？如何从源头和渠道进行治理？
海洋垃圾监测	海洋垃圾监测的内容有哪些？针对不同类型的海洋垃圾，分别有哪些监测方法？如何应用这些监测方法？有什么不足和需要改进的地方？
海洋垃圾分类管控	垃圾分类与海洋垃圾治理有什么关系？为什么要进行海洋垃圾分类管控？对于不同来源和类别的垃圾，有什么相应的管控措施？
海洋微塑料	什么是微塑料？微塑料从何而来？它们如何进入海洋环境？有什么危害？我们应该怎么做？
减少海洋垃圾的行动	为什么说海洋垃圾和我们的生活息息相关？我们如：何从自身做起，减少海洋垃圾排放？如何带动身边的人一起参与到减少海洋垃圾排放的行动之中？
海洋垃圾全球治理	为什么海洋垃圾治理是全球问题？如何积极应对台风和洋流活动带来的海洋垃圾问题？全球为应对海洋垃圾问题做了哪些努力？我国在海洋垃圾全球治理中扮演什么样的角色？

以学生关注的领域和提出的问题为基础，考虑多元互补，对学生进行分组，每组以4～5人为宜，并配备一名导师。各组成员自行确定小组在研学主题框架下所要探究的具体问题。同时，导师予以适当指导并进行把关，以确保选题方向准确、范围适中、符合学生认知水平、具

备可行性。完成分组及选题后，小组提交《研学分组及选题确认表》。

围绕研学选题，各组通过资料查阅、小组讨论等形式，明确选题背景、研究问题和研究意义；根据具体问题和现实条件，选择适宜收集数据资料的方法和工具，如观察比较、实地走访、问卷调查、深度访谈等，并明确使用特定方法的目的和效果；制定研学时间表以及实施步骤，明确每个阶段的目标、所应完成的任务以及组员具体分工；罗列所需要的设备、材料清单以及来源，确保研学计划具有可行性；拟定预期成果的形式及数量，为研学活动制定明确的目标。经导师认可签字之后，小组提交《研学开题计划表》。

2. 实践阶段

此次研学实践首先将邀请来自高校、海洋环境监测部门和净滩志愿者组织的专家、学者、志愿者们齐聚一堂，就海洋垃圾治理从不同视角分享经验、交流看法，并与广大师生进行答疑互动。“走出去”的第一站来到崇武海洋科普馆。崇武海洋科普馆是全国唯一一家以海洋观测、预报、监测三位一体业务化运行为主题的专业科普展示体验馆。在科普馆中，师生们将了解人类如何走进海洋、认知海洋、领略海洋，现场观摩体验泉州市海洋环境监测预报中心的观测、监测、预报业务工作，并与海洋一线工作者面对面沟通互动，进而加深对海洋环境保护的认识，提高海洋意识。

参观完科普馆，根据实际情况，在确保安全的前提下，选取开阔的公众沙滩，开展研究性净滩活动。以组为单位分发净滩工具（如劳保手套、垃圾筐或蛇皮袋、垃圾分类布、卷尺、电子秤等），并明确标记各组的净滩范围。各组在指定范围内进行垃圾收集，并对收集到的垃圾进行分类、记录、统计，完成任务表1（表4-3-6）。同时，各组选取部分具有代表性的垃圾带回，清洁后进行创意改造，制作海洋环保宣传品。其余垃圾就近倒入垃圾桶或垃圾站内。净滩活动既让师生们以实际行动参与到海洋环保工作中来，又为调研提供了宝贵的数据资料，推进问题的解决。

表4-3-6 “守护蔚蓝海洋：我们在行动”任务表1

<table>
<tr><td colspan="2">净滩日期、时间：</td><td colspan="3">净滩地点、范围：</td></tr>
<tr><td colspan="5">净滩人员：</td></tr>
<tr><td colspan="2">垃圾装袋数量：</td><td colspan="3">垃圾总重量：</td></tr>
<tr><td>垃圾类别*</td><td>数量</td><td>重量</td><td>主要物品</td><td>备注</td></tr>
<tr><td></td><td></td><td></td><td></td><td></td></tr>
<tr><td></td><td></td><td></td><td></td><td></td></tr>
</table>

*垃圾类别主要包括：①塑料类；②金属类；③橡胶类；④玻璃类；⑤织物类；⑥纸类；⑦木制品类；⑧其他。

在亲身体验海洋垃圾溯源并理解其“减量化”的迫切性之后，师生们将进一步探究垃圾末端处理中的“资源化”和“无害化”。来到以“从资源回收到无纺布一条龙生产”为特色的晋江港益纤维制品有限公司，师生们将听取有关技术工艺和循环经济的介绍，参观由垃圾变废为宝而来的各类产品，了解“垃圾大多是放错地方的资源”，深入认识垃圾分类的意义并思考如何从源头上控制海洋垃圾等。造访南安市生活垃圾焚烧发电厂，通过听取关于垃圾焚烧发电工艺的介绍、实地参观中央控制室等各个车间、与工作人员交流等方式，师生们可以了解到垃圾焚烧电厂工艺流程、废弃物处理设施及污染物治理方法等，为探究海洋垃圾治理问题提供有益参考。

经过一系列的研学实践活动，学生对海洋垃圾治理议题有了更深入的认识和思考。让他们以组为单位，完成各项任务，包括：① 以图表的形式说明海洋垃圾有哪些危害；② 选择一类海洋垃圾进行探究，说明它们从何而来、如何进入海洋环境；③ 讨论我们应该如何行动起来，为减少海洋垃圾排放尽一份力，并制定一张行动清单。

实践活动结束后，学生须填写并提交《研学活动情况记录表》，作为实践活动的见证与小结。同时，各组将所收集到的数据资料进行整理、归类，运用逻辑推理及批判性思维，从不同角度分析材料，并通过适当的文字、图表等形式表达出来。导师应给予适当指导，以确保资料收集较为全面、分析客观准确。在此基础上，小组提交《研学中期进度表》。

3. 总结阶段

研学实践结束后，各组需要对收集到的证据进行论证，回应先前的问题或假设，得出结论，制作成果，提交《研学结题报告表》并进行自评及互评。最后，将召集全体参与师生举办研学实践总结报告会，围绕主题“守护蔚蓝海洋：我们在行动”，着眼海洋垃圾“减量化、资源化、无害化”，由各组以自选形式进行成果展示和经验交流，并鼓励与会者积极发问、客观评价，提出宝贵的意见和建议。同时，各组用海洋垃圾制作完成的创意作品，评选出优秀作品并以实物或照片等方式在“世界海洋日”和“世界环境日”等主题活动中，进行线上线下相结合的展示宣传。

（以上节选自杜鹃、卢灵《以问题推进式研学推动海洋教育发展——核心素养下的海洋研学方案设计》）

开展研究性学习评价，不能仅仅凭借最终的成果展示来进行评价，必须将评价贯穿于研究性学习的整个实施过程中、渗透到每一个研究性学习活动环节里。

研究性学习评价有别于传统的只重成绩和结果的评价，应是一种发展性评价、过程性评价，是为了促进学生问题解决能力、实践能力以及合作意识、创新精神的培养和提高的评价；应遵循课内与课外结合、成果与过程结合、指导与激励结合、学校与社会结合、知识与能力结合的原则；要体现评价的开放性，不求结论的标准化、唯一化，鼓励学生标新立异、积极创新，采用不同的方式解决问题；应坚持过程性评价和自我评价为主，辅之以结果性评价和教师与专家评价。

研究性学习评价，不仅对于促进学生的发展具有积极意义，同时也是教师提高研究性学习组织和指导的有效性、确保研究性学习质量的一种重要策略。

从内容上看，研究性学习是一种对来自社会、自然界和自己生活中的课题进行研究与探索的活动，有一定的复杂性和难度，开展过程性研究性学习评价，可以帮助学不断深化对所研究课题的理解，及时纠正研究中的错误思路和做法， 保证研究性学习的健康发展。

从时间上看，有些研究性活动需要的时间较长，如几个月或一学期、一学年，开展过程性研究性学习评价，可以对学生的探究起到督促和激励的作用，保证他们按计划完成研究性学习任务。

第四节 中小学海洋教育师资胜任力培训

中小学海洋教育师资胜任力培养除了教师自身加强学习、研究和实践实现自我成长、自我发展外，还要通过培训来进行。为了提高培训的效率，中小学海洋教育教师，海洋教育基地、营地研学实践指导教师和海洋研学旅行指导师应事先熟悉胜任力培训方式，做到有准备、有针对性地积极参加培训活动。

一、培训与培训需求分析

（一）培训

培训指的是为了确保组成人员具备组织当前和未来发展所需要的能力，组织通过采取特定有效的方法，有计划且有系统地对员工进行培养，从而改善或提高组成人员的知识、技能、综合能力和工作态度等的活动。对于一个企业来说，员工培训一般是指企业实施的具有目的性、计划性、连续性、动态性的有效人力资源管理活动，其目的是立足于企业发展的战略目标，运用科学的方法，有针对性地提高员工的综合素质，以适应当前或今后工作的要求，以及通过提升员工专业技能、交流工作经验、改善工作方法等方式来提高员工的工作绩效水平，实现企业的发展目标。

培训是现代人力资源管理的重要组成部分。早在20世纪中期，诺贝尔经济学奖得主、经济学家Theodore W. Schulitz就指出，单纯从自然资源、实物资本和劳动力的角度，不能解释生产力提高的全部原因，作为资本和财富的转换形态的人的知识和能力是社会进步的决定性原因，但是它的取得不是无代价的，它需要通过投资才能形成，组织培训就是这种投资中的一种重要形式。

师资培训是指对学校或机构内部的教师队伍进行培训、提高教育教学品质和水平的过程。高质量的师资培训是保障教育质量的关键措施。

《国家中长期教育改革和发展规划纲要（2010—2020年）》明确提出，要努力造就一支师德高尚、业务精湛、结构合理、充满活力的高素质专业化教师队伍。而教师培训是加强教师队伍建设的重要环节，是推进素质教育、促进教育公平、提高教育质量的重要保证。

师资培训的基本出发点是使教师个体获得专业发展，进而使教师队伍素质水平得到整体提升。教师专业发展是指教师作为专业人员，在专业思想、专业知识、专业能力等方面不断发展和完善的过程，参加培训是教师专业发展的一种重要途径。

师资培训的本质在于改变教师的思想、观念与行为以及学会创造与发展。这不仅仅体现在参训教师的知识结构、教学能力、思想观念等方面，更体现在参训教师的教育教学实践中。参训教师不是学习、接受事先设计好的培训主旨与内容，而是借助培训改变、整合、创新自己已有的“前理解”，其途径是“视界融合”。这正如伽达默尔在《真理与方法》一书所提出的关于作品的两种“视界”的观点：一种观点是从解释者自身的“成见”出发形成的对作品的预想和“前判断”，即“个人视界”；另一种观点则是作品本身置于其中的“历史视界”，即作品在与历史的“对话”中构成的一种现存的连续性，包括不同时期人们对作品所做的一系列阐释。理解就发生在这两个视界的融合过程中。教师培训过程是一个不同视界对话与融合的过程。教师培训的“历史视界”是不同时期、不同专家学者的一系列阐释。参训教师的“个人视界”是教师拥有的丰富教学经验和自己期望解决的实际问题。对教师培训设计的课程与实施过程、学科本质的揭示与对学科教育教学策略的研究等，要从现实场景中的“真问题”出发，基于“证据”而不是靠“偶发奇想”或“流俗之见”作判断、下结论，这样的培训活动才具有生命力和创新之处。

师资培训的作用机制拥有敞开“前理解”、澄明“事情本身”、建构“新意义”三个核心要素。敞开“前理解”是“视界融合”的前提，每个参训教师的“前理解”都具有历史性，即具有“历史效果”，可能会受历史的限制而具有局限性甚至是偏见和误解。参训教师只有敞开“前理解”，才能产生要研究的“真问题”、发现个人的“成见”与“事情本身”的差异与差距，尤其是“并非由‘事情本身’而来的那种成见（偏见、误解等）的干扰”。澄明“事情本身”主要是澄明教育教学的本质与基本意义、学科实质与逻辑结构、学生学科学习的特点与规律，其过程必须基于事实与证据、前人历经实践检验了的观点或理论。建构“新意义”主要指通过坦诚地敞开、澄明实质并不断地进行教育教学实践与反思，建构关于教育教学的信念（价值观）以及独特的观点与原则。[①]

中小学海洋教育师资队伍是中小学海洋教育事业发展的第一资源，中小学海洋教育师资培训是通过对人力资源的投资为中小学海洋教育事业获取有价值的智力资源提供保障。根据中小学海洋教育的特点，中小学海洋教育师资培训应基于实践场景，以

① 刘加霞. 教师培训何以产生效果：培训促进教师专业发展的作用机制分析［J］. 中小学管理，2014（12）：30-33.

“真问题”为导向，充分尊重参训教师已有的经验，创设条件强化他们在培训活动中的主体地位，真正落实他们的“深度自我反思与实践”，实现他们自我的和与同伴之间的、基于证据和实践的不断追问、对话与研究，因此参与式培训备受青睐。

20世纪40年代，发达国家的扶贫战略——文化移植20世纪50—60年代社区发展战略引入了“参与式”概念。20世纪80年代世界就业大会提出了“参与应当作为人的基本需要”的主张。20世纪80年代末，参与式广泛应用于国际政治、经济、教育、文化等领域，在教育教学领域形成“参与式学习”“参与式教学”模式。后来，参与式培训融合了社会相互依赖理论、认知发展理论、行为主义理论等关于合作学习的基础理论而不断深化，并随着情境学习理论的完善得到了进一步发展，成为在世界范围内广泛应用的一种培训模式。

参与式培训的主要特点是学习任务基于真实工作需要，培训评价基于参训学员的表现；培训过程是交互的，即采用培训导师与参训人员之间互动、参训人员之间交流合作的教学模式；培训导师是参训人员学习的组织者、推动者，参训人员则是探索与反思的实践者并处于培训过程的主体地位；培训以参训人员已有经验为基础，以问题的发现、解决为切入点，以实践活动为内核，以研究探讨为主线，参训人员的自主思考贯穿全程；培训活动具有开放性，培训氛围活跃，培训结果具有创新性。

（二）培训需求分析

培训需求分析是培训体系的重要组成部分之一。

培训是一个系统工程，其流程由与培训相关的各类要素按照顺序组成，主要目的是保障培训活动有序、顺利开展。通常情况下，按照培训流程可以将培训体系划分为四个部分，即培训需求分析、培训计划制订、培训组织实施和培训效果评估。这四个部分相互联系和协同作用，形成了一个完美的闭环体系。

培训需求分析是培训活动中的基石，也是培训流程的首要环节，主要包括组织分析（诊断、发现组织内部各种组成因素存在的问题并分析原因，评估、衡量培训的必要性及迫切性），人员分析（通过了解学员的数量、专业、学历、岗位能力水平、工作态度等基本情况，分析培训的可行性，确定培训内容），岗位分析（明确岗位职责并确定工作任务及完成工作任务所需的业务技能、专业知识和其他综合素质，以确定培训内容）三部分内容。

（三）当前加强中小学海洋教育师资培训的必要性和迫切性

1. 从中小学海洋教育教师的现状看

现在，中小学海洋教育教师少有专职教师，主要是学科教师，他们在完成学科教学任务的前提下兼职从事海洋教育工作，成为中小学海洋教育的主力军，而且随着学科教学与海洋教育融合实施的不断深入，他们在中小学海洋教育中的作用越来越突出。值得注意的是，在这种情况下中小学海洋教育师资队伍建设的随意性问题也随之显现出来。为了完成海洋教育的任务，各校选择的海洋教育教师普遍具有“跨、兼、临”的特点。所谓“跨”是指在既有的学科教学中需要渗透一些海洋知识时，就由该科任教师横“跨”与纵“跨”一下；“兼”是由“主”课教师在完成“主”课教学的同时，再兼任一门海洋教育课程任务。无论是“跨”或“兼”，学科教师都表现出承担海洋教育任务的“自由度”较大，即时性和临时性强，而积极性和主动性不高，最终会影响海洋教育的质量与效果。

另外，从事海洋教育的学科教师在提升海洋教育能力方面往往把功夫仅仅下在掌握海洋知识上，认为海洋教育教师的工作就是向学生传授海洋知识，对学生海洋意识的提升和海洋素养的培养关注度不高；实施海洋教育的方法和策略比较单一，缺乏海洋教育的方法和策略研究，导致海洋教育活动活力不足；缺乏对国家海洋发展相关政策的了解，也不太关注海洋教育的发展状况，影响了海洋教育质量的提高。

2. 从中小学海洋研学导师的现状看

（1）基地、营地研学实践指导教师现状。

从目前的情况看，海洋教育基地、营地研学实践指导教师对于研学指导态度积极、渴望专业胜任，但缺乏先进的教育理念指导，对于研究性学习的特点、规律及实施的方式方法比较陌生，常常满足于一般性讲解，难以组织有效的研究性学习活动，从而影响了研究性学习功能的发挥。除了进一步提升对于研学重要意义的认识、丰富和发展海洋专业知识外，学习必要的教育理论、树立先进的教育理念、掌握研究性学习的实施策略是海洋教育基地、营地研学实践指导教师的当务之急。

（2）研学旅行指导师的现状。

自教育部等11部门联合出台《关于推进中小学生研学旅行的意见》以来，研学旅行市场持续火热。近年来，研学旅行活动广泛开展起来，但研学旅行市场发展过快，出现了课程参差不齐、人才短缺、营地（基地）供给不足等问题。中国旅游研究院发布的《中国研学旅行发展报告2021》指出，人才是制约研学旅行行业发展的主要瓶颈。目前，研学旅行指导师主要由中小学教师和导游群体构成。中小学教师具备一定的学科知识素养和教育教学能力，但是缺乏带队经验和组织能力，对于学生食住行等研学必备环节的安排较为生疏。导游具有丰富的导游经验，但是未从事过教学工作，对于教学方法和学习认知规律尤其是研究性学习了解较少，对于中小学生的身心发展特点缺乏足够的认知和了解，往往导致研学旅行只游不学等状况。这一现状与研学旅行行业可持续蓬勃发展的趋势反差强烈。

2019年，教育部发布公告，将“研学旅行管理与服务”列入《普通高等学校高等职业教育（专科）专业目录》增补专业，自2022年起执行招生计划。该专业的增设将逐步使研学旅行人才培养正规化、专业化、职业化，未来能够为研学行业输送大量具有良好职业道德和人文素养的高素质人才。

近几年来，研学指导师批量培训及输出已经成为文旅部门和企业正在尝试的一项业务，各地掀起了研学旅行专业人才的培训热潮，一些地方还陆续出台了“研学旅行指导师”“研学导师”资格认证等政策。

作为一名研学旅行指导师，应努力提升自己的胜任力水平，做到熟海洋（全面熟悉海洋知识和技能，精通某方面的海洋知识和技术）、懂教育（熟知教育理论，教育理念先进，熟悉中小学教育教学情况，尊重教育规律，能将教育功能融入研学旅行活动中）、知旅游（熟悉旅游业相关知识，具有旅游从业经验或学习经历，了解旅游发展的特点与规律）、善设计（熟悉旅游线路和研学基地、能够进行研学旅行活动设计，形成一套具有可操作性、有特色、有较强吸引力的研学旅行方案）、会引导（能够在研学活动中充当研学导师的角色，有效引导学生圆满地完成海洋研学活动），通过努力学习和实践取得资格认证，满足中小学海洋研学旅行行业发展的需要。

三、胜任力培训

（一）基于胜任力模型的胜任力培训

基于胜任力模型的胜任力培训体系研究由来已久。早在1993年，我国的就业和职业培训管理中心就提出基于胜任力模型的职业培训。1994年，芬兰的国家教育委员会开始将基于胜任力的资格系统作为成人职业培训的标准。在医疗方面，2002年世界家庭医生组织（WONCA）提出了全科医生核心胜任力模型并于2011年修改完善，许多国家据此设置全科医生岗位胜任力培训课程，通过培训强化全科医学概念，提升全科医生的临床思维和诊疗水平。由此可见，基于胜任力的培训在职业培训中得到普遍应用。此外，随着全球经济和技术变革，组织要求组成人员在工作中表现出一系列的技能，特别是灵活性、适应性技能，传统的培训方式被证明越来越不能满足组织的需要，因此越来越多的组织开始重视基于胜任力模型的胜任力培训体系的开发。

傅强，谢小云（2023）在《面向中国式现代化的干部教育培训：基于胜任力的方法》[①]一文中指出，胜任力开发被认为是人员评价、选拔、教育培训，提升队伍整体综

① 傅强，谢小云. 面向中国式现代化的干部教育培训：基于胜任力的方法［J］. 国家教育行政学院学报，2023（9）：50-60.

合能力的关键途径。针对组织管理者这一重要岗位或人群，J.P.Briscoe与D.T.Hall提出了多种胜任力开发策略，分别包括基于价值观的胜任力、基于战略目标的胜任力、基于关键业务本领的胜任力；而且提出通过集成这三种胜任力开发策略，相互取长补短并取名为“整合式胜任力开发框架”，这一框架完整和系统地刻画了领导者胜任力开发的路径。

表 4-4-1　常见胜任力开发策略

开发策略	基于价值观的胜任力	基于战略目标的胜任力	基于关键业务的胜任力	整合式胜任力开发框架
核心内容	依据组织正式的组织原则或非正式的核心价值理念，明确相应的核心能力	依据未来的战略目标，明确具有战略重要性的核心胜任能力	基于面向高绩效管理的行业调查研究，提炼核心业务相关的胜任力	集成基于价值观、战略目标和关键业务所指向的胜任力

在传统静态、基于经验的岗位分析思路或许已经难以作为新时期干部队伍教育培训的理论基础，也无法有效满足百年未遇之大变局下中国式现代化建设的要求的大背景下，我们可以结合整合式胜任力开发框架，扎根于习近平新时代中国特色社会主义思想，聚焦面向理论素养与党性修养、面向关键支撑战略、面向核心业务能力三个重要方面，科学、系统地开发干部胜任力模型。

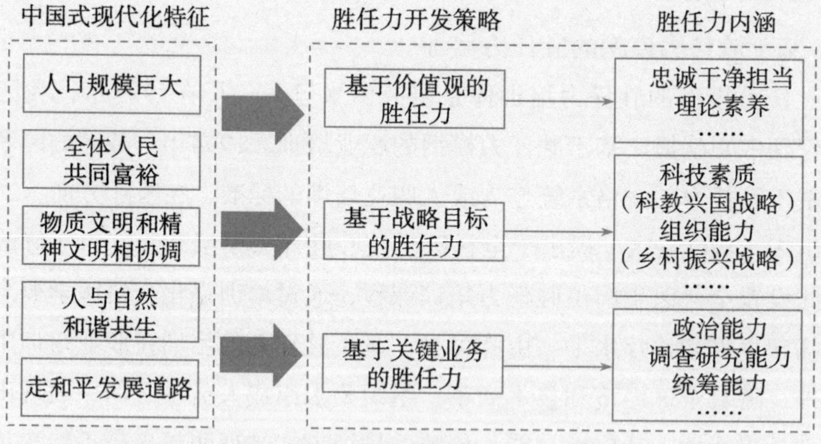

图 4-4-1　面向中国式现代化的干部胜任力模型

（以上节选自傅强、谢小云《面向中国式现代化的干部教育培训：基于胜任力的方法》）

基于胜任力模型的胜任力培训从分析一般绩效者与优秀绩效者的特征出发，涉及的内容宽泛，包括一些通过以工作分析为基础的需求评价方法所难以发现的潜在内容，其培训流程如图4-4-2所示。

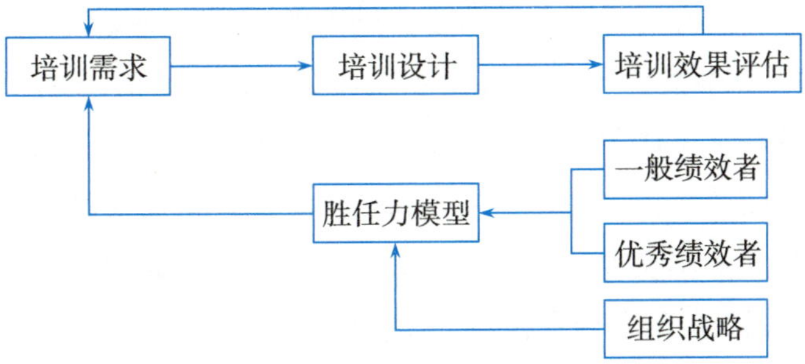

图4-4-2　基于胜任力模型的胜任力培训体系与流程示意图

建立胜任力模型是基于胜任力模型的胜任力培训所需解决的首要问题。胜任力模型的建立以组织所设置的岗位为基础，选择一般绩效者与优秀绩效者素养特征对比中较为突出的特征，采用胜任力模型构建的方法构建模型，其大致程序如图4-4-3所示。

图4-4-3　胜任力模型建构大致程序示意图

基于构建的胜任力模型进行培训需求分析，关键在于确定参训人员现有的胜任力状况和理想胜任力要求之间的差距。通过了解组织对组成人员胜任力的需求，明确一般绩效者与优秀绩效者之间的差距，从而能更精确地确定基于胜任力模型的胜任力培训需求，使培训更具针对性。这样，不仅能为组织成员和组织创造更多绩效和价值，还能避免了不适宜的培训安排，减少培训资源浪费，提升培训效果。

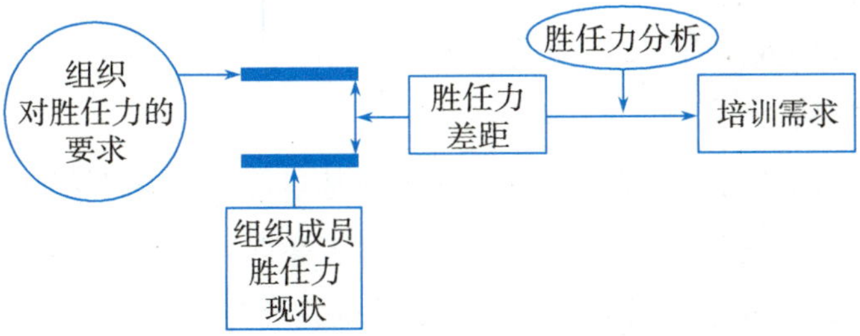

图4-4-4　基于构建的胜任力模型进行培训需求分析示意图

培训过程中需要对培训效果进行评价，培训组织者将根据评价结果对培训内容、课件、方法、形式等进行调整。评价的方法包括访谈法、问卷调查法（就胜任力模型的要素设计相应的问卷，调查师资培训的效果）等。基于胜任力模型的培训评估主要从反映、学习、行为、效果等层面进行。反映层面主要考察参训人员对培训的满意程度，并在培训过程中不断地开展这一工作，以使参训人员在心理上乐意接受所进行的培训。学习层面主要考察参训人员对培训内容的掌握程度，为了了解参训人员通过培训知识和技能水平是否有所提高以及有多大程度的提高，需要在培训刚结束时进行测试。行为层面主要考察参训人员在接受培训以后工作实践的变化，如工作效率的提高、工作态度的转好、工作积极性的增强等，这可能需要较长时间内才能得到结果。效果层面主要考察绩效改善程度，这要比行为层面的评价需要的时间要更长。这是因为参训人员短时间的工作表现变好并不代表长时间后还会如此，因此需要一个长期的评价，随时关注参训人员的心理变化与工作表现。

基于胜任力模型的胜任力培训对于中小学海洋教育师资队伍成员以及学校和海洋教育基地、营地来说意义重大，因为这种培训具有战略导向性。海洋教育师资胜任力模型体现的是表现优异者的行为特征，基于胜任力模型的培训不仅有助于海洋教育师资队伍成员更好地评估自己当前的能力和素质，判断提高效率需要开发的潜能，以便使自己实现更好的发展，而且对学校以及海洋教育基地、营地绩效的提升也具有关键作用，因为学校以及海洋教育基地、营地海洋教育的卓越发展与海洋教育师资队伍成员的卓越表现密切相关。

（二）基于问题探究的胜任力培训

基于问题探究的胜任力培训也是一种较为有效的培训方式。

基于问题探究的胜任力培训是基于现实问题的以参训人员为中心，使参训人员从被动接受者变为主动探索者的培训方式。这种培训方式的最大特点是培训过程中充满挑战性的真实问题，理论学习与实践探究有机结合，探究过程持续不断，参训人员有自己的发言权和选择权，强调反馈、反思与评价，注重成果的交流展示，从而能有效地提升参训人员的胜任力水平。

基于问题探究的胜任力培训主要包括以下环节。

1. 明确培训规则

基于问题探究的胜任力培训根据专业素养的基本要求，提出培训的基本规范，对参训人员的学习过程进行制度化、规范化管理；要求参训人员理解培训师的教学理念和教学方法，发挥在培训中的主体作用，在培训导师的指导与协助下圆满完成培训任务。

2. 组建学习团队

参训人员按照职业、性别、资历、爱好特长等分成小组，每组约10人。由小组成员推荐组织能力强、乐于为培训服务的人员作为组长，组织小组合作学习。

3. 明确问题导向

基于问题探究的胜任力培训以问题为导向，这些问题出自参训人员，是由参训人员提出的既是个人关注又具有普遍性、导向性且与培训目标相吻合的问题。基于问题探究的胜任力培训会根据培训设计和考核要求，在培训初期给参训人员提出诸如“如何依托现有资源设计研学旅行课程”的驱动任务。随着培训的深入，参训人员的知识水平和经验水平不断提升，培训导师就会不断地提出导向性问题来引导参训人员理解海洋教育的内涵、分类、性质，提升分析、解决问题的能力。

4. 组织合作学习

基于问题探究的胜任力培训注重小组合作学习。由于参训人员每个人的知识水平和经验水平不完全一致但又各有优势，培训导师会通过问题导向促进小组成员的合作学习。通过小组成员之间以及小组成员与培训导师之间对话、讨论、答辩，发生思维碰撞，实现头脑风暴，产生创新火花，使参训的每个人都能获得新的分析、解决问题的思路和方法。小组成员在自主探究的基础上通过合作学习，交流经验，分享成果，共同进步。

5. 展示培训成果

在基于问题探究的胜任力培训过程中，根据培训初期提出的培训要求，参训人员在发挥团队的协作精神的基础上共同进行关于中小学生海洋教育的活动设计，并通过口头表达、文字图表、多媒体演示、表演等形式展示成果，促进所有参训人员对所展示的成果的理解，并将这种理解运用到今后对中小学生海洋教育的教育教学中。

6. 进行培训总结

基于问题探究的胜任力培训的培训总结注重对培训的评价与反思。培训评价对参训人员具有反馈、导向、调节、激励等功能，评价形式包括参训人员的自评、互评以及培训导师的点评，通过评价来促进参训人员提高实践能力、创新能力，发展参训人员综合素质。反思主要是指引导参训人员以问题解决为基点，以追求培训所得与中小学海洋教育有效结合为动力，反思学习过程，总结经验教训，进一步树立正确的职业观，助推中小学海洋教育健康快速发展。

（三）立足实践的胜任力培训

1. “行—知—行”培训模式

研学旅行融合了情境学习和研究性学习的特点，强调学习过程的情境性和探究性。研学旅行中的研究性学习始于“行”，即始于实践，引导学生在实践活动中发现、提出、分析和解决问题，提升自身素养；然后上升到“知”的层面，引导学生结合已有的知识经验和认知图式，对在实践中的所见所闻和接触到的经验进行加工和建构，使原有认知结构发生改变；最后回归于“行”，即再次回归于实践，在真实的生活场景中检验是否真正掌握了知识与技能、是否真正学会了解决问题的方法。在这一实践模式中，“行”“知”“行”三个阶段相互交替、螺旋上升，使学生的认知结构不断完善、实践经验不断丰富。

研学实践模式为“行—知—行”，研学旅行指导师的胜任力培训也要遵循这一模式来进行，因为只有将“行—知—行”的实践范式渗透到研学旅行指导师的培训当中，研学旅行指导师掌握和习惯了这种学习和实践的逻辑，才会将这种理念渗透和践行到研学旅行课程设置中，提升研学旅行组织和指导水平。

运用“行—知—行”培训模式的培训中，无论是课程目标的制定、课程内容的组织还是课程的实施及课程的评价，都要遵循“行—知—行”的逻辑。为此，在培训课程中，无论是参加真实的研学旅行实践还是在课堂中探讨真实的研学旅行教学案例，都要求参训的研学旅行指导师首先在行动过程中有所感悟，再去进行理性分析与对有关规律的探求，即进入“知”的层面，为解决实践中的真实问题而去求知，因为培训最终还是要转化为高层次实践。“行—知—行”培训模式培训效果的好与坏，不在于参训的研学旅行指导师掌握知识的多少，而在于参训的研学旅行指导师实践行为改善程度的高低。

2.“知行合一，亦研亦行”培训模式

广西中小学研学旅行学会主办、广西教育学院教学研究部协办的2021年度第2期“广西中小学生研学实践导师中级培训班”，摒弃了传统培训大多采取的上大课、满堂灌的模式，引进了最前沿的培训技术和研究性学习的教学理念，采用 “专题讲座＋世界咖啡＋引导式互动学习”方式，首先引导参训的研学旅行指导师完成研学旅行政策理论和学科构建的知识积累；接下来，走进研学实践教育情景空间进行课程实训，完成一次沉浸式的体验旅行，同时依据刚刚学到的研学课程开发理念，分小组协调合作完成模拟课程设计，并实际演练课程实施和学生管理；最后，各个小组交流和分享研学成果，并得到专家的点评，实施了被研学旅行培训行业称为最高效率的“知行合一，亦研亦行”新型培训方法，取得了良好效果。①

① 甘育青. 亦研亦行《研学实践导师培训的正确打开方式》[EB/OL].（2021-09-30）[2024-01-25]. http：//news. gxnews. com. cn/staticpages/20210930/newsgx61558802-20475436. shtml.

第五章 中小学海洋教育教师胜任力展现

本章所列案例来自山东省大中小学海洋文化教育研究指导中心、中国海洋大学海洋文化教育研究中心、中国海洋大学出版社、中国海洋大学–中国科普研究所海洋科普研究中心联合组织的“2021年全国中小学海洋教育优秀教学案例征集活动”，以及中国海洋大学海洋文化教育研究中心组织的“基于国家课程标准的中小学海洋教育项目式教学研究”，是老师们海洋教育胜任力的有力反映，也充分展现了海洋教育与学科教学融合实施的超强魅力。

第一节　小学海洋教育活动设计案例精选

海洋教育案例 1

认识鱼类——举办“鱼类运动会”

关联学科及课程标准要求

关联学科：科学

“科学”学科课程标准要求

学习生命科学中浅显的、与日常生活密切相关的知识。

具有初步的比较、判断、归纳、分类、想象、概括等思维能力。

能够与人合作，形成良好的相互尊重的人际关系，参与小组合作学习中共同研究，解决问题。

海洋教育主要内容

“鱼类运动会”是青岛版《蓝色的家园·海洋教育篇》一年级的内容。这节课通过带领学生认识不同的鱼，了解鱼类的主要特征和不同鱼类的运动特点，帮助学生形成对生活中称之为鱼却不是鱼的海洋动物的正确认识，掌握更多的海洋生物知识，培养学生整理和分析信息的能力，鼓励学生课后通过其他途径继续进行关于海洋生物的学习和探究。

海洋教育目标

1. 认识鱼类的身体结构，了解鱼类的主要特征和不同鱼类的运动特点。

2. 通过认识不同的鱼，形成对生活中称之为鱼却不是鱼的海洋动物的正确认识，掌握更多的海洋生物知识，培养整理和分析信息的能力，课后能通过其他途径自觉地进行关于海洋生物的学习与探究。

3. 丰富对海洋生物的认识，激发探究海洋的兴趣，培养热爱海洋、亲近海洋和爱护海洋的情感。

海洋教育活动实施方式

主要通过课堂教学的方式开展教学活动。课前布置任务，引导学生提前了解生活中的各种鱼，为课堂学习做好知识储备；课上通过小组合作学习的形式，组织学生在探究过程中认识鱼类。

海洋教育活动时间安排

小学一年级，共计1课时。

海洋教育活动过程说明

一、出示文字，导入新课（预计用时5分钟）

（教师板书“鱼”字）

师：同学们认识这个字吗？

师：看到这个字，你想到了什么？

生：鲅鱼、小丑鱼、鲨鱼、海豚、鲸鱼、章鱼……

师：为什么会想到它们？你是怎么知道的？

生：它们生活在水里，名字里有“鱼”字。

师：刚才说的这些都是鱼吗？有没有不同意见？

（学生质疑：章鱼、鲸鱼不是鱼）

【设计意图】通过“鱼”字的出示引发学生对鱼的回忆，激发学生对已有知识经验中“鱼”的认识，激发学生的学习积极性和探究兴趣。

二、交流讨论，认识鱼类（预计用时22分钟）

师：同学们说了这么多自己心目中的鱼，今天咱们来举办一场鱼类运动会（板书）。鱼类运动会的参赛选手只能是鱼类。除了大家说的，老师也找来16种“鱼”，这其中有些是同学们刚才提到的。在剩下的图片中你还认识哪种鱼？

师：认识了参赛选手，下面请同学们来当裁判员，看看这16种鱼能不能参加鱼类运动会。

活动要求：请各组拿出材料包中的1号袋，选出可以参赛的鱼类选手和不能参赛的选手，选好后说一说理由。

（学生分小组交流讨论，音乐结束停止讨论）

各小组汇报对16种“鱼”报名资格审查结果。

师：为什么这么分？（板贴：鱼类、不是鱼类，待定）

师：有没有不同意见？

（学生交流中产生分歧，将鲍鱼、鲸、海马、章鱼、海豚贴到待定区）

师：大家的判断对不对呢？让我们通过微课来了解鱼类的特征吧！

（播放介绍鱼类特征的微课视频）

师：学习了微课，你能重新分配手中的卡片吗？

（结合微课对鱼类特征的学习，学生小组内重新给卡片分类）

师：哪一组再来说一说？

生：鲸鱼、海豚没有鳃，鲍鱼、章鱼没有鳍，它们都不是鱼类。

师：老师手里也有一条鱼（板贴鱼的身体结构图），你能结合刚才微课的内容尝试向大家介绍一下吗？

师：鱼类的身体有头部、躯干部和尾部，用鳍游泳（板书：用鳍游泳）；再来看鱼的内部：鱼类用鳃呼吸（板书：用鳃呼吸），有心脏、有肠，还有帮助它们在水中沉浮的鱼鳔。除此之外，鱼的体内还有一根长长的鱼刺，这是鱼类的脊椎骨（板书：有脊椎骨）。

小结：只有同时具备这三个特征的才是鱼类。

师：现在待定区只有海马了，我们通过一段视频进一步了解海马。

（学生结合视频内容寻找海马是否具备鱼类的三个特征）

师：由于海马用鳃呼吸、用鳍游泳，而且有脊椎骨，所以海马也是鱼类，它可以报名参赛。

【设计意图】一年级学生对很多事物的认知水平处于启蒙阶段，尚未形成完整的知识结构。学生虽然在生活中接触到很多鱼，但对鱼类的特征和不同鱼类运动特点的了解十分有限。这样的设计能充分发挥学生的主观能动性，让学生在合作交流中去感知、发现和探究，通过分辨不同的鱼，形成对生活中称之为“鱼”却不是鱼的海洋动物的正确认识，认识鱼类的特征，能根据鱼的身体结构特点辨别鱼类，培养学生搜集、整理和分析信息的能力，丰富学生对海洋生物的认识。

三、合作探究，了解鱼类（预计用时10分钟）

师：运动会有各种比赛项目，你知道的有哪些？

生：赛跑、跳高、举重、乒乓球……

师：鱼类运动会也设立很多比赛项目（课件出示：伪装、举重、潜水、竞速、跳跃），运动员通常会根据自己擅长的项目来选择适合自己的项目。老师利用阅读专业书籍、上网搜索和查阅资料的方式，找到了关于这些鱼类的信息。同学们先来了解运动员，看看有没有大家不认识或者不熟悉的。

（点开介绍相应鱼类的视频）

师：接下来请你来当教练员，帮这些参赛鱼类选出合适的比赛项目。请各组将2号袋中写有比赛项目的标签贴到适合参赛鱼类的卡片空白处，也可以将你想帮它们报名的项目写在空白标签上再贴上。

（学生小组内交流并开展鱼类卡片粘贴比赛）

师：时间到，按项目说一说你们组选了哪几种鱼类参赛、为什么这样选。

（学生汇报交流）

师：有没有不同意见？其实，不管这些鱼类在运动会中报了什么项目，它们独特的本领都是它们在水中赖以生存的技能。

【设计意图】学生通过教师的引导认识了不同的鱼，经过小组讨论和交流，能根据不同鱼的运动特点为它们选出合适的比赛项目。这样的设计充分发挥了学生的主观能动性，丰富了学生对海洋动物的认识，让课堂活跃起来。

四、归纳小结（预计用时3分钟）

师：同学们，今天这节课通过观看微课和评审鱼类参赛资格，我们了解了鱼类的基本特征；又通过选择参赛项目，认识和了解了不同鱼类的本领。通过学习我们知道，生活中有很多海洋动物名字中有“鱼”字但并不是鱼，也有很多海洋动物名字中没有“鱼”字反而是鱼。它们又有哪些特点呢？除了课堂学习外，同学们课后也可以利用阅读书籍、网络查询等方式了解更多鱼类，丰富自己的海洋生物知识。

【设计意图】通过对本节重点知识的回顾，加强学生对所学知识的理解和掌握，鼓励学生通过多种途径自主学习，积累和丰富自己的海洋生物知识。

海洋教育活动实施体会

“鱼类运动会”是一年级学生走近海洋，认识鱼类的海洋启蒙课。根据学生的实际情况，为了更好地落实教学目标、解决本课的重难点，我主要采用情境教学和合作探究的教学方法，创设举办鱼类运动会的情境，激发学生的学习兴趣；通过“鱼类运动会的参赛选手只能是鱼类”的参赛要求，引发学生思考，让学生在合作交流中感知、发现和探究；通过分辨不同的鱼，引导学生形成对生活中称之为“鱼”却不是鱼的海洋动物的正确认识，突出认识鱼类的特征、根据鱼的身体结构特点辨别鱼类这一教学重点。这节课我在教材原有内容的基础上丰富了鱼的种类，并补充了一些生活中常见的鱼的特征介绍，通过引入大量该年龄段学生感兴趣的图片和视频素材，丰富学生对鱼类知识的认识，让学生对鱼类的特征拥有更加直观的了解。在学法指导方面，我主要是发挥学生的主观能动性，引导学生通过合作探究和小组讨论的方法主动思考。比如，学生在交流中，会对“鲍鱼”“章鱼”等到底是不是鱼类产生认知冲突，进而引发对名字中带“鱼”字但又不是鱼这一问题的深度思考，充分激发学生认识鱼类的学习兴趣。在帮助鱼类选择参赛项目这一环节，学生会通过对不同鱼类特征的研讨交流后选择合适的活动项目。这一环节无须设定固定的答案或对具体数据进行深究，其目的是让学生了解不同鱼类的独特本领都是它们在水中赖以生存的技能。这一系列的教学设计和课堂活动的开展，能让学生积极主动地参与到学习活动之中，让学生在学中玩、在玩中学，于轻松愉悦的课堂氛围中完成学习任务。

山东省青岛镇江路小学　肖　菲

海洋教育案例2

海上森林探秘

关联学科及课程标准要求

关联学科：科学

“科学”学科课程标准要求

（1）具有对自然现象的好奇心和探究热情，知道地球上每种生物的生存与环境密切相关，生物与环境之间的相互协调构成了生态系统的动态平衡。

（2）了解人类活动能对环境产生重大影响，增强保护环境、推动生态文明建设和可持续发展的意识和责任感。

海洋教育主要内容

通过神奇的红树林、红树林的作用、奇特的生物群落等方面的内容，让学生通过了解红树林这一特殊生态环境的特点，感受红树林的特别之处，树立人类与海洋和谐发展的海洋观。

海洋教育目标

1. 了解红树林这一特殊生态环境的特点，包括红树林的特点、红树林中生物种类、红树林的作用等。

2. 感知红树林的特别之处，明确这一环境中各种生物之间的关系，认识到保护红树林就是保护海洋生态环境。

3. 树立人类与海洋和谐发展的海洋观。

海洋教育活动实施方式

课堂活动中，学生利用文字、图片、视频等多种形式的资料，运用多种感官形象直观地了解红树林多方面的特点；学生通过相互解惑答疑明确已知问题、观看照片和视频解决简单问题、小组合作学习攻克疑难问题三个活动环节培养分析、解决综合性问题的能力。

海洋教育活动时间安排

小学五年级上学期，共计1课时。

海洋教育活动过程说明

一、创设情境，导入新课

观看视频（红树林的简介）。

师生问答，师总结："海上森林"就是红树林。今天我们就去海上森林——红树林去探秘！

二、神奇的海上森林

（一）初识红树林

1. 你对红树林有哪些了解

预设：红树林里有多种生物、我国南方海边有红树林等。

教师小结：同学们刚才提到了红树林的分布、特点和红树林里的生物种类。

2. 红树林的分布

师：青岛有红树林吗？红树林的家在哪里？（观看视频后学生回答）

师生小结：红树林有特定的生活区域：（在热带与亚热带）地区，（潮间带）上。我国的红树林主要分布在广西、广东、台湾、海南、福建和浙江南部沿岸的热带和亚热带地区。

3. 问题驿站

师：关于红树林你还有什么问题？

生：红树林是绿色的，为什么叫它红树林？红树林为什么能生活在海水里？红树林为什么被称为“海岸卫士”？

（二）解密红树林

观看视频资料，问题抢答——别具一格的生物群落。

① 红树林“红”字的来历。

② 红树林可以在海水中生活的原因。

（三）自主学习，小组展示

师：红树林的秘密还有很多，需要同学们自己来解密，并进行小组展示。

锦囊内容：

① 红树林的树木组成：红树林的植物是以红树植物为主体的灌木或乔木。我国现有红树植物37种，如红树属、木榄属、秋茄树属、角果木属等。

② 胎生：种子可以在树上的果实中萌发出胚轴，然后再脱离母株，坠落于淤泥中发育生长成小红树。

③ 海岸卫士：2004年12月26日，印度洋海啸袭击周边12个国家和地区，造成23万人死亡。而印度的一个小渔村，距离海岸仅几十米远的172户家庭却幸运地躲过了海啸的袭击。原来这里的海岸生长着一片茂密的红树林，红树林具有消减风浪的作用。

④ 生物群落：红树林中的生物种类非常丰富，有2 000多种，所以红树林还有“动物天堂”的美名！

（四）观看红树林的视频

进行总结。

三、红树林的保护

师： 我们走近了红树林，了解了红树林之后你有什么想说的？

生： 红树林很神奇！红树林对动物和人类的意义都非常大！

师： 红树林是大自然赐予我们的宝贵财富，红树林还是“净化空气站”、“候鸟加油站”以及旅游开发和水产养殖基地呢！

（图片展示红树林数量变化趋势——先减后增。人们意识到了保护红树林的重要性，并且积极行动了起来）

四、收获与总结

根据本节课的学习，师生分享收获。

小结：红树林是海洋带给人类的宝贵资源，保护红树林就是保护我们人类自己！

五、板书设计

“海上森林”红树林——
- 分布
- 特点
- 生物种类
- 生物天堂
- ……

海洋教育活动实施体会

一、提供多种教学素材，创设教学情境

北方沿海城市的学生对生长于南方海边的乔木（或灌木）——红树林并不熟悉，因此教师在上课时提供了大量的文字、图片、视频等不同形式的学习资料，调动学生的多重感官参与学习，以便于学生形象直观地认识红树林，为后面学习红树林里的生物群落、理解红树林是“海洋生物的天堂”奠定基础。

二、有层次地了解红树林

精心组织教学环节，教学内容由浅入深。学生通过相互解惑答疑明确已知问题、观看照片和视频解决简单问题、小组合作学习解决攻克疑难问题三个活动环节，培养分析、解决综合性问题的能力。

在课堂教学过程中，教师通过有效的提问，驱动学生深入思考；挖掘学生发言中的有效信息，帮助学生通过探究式学习，在自己原有的知识体系上生长出新的收获。在本节课的教学过程中，学生对红树林表现出积极的探究兴趣，活动参与度高。通过本节课的学习，学生对红树林有了全面的了解，树立了知海、爱海、亲海、探海的情怀。

山东省青岛市市南区实验小学　李永霞

海洋教育案例3

探秘神奇海洋——“青岛海水淡化厂”云端参观

关联学科及课程标准要求

1. 关联学科：科学

“科学”学科课程标准要求

倡导设计学生喜闻乐见的科学活动，创设愉快的教学氛围，保护学生的好奇心，激发学生学习科学的内在动机；突出学生的主体地位，利用学校、家庭、社区的各种资源，创设良好的学习情境，设计适宜的探究问题，引发学生认知冲突，激发积极思维。倡导以探究和实践为主的多样化学习方式，让学生主动参与、动手动脑、积极体验，经历科学探究以及技术与工程实践的过程；重视师生互动和生生互动，引导学生对所学知识和方法进行总结、反思、应用和迁移，促进学生自主学习和合作学习。

（1）科学概念领域。

3~4年级：知道生活中的天然材料与人造材料存在区别；知道技术产品包含科学概念、原理；知道简单的设计问题存在限制条件，并有多种设计方案。

（2）物质的结构与性质领域。

3~4年级：

① 根据物体的特征或材料的性质将两种混合在一起的物体分离开来。

② 观察并描述水沸腾和结冰的现象；了解一般情况下，水沸腾和结冰时的温度，知道温度是影响水沸腾和结冰的重要因素。

（3）物质的变化与化学反应。

3~4年级：描述加热或冷却时常见物质发生的变化状态。

2. 关联学科：道德与法治

“道德与法治”学科课程标准要求

（1）初步了解科学技术是如何影响人们的生产、生活的。

（2）认识到科学技术的发展对人类生活的影响。

海洋教育主要内容

“青岛海水淡化工厂”云端探秘带领学生了解海水淡化的科学原理，认识海水淡化的相关设备、技术流程等，了解海水淡化工程对突破水资源短缺瓶颈、提升饮用水品质的重要意义。

海洋教育目标

1. 了解淡水是如何从海水中分离出来的，海水淡化技术都分离了哪些物质。
2. 了解海水淡化技术都有哪些产品。
3. 了解海洋为人类生存提供的资源，海水可以通过相关技术转化为淡水。
4. 认识海水淡化技术是如何影响人们的生产、生活的。

海洋教育活动实施方式

本课例采用云端线上授课为主，线下研讨为辅的实施方式（表5-1-1）。

海洋教育活动时间安排

参与对象：

德州市庆云县域内所有小学3～4年级的学生，
青岛市中小学海洋教育集团小学集团校3～6年级学生，
全国各地有条件使用教室电子大屏联网观看的小学3～6年级学生，
100多所学校的10 000余名学生参与。

实施时间：

2021年12月23日16：00−17：00。

参与方式：

使用ClassIn平台。

表5-1-1　教学实施计划

环节	开启时间	教学实施内容	教学重点
导入	3:30	主持人王楷为（青岛德县路小学教师）	引入教学情境，从海水淡化起源的小故事出发，激发学生对海水是如何转化为淡水的探究兴趣
切到现场	3:40	主持人郑秀慧（中国海洋大学海洋文化教育研究中心助理研究员）	站在工厂门口，介绍青岛海水淡化工厂
探秘	3:45	采访工程师	1. 青岛为什么要进行海水淡化； 2. 海水淡化工厂的简介与发展历程； 3. 先进的海水淡化技术与设备介绍
远程连线互动	4:15	1. 回答学生的问题（5分钟）； 2. 现场答题连线（10分钟）	1. 选中问题要说明是来自××地区××学校××班级的××同学，选择3~5个同学的问题； 2. 选择现场答题正确率前三名，连线
结束	4:30	王楷为老师总结此次活动，与学生告别，合影留念	两位主持人老师的画面同时出现，所有老师集合，祝福同学们学习顺利、成长快乐

海洋教育活动过程说明

一、课前准备

确认参加活动后，班主任第一时间下载注册ClassIn软件，进入上课班级，并将手机号码上报项目组，方便联系硬件测试与上课流程沟通。

班主任提前1~2天将“探秘神奇海洋——海水淡化厂预习单”发给学生，精选学生的问题，汇总发送到“探秘神奇海洋”项目组邮箱。

二、导入环节

王楷为老师进行情境导入，与学生互动，带领学生开启“探秘神奇海洋”之旅。

三、交接环节

王楷为老师连线郑秀慧老师，介绍线上参与的情况，表示学生都已经准备好了，将镜头交接给线下主持人。郑秀慧老师站在百发海水淡化工厂门口，与学生互动，带领学生走入海水淡化工厂（图5-1-1）。

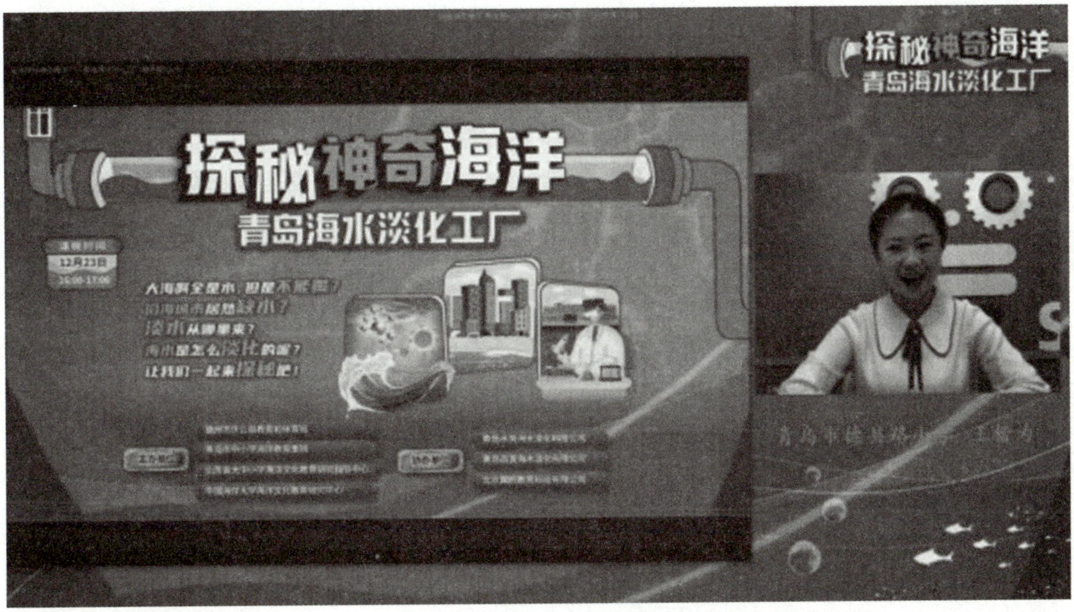

图5-1-1　云端参观青岛海水淡化工厂活动图片

四、探秘环节

采访海水淡化工程师，请他讲述“青岛为什么要进行海水淡化”，介绍青岛海水淡化事业的历程、介绍海水淡化工厂。工程师介绍青岛海水淡化的流程，需要哪些设备、哪些环节以及有哪些产品生成。

五、连线互动环节

海水淡化工厂工程师与学生连线并线上互动，解答学生们的疑问。每个被选中问题的学生，将获得海水淡化工厂赠送的小礼物。

现场播放“海水淡化”竞答题目，让学生点击回答，正确率最高的几个班级将获得海水淡化工厂赠送的小礼物。

六、结束环节

王楷为老师、郑秀慧老师、海水淡化工厂的各位工作人员一起向学生告别，进行线上线下的合影。

七、课后成果展示

课后班主任老师下发“探秘神奇海洋——海水淡化工厂学习成果汇报单”（图5-1-2），引导学生完成项目汇报，将汇总后的作品发送至项目组邮箱，参与优秀作品评选；评选后公示优秀作品，发放优秀作品证书与神奇海洋礼物。

学校：______ 班级：______ 姓名：______ 日期：______

“探秘神奇海洋——青岛海水淡化工厂” 学习成果汇报单

同学们可以选择任意一项完成。完成后，将作品交给班主任，班主任汇总作品发送给“探秘神奇海洋”云端学习项目组。我们将评选出优秀的作品，给获奖的同学发放神奇海洋礼物！

① 写一写。我们共同经历了“探秘神奇海洋——海水淡化厂”云端直播，与海水淡化工厂的老师们进行了亲切互动，是哪件事给你留下最深刻的印象？写一写你的认识与感受吧！

② 画一画。在“探秘神奇海洋——海水淡化厂”项目学习中，我们学习了海水淡化的科学原理与方法流程，请你用绘画的形式，展开想象，展示“海水淡化”科学原理与方法流程吧！

③ 小汇报。在“探秘神奇海洋——海水淡化厂”项目学习中，许多同学对地区水资源状况、海水淡化技术、调水工程等进行了调查。结合云端直播，做出汇报的PPT，汇报你的研究成果吧！（将汇报过程拍摄剪辑，做成微视频发给班主任老师）

我选择：______

我的成果展示：

海纳百川，有容乃大；壁立千仞，无欲则刚。 ——林则徐

图5-1-2 “探秘神奇海洋——青岛海水淡化厂”学习成果汇报单

海洋教育活动实施体会

“探秘神奇海洋——青岛海水淡化厂”云端学习课程，是推进海洋文化教育进校园、进课堂的有力举措。本课程旨在协同多家涉海单位，将海洋场馆基地带到学生的身边，引领学生关心海洋、认识海洋、经略海洋。本课例有以下创新点。

（1）学习形式。云端学习覆盖面广，参与学校100余所，学生10 000多名，可以让更多的学生了解海水淡化的知识。课前预习，学生带着问题学习；课后练习，巩固所学内容，有利于学生对海水淡化知识掌握得更加深入。

（2）实地拍摄。实地走进海水淡化工厂，带领学生近距离了解海水淡化原理、设备、环节及产品生成，在实践过程中学习、探究海水淡化。

（3）课堂互动。海水淡化工厂工程师们现场解答学生疑问，使学生疑有所答。竞答题得分高的班级可以获得相关的礼物，不仅能有效地检验学习效果，还能激发学生学习的积极性。

山东省青岛德县路小学　王楷为

海洋教育案例4

小纸牌，大海洋

关联学科及课程标准要求

1. 关联学科：科学

“科学”学科课程标准要求

（1）在好奇心的驱使下，对常见自然现象表现出直觉兴趣，认识周边常见的动物和植物，并能如实记录观察到的信息，简单描述其外部主要特征和生长过程。

（2）知道动物和植物的生存需要环境条件，简单描述生物与生物、生物与环境之间相互依存的关系，以及生物的多样性和进化现象。

（3）能在教师指导下，观察具体事物的构成要素，比较事物之间外在特征的不同点和相同点，对常见事物进行初步分类，通过口述、绘画等方式描述事物的外在特征，并表达自己的想法。

（4）能利用身边的材料和简单工具动手完成简单的任务，并能在教师指导下进行总结反思，初步养成良好的学习习惯，树立珍爱生命、节约资源和保护环境的意识。

2. 关联学科：数学

“数学”学科课程标准要求

（1）能在简单情境中感悟并理解万以内数的意义，会比较万以内数的大小；通过数的大小比较，感悟相等和不等关系。

（2）在解决情境问题的过程中，体会数和运算的意义，能合理表达简单的数量关系，解决简单的问题，形成初步的符号意识、数感、运算能力和推理意识。

（3）能根据事物的特征，按照一定的标准进行分类，并能用语言简单描述分类的过程，感知事物的共性和差异，形成初步的数据意识。

（4）通过操作、游戏、制作等丰富多彩的活动，说明演示数学游戏内容和规则，在教师的协助下能带领同伴一起玩这些数学游戏，形成学习数学的兴趣和初步的合作交流意识与独立思考的学习习惯。

3. 关联学科：语文

“语文”学科课程标准要求

（1）能借助汉语拼音认读汉字，使用音序检字法和部首检字法查字典，完成简单文字的梳理和理解；能用硬笔熟练书写正楷字，做到规范、端正、整洁。

（2）观察大自然，结合语文学习，能利用口头或图文等方式整理、表达自己在活动中的见闻和想法。讲述力求具体生动，能运用自己平时积累的语言材料。

（3）乐于探索，勤于思考，初步掌握比较、分析、概括、推理等思维方法，辩证地思考问题，有理有据，养成崇尚真知、实事求是的态度。

4. 关联学科：美术

“美术”学科课程标准要求

（1）初步认识形状、色彩与肌理等造型元素，学习使用各种工具，体验不同媒材的效果，通过观察、绘画、制作等方法表现所见所闻、所感所想，激发丰富的想象与创造的愿望。

（2）关注用品的造型与用途的关系，从设计的角度对设计作品进行简单的艺术分析。初步认识设计的方法，大胆进行想象，表达自己的创意。通过手工制作，认识用品外观形态与工艺形式。初步养成善于发现、勤于思考、大胆想象和追求创意的习惯。

（3）大胆地发表自己的创作意图，对他人的作品进行评述。在活动前做好各种准备，并在结束时进行收拾整理。

海洋教育主要内容

海洋教育主题“玩转海洋生物扑克牌”以“设计并制作海洋生物的创意扑克牌”为驱动性任务，带领学生进入任务情境：将自己想象成一位扑克牌设计师，你的设计团队想开发一款具有海洋生物特色的扑克牌，以帮助生活在内陆的人们了解海洋，认识海洋中多彩的生物类别和生态关系。由此引导学生了解完成任务所需的相关知识和技能，即为了保证扑克牌设计的艺术美观性和科学合理性，需要采用观察、比较、参观考察等系列学习方式，深入了解海洋生物的种类和分类以及不同生物之间的关系。通过对真实性任务和情境的具体分析，归纳总结出本次海洋教育主要内容如下。

任务1　通过了解大量的数字和数据，了解海洋生物多样性。

任务2　借助图片视频和游戏情境，掌握海洋生物的简单分类。

任务3　借助具体的生物实例，初步了解生物之间错综复杂的关系。

任务4　通过参观海底世界或海洋馆的任务形式，更加直观地感受海洋生物的多样性和代表生物的基本形态和行为特点，并由此制作海洋生物名片。

任务5　以海洋生物名片为基本素材，课后搜集完善信息，并于课堂上小组合作设计和制作扑克牌，最终全班合力完成1～2副扑克牌并复印多份，以小组为单位，以最终版的扑克牌来一场传统游戏“比大小”PK赛。

海洋教育目标

1. 善于观察生活中常见的物体，认识到区别于非生物，生物是具有生命的物体且可分为动物、植物、微生物三大类，并将这一认识迁移应用到海洋生物中。

2. 能运用观察比较等方法，解释海洋生物运动会、海洋老师小厨房等小游戏情境下的海洋生物分类的问题，了解海洋生物数量和种群分类。

3. 能借助海洋生物不同种类的特性和同种类海洋生物的共性特点和相互依存关系，初步形成关于生物体的结构和功能、多样性与共同性、整体和局部的科学认识，增强热爱海洋、爱护生物的情感。

4. 能根据对海洋生物的观察和理解，利用常见的美术工具和材料，在老师的指导下绘制生物名片和扑克牌，并口语表达作品的特点和活动的收获。

海洋教育活动实施方式

本次海洋教育以课堂教学、研学活动和课内外小组合作活动等形式开展，其中海洋生物的数量、种类、关系等偏重科学知识内容，以课堂教学为主，在教学过程中配以大量的图片、视频等素材，帮助学生尽可能直观地了解海洋生物的基本科学知识。在此基础上，教师带领学生进行研学活动，以参观青岛当地的海洋科普馆为主，引导学生从课堂认知跨越至现场体验。至此，关于海洋生物的知识输入环节完成，下一步需要学生进行知识输出。知识输出的主要形式以制作海洋生物名片和设计海洋生物创意扑克牌两项实践任务为主，组织学生以小组为单位课后搜集、完善关于海洋生物的信息和进行名片制作，并在课堂上完成海洋生物扑克牌的设计、制作，再以自己塑造的作品为依托进行传统游戏“比大小”的PK赛，以此强化学生对海洋生物的认识，培养学生关爱海洋生物、保护海洋生物的情感。

海洋教育活动时间安排

表5-1-2　海洋教育活动安排表

教学项目	时间	课时	教学内容	人数	教学地点
海洋生物知多少（入项）	2021—2022学年秋季学期	1课时	该探究活动主要引导学生从日常常见的物体出发，尝试辨别生物；在了解了生物为有生命活性的物体这一基本概念之后，过渡至对海洋生物知识的学习，通过具体的数据，领略海洋生物的丰富和多样	以班级为单位，约35人	各班教室
海洋生物运动会（种类）	2021—2022学年秋季学期	1课时	该探究活动基于对海洋生物多样性的了解，展示各种海洋生物形象，以“海洋生物运动会”这一游戏情境，引导学生选出符合要求的运动员如鱼类运动员，以区分鱼类、哺乳类、爬行类、甲壳类等海洋生物，初步了解生物的复杂分类；若直接对海洋生物分类有难度，可先从陆地上常见的生物出发，让其初步了解生物可分为动物、植物和微生物，再逐步过渡至对海洋生物的分类	以班级为单位，约35人	各班教室

续表

教学项目	时间	课时	教学内容	人数	教学地点
海洋生物连连看（关系）	2021—2022学年秋季学期	1课时	该探究活动主要帮助学生了解任何一种生物都不是绝对独立存在的，它们与其他生物以及环境之间存在着复杂的相互作用；通过具体的例子，以“连连看”的游戏，引导学生绘制海洋生物之间复杂的关系网络，让学生初步了解海洋生物之间、海洋生物与环境之间、海洋生物与人类之间的关系和作用	以班级为单位，约35人	各班教室
走进海洋馆	2021—2022学年秋季学期（未开展课外参观，仅制作名片）	6课时	该探究活动是在生物多样性知识学习的基础上开展的校外实践活动。活动依托任务单进行，主要是引导学生为通过参观了解的海洋生物制作名片，为此要引导学生有针对性、方向性、计划性地参观海底世界，切实将课堂上的图片认知、视频认知转化为真实的实物认知，强化对于海洋生态系统的认识和了解，激发对于海洋生物的探索欲和求知欲	以班级为单位，约35人	青岛市海洋馆（具体待定）和各班教室
玩转海洋生物扑克牌	2021—2022学年秋季学期	3课时	该探究任务是切实将学生“玩转海洋生物扑克牌”主题任务落地，以设计、制作、玩转海洋生物扑克牌的实践形式，将海洋生物的学习有效融入学生对数学数字的认识、形状的认识、联系的认识、艺术创作的认识以及言语表达之中，全力提高学生的综合素养	以班级为单位，约35人	美术教室

海洋教育活动过程说明

小学低年级学生对于海洋生物的了解仅仅停留在海鲜市场中的海产品、日常生活中的海鲜美味，或是绘本和动漫中的海洋生物精灵，且主要局限于对海洋动物的了解，对其他海洋生物类型及不同类海洋生物之间的关系缺乏认知，较全面地认识海洋生物便是本次海洋教育活动的重点和难点。尽管对海洋生物的相关科学知识缺乏严谨的认知，但是小学低年级学生具有很强的求知欲和观察力。他们对于鲜活多样的海洋生物具有浓厚的兴趣，且能够更加灵敏地捕捉到某些事物或者物体的典型特征，这对于他们学习海洋生物的种类、形态和生态关系具有重要的意义。同时，图画塑造相较于文字理解对于小学低年级学生而言更加易于接受。因此，本次海洋教育活动采用以图画为主的海洋生物扑克牌制作为主要实践任务，便于学生更加深入地了解海洋生物，并进一步培养关注海洋、求知海洋的情感。鉴于以上学情分析和对教育重难点把握，本次海洋教育课程活动围绕以下四项主要内容展开。

一、入项：海洋生物知多少

“海洋生物知多少”为本次海洋教育课程的入项课，以“什么是生物（海洋生物）”“你知道哪些海洋生物”“海洋生物有多少”三个问题为引领，引导学生了解生命世界包含动物和植物等多种生物类群以及海洋中生活着丰富的生物。

环节1 以“什么是生物”为驱动性问题，列举学生日常生活中常见的物体如教室内外常见的物体，引导学生辨别是否是生物，进而引出生物的简单概念，即生物是有生命活力的物体。

环节2 从日常生活中常见的陆地生物如人、禽、鸟、兽过渡至对海洋生物的认识，认识到海洋生物与我们密切相关，它们可能出现在我们的餐桌上、我们的绘本里或海边的沙滩上；请学生列举他们所熟知海洋生物，以此摸清他们对于海洋生物的了解程度，师生一同感受海洋生物家族的庞大，提高学生分享学习成果的热情和展示学习成果的表达能力。

环节3 根据前期海洋课程的实际情况预计小学低年级学生对于海洋生物的列举重复性较高、种类较少，因此教师须出示海洋生物类型的科学普查报告，引导学生意识到我们平时所熟知的海洋生物仅仅是众多海洋生物的冰山一角，海洋生物的数目是极其庞大的。

二、开展：海洋生物运动会

“海洋生物运动会”以“生物包括哪些类别”“海洋动物有哪些不同的类别”“海洋植物有哪些不同的类别”为引领，借助“海洋生物王国即将举办一场秋季运动会，请为运动会选拔合格运动员”“一起感受海洋老师的海洋菜谱（厨房）”等情境带领学生进行海洋生物分类的学习。为了保证学生快速进入任务情境，教学中以陆地生物分类为切入点，引导学生初步感受植物、动物和微生物的存在。

环节1 出示生活中各种各样的生物图片，引导学生以小组为单位按照其共有特征进行分类，并说明分类标准，初步明确生物包括动物、植物和微生物的分类常识。

环节2 带领学生了解生物包括动物、植物和微生物之后，再一同进入海洋生物的种类学习中，以海洋动物和植物为重点，列举所熟知的海洋动物和植物，并简单思考如何感知微生物的存在，从对陆地生物的局限认知上升至海陆生物的综合认知，初步形成对于生物圈的整体认知。

环节3 由于学生常见的海洋生物多为海洋动物，则以学生所熟悉并感兴趣的海洋动物为重点，对海洋动物进行初步分类。参考《蓝色的家园》教材中鱼类运动会的设计，创设有趣的情境“海洋动物世界里要举办一场鱼类运动会，请你选拔出合格的运动员”，简单介绍海洋动物的具体分类，列举海洋哺乳动物、海洋鱼类、海洋爬行动物、海洋软体动物、海洋节肢动物的典型代表，让学生初步了解海洋动物分类是一个逐步细化的科学过程。

环节4 多数常见的海洋植物为餐桌美食，因此以“海洋老师的海洋菜谱”（厨房）为情境，带领学生进入海洋老师的小厨房，借助图片甚至开袋即食的食品如海带丝等，让学生了解到海洋生物不仅仅包括那些生动有趣的海洋动物，我们平时常见的海带、紫菜、石莼、鹿角菜等也是海洋生物，让他们深刻感受到海洋生物与人类密切相关且几乎随处可见，丰富他们对于海洋生物的认知。

三、深入：海洋生物连连看

“海洋生物连连看”以“海洋生物之间、海洋生物与环境之间、海洋生物与人类之间是否存在关系、存在哪些关系”这一问题为引领，借助“海洋生物连连看”游戏带领学生初步了解海洋生物之间、海洋生物与环境之间存在着相互依存的关系，认识到人类活动对海洋生物的影响，帮助学生形成热爱海洋、爱护生物的情感以及增强环境保护的意识。

环节1 以“大鱼吃小鱼，小鱼吃虾米”“海洋是生命的摇篮”为例，引导学生思考“这体现了生物之间以及生物与环境之间的什么现象”，以此引出生物之间以及生物与环境之间的联系。

环节2 出示各类海洋生物的图片，让学生进行“连连看”；以“如果你认为二者存在某种关联即将其相连”引导学生构建海洋生物之间复杂的关系网，引导学生初步了解海洋生物之间存在捕食与被捕食的捕食关系、互利共赢的共生关系以及优胜劣汰和弱肉强食的竞争关系。当然，考虑到小学低年级学生的认知实际，教师不必生硬解释以上专有名词，仅仅引导学生意识到庞大的生物种群不是孤立的，生物之间存在相互联系、彼此依存以及协同进化的生态关系即可。

环节3 讨论人类保护自然环境和维持生态平衡的重要性，引导学生初步树立人与自然和谐共生、保持海洋可持续发展的生态观念。

四、实践：走进海洋馆

“走进海洋馆”是对海洋生物的种类和不同种类的海洋生物之间关系等科学知识的实践转化，将课堂上的图片认知、视频认知转化为真实的实物认知，强化学生对于海洋生态系统的认识和了解，激发他们对于海洋生物的探索欲和求知欲。

环节1　强调参观的纪律要求、安全要求以及学习任务要求（任务单，见表5-1-3；任务实例，见图5-1-3）。

表5-1-3　《参观海洋馆：寻访海洋生物》学习任务单

姓名：	班级：
任务1. 记录十种你所感兴趣的海洋生物名称（参观任务）	
任务2. 选择其中一种海洋生物，调查它的信息，为它设计制作一张精美的名片，用图画、文字等形式记录它的名称、种类、个性、食物、天敌、朋友、生活环境/地点等重要资料。（参观后任务）	

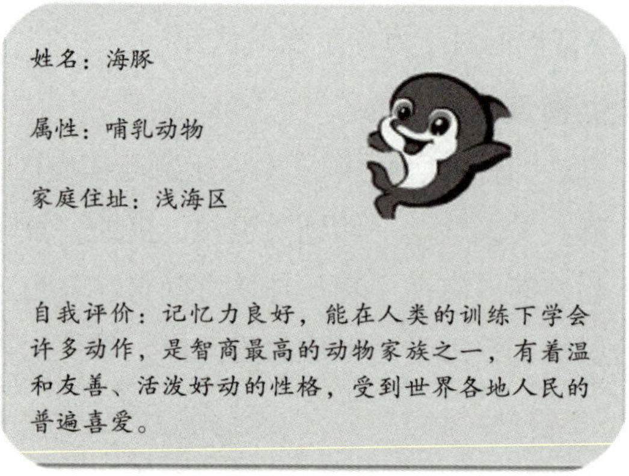

图5-1-3　参观后任务实例

环节2　将参观所了解的、感兴趣的海洋生物记录下来（任务1），并于课后时间在家长的帮助下，以小组为单位检索感兴趣的海洋生物的具体形态特征、行为特点、栖息环境和敌友关系等，了解目标生物的“衣食住行”和“前世今生”，最终以名片的形式表现出来（任务2）。

环节3　课堂展示所制作的名片，并进行选择和优化，为制作海洋生物扑克牌积累素材。

五、结课：玩转海洋生物扑克牌（终极任务）

“玩转海洋生物扑克牌”既是对海洋生物种类和海洋生物关系等科学知识的进一步强化，也是对名片制作实践任务的升级挑战，要引导学生在设计、制作、玩转扑克牌的过程中提高创造力、合作力、共享力。

环节1　讲解扑克牌的组成要素，为后续扑克牌的设计和制作奠定基础，便于后续的生物选择和人员分工。

明确扑克牌组成：一副扑克牌有54张牌，其中52张是正牌、另2张是副牌（大王和小王）。52张正牌又均分为13张一组，并以黑桃、红桃、梅花、方块四种花色表示各组，每组花色的牌包括从1～10（1通常表示为A）以及J、Q、K标示的13张牌。

环节2　讲解海洋生物扑克牌的制作标准，即如何安排花色和字序，即同一种生物类别的为一个花色（海洋动物为黑桃、海洋植物为红桃、海洋细菌为梅花、海洋病毒为方片；或者考虑到细菌和病毒过于抽象以及海洋植物总类别过少，可以海洋哺乳动物为黑桃、海洋鱼类为红桃、海洋软体动物为梅花、海洋其他动物例如节肢动物、腔肠动物棘皮动物为方片），以个体相对大小为字序排列顺序，海洋中植物类群和微生物类群分别为大王和小王（标准有待进一步完善）。

暂定标准的设定依据：考虑到学生的认知和生物种类的实际情况，海洋微生物对于低年级学生而言过于抽象，海洋植物总类别又过少，海洋动物更为学生热爱和熟知，便于搜集大量素材进行设计和制作。海洋生态系统复杂的生物营养关系始于植物，植物为动物提供了最初始和最丰富的物质和能量，“大王”当之无愧；生态系统的物质和能力最终流入微生物，微生物在维持生态系统平衡的作用举足轻重，“小王”实至名归。

环节3　学生分组分工，如一组负责黑桃、二组负责红桃、三组负责梅花、四组负责方片，根据前期名片素材开始制作；可先制定草图，经老师指导完善后再进行成品绘制，实例如图5-1-4所示。

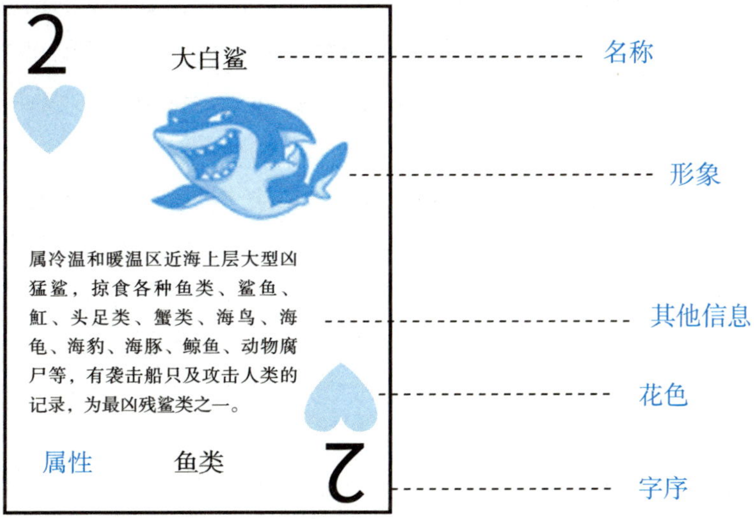

图5-1-4　扑克牌示意图

环节4 将最终完成的扑克牌复印多份置于学校海洋馆收藏，以作为日后赠送来宾的礼物，并以小组为单位进行传统扑克牌游戏“比大小”PK赛，输者须代表小组介绍3～4种扑克牌中的海洋生物。

海洋教育活动实施体会

本次海洋教育活动于2021—2022学年秋季学期正式开始实施，实施过程中义务教育课程方案和课程标准（2022年版）还未颁布，但新课标中反复提到的跨学科和注重实践的新理念在本次教育活动中也深有体现：以“设计海洋生物创意扑克牌”作为驱动性任务，为了完成这一学习任务，学生需要积累海洋生物基本知识、名片制作的相关方法以及成果展示的语言组织等多项知识与技能。整个过程既依赖科学学科相关知识，也要借助美术学科相关技能，引导学生将学到的知识应用到具体的设计和制作中去，最终还要利用语文学科知识实现对成果的表达和展示。整个教育过程强调情境化，学生在一个个任务中闯关升级，圆满完成海洋教育中对海洋生物的初步认知。但是，活动实施过程中也发现了诸多设计的不足，如：许多课外参观任务不能顺利进行，需要改变措施如借助校内海洋馆做科普；海洋名片制作过程中家长参与度过高，剥夺了原属于孩子的成长体验等，因此有些任务须体现家校的智慧交流，家校共同重视学生的个体感受和成长体验……

随着义务教育课程方案和课程标准（2022年版）的颁布，我校于2022—2023学年秋季学期将继续坚持该模块的海洋教育教学，在教学过程中深化海洋素养培养的海洋教育目标，借助更加有趣的海洋情境、更丰富的项目任务和更生动的活动实践，将学生各学科核心素养如人文素养、生态素养、科技素养、数字素养等的培养与发展更加有效地融入海洋教育体系，让海洋教育真正走进每一位学生心中。

山东省青岛蓝谷小学　徐晓华　张艳静　陈维丽

海洋教育案例5

依托军民融合　践行学海学军

关联学科及课程标准要求

1. 关联学科：科学

“科学”学科课程标准要求

（1）能举例说出海洋为人类提供的多种资源，树立保护和节约自然资源的意识。

（2）能基于所学知识，从事物的结构、功能、变化及相互关系等角度提出可探究的科学问题和研究假设，制订比较完整的探究计划。

（3）能运用观察、实验、查阅资料、实地调查、案例分析等方式获取信息，用科学语言、概念图、统计图表等记录整理信息，表达探究结果。

（4）初步具有获取信息、运用科学方法描述和处理信息并得出结论的能力。

2.关联学科：综合实践活动

“综合实践活动”课程指导纲要要求

（1）价值体认：通过亲历、参与少先队活动、场馆活动和主题教育活动，参观爱国主义教育基地等，获得有积极意义的价值体验。理解并遵守公共空间的基本行为规范，初步形成集体思想、组织观念，培养对中国共产党的朴素感情，为自己是中国人感到自豪。

（2）责任担当：围绕日常生活开展服务活动，能处理生活中的基本事务，初步养成自理能力、自立精神、热爱生活的态度，具有积极参与学校和社区生活的意愿。

（3）问题解决：能在教师的引导下，结合学校、家庭生活中的现象，发现并提出自己感兴趣的问题。能将问题转化为研究小课题，体验课题研究的过程与方法，提出自己的想法，形成对问题的初步解释。

海洋教育主要内容

1. 走进海军公园——学海，亲军，感受海防文化。
2. 造访军港、海军小镇——体验军民共建，感受鱼水情深。
3. 走进学院——感受军民融合，体验科技成就。
4. 参观军工产业发展中心——提智，增识，拓宽视野。

海洋教育目标

1. 课程认知目标：在学习和实践中走进青岛古镇口军民融合创新示范区，了解军民融合示范区建立的背景及前景，感受国防设备的先进科技，了解军民融合的具体内容、重要地位及主要作用。

2. 情感发展目标：通过研学实践，感受军地共建的伟大成就，生发对祖国国防科技进步的自豪感，激发学习科学知识的积极性；感受海军“为国为民、素质过硬、纪律严明、吃苦耐劳”的优秀品质，激发“拥军爱军、学海学军”的热情；充分感受国防建设和经济建设的深度融合，从小描绘“志成材·报家国”之梦；增强集体生活和社会公共道德体验，主动适应社会，促进书本知识和生活经验的深度融合。

3. 能力提升目标：以研学促发展，促进思维的发展；以研学提能力，提高动手能力、合作能力；以研学塑品质，培养品端德正的品质。

4. 育人特色目标：把小学生日常行为规范要求与军人好理想、好素养、好作风、好纪律、好谋略相融合，把课本知识与实践能力提升相融合，把拓展研学内容与学校品牌特色教育相融合，通过研学，做到学有榜样、做有参照、依托资源、放大优势，每次研学通过融情、融爱、融趣、融智、融力，激发学海学军的主动性、参与性、创新性。

海洋教育活动实施方式

1. 课堂教学：播放海军节海上阅兵视频，初步认识军民融合一家亲。

2. 研学活动：参观海军和海洋文化长廊，“军港之夜”等主题雕塑，军港、海军小镇与六合社区（体验活动——学习海军旗语、学军心语大家谈），军工业发展中心等科技单位。

3. 课外小组活动：教师先引领学生根据自己的兴趣，进行小组选择课题，再将学生分成几个小组，制订周密的活动计划。小组活动时，学生各有分工，每个人担任重要角色。研学旅行活动前通过学习，让学生内心产生欲探究的问题，对研学旅行活动充满期待。

海洋教育活动过程说明

一、海军知识课程

（一）播放海军节海上阅兵视频

2019年是中国人民解放军海军建军70周年。70年来，在党中央、中央军委的正确领导下，人民海军不断发展壮大，陆续组建了海军水面舰艇部队、海军潜艇部队、海军航空兵、海军岸防部队和海军陆战队五大兵种体系。

（播放短片）

（二）初步认识军民融合

师：我们即将到达的目的地就是军民融合示范区。你们知道什么是军民融合吗？简单一些讲，“军民融合”就是军队爱人民、人民爱军队、军民鱼水情。我们小学生也要爱军拥军学海学军。

大家觉得我们如果到军民融合示范区开展研学旅行，你将对哪些感兴趣的问题进行探究？小组讨论，填写好“探究问题征集表”并设计确定组名，推选组长1名、副组长1名。

（三）学习研学旅行手册，做好研学准备

组织研读“研学课程安排”，并回答问题：你们最感兴趣的是哪节课程？你们还有哪些疑问？你们有更好的建议吗？

研究“学生注意事项”，并回答问题：你们从中获取了哪些有效信息？你们还有哪些需要进一步补充？

二、走进海军公园——学海，亲军，感受海防文化

（一）研学目标

亲身走近大海，了解海防知识，感受海洋魅力，增进对海军装备的认知，激发学习动力，培养热爱海洋、亲近海洋的情感，学唱《军港之夜》，树立爱军爱国情怀。

（二）研学路线

国防知识、双拥工作浮雕长廊，民俗文化主题区，海洋主题区，军事主题区。

（三）研学问题

（1）你学到了哪些海防知识？

（2）你对哪些海军装备感兴趣？你能简单介绍一下吗？

（3）你还想了解哪些海军装备？

三、造访军港、海军小镇——体验军民共建，感受鱼水情深

（一）研学目标

通过参观军港内战士生活起居的场所，感受人民海军的纪律严明和行之有速，培养崇军、爱军精神。在海军小镇和六合社区的人文环境中，感受军民融合的氛围，进一步培养仰军、学军意识，树立学军、爱军、仰军、崇军的思想目标，激发争做小海军的热情；通过视听、感悟、实践，增强问题意识以及提高分析、解决问题的能力。

（二）研学问题

军民融合的具体内容是什么？海军具有怎样的精神品质？军民之间的鱼水情意是什么？

（三）体验活动——学习海军旗语

旗语是一种海上通信方式。手旗通信时，信号兵每手各持一面旗子，站在舷边较高、较突出的部位，通过旗子相对于身体的不同位置，表达不同的字母和符号。

让学生懂得每一个旗语动作代表什么意思，体会团队动作整齐的重要性。

（四）分享展示

1. 我是合格的小海军

学生根据自己的理解，表述自己如何成为合格的小海军。

2. 学生互评

学生互相评价，夸赞作品，感谢同学的分享，培养学生的文明礼仪和意志品质，进一步增强学生的“军商”（热爱军人、学习军人、要做军人的积极情感）和“海商”（热爱海洋、拥抱海洋、发扬海洋精神的深厚情怀）。

四、走进学院——感受军民融合，体验科技成就

（一）研学目标

走进军民融合学院，通过参观军民融合展厅、倾听关于人民海军的故事，感受军民融合的深度发展。走进哈尔滨工程大学青岛船舶科技园，通过参观船舶科技馆，感受船舶科技的成就，激发科技兴趣；通过制作舰艇模型，体验动手探究、合作分享的乐趣。

（二）研学问题

（1）你能说说什么是“军民融合”吗？

（2）你听到了哪些海军的故事？你想了解哪些海军舰艇或船舶装备？

（3）通过这次体验活动，你对军民融合有哪些新的认识？

（三）体验活动：舰艇模型制作

准备：舰艇纸模、剪刀、胶水、颜料。

让学生亲自动手，了解海军舰艇的结构。通过舰艇模型的制作，培养学生动手探究的兴趣、乐于探究的习惯，培养学生学军、爱军、仰军、崇军的精神，培育军式少年。

五、参观军工产业发展中心——提智，增识，拓宽视野

军工业发展中心含有青岛航理航空科技有限公司、中科航星科技股份有限公司、青岛欧比特卫星大数据产业园、中国科学院工程热物理研究所、中国（北方）特种装备维修保障基地等诸多科技单位。

（一）研学目标

在参观学习的过程中，领略科技的力量，了解我国现代军事科技研究与应用取得的丰硕成果；通过对AR的体验，在虚拟情境中感受现代军事的魅力和威力；通过参观和体验，培养爱国情操，升华爱国主义精神，掌握有关知识为提高“军商”和“海商”奠定理论基础。

（二）研学问题

（1）现代人工智能、大数据是在何种背景之下出现的？

（2）目前，我国军工科技需在哪些方面进行短板的补缺？

（3）作为一个小学生，我们该怎样贡献自己的力量？

六、精彩展示，收获成长

（一）活动导入

师： 同学们，咱们的研学课程已接近尾声，大家现在对“军民融合”有了多少认识呢？在这次研学旅行中，我们学习到了很多关于“军民融合”的知识，参观了大量的场馆和景点，经过同学们的合作努力，每人都有了不小的收获。下面，就让我们在交流中再次融情、融爱、融趣、融智、融力。

在研学过程中，每个小组都有自己的研究问题。每个小组都是通过什么方式解决各组的问题的？今天，又想以什么样的形式展示你们的收获呢？（学生回答）你们的方法可真多！下面，就把你们的收获介绍给大家吧。

（二）交流展示举例

1. 海军公园小组汇报

师： 如何成为一名近海、知海、学海、悦海的海式少年？通过演讲和表演的方式抒发自己的情怀和感悟。（学生展示）

他们的展示，有哪些闪光点值得我们学习？你觉得哪些地方还可以做得更好？

小结：同学们要成为一名合格的海式和军式少年不是嘴上说就可以的，重要的是要落实在行动上。我相信，咱们每一位同学通过自己的努力肯定会成为一名合格的海式和军式少年，大家有信心吗？（学生高声回答“有”）

2. 军民融合学院小组汇报

师：为什么这所学校要称作军民融合学院？在这所学校中你有什么感受？假如你是其中的一名学生，你该怎样去努力？（学生通过讨论小组发表感受和想法）听了他们的表述，你想说点什么又想做点什么呢？在悠悠历史长河中，一所学校的转变代表一个时代的变迁，不变的是每人都有一颗上进的心。让我们从心出发，奋力拼搏！

3. 军港、海军小镇小组汇报

师：“海军小镇”与“六合社区”名称的由来是什么？他们跟军民融合又有什么样的联系呢？（通过历史故事和文字方式讲述来历）

他们讲的故事精彩吗？大家对军民鱼水情是否感同身受呢？

小结：鱼水之情谁都不能割舍不下，就像是我们的集体，每人都应该学会相互帮助、相互谅解、相互扶持。

4. 军工产业发展中心小组汇报

师：在军工产业发展中心都有哪些高科技单位？它们分别属于哪个领域呢？（通过学习报告和小组讨论的方式解决问题）

大家都听明白了吧？通过讲解和叙述大家是否对军工高科技有了进一步的认识呢？大家所参观的这些仅仅是一部分，如果感兴趣的话大家可以在课后深入探究。

（三）活动评价

1. 评选最佳活动小组

师：刚才各组同学按照我们提前制订的方案，根据自己所选取的主题采用了丰富多彩的形式进行了汇报。通过汇报老师可以看出，大家都进行了深入的探究和合作，老师为我们每个小组点赞。那么，你准备将自己手中宝贵的一票投给谁？

“评选最佳活动小组，颁发研学荣誉证书”

2. 填写“小组活动评价表”

（四）活动总结

同学们，看到你们今天精彩的汇报，老师感到这次研学旅行活动非常的成功。尽管活动中还存在着一些小小的遗憾，但正是这些遗憾激励着我们走向更广阔的实践空间，去调查了解，去实践体验，去收获属于我们的快乐。

（五）评价反馈

此次研学旅行以“依托军民融合，践行学海学军”为主题，探究军民融合的历史与发展。活动以研学旅行资源为基础，结合学生自身认知能力，整合材料、制订研学方案，形成课程内容，并结合研学旅行线路的特点科学设计活动内容，有利于实现学生研学旅行的目标。

海洋教育活动实施体会

习近平总书记在党的十九大报告中指出：“坚持富国和强军相统一，强化统一领导、顶层设计、改革创新和重大项目落实，深化国防科技工业改革，形成军民融合深度发展格局，构建一体化的国家战略体系和能力。”这是以习近平同志为核心的党中央着眼于新时代坚持和发展中国特色社会主义，着眼于国家发展和安全全局作出的重大战略部署。

军民融合发展战略兼顾发展与安全，实现富国与强军相统一，是国家战略体系的重要组成部分。我们应当积极引导学生深刻理解推进军民融合深度发展的重大意义。

在本次“依托军民融合　践行学海学军”活动中，教师带领学生根据学生的兴趣，进行小组选择课题，再带领学生分成几个组别，并制订周密的活动计划。活动中，学生各有分工，每个人担任重要角色。研学旅行活动前的研究性学习让学生内心产生了无数的问题，对研学旅行活动充满了期待。

活动中，学生一切按计划进行，或用笔记录，或拍照，或录像。学生通过基地活动，在实践中走近军民融合示范区的各大建筑和单位，感受了祖国的强大，领略了军工科技的发展成果，给自己树立了坚定的理想和目标。

研学不仅注重学生知识的学习，而且注重学生在团体活动中的集体主义精神和团结协作意识培养，增加学生的集体生活和社会公共道德体验，注重学生的文明礼仪和习惯的养成，激发学生对民族品牌建设、对科研工匠精神的敬仰之情，增强他们的爱国之情。

此次研学活动，学生经历了完整的研学过程：从研学前搜集知识，到研学过程中探究问题再到研学后及时总结、形成成果。正是因为经历过完整的探究过程，在成果汇报展示课上学生的展示才生动而有深度。

山东省青岛西海岸新区灵山卫小学　毕许彬　侯铭坤

第二节　初中海洋教育活动设计案例精选

海洋教育案例 1

聆听黄旭华和核潜艇的故事

关联学科及课程标准要求

关联学科：道德与法治

“道德与法治”学科课程标准要求

（1）通过调查、访问、观看视频等方式了解社会生活中的英雄模范人物，见贤思齐，学习他们的高尚道德情操。

（2）感悟天下兴亡匹夫有责的担当意识，厚植爱国主义情怀，形成健全的道德认知和道德情感，发展良好的道德行为。

（3）能够把个人发展和国家命运联系起来，能够以实现中华民族伟大复兴为己任，增强民族气节，践行中华民族自强不息，脚踏实地的思想。

海洋教育主要内容

在探究黄旭华“赫赫而无名的人生”的基础上，感悟以黄旭华为代表的核潜艇人的家国情怀。在明确核潜艇的重要价值基础上，探究核潜艇的工作原理和我国核潜艇的发展历程，并以制作体验、写作表达等活动形式，立志学习、传承和践行核潜艇精神，增强责任意识，培养担当精神。

海洋教育目标

1. 了解黄旭华的人生，了解关于海洋科技领域的历史成就和研究成果，感悟老一辈科学家的家国情怀，增强热爱祖国、勇担历史使命的责任感。

2. 了解关于核潜艇的基础知识和原理，懂得我国发展核潜艇事业的重要性和紧迫感，增强国家安全意识。

3. 弘扬我国核潜艇研制人员在创建和发展我国海基核威慑和核反击力量实践中创造的“09”核潜艇精神，以及核潜艇部队英雄们在建军实践中创造的人民海军核潜艇精神，培养不惧困难、奋勇进取、自强自立、无私奉献的精神。

海洋教育活动实施方式

坚持情境教学，以情境为“载体”，选择、创设典型情境，激发学生探究兴趣，提高学生的价值辨析能力。

以活动为“路径”，通过参观访问、研学旅行、模拟探究活动等，鼓励学生在实践中拓宽视野、培养学科核心素养。

坚持以问题研究为引领，引导学生以小组为单位自主探究、合作学习。

海洋教育活动时间安排

七年级，共计3课时

海洋教育活动过程说明

活动内容

海洋教育内容结构如图5-2-1所示。

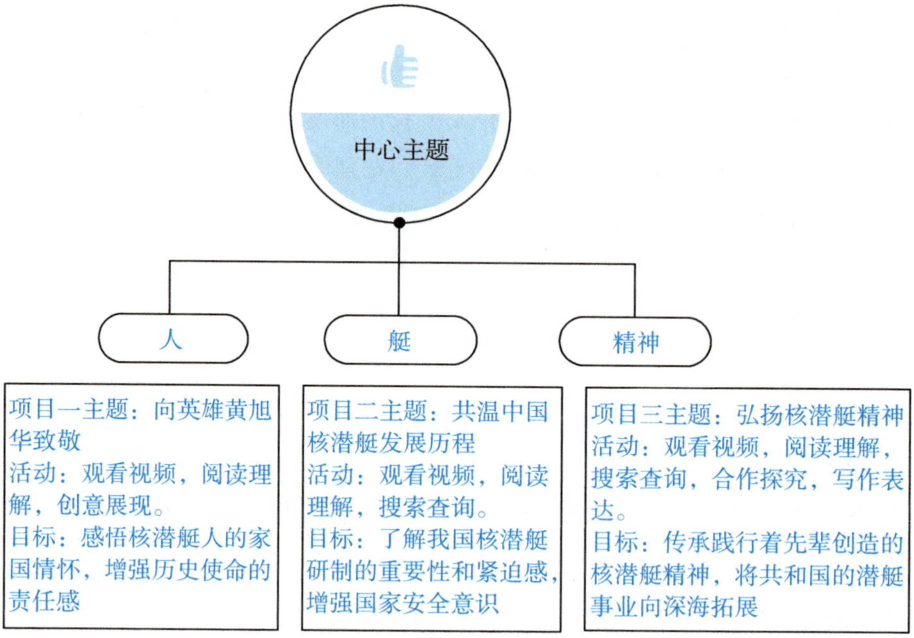

图5-2-1　海洋教育内容结构示意图

活动过程

师导入： 一个曾是街坊邻居口中的“不孝子”却让中国挺直了腰杆，他是谁？他的努力保护了家人和14亿国人，他究竟做了什么？今天我们就走近他——一位打造深海利器的英雄。

【说明】

阅读素材《谜一样的人生谜一样的王牌》，思考：谜一样的人是谁？谜一样的王牌是什么？为什么人们口中的“不孝子”却荣获“共和国勋章”？通过让学生阅读并自己思考的方式，激发学生的兴趣和探究的欲望，从而导入活动课程。

项目活动一：向英雄黄旭华致敬

师： 黄旭华是一位打造深海利器的英雄，为什么说他的人生“赫赫而无名”？

生： 活动1：文本阅读；观看视频。

探究： 黄旭华走向深海的原因是什么？你能体会到他是怎样处理国家和个人关系的？

文本素材：《弃医造船　立志救国》

（观看视频：《学医救不了国！黄旭华毅然改学造船，誓要强我中国》）

【说明】

学生带着问题，通过观看视频、阅读理解以及小组讨论分享的方式，认识到黄旭华弃医造船的原因，也深深感悟到黄旭华以国家利益为重、把国家利益放在第一位的思想境界；同时，也在启迪学生，要把个人的命运和国家的命运紧密联系在一起，坚定理想信念，努力在实现中国梦的伟大实践中创造精彩人生。

生：活动2：观看视频。

探究：黄旭华选择“不可告人”的人生，这样的抉择对他意味着什么？

（观看视频：《黄旭华承诺与抉择》）

【说明】

一个人赫赫但是无名，这看上去很矛盾，也不可思议，带着这样的疑问观看视频，解开疑问，明白道理。生活中，承担责任意味着要付出许多的代价，无论怎样，我们一旦作出选择，就应该义无反顾地承担起应负的责任，正因为先辈们敢于承担责任，敢于担当，我们的生活才更加安全，更加充满阳光和希望。

生：活动3：阅读理解；观看视频。

探究：体会黄旭华征服深海，走向海洋的刚强。感悟黄旭华的“痴”与“乐”。

文本素材：《征服深海“向死而生”》

（观看视频：《功勋》第24集）

【说明】

这两个素材，非常有震撼性和感染力，很好地诠释了黄旭华的“痴”和“乐”，是他投身核潜艇事业的真实写照：痴迷于核潜艇，钻深研透；科研生活艰苦，苦中作乐。在工作中他遇到了很多难以想象的问题，但他想到的不是金钱、名利、个人，而是追求未知、不断创新以及国家的前途和命运。作为青少年一代的学生，不仅要学习黄旭华干惊天动地的事而做隐姓埋名人的高尚精神，也要明白高精尖技术是买不来、求不来的，当代青少年要有理想、有担当、有创新，成为国家栋梁。

生：活动4：创意展现演讲报告会。

（以演讲的方式进行“黄旭华事迹报告会”的展示活动）

【说明】

学生在阅读大量史料和观看许多视频的基础上，已经对黄旭华有了自己的理解，以演讲的方式进行展示活动，锻炼他们搜集和整合资料的能力，促进他们的感悟，水到渠成地实现育人目标。活动后，可以将“黄旭华事迹报告会”演讲稿积累成册。

项目活动二：共温中国核潜艇发展历程

生：活动5：观看视频；阅读理解。

探究：核潜艇的工作原理是怎样的？核潜艇为什么被称为“大国王牌”？

文本素材：《认识“大国王牌”——核潜艇》

（观看视频：《世界核潜艇的问世》）

【说明】

在阅读文本的基础上，可以利用身边的一些素材进行简易科学实验和模拟活动来了解核潜艇的工作原理，培养学生热爱科学、学以致用、乐于探究的科学精神。

生：活动6：观看视频。

探究：中国研制核潜艇都面临哪些困难？核潜艇技术为什么不能从国外引进？中国是如何起步？从中我们明白了哪些道理？

文本素材：开启核潜艇圆梦之路——零的突破

（观看视频：《中国研制核潜艇有多难？从“三无”困境中起步》）

【说明】

通过阅读理解和观看视频的形式，选取激发学生兴趣的素材和问题，引领学生主动思考和领会我国核潜艇发展的艰难历程，增进对伟大祖国的高度认同和以实现中华民族伟大复兴为己任的使命感。

生：活动7：参观感悟并制作体验。

近距离观看青岛海军博物馆的退役401核潜艇，查阅资料了解我国核潜艇事业从无到有、从小到大、从弱到强的发展。

【说明】

通过带领学生实地参观访问，近距离观看核潜艇，增强学习的直观性、生动性和实效性；引导学生发挥创造力，利用生活中的塑料瓶等材料，DIY制作潜水艇模型制作活动，在实践中扩展视野，提高学生的实践创新能力。后期可以举办DIY制作潜水艇模型展示活动。

项目活动三：弘扬核潜艇精神

生：活动8：观看视频；学唱歌曲；阅读理解。

探究：核潜艇研制人员在创建和发展我国的海基核威慑和核反击力量的实践中创造了怎样的核潜艇精神？核潜艇部队英雄们在建军实践中是怎样创造和践行人民海军的核潜艇精神的？

（观看视频：《一代核潜艇人创造的宝贵精神财富》）

歌曲：《潜艇兵之歌》

文本素材：《高扬民族精神》

【说明】

通过观看视频、学习歌曲等学生喜闻乐见的方式，以思想理论引导学生，以歌曲的力量来熏陶学生，深刻感悟我国核潜艇研制人员和海军核潜艇部队广大官兵牢记神圣使命、勇闯深海大洋的胆识、血性和豪情。

生：活动9：邀请核潜艇人士作报告分享，学生写作。

分享核潜艇部队的故事，撰写传承和弘扬核潜艇精神的论文。

【说明】

通过分享故事，撰写论文等形式，用富有时代气息的鲜活内容，增强海洋教育的生动性，引导学生弘扬“09精神”和人民海军核潜艇精神，增强使命感和责任感。活动后，可以形成故事集和论文集。

活动成果展示

1. 学生总结活动收获

通过学习，学生能够明白，一旦作出选择，就应该义无反顾地承担起应负的责任；要把个人的命运与国家的命运紧密联系在一起，以国家利益为重。作为当代的青少年，要有理想、有担当、有创新，成为国家栋梁，推动我国的核潜艇事业发展。

2. 引导学生展示活动成果

“黄旭华事迹报告会”演讲。

DIY制作潜水艇模型展示。

3. 引导学生开展拓展活动

核潜艇的工作原理的简易科学实验和模拟活动。

近距离观看青岛海军博物馆的退役401核潜艇。

海洋教育活动实施体会

本节课尝试将海洋教育和“道德与法治”学科教学有机结合起来，坚持核心素养导向，围绕中心主题，精心设计了三个小项目主题（人-艇-精神）推进教学，顺应了学科教学与海洋教育的需要。从核潜艇人的情怀和抱负，到我国核潜艇事业的发展壮大，再到核潜艇精神的传承，这样的设计既贯穿了海洋教育的理念，又体现了学科素养培养。这节课增强了学生的政治认同，有助于他们形成正确的世界观、人生观、价值观；培养了学生的道德修养，弘扬了中华民族传统美德和核潜艇精神；培育了学生健全人格和责任意识，有助于他们提升对自己、社会、国家和人类的责任感，增强担当精神和参与意识，把立德树人根本任务落实到具体教育教学活动中。

丰富学生实践体验，加强课内外联结。选择、设计社会生活中的实践活动，如观看青岛海军博物馆的退役401核潜艇、邀请核潜艇人士作报告分享、利用生活中的塑料瓶等材料制作潜水艇模具等活动，具有一定的感染力，能够引起学生的共鸣，实现隐性课程与显性课程相配合，构建以“以学生为中心”的课堂。教学过程中突出学生主体地位，充分考虑学生的生活经验，创设情境化问题和活动，引导学生发现问题、分析问题、解决问题、合作探究和体验，把教育的方向引领和学生的素养发展有机统一起来。

山东省青岛第二实验初级中学　王淑芬

海洋教育案例2

擦亮海洋中心城市名片

关联学科及课程标准要求

关联学科：语文

“语文”学科课程标准要求

就恰当的话题，作即席讲话和有准备的主题演讲，有自己的观点，有一定的说服力，在交流过程中，根据需要调整自己的表达内容和方式。

能提出学习和生活中的问题，选出研究主题，制定简单的研究计划，从报刊书籍或其他媒体中获取有关资料，讨论分析问题，独立或合作，写出简单的研究报告。

关心学校、本地区和国内外大事，就共同关注的问题搜集资料，调查访问，能用文字、图表、图片展示学习成果。

适当开展跨学科学习，围绕学科学习、社会生活中有意义的话题，开展阅读、梳理、探究、交流活动，在综合运用学科知识解决问题的过程中，提高语言文字运用能力。

海洋教育主要内容

查阅资料，合作研讨，了解海洋中心城市的含义，建设海洋中心城市的重大意义。通过绘制表格，清晰地了解自己生活区域的海洋经济发展现状和优势前景，以比较的眼光，完成海洋城市发展优秀经验的调查报告。在“城市领袖会客厅”场景中，模拟城市建设者和未来领导者，围绕“建设海洋中心城市贡献行业力量”这一主题进行答辩。

海洋教育目标

1. 认识海洋中心城市的功能作用，了解建设海洋中心城市的重大意义。

2. 了解、比较、梳理国内外发展海洋中心城市的经验做法，在完成调查报告的过程中开拓经略海洋的思路。

3. 情境模拟城市建设者和未来领导者，围绕“建设海洋中心城市贡献行业力量”这一主题进行答辩，以海洋视角观照城市发展。

海洋教育活动实施方式

课堂教学、专题研究及调查报告、小组活动、模拟答辩。

海洋教育活动时间安排

八年级，共计3课时

海洋教育活动实施过程

第一课时　海洋中心城市知多少?

一、情境创设

师：同学们，这是中科院院士吴立新在2021年世界海洋发展论坛上发言时出示了两张图片：一是卫星拍摄的地球夜景图、二是全球海上贸易的轨迹图。这两张图片通过网络可以观察到。通过观察图片，你能得出哪些信息呢？你能说明人类生活与海洋的关系吗？

师生共同明确：

从卫星上看地球，灯光非常亮的地方标志着人口密度最高，全世界超过40%的人口居住在离海岸线100公里的范围之内，可见海洋对于人类的居住环境是多么重要。

全球海上贸易繁荣，中国外贸进出口货运量的90%以上都是通过海运来完成的。我们国家打造21世纪海上丝绸之路，战略定位和全球视野得以彰显。

二、制作海洋中心城市资料卡

过渡语：21世纪是海洋的世纪，海洋是改变人类未来的战略性领域，世界强国无一不把海洋作为国家的重要战略。2012年，国际上出现了“全球海洋中心城市”这一新概念。2017年，国家发展改革委与国家海洋局在《全国海洋经济发展“十三五”规划》中，首次作为国家政策提出“推进深圳、上海等城市建设全球海洋中心城市”。

师：“全球海洋中心城市”是什么样的城市？请你结合自己搜集的资料，和同伴一起完成知识卡片空缺的内容。

屏显：

关于“全球海洋中心城市”，你知多少？

中文名：全球海洋中心城市

英文名：

起源：

评选指标：

列举全球著名的海洋中心城市。

师生共同明确：

海洋中心城市这一概念，最早出现在2012年《全球海洋中心城市报告》，其英文名“The Leading Maritime Capitals of the World”，直译应为“世界领先的海事之都”。为适合中文的表意和习惯，学者将英文名意译为“全球海洋中心城市”。我国在“十三五”期间首次提出“全球海洋中心城市”概念。

全球海洋中心城市评选体系指标分为客观评估与主观评估。客观评估指标体系分为“航运”“海事金融与法律”“海事科技”“港口与物流”与“吸引力与竞争力”5个一级指标，25个二级指标。新加坡在2012年、2015年、2017年与2019年连续四次被评为世界海事之都；除此之外，全球著名的海洋中心城市有伦敦、汉堡、鹿特丹等，我国上海、香港、广州也成功入选。

目前，我国除了香港特别行政区外，深圳、上海、广州、天津、宁波、舟山、大连、厦门、青岛等城市相继提出创建全球海洋中心城市。

全球海洋中心城市的概念辨析见表5-2-1。

表5-2-1　全球海洋中心城市的概念辨析

评价类别	指标体系	指标项
综合管理类	中国海洋发展指数（ODI）	涵盖经济发展、社会民生、环境生态、科技创新、综合管理、公共服务、国际事务与合作、海洋权益与安全八个方面
	全球城市指数（GPCI）	涵盖经济发展、科研与开发、文化交流、城市宜居性、城市环境、城市方便等六个方面

续表

评价类别	指标体系	指标项
综合管理类	全球城市竞争力报告（GCCI）	涵盖人力资本潜力、经济活力、科技创新、社会包容、生态环境、营商环境、基础设施、全球联系等八大方面
经济发展类	中国海洋经济发展指数	涵盖发展水平、发展成效、发展潜力三大方面
科技创新类	全球海洋科技创新指数	涵盖创新投入，创新产出、创新应用及创新环境四大方面
高端服务类	世界领先海事之都	涵盖航运、海洋科技、港口物流、海洋金融和法律、竞争力和吸引力五大方面。
	新华波罗的海国际航运中心发展指数	涵盖港口条件、航运服务、综合环境三大方面
文明意识类	国民海洋意识发展指数（MAI）	涵盖海洋自然意识、海洋经济意识、海洋文化意识、海洋政治意识四大方面
资源环境类	海洋健康指数（OHI）	涵盖食物供给、传统渔民的捕捞机会、自然产品、碳汇、海岸防护、海岸带生计与经济、旅游休闲、海洋归属感、清洁水域及生物多样性等十大方面

三、从海洋视角看家乡——海洋中心城市视角下的家乡观照

（一）图说海洋经济

据自然资源部发布的《2021年中国海洋经济统计公报》显示：“2021年全国海洋生产总值突破9万亿元，比上年增长8.3%，占沿海地区生产总值的比重为15.0%，中国海洋经济总量再上新台阶，对国民经济增长的贡献率为8.0%。”中国海洋经济“成绩单”十分可喜，中国海洋经济潮头正劲！

（二）图文转换品“海味”

师：请你仿照范例，借助图表，统计所在城市、区域海洋产业发展的现状，了解自己生活的区域海洋经济活跃程度。

任务1　统计自己所在区域2017年以来海洋经济在国民经济中的占比变化情况。

任务2　统计自己所在区域2021年海洋经济产业增加值占比。

思考：你能总结出自2017年以来自己所在区域海洋经济在国民经济中占比的变化规律吗？

对比2021年我国主要海洋产业增加值数据，你有什么思考？可参考图5-2-2和表5-2-2。

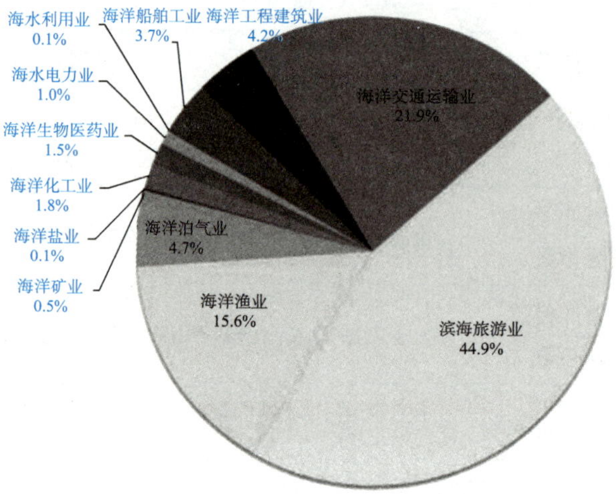

图5-2-2　2021年主要海洋产业增加值构成图

学法指导：图文转化类题目的语言表述方法。

要注意表头和表脚的文字，弄清说明对象和比较角度、项目。

仔细分析图表，全面准确分析各种数据及其变化特点。

补充材料：

表5-2-2　海洋经济主要产业门类

海洋经济分类		主要构成
主要海洋产业	传统海洋产业	海洋交通运输业、海洋油气业、海洋渔业、海洋盐业、海洋矿业、滨海旅游业
	新兴海洋产业	海洋化工业、海水利用业、海洋电力业、海洋工程建筑、海洋船舶业、海洋生物医药业
海洋科研教育管理服务业		海洋教育业、海洋环境保护业、海洋科学研究、海洋地质勘查业、海洋信息服务业、海洋技术服务业、海洋行政管理、海洋保险与社会保证业和海洋社会团体与国际组织
海洋相关产业		海洋农林业、海洋设备制造业、涉海产品及材料制造业、涉海建筑与安装业、海洋批发与零售业、涉海服务业等

（三）交流分享

学生以小组为单位交流分享活动经验体会。

（四）小结

通过调查，我们发现：目前我们对海洋的开发还远远不够，海洋中心城市为城市发展提供了很多发展机遇。亲爱的同学们，你们是未来社会的公民，让我们一起重新观照海洋、经略海洋，参与到海洋城市的建设中来吧！

第二课时　海洋中心城市的“他山之石”

一、温故知新：中国古代经略海洋的智慧锦囊

师：根据学过的历史知识，你能猜出图5–2–3和图5–2–4反映了历史上哪些海洋活动吗？说说中国古代经略海洋带给你哪些思考。

图5–2–3　古代海水制盐图

图5–2–4　郑和下西洋交流东方的物资

师生明确：在春秋战国时期，齐国就通过渔盐之利充实本国经济资源。秦汉时期“海上丝绸之路”初步形成。唐宋时期对外交往频繁，丝绸、茶叶、瓷器经由“海上丝绸之路”大规模出口，推动中国的造船技术及航海水平达到世界领先地位，明朝郑和下西洋更是推动中国古代海洋事业走向顶峰。

二、群文阅读：中国当代经略海洋的智慧经验

师：我国海岸线绵长，沿海城市向海而生，形成了各自的优势。请阅读以下几篇文章，简要概括一下山东、江苏、海南这几个区域经略海洋的智慧经验是什么，这给了你怎样的启发。

山东：治疗阿尔茨海默病海洋新药“971”诞生记

——“高校—科研院所—企业”协同转化海洋科技成果

2019年，国家药品监督管理局批准了甘露特纳胶囊（商品名“九期一”）上市注册申请，用于轻度至中度阿尔茨海默病（以下简称“AD”）。该药由中国海洋大学、中国科学院上海药物研究所、上海绿谷制药有限公司联合研发，是我国自主研发并拥有自主知识产权的创新药。

“意外”结缘褐藻胶

1972年，中国海洋大学管华诗院士管华诗成功申请了“褐藻胶、甘露醇再利用”研究课题。1982年，课题组成功研制了降糖素和胃肠双重造影硫酸钡制剂。

在实验过程中，为降低制剂的黏稠度，科研人员尝试添加了褐藻胶衍生的一种生物活性剂，随后黏结现象瞬间消失。这个发现极大地触动了管华诗：能解决硫酸钡的黏结现象，是否也可以解决心脑血管疾病中的血液黏稠问题？他从此开始了海洋药物的研究。

1997年，科研团队从褐藻寡糖当中筛选发现了抗阿尔茨海默病的寡糖片段。经过反复的药性研究。最终，“971”通过了成药性评价。

寻求最佳“合伙人”

化合物发明专利的成功申请，并不意味着最终成功。长期的繁复的临床试验还在等着“971”去“通关”。

由于科研资金所限，这一研究项目开始在全球范围内寻求“合伙人”。上海绿谷制药有限公司买下“971”的国内独占许可实施，并最终推进完成临床研究。

“971”作为中国海洋大学、中科院上海药物所、上海绿谷制药联合研制的海洋新药，是三家单位通力合作、协同创新的结果，是“高校—科研院所—企业”协同攻关、合作共赢的典范。

打造中国的“蓝色药库”

2016年，中国“蓝色药库”开发计划在山东青岛启动，以海洋生物医药产业崛起为目标，以创制海洋新药为导向，旨在对海洋药用生物资源进行系统、全面、有序开发。

随后，青岛海洋生物医药研究院与制药企业合作，成立了专注于“蓝色药库”开发利用的新型产学研合作平台。

（资料节选自“学习强国”平台同名文章）

江苏：新兴产业提亮江苏海洋经济底色

——海工装备由“制造”到“智造”

2022年4月发布的《2021年江苏省海洋经济统计公报》显示，2021年，江苏省主要海洋产业强劲恢复，增加值3 635.5亿元。在海洋新兴产业方面，江苏跻身全国三强，得益于海上风电、海工装备制造业的亮眼表现。

海上风电装机容量占全国一半

发展海上风电，江苏沿海有独特优势。江苏沿海风能资源较为丰富，沿海地势平坦，海岸线约954千米，可以为海上风电提供低成本的开发建设优势。江苏是我国海上风电第一大省，在全国海上风电领域处于引领地位。2021年，江苏省海上风电累计装机容量超过千万千瓦，达1 183.5万千瓦，规模为国内最大，占据全国“半壁江山”，江苏省南通市规划建设的20个风电项目全部顺利完工。江苏省南通市如东县11个海上风电项目全部并网发电，建成亚洲最大的海上风电场。

海工装备由“制造”到“智造”

江苏海工产品总产值约占全国海工市场份额的1/3，其中，位于无锡的中国船舶702所牵头研制的“蛟龙号”7 000米载人潜水器，是江苏省在海工装备制造领域的典范。此外，还包括亚洲最大的绞吸式挖泥船“天鲲号”、国内首个总包工程浮式生产储卸油平台“希望6号”、4 500吨大型抢险打捞起重船“创力”号，以及自升式钻井平台、半潜式钻井平台、半潜式生活平台、浮式生产储油装置、浮式天然气液化和存储装置、液化天然气存储及再气化装置、深水铺管起重船、半潜船、原油转驳船、平台供应船等海工辅助船，产品广泛应用于海洋油气等海洋资源开发领域。

向海而行，新兴产业提振了江苏海洋经济，也为江苏经济提亮了海洋底色。

（资料节选自“学习强国”平台同名文章）

海南：风从海上来

——海南自贸港扬帆远航

2018年，习近平总书记在庆祝海南建省办经济特区30周年大会上发表讲话指出，海南在我国改革开放和社会主义现代化建设大局中具有特殊地位和重要作用，“党中央决定支持海南全岛建设自由贸易试验区，支持海南逐步探索、稳步推进中国特色自由贸易港建设，分步骤、分阶段建立自由贸易港政策和制度体系”。

“超出预想！从联系代办公司到办完全部手续，只用一个星期。”近日，说起在海南注册进出口贸易有限公司的过程，孟加拉国商人侯赛因·马德·安瓦尔感慨颇深。他说体会到了海南欢迎外国友人投资的热情。作为目前唯一的中国特色自由贸易港，海南自贸港正成为全球投资的“新热土”。

外资为何持续加码海南自由贸易港？持续完善的自由贸易港法治化营商环境，是中外企业看中这里的重点因素。

2021年6月10日，全国人大常委会通过《中华人民共和国海南自由贸易港法》，国家层面单独为海南立法，意义重大。9月，海南自由贸易港首批配套法规出炉——海南省人大常委会会议通过《海南自由贸易港优化营商环境条例》《海南自由贸易港反消费欺诈规定》《海南自由贸易港公平竞争条例》等法规。

法治是最好的营商环境。公开透明、可预期的法治化环境，将有利于各类市场主体放心投资、安心经营、专心创业，也将吸引全世界投资者来海南投资兴业。

（源自“央视新闻”，2021-04-03，有删改）

请比较以上三份材料，从区位优势、特色产业等角度梳理各地经略海洋的做法。

三、调查统计：海洋中心城市建设的全球经验

他山之石，可以攻玉。对标全球，国外海洋中心城市发展早有先行者。在“全球海洋中心城市”评价体系中排名靠前的新加坡、伦敦、汉堡、奥斯陆等城市的经验，将为我们建设“全球海洋中心城市”提供诸多可借鉴的经验。

以“他山之石——全球海洋中心城市建设经验”为主题查阅资料，撰写简单的调查报告，完成表5-2-3。

调查报告写法提示

（一）标题。标题有两种写法。一种是规范化的标题格式，即“发文主题”加“文种”，基本格式为“关于××××的调查报告”“××××调查”等。另一种是自由式标题，包括陈述式、提问式和正副题结合使用三种。

（二）正文。正文一般分前言、主体、结尾三部分。

1. 前言。有几种写法：第一种是写明调查的起因或目的、时间和地点、对象或范围、经过与方法，然后引出中心问题或基本结论来；第二种是写明调查对象的历史背景、大致发展经过、现实状况、主要成绩、突出问题等基本情况，进而提出中心问题。前言起到画龙点睛的作用，要精练概括，直切主题。

2. 主体。这是调查报告最主要的部分，这部分详述调查研究的基本情况、做法、经验，以及分析调查研究所得材料中得出的各种具体认识、观点和基本结论。

3. 结尾。结尾的写法也比较多，可以提出解决问题的方法、对策或下一步改进工作的建议；可以总结全文的主要观点，进一步深化主题；可以提出问题，引发人们的进一步思考；可以展望前景，发出鼓舞和号召。

表5-2-3　有关全球海洋中心城市信息一览表

名称	区位	海洋运输	海洋旅游	海洋金融	其他角度
新加坡	太平洋及印度洋之间的航运要道，西邻马六甲海峡，南邻新加坡海峡。				
伦敦					
汉堡					
奥斯陆					
上海					
其他城市					

四、视野拓展

欣赏深圳市规划和自然资源局专题片《走向深蓝》，了解深圳“全球海洋中心城市”的征程。

深圳推进海洋中心城市建设“十个一”工程

2018年10月，深圳市委市政府审议通过了《关于勇当海洋强国尖兵　加快建设全球海洋中心城市的决定》，明确深圳到2035年基本建成全球海洋中心城市，为此实施包括创建一所国际化综合性海洋大学、成立一个深圳海洋科学研究院、打造一个全球海洋智库、建设一个深远海综合保障基地、打造一个国际金枪鱼交易中心、打造一个以中国海工为代表的现代海洋产业体系、推进一家国际海洋开发银行建设、创设一个海洋产业发展基金、设立一个深圳国际海事法院、举办一个中国海洋经济博览会“十个一”工程和65个重点项目，相关举措被写入2019年8月发布的《中共中央　国务院关于支持深圳建设中国特色社会主义先行示范区的意见》中。

五、布置作业

自选行业，模拟局长，查阅资料，撰写在建设海洋中心城市过程中如何贡献行业力量的小论文。

第三课时　擦亮海洋城市的名片——模拟局长大赛

一、介绍大赛主题、比赛形式

师：同学们，建设海洋强国，建设海洋中心城市，“纸上得来终觉浅，绝知此事要躬行”。请大家自选行业，扮演城市局长的身份，以“擦亮海洋城市的名片，我为全球海洋中心城市贡献行业力量”为话题，研究管辖范围内海洋城市发展中的实际问题，进行述职答辩。

每8人一个小组，每组中设主持人2名、局长答辩团成员4名、提问团成员2名。

4人答辩团要求：

（1）答辩分为陈述期（5分钟）、提问期、回答期（5分钟）三个阶段；

（2）从局长角度出发，挖掘并审视城市发展中亟须解决的问题；

（3）从治理实践出发，调研发展现状，分析问题产生的原因；

（4）运用专业知识，提出切实可行的政策建议，解决问题有清晰的路径、措施；

（5）团队成员密切合作，通过情景模拟展示、政策宣讲、现场答辩等多种方式，展示研究成果及解决之策。

二、大赛开场白撰写写作指导

写开场白可以从以下几方面着手：称谓，问候语，开展活动的原因、目的或意义。

语言提升技巧

（1）提出问题，设置悬念。可以提出与活动主题相关的问题引起观众的好奇心，吸引其注意力。

（2）语出惊人。可以描绘一个异乎寻常的场面，透露一个触目惊心的数据，或者描述一个耸人听闻的问题，以迅速吸引观众。

（3）使用幽默的语言，吸引观众注意力。

（4）运用排比，增强美感和气势。

三、答辩稿写作指导

（一）观点提出要明确

观点应该是一个明确的陈述句。比如，借助“……是……，……要/应当/必须……”等句型来表述，“诚实是做人的基本品格，人应当敬业、乐业”就是一个明确的观点句。

（二）思路展开要清楚

议论问题的一般思维模式，应当是由“提出问题、分析问题、解决问题”（或称“引论”“本论”“结论”）三大块构成。“提出问题”即在议论文开头一般要鲜明地提出中心论点，“分析问题”即在文章的中间要围绕中心论点展开分析论证，“解决问题”即在文章的结尾部分或者得出综合性结论。

（三）论证阐述要自然

阐述的一般步骤是“观点＋过渡＋事例＋分析”。这个步骤中最重要的是“过渡”和“分析”。所谓“过渡”就是要在观点和事例之间，用适当的词句来勾连，以接通文气，使观点和议论文材料在语言形式上畅通无阻。所谓“分析”，就是事例叙述完之后，还必须对事例进行适当的分析评论。

四、答辩与点评

组织学生进行答辩与相互评价。

五、视野拓展

（1）推荐欣赏国内首部海洋城市题材纪录片《蓝海中国》。

（2）推荐欣赏城市规划主题的纪录片《城市的远见》。

六、课堂小结

习近平总书记指出：“我们人类居住的这个蓝色星球，不是被海洋分割成了各个孤岛，而是被海洋连结成了命运共同体，各国人民安危与共。”海洋的和平安宁关乎世界各国安危和利益，需要共同维护。建设全球海洋中心城市，与各国携手构建海洋命运共同体、促进合作共赢是建设海洋强国的必由之路，也必将为世界经济发展注入强劲动力。

海洋教育活动实施体会

从选题角度看，以建设海洋中心城市作为案例设计主题，密切联系时事政治中“建设海洋强国”的内容，联系学生城市生活的经验，引导学生增强经略海洋的意识，这对于培养未来公民是非常有意义的。

从活动实施角度看，落实《义务教育语文课程标准（2022年版）》的要求，课程体现综合性和实践性，通过调查报告、模拟答辩、撰写活动开场白、群文阅读等语文活动的方式，承载海洋教育内容。

从学习的广度看，围绕主题，进行比较学习，问题和活动设置不局限于一座城、一个国家、一个区域，而是站在全球经略海洋的视角下，拓宽了学生视野，促进了师生对国际视野下海洋教育的理解。

从学科内容看，开展跨学科学习，对社会生活中有意义的话题开展阅读、梳理、探究、交流活动，可以有力地提高学生的语言文字运用能力。

山东省青岛实验初级中学　徐晓杰

海洋教育案例3

探索海洋能发电的奥秘

关联学科及课程标准要求

关联学科：物理

“物理”学科课程标准要求

（1）理解并解释能量守恒定律的含义，发展能量观念。

（2）知道能量耗散，理解能量的转化有方向性。

（3）知道利用能源是人类生存和发展的必要条件之一，认识到合理利用能源与可持续发展的重要性，培养科学态度与责任感。

海洋教育主要内容

认识海洋能，探究海洋能发电的原理，了解科学开发与利用海洋能的原因，坚持走能源可持续发展的道路。

海洋教育目标

1. 能列举出海洋能的种类，知道海洋能的主要利用方式是发电。

2. 能从能量转化与守恒的角度解释不同海洋能的发电原理，了解这些能源的开发利用情况，增强海洋强国的意识与自豪感。

3. 知道海洋能是重要的自然资源，增强海洋环境保护意识，树立可持续发展的观念，养成节能习惯。

海洋教育活动实施方式

课堂教学、课外小组活动等。

海洋教育活动时间安排

表5-2-4　教学实施计划表

安排	时间	教学地点	人数
任务分工、查阅资料、小组讨论	课后作业时间	教室、家中	40人分为5组，每组8人
课堂展示汇报	2课时	教室	40人分为5组，每组8人

海洋教育活动过程说明

一、情境创设

通过以下文字介绍海洋能开发的意义，指出我国是海洋大国的事实和海洋强国的战略，为后续学习海洋能发电做好铺垫。

海洋能开发——海洋强国的重要支撑

浩瀚的大海不仅给我们提供了无尽的想象，而且给我们提供了丰富的能量。海洋能通常是指蕴藏在海洋中的可再生能源，这些海洋能经过合理利用可以转换成电能或其他形式的能。海洋能蕴藏量巨大，在全球调整能源结构、应对能源危机的情况下，海洋能的开发利用具有战略意义，已经成为较多沿海国家着重开发的能源之一。

中国是海洋大国，主张管辖的海洋面积约300万平方千米，建设海洋强国是实现中华民族复兴不可分割的重要组成部分。20世纪80年代以来，我国海洋能开发利用规模不断增长。目前，我国在部分技术领域已经达到或接近国际先进水平，但还有较多领域技术尚不成熟，需要继续探索。未来随着海洋能开发利用技术不断成熟，我国海洋能市场还有巨大发展空间。

教师向学生展示本节课的关键问题和项目任务，使学生明确本节课的学习内容，带着问题有针对性地展开学习。

关键问题：

（1）海洋能主要有哪些？

（2）不同海洋能的发电原理是什么？

（3）为什么要大力研究海洋能？

（4）在开发利用海洋能的过程中要注意什么问题？

项目任务：

在明晰海洋能种类和不同海洋能的发电原理基础上设计完成海洋能发电宣传海报。

二、项目活动

项目活动一　认识海洋能

学生通过小组合作、查阅资料，认识海洋能，解决问题串一，并引导学生通过列表（表5-2-5）等方式记录与交流展示，加深学习印象。

问题串一：

（1）目前已开发的海洋能主要有哪些？每一种海洋能的定义是什么？

（2）这些海洋能源按照储存形式可以如何分类？

（3）海洋能有哪些特点？

（4）海洋能的主要利用方式是什么？

表5-2-5　不同海洋能的比较

海洋能	含义	储存形式	特点	利用方式
潮汐能				
波浪能				
海流能				
海水温差能				
海水盐差能				

教师可以根据学生展示的内容适当加以补充、完善。例如，以下关于海洋能特点的介绍可供学生分享。

海洋能的特点

海洋能在海洋总水体中的蕴藏量巨大，而单位体积、单位面积、单位长度所拥有的能量较小。想得到巨大的能量，需要大量的海水。

海洋能是可再生性能源，它来源于太阳辐射能与天体间的万有引力。只要太阳、月球等天体与地球共存，这种能源就会再生，就会取之不尽，用之不竭。

海洋能有较稳定与不稳定之分。温度差能、盐度差能和海流能是较为稳定的能源。不稳定能源又分为变化有规律与变化无规律两种。属于不稳定且变化有规律的，如潮汐能与潮流能。根据潮汐潮流的变化规律，可制出各地逐日逐时的潮汐与潮流预报，对未来各个时间的潮汐大小与潮流强弱等进行预测。潮汐电站与潮流电站可根据预报表安排发电运行。不稳定而又无规律的海洋能是波浪能。

海洋能属于清洁性能源，海洋能开发后，其本身对环境污染非常小。

项目活动二　探究海洋能发电的原理

学生通过小组合作、查阅资料，了解潮汐能与潮汐发电的相关知识，解决问题串二。

问题串二：

（1）什么是潮汐现象？它有哪些类型？

（2）潮汐是如何形成的？

（3）潮汐能发电的原理是怎样的？过程中能量是如何转化的？

（4）潮汐能发电需要怎样的条件？

（5）潮汐能发电有怎样的优缺点？

教师可以通过以下文字，向学生介绍我国潮汐发电的情况，并布置课后拓展作业，让学生在课下通过小组合作完成。

我国的潮汐发电

我国潮汐能资源丰富。我国大陆海岸线长18 000多千米，11 000多个海岛的海岛海岸线长14 000多千米，海岸线总长32 000多千米，近海海域广阔无垠。据不完全统计，全国潮汐能蕴藏量为1.19亿千瓦，其中可供开发的约3 580万千瓦，年发电量870亿千瓦时。根据中国海洋能资源区划结果，我国沿海潮汐能可开发的潮汐电站坝址为424个，以浙江和福建沿海数量最多；其中，浙江近岸均为强潮区。浙江沿海平均潮差为4.29米，潮汐能理论装机容量为2 896万千瓦，可开发的潮汐能装机容量为880万千瓦，约占全国总量的40%。

课后拓展作业：设计一个潮汐能发电的模型，并进行展示。

学生通过小组合作、查阅资料，了解温差能与温差发电的相关知识，解决问题串三。

问题串三：

（1）温差能发电的原理是怎样的？过程中能量如何转化？

（2）如何利用温差能发电？

（3）你能设计一个温差能发电的装置图吗？

（4）温差能发电有怎样的优缺点？

教师通过以下文字，向学生介绍我国温差发电的情况，并布置思考问题，让学生通过计算回顾温差与热量的关系，初步体会利用海水温差发电的优势。

我国的温差能发电

我国的南海海域辽阔，水深大于800米的海域140万～150万平方公里，位于北回归线以南，太阳辐射强烈，是典型的热带海洋，表层水温均在25℃以上。500～800米以下的深层水温在5℃以下，表深层水温差在20～24℃，蕴藏着丰富的温差能资源。据初步计算，南海温差能资源理论蕴藏量约为1.19×10^{19}～1.33×10^{19}千焦耳，技术上可开发利用的能量（热效率取7%）约为8.33×10^{17}～9.31×10^{17}千焦耳，实际可供利用的资源潜力（工作时间取50%，利用资源10%）装机容量为13.21～14.76亿千瓦。我国台湾岛以东海域表层水温全年在24～28℃，500～800米以下的深层水温在5℃以下，全年水温差20～24℃。据电力专家估计，该区域温差能资源蕴藏量约2.16×10^{14}千焦耳。

我国温差能资源蕴藏量大，在各类海洋能资源中占居首位，这些资源主要分布在我国南海和台湾岛以东海域，尤其是南海中部的西沙群岛海域和台湾岛以东海区，具有日照强烈，温差大且稳定，全年可开发利用，冷水层离岸距离小，近岸海底地形陡峻等优点，开发利用条件良好，可作为国家温差能资源的先期开发区。

目前，海洋温差发电仍是一项高科技项目，它涉及许多耐压、绝热、防腐材料问题，以及热能利用效率问题（效率现仅2%），且投资巨大，一般国家无力支持。但海洋温差资源丰富，对大规模开发海洋来说，它可以在海上就近供电，并可同海水淡化相结合，从长远观点看，海洋热能转换是有战略意义的。从技术发展前景看，除现有闭式朗肯循环路线外，还有开式和混合式循环，以及新概念的泡沫提升法和雾滴提升法等技术。因此，技术潜力较大。

思考问题：海水的热容量是很大的，有人说海水的热容量约为空气的3 100倍，即1立方厘米的海水降低温度1 ℃所放出的热量，可以使3 100立方厘米的空气增高温度1 ℃。已知海水的平均密度为1.025×10^3千克/米^3，空气的平均密度为1.29 千克/米^3，空气的比热容为1 030焦/（千克·℃），水的比热容约为3 900焦/（千克·℃）；请你据此估算并判断上述关于海水热容量和空气热容量的说法是否正确。

学生通过类比潮汐能发电与温差能发电原理的学习，继续完成波浪能、海流能和盐差能发电的学习，并梳理不同海洋能发电的原理（表5-2-6）。

表5-2-6　不同海洋能的发电原理

海洋能	发电原理	共同点
潮汐能		
波浪能		
海流能		
海水温差能		
海水盐差能		

项目活动三　科学开发与利用海洋能

学生查询资料，了解不同海洋能的开发利用现状，并在课堂上分享。教师提出问题串四，组织学生在课堂中展开讨论，让学生各抒己见，最后形成共识，认识到合理利用能源与可持续发展的重要性，并在生活中身体力行宣传可持续发展理念。

问题串四：

（1）自然界的能量是守恒的，为什么又会有能源危机的说法呢？

（2）为什么要大力研究海洋能？

（3）在开发利用海洋能的过程中要注意什么问题？你对此有怎样的建议？

成果展示

教师带领学生回顾本课开始前提出的三个关键问题，督促学生自我反思学习目标是否达成。各小组展示最初的项目任务——设计海洋能发电宣传海报。

海洋教育活动实施体会

本次海洋教育活动实施，教师与学生都收获颇丰。回顾这次活动的历程，有两点创意之处。

一是将教学与项目活动相结合。学生在完成本节课学习之后，需完成一个实际的任务，本节课的任务是设计海洋能发电宣传海报。这一任务在学习之初便会布置给学生，从而更好地激发学生的学习动力和兴趣。在整个过程中，教师充分给予学生小组合作学习的机会，让学生体会自主学习和团队协作的成就感。

二是将海洋教育与国家课程教学紧密结合。本节课并不是单纯的海洋教育课，而是高中物理教学与海洋教育融合实施的课。教师根据青岛地区的沿海特点，设计这样一节课，有创意地将国家课程、校本课程教学与海洋教育联系在一起，使学生深入了解了海洋能发电，也为教师以后设计更多海洋教育课程和实施海洋教育打下基础。

山东省青岛第三十九中学　王　婕

海洋教育案例4

琅琊文化与徐福东渡的历史和启迪

关联学科及课程标准要求

关联学科：历史

“历史”学科课程标准要求

（1）了解秦的统一，知道统一多民族封建国家建立和早期发展的过程。

（2）能够通过中国古代的经济、科技成就，了解生产力发展对政治、社会、文化变革的推动作用。

（3）知道中国古代遗留至今的各类史料是了解和认识中国古代历史的证据，尝试运用史料说明历史问题。

（4）能够对中国古代历史上的重要事件、人物、现象等形成合理想象，进行初步分析，认识其意义和影响。

（5）通过了解中国古代文明的辉煌成就，认识中华优秀传统文化的独特价值和突出优势，提高民族自尊心、自信心和自豪感，增强民族凝聚力。

海洋教育主要内容

1. 中国古代琅琊文化的形成与其孕育的海洋文化的发展。
2. 秦始皇东巡琅琊、祭祀于琅琊等行为对提升国家海洋意识产生的作用。
3. 徐福东渡的史实和精神。
4. 徐福东渡对远洋航线的探寻为汉代海上丝绸之路的开辟而奠定的基础。

海洋教育目标

1. 通过了解琅琊文化的形成过程，认识海洋文化是琅琊文化的重要组成部分，领悟中国古代先民向海而生和向海自强的生存意识。

2. 通过对秦始皇东巡琅琊和琅琊祭祀的理解，知道古代帝王已有海洋意识和海疆观念。

3. 理解徐福东渡的历史和现实意义，认识徐福远航对我国海洋文化的影响，建立正确的海洋认知。

海洋教育活动实施方式

1. 教师开设以“琅琊文化与徐福东渡”为内容的课堂教学活动，运用启发式、探讨式、创设问题情境式等教学方法开展课堂教学。

2. 通过自主学习、分组合作探究、研学活动、撰写专题小论文等形式汇报学习成果和展开交流研讨。

海洋教育活动时间安排

七年级

第一阶段 将班级学生分组，9月中旬将学习任务分配给各组，组长根据任务清单明细分配任务。

第二阶段 9月下旬，督促组长进行材料汇总，组内完成对材料的筛选和整理。

第三阶段 利用国庆假期，组织学生开展实地研学、调查走访，撰写研学报告《秦始皇的到来对琅琊文化形成与发展所起作用》和小论文《徐福远航的意义》。

第四阶段 10月中旬，教师开展主题课堂教育教学活动。

海洋教育活动过程说明

基于对中学生实施有效海洋教育的理念，结合课标要求和学生的实际情况，本课设计了三个环节：① 创设情境，引出课题；② 项目开展，探究研讨；③ 课堂小结，情感升华。本课前已经将课中需要解决的任务清单提前分配给学生，学生已完成了对资料的查询和准备。

一、创设情境，引出课题

我们说，兴趣是最好的老师，好奇心是追根溯源的种子。在导入课题这一环节，首先出示三张图片——秦始皇、徐福、青岛琅琊台，问：这三张图片的内容有没有关系呢？为什么？让我们带着问题走进本课的学习。

【设计意图】通过创设情境和设疑的方式激发学生的好奇心，点燃学生的求知欲和探索欲。

二、项目开展，合作研讨

（一）品读琅琊文化的形成

教学流程

（1）学生观看视频《琅琊台景区宣传片》和欣赏图片“琅琊十景”并谈感受。

【设计意图】通过重温琅琊台景象，渲染课堂气氛，使学生感慨万千，真情实感谈感受。

（2）出示春秋时期地图和管仲改革、齐吴海战、越齐文化碰撞的相关史料。学生按照课前安排，4人一组，将自己查阅的资料结合老师给出的图片、史料完成下面问题的探讨。

① “海王之国”是如何依靠海洋资源称霸的？

② 齐吴海战中齐国胜利的原因及此次海战的意义。

③ 在琅琊文化形成过程中，越文化中的海洋文化所起的作用。

每组派代表汇报探究研讨成果，小组其他成员也可进行补充说明，教师点评。

【设计意图】通过学生自己查阅资料并与组员探讨交流，将补充、完善的最终观点和成果与全体同学交流分享。此环节既培养了学生的自学能力，又培养了学生团结合作、互帮互助的优良学习习惯。

通过①②③问题的探讨，使学生对琅琊海洋文化的萌芽有了初步认识和理解。

（3）出示重刻秦琅琊刻石碑、千秋万岁瓦当及琅琊台出土的排水管道图片。

① 学生根据自己对青岛琅琊台景区的研学考察成果及网上冲浪查阅的相关资料，探讨秦始皇多次亲临琅琊台祭祀对琅琊文化形成的影响。

② 分享《秦始皇的到来对琅琊文化形成与发展所起作用》的研学报告。

【设计意图】通过研学或者查阅资料再现历史，学生主动参与感知历史、体验历史，明白遗留至今的遗迹与史料是了解和认识历史的证据，尝试运用史料说明历史问题，以体会琅琊文化的内涵，知道统一多民族国家的早期发展。

（4）出示徐福雕像图片，设置悬念：此人又与琅琊文化有怎样的联系呢？

【设计意图】设置悬念增强学生兴趣，另外也使本环节内容更加饱满，为后面内容做铺垫。

（5）展示当今琅琊台四时祈福节图片。

（6）播放《琅琊祭海》视频。

（7）学生结合以上图片、视频及所学所查知识，分组探讨琅琊文化形成的政治、经济、军事、文化原因及如何传承琅琊文化。各小组选代表展示自己学习成果，教师点评。

【设计意图】通过观看图片及视频，使学生深刻感受到琅琊文化的传承和琅琊人民敬海爱海的文化氛围，这是中国传统文化传承的重要体现。通过对琅琊文化形成原因的归纳与总结，既能培养学生归纳历史知识的能力，又使琅琊文化形成的过程再次在学生的脑海中得到强化。

（二）探寻徐福东渡的原因

教学流程

（1）由教师出示《史记》中对徐福个人生平的记载。

（2）邀请学生讲述徐福东渡的故事。

【设计意图】讲述徐福东渡的故事，拉近学生与历史人物的距离。

（3）教师提出疑问：有人说徐福东渡是司马迁杜撰的人物事件，徐福东渡真实存在吗？请说说你的看法。

（4）组织学生讲述与徐福有关的民间故事，教师点评总结，引导学生学会鉴别传说的历史故事的真伪。

【设计意图】通过揭开徐福东渡的神秘面纱，提升学生的好奇心和学习兴趣；证实徐福东渡的真实性，为揭示徐福东渡的原因提供前提。

（5）播放视频《徐福东渡的原因》。

（6）就徐福东渡的原因将学生分为三组，即寻仙求药组、避秦暴政移民组、商路贸易组。各组讨论后，展开辩论。辩论后教师引导学生阅读材料《秦汉时期的海洋意识和建设》，找出学者们的观点，与自己的观点进行对比，最后教师作评价总结。

【设计意图】在辩论中，虽然学生对徐福东渡的原因各持己见，但学生被徐福远洋航行中百折不挠的探索精神和徐福对远洋航线探索作出的贡献已深深感染。

（7）出示秦始皇遣徐福入海求仙群雕和徐福东渡启航处图片。学生结合图片和琅琊文化的特点，分小组探讨徐福为什么能够进行远洋航行（2分钟讨论），各小组选出代表展示讨论成果，教师点评总结。

【设计意图】通过充分讨论，学生能够从政治、经济、文化、个人等方面讨论、概括徐福东渡的原因，既可以使学生认识到统治者为加强统治而凸显海洋观念的意图，同时也使学生感受到徐福勇于开拓探索的优秀品质。

（三）弘扬徐福远洋的精神

教学流程

徐福作为当今学者研究的航海“红人”，他的家乡也是学者研究的热点，并且各地开启了“争夺”徐福故里“大战”。

（1）出示烟台龙口镇徐福徐公祠图片、江苏赣榆徐福庙图片、青岛徐福雕像图片。

（2）学生讨论各地“争夺”徐福故里的原因，得出结论：各地不只是单纯从经济物质利益考虑希望徐福生于某地，而更重要的是徐福不畏困难、勇于挑战的精神是华夏儿女引以为豪的榜样。

【设计意图】学生在讨论中认识各地对徐福的崇敬，体会各地对徐福勇往直前精神的传承和弘扬。

（3）展示日本徐福公园及韩国徐福展览馆的图片，出示日本、韩国史料中记载徐福的相关文字材料。

（4）预留给学生2分钟的时间独立观察、思考徐福为中外交流作出的贡献。2分钟后，教师提问。

【设计意图】使学生认识到徐福作为东方使者，在很早就向世界传播了华夏文明，他将中国文化带到了邻国，增强学生的文化自信。

（5）出示问题：根据当今各地对徐福故里的“争夺”和徐福对中外交流作出的贡献，请你谈谈徐福远航的历史意义和现实意义。

（6）学生分享课前准备的小论文《徐福远航的意义》，表达观点，教师点评总结。

【设计意图】在历史意义的归纳中，学生可以通过本节课对琅琊文化和徐福东渡的学习，将时间、人物、现象等串联起来，学会透过现象看本质。同时，徐福东渡历史事件可以使学生认识到后人在享受东渡成果的同时也应传承和弘扬徐福东渡的精神，树立不惧未来、志存高远的胸怀。

三、课堂小结，情感升华

（1）出示秦始皇雕像图、徐福雕像图、琅琊台风景图、西汉海上丝绸之路地图、21世纪海上丝路的图片。

（2）首尾呼应，学生从上图中提取信息，总结、表述图片之间的联系。

（3）教师总结，引导学生认识到国家的统一、民族精神的传承、对外的和平交往、国家的繁荣昌盛都是一脉相承的，尤其是中华民族勇于探索、创新的精神是我国建设社会主义现代化国家、实现中华民族伟大复兴的重要精神力量。

【设计意图】以史为鉴，传承民族精神，培养学生爱国、关心国家发展的家国情怀。

海洋教育活动实施体会

本课的设计以琅琊文化和徐福东渡为主要内容，以弘扬海洋文化、增强海洋意识、发扬徐福精神为核心，将历史学科教学与海洋教育相结合，以实现对学生海洋文化素养和历史学科核心素养的培养。在活动设计和实施过程中，本课鲜明体现了教师的主导作用、学生的主体地位，并以历史学科微项目式教学为途径，使学生能够在课程中更加有针对性、创造性地学习。在课前准备环节，通过教师分组布置任务，引导学生有目的地查阅、完善我国古代琅琊海洋文化发展与传承的相关资料，培养学生鉴别史料的能力和团结合作的精神。此外，教师鼓励学生参加琅琊台研学实践，亲临古台，获取真知，不仅能使学生开拓视野，还能使学生真实意会到帝王当时的行为动机，领略他们向海图强的踌躇满志。在课堂上，教师组织学生积极研讨、辩论、分享研学报告，并对学生的学习效果进行及时评价，提高了学生对历史学习和海洋探索的兴趣。

本节课既是整合历史知识和海洋教育学习成果的机会，也是教师以古鉴今宣传海洋精神、引导学生厚植爱国情怀的契机。在激发与提升学生历史学科核心素养和海洋文化素养的同时，本课也以琅琊文化和徐福东渡为纲，将海洋教育和历史学科内容有效串联，将徐福东渡的精神与当今的海洋强国战略紧密地联系起来，引导学生学会如何从历史中汲取智慧和精华建设今天、创造未来。

山东省青岛第三十九中学市北分校　孙菲菲

海洋教育案例 5

保护海洋资源，探索海洋奥秘
——海洋生物研究性学习

关联学科及课程标准要求

1. 关联学科：综合实践活动

“综合实践活动”课程指导纲要要求

（1）问题解决：能关注自然、社会、生活中的现象，深入思考并提出有价值的问题，将问题转化为有价值的研究课题，学会运用科学方法开展研究。能主动运用所学知识理解与解决问题，并作出基于证据的解释，形成基本符合规范的研究报告或其他形式的研究成果。

（2）责任担当：观察周围的生活环境，围绕家庭、学校、社区的需要开展服务活动，增强服务意识，养成独立的生活习惯……初步形成探究社区问题的意识，愿意参与社区服务，初步形成对自我、学校、社区负责任的态度和社会公德意识，初步具备法治观念。

（3）价值体认：通过职业体验活动，发展兴趣专长，形成积极的劳动观念和态度，具有初步的生涯规划意识和能力。

2. 关联学科：科学

“科学”学科课程标准要求

（1）初步了解常见海洋生物的生存环境、生息繁衍。

（2）确立保护海洋环境、珍惜海洋资源的意识。

（3）形成人地和谐意识，具备海洋战略意识，经略海洋，体认海洋对人类的影响，科学合理地利用海洋资源。

3. 关联学科：初中劳动

（1）懂得劳动创造成人的道理，领会“劳动是一切幸福的源泉”的道理。牢固树立劳动最光荣、最崇高、最伟大、最美丽的观念。

（2）体验劳动过程，尝试运用一定工具参与养殖等生产劳动，体会运用所学知识分析和解决实际问题的过程。获得初步职业体验，形成初步的职业意识和生涯规划意识。

（3）提升现代服务功能，进一步增强公共服务意识，提升以自己的劳动创造美好生活的社会责任感。

（4）根据个体需要，提出具有一定创造性的解决方案，制订合理的劳动计划，并安全规范加以实施，能对劳动过程进行反思和总结，进一步提高创造性劳动能力和合作能力。

（5）强化诚实劳动的习惯和品质。

（6）形成不畏艰辛、锐意进取、不断创新的精神。

相关机构：浙江海洋大学、浙江省海洋水产研究所、舟山市水产研究所、舟山海洋生态环境监测中心。

海洋教育主要内容

常见海洋生物的生存环境、生息繁衍；培养或增强保护海洋环境、珍惜海洋资源的意识；感受海洋科技工作者的开拓精神和务实态度，通过现场体验认识研究人员应具备的科研素养。

海洋教育目标

1. 转变学习方式，以研究性学习、研学旅行的方式探索海洋奥秘，开启海洋生物密码，掌握研学性学习操作规程。

2. 了解常见海洋生物的生存环境、生息繁衍。

3. 确立保护海洋生物资源的美好情愫。

4. 融入项目学习，在不断迭代中发展核心素养和高阶思维。

海洋教育活动实施方式

本主题的海洋研究性学习指导共 6 个模块，以课堂教学为主，辅以采访、观察、考察、实验、研究等方法。其中，第一模块“选题指导”安排了小组讨论，第二模块

“方案的要素”安排了方案设计，第三模块“调查方案与研究方案的比较”安排了比较分析，第四模块“信息的收集”安排了采访、实验、考察、查阅，第五模块“数据处理”安排了报告写作，第六模块“成果答辩”安排了陈述、答辩、评议。

海洋教育活动时间安排

本主题教育活动分西轩岛现场教育和学校课堂教学两部分，教学时间约21～22课时，教学内容包括西轩岛、养殖的海洋生物、实验的海洋生物、研究性学习、海洋环境（生物）检测、成果答辩会（表5-2-7）。

表5-2-7　西轩岛海洋生物研究性学习课程教学安排

教学项目	教学内容	课时	学生人数	教法建议
西轩岛	历史、现状、规划	1	80	视频教学、讨论设计
养殖的海洋生物	黄姑鱼、黑鲷、曼氏无针乌贼	3	80	视频教学、讲座、现场考察、观察
实验的海洋生物	1. 甲壳类 2. 头足类 3. 潮间带生物	5	80	视频教学、讲座、现场考察、观察实验
研究性学习	选题指导、方案的要素（调查方案与研究方案比较）、信息收集、成果报告或论文写作	4＋1（1课时为机动）	500	多媒体教学、练习法、讲授法、合作探究
海洋环境（生物）检测	1. 海洋生物检测（海捕虾）； 2. 海洋环境检测（海水油污类）	6	80	多媒体讲授、实验操作、撰写实验报告
成果答辩会	西轩岛实践成果答辩	2	500	学生制作PPT汇报，教师点评，学生互评，成果修改

海洋教育活动过程说明

第一模块：海洋研究性学习之选题指导课

一、介绍活动背景引出西轩岛

师：部分同学下月要去西轩岛参加科技实践活动，一周后要上交报告。去之前我们必须选好题，明确研究对象、方法和范围。每名学员，既要有小组集体课题，又要有个人副修课题。那么，研究什么呢？可能渔业科技创新岛——西轩岛会给我们带来灵感，我们不妨先来熟悉一下。

（教师展示西轩岛照片和活动背景）

简介：西轩岛，北距沈家门渔港3海里，仅38.6公顷，是浙江省海洋水产研究所海水养殖试验场，也是我校海洋科技创新活动基地。1999年，我校以构建学生科技创新活动体系作为课程改革的切入点，以构建发展性模块课程为突破口，通过减少必修课时间，增加科技创新活动时间，形成了基础性课程、发展性课程、研究性课程三大板块的现代海洋课程体系，把海洋科技创新活动列入必修课。到“西轩岛”开展研究性学习，已成为我校自1999年实施现代海洋教育以来最受学生欢迎的一种学习方式。

二、提出选题范围

师：我们将同学们去西轩岛参加海洋科技实践活动的选题分两类，一类是小组合作完成的课题——主修课题，一类是个人在完成集体项目的基础上另外想探究的项目——副修课题。

（一）小组选题

自选，实验样品自带。

（1）鱼类，主要是黄姑鱼、黑鲷、条石鲷育苗，课题如“日本黄姑鱼的浅水养殖”。

（2）甲壳类，虾（南美白对虾）、蟹、蛏子（自带）等，课题如“饵料丰度对南美白对虾生长的影响”。

（3）头足类，乌贼、章鱼（自带）等。

（4）潮间带生物，贝类、海螺、海葵、藤壶、佛手、寄居蟹等。

（5）饵料生物，轮虫、丰年虫、浮游生物如水蚤、糠虾、桡足类等，课题如“影响轮虫生长的条件”。

（二）个人选题

（1）海岛植被的分布与生长。

（2）海岛生态系统的研究。

（3）贝壳类生物的生活环境的观察。

（4）生物饵料对月亮鱼、仔鱼前期培殖的影响。

（5）温度、盐度、光照等对南美白对虾的影响。

（6）人工培育条件下黄姑鱼摄食习性的观察。

（7）盐度对条石鲷各发育阶段幼体的影响。

（8）影响梭子蟹养殖成活率的因素。

（9）黄姑鱼历史、形态变化、经济和食用价值。

（10）海洋水产资源调查。

（11）轮虫土池培养高产技术初探。

（12）盐度温度对轮虫生长发育影响。

（13）海岸、岛屿生态系统的多样性。

（14）潮间带生物间的食物链与食物网的研究。

（15）海岛空气质量的初步测定。

（16）各类捕捞渔网的探究。

（17）海蟑螂的生活习性观察。

（18）怎样解决海洋溢油问题。

（19）如何改进捕虾网的作业捕捞效能。

（20）光色对轮虫生长发育影响。

（21）海洋环保调查。

（22）渔民对渔具网眼调整后的态度调查。

……

三、学生分组选题

（1）分组：学生按选题分组，同一选题再按3人一组分，每班3组左右。

（2）教师登记各组选题，导师要等到了西轩岛后再定，登记表见表5-2-8。

表5-2-8　班西轩岛海洋研究性学习活动选题登记表

序号	选题	课题	组长	组员
1				
2				
3				
4				
5				
6				
……	……	……	……	……

四、选题论证

师：选题完成后，需要论证分析，自己所选课题是否值得去做、能否做出成果、成果是否有价值，主要从3个方面论证，即科学性、实用性、可行性。

教师下发选题论证表（表5-2-9），每组一份。

表5-2-9 选题论证表

选题1	
选题2	
科学性分析	
实用性分析	
可行性分析	
修改后的选题	

师：（示例："日本黄姑鱼的浅水养殖"）第一，科学性分析。黄姑鱼的最适生活环境是深水还是浅水？从百度搜索看，黄姑鱼的成鱼主要发现在近岸到涌浪区，偶然向岸边移动，稚鱼只在沿海地区发现，可见浅水养殖只是种试验，但不排除不能养殖，这就是科技的力量。第二，实用性分析。如果我们去研究黄姑鱼的浅水养殖，一旦成功，将给养殖者带来丰厚收入，也可丰富渔业资源。第三，可行性分析。这一选题让海洋研究所技术员去试验是可以的，但对同学们来说，无论时间，还是空间、财力、人力都不具备，因为这一实验不是一周一月可以成功，做实验所用场地、饵料、设施、方法都不具备。虽然我们去西轩岛时聘了岛上的技术员作为导师，但时间太短，因此，综合分析后我们选择放弃。

下面请同学们对自己的选题进行论证。

学生分组讨论5分钟后，教师请其中两组准备充分的小组汇报。

教师边听汇报边作出评价，同时请其他小组评价，汇报后各组修正选题，然后上交选题论证表。

五、课题命名

师：课题名称表述方式可以是肯定句式，可以否定句式，可以采用正副标题，但课题名称必须出现研究对象、研究方法、研究范围，范围越小越深入；尤其是我们，在西轩岛只生活一周，就是在导师的指导下完成几次重要实验，收集些数据。

六、课堂总结

请学生议议这堂课的收获。

学生谈收获后，师提问：选题论证最注重的是可行性分析，还是实用性分析，或是科学性分析？你觉得"影响轮虫生长的条件"课题名称完整吗？

学生代表回答，师生共析，选题论证最重要的是可行性分析，基础是科学性分析；

“影响轮虫生长的条件”可改为“影响轮虫生长的水温条件的实验研究”。

师：选题是开展研究性学习活动的第一步，选好课题，制订了计划，我们只要认真收集信息、数据，分类归纳、形成报告就不是难事，但你们的研究是否有价值、能不能有成果、成果是否值得推广，是需要科学论证的。如果你除了参与小组课题，还能完成个人课题，可以依此选题、论证、命题、实施、收集信息、撰写报告。

七、课外任务

为自己所选课题制订研究方案。（教师下发方案表）

第二模块：方案的要素

海洋研究性学习方案可以分为社会调查类、科学实验类、设计制作类等，作为方案，其要素包括名称、目标、内容、方法、步骤、成果表达形式、成员及分工。

一、方案名称

方案名称，是个小问题，但实际上很多人写名称时，往往写得不准确、不恰当，从而影响整个方案的形象与质量。那么，如何给方案起名称呢?

（1）名称要准确、规范。准确就是方案的名称要把方案研究的问题是什么，研究的对象是什么交代清楚。方案的名称一定要和研究的内容相一致，不能太大，也不能太小，要准确地把研究的对象、问题概括出来。

规范就是所用的词语、句型要规范、科学，似是而非的词不能用，口号式、结论式的句型不要用。因为是在进行科学研究，要用科学的、规范的语言去表述我们的思想和观点。

这里有一个专题名称叫“培养自主学习能力，提高课堂学习效率”。如果这个题目是一篇经验性论文或一个研究报告还不错，但作为专题的名称，则不是很好的。因为专题就是我们要解决的问题，这个问题正在探讨，不能有结论性的语气，若改为“自主学习能力的培养对提高课堂学习效率的影响”，则较为妥当。

（2）名称要简洁，不能太长。不管是论文还是方案，名称都不能太长，能不要的字就尽量不要，控制在20字内。

二、研究的目的、意义

研究的目的、意义也就是为什么要研究、研究它有什么价值、研究背景是什么。

一般可以先从现实需要方面去论述，指出现实中存在这个问题，需要去研究、去解决本研究有什么实际作用；然后，再写方案的理论和学术价值。这些都要写得具体一点、有针对性一点，不能漫无边际地空喊口号。

三、研究的指导思想

方案研究的指导思想就是研究在宏观上应坚持什么方向，符合什么要求等。

这个方向或要求可能是哲学、数学、自然科学、政治理论，也可以是科学发展规划或有关研究问题的指导性意见等。

四、研究的目标和假设

方案研究的目标和假设也就是课题最后要达到的具体目的，要解决哪些具体问题。

相对于目的和指导思想而言，研究目标和假设是比较具体的，不能笼统地讲，必须清楚地写出来。只有目标明确、假设具体，才能明确工作的具体方向是什么，才能了解研究的重点是什么，思路就不会被各种因素所干扰。

五、研究的基本内容

有了方案的研究目标和假设，就要根据目标和假设来确定我们这个方案具体要研究的内容。

相对研究目标和假设来说，研究内容要更具体、更明确，并且一个目标和假设可能要通过几方面的研究内容来实现，它们不一定是一一对应的关系。

大家在确定研究内容的时候，往往考虑得不是很具体，写出来的研究内容特别笼统、模糊，把研究的目的、意义当作研究内容，这对我们整个专题研究十分不利。

六、研究的步骤和进度

一般情况下都是从基础问题开始，然后分阶段进行，每个阶段从什么时间开始，至什么时间结束都要有规定。

七、研究方法和资料获取途径

方案研究的方法很多，包括历史研究法、调查研究法、实验研究法、比较研究法、理论研究法等，但在研究性学习中的方案研究方法用得最多的是社会调查法和受控对比实验法。一个大的专题往往需要多种方法，小的专题可以主要采用一种方法，同时兼用其他方法。

在应用各种方法时，一定要严格按照方法的要求，不能只凭经验、常识去做。例如，要通过调查了解情况，如何制定调查表、如何进行分析等都不是随随便便发张表，列一些百分数、平均数就行了。

方案研究资料的获取途径也很多，包括文献调查、考察调查、问卷调查、设计并进行实验、科学观测等，采用哪些资料获取途径，一定要经过充分的研究。

八、研究的成果形式

方案研究的成果形式包括报告、论文、发明、软件、课件等多种形式。专题不同，研究成果的内容、形式也不一样；但不管形式是什么，专题研究必须有成果，否则就是这个专题没有完成。

九、研究的组织机构和人员分工

在集体方案研究方案中，要写出专题组组长、副组长、专题组成员以及分工。专题组组长就是本专题的负责人。

专题组的分工必须要分得明确合理，争取让每个人了解自己的工作和责任，不能吃大锅饭，但是在分工的基础上，也要注意全体人员的合作，大家共同研究、共同商讨，克服研究过程中的各种困难和问题。

第三模块：调查方案与研究方案的比较

与海洋相关的研究性学习活动，可以是社会调查类，可以是科学研究类，如“沈家门夜排档搬迁后的经营情况调查”和“高锰酸钾消毒液对曼氏无针乌贼生长的影响”。两类研究性学习方案略有差异，主要表现在研究方法上，因为研究方法不同，在研究步骤表述上也不同。

“沈家门夜排档搬迁后的经营情况调查”方案要素：调查背景、调查目的、调查内容、调查方法（采访法、问卷调查法、实地考察法）、调查步骤、组织成员及分工、预期成果及表达形式。

“高锰酸钾消毒液对曼氏无针乌贼生长的影响”方案要素：研究背景、研究目的、研究内容、研究方法（实验法、观察法、文献法）、研究步骤、组织成员及分工、预期成果及表达形式。

我们看看两方案在研究步骤上的表述。

“高锰酸钾消毒液对曼氏无针乌贼生长的影响”研究步骤如下。

（1）准备阶段：① 组建课题组，落实分工；② 撰写方案；③ 提出假设：30%浓度的高锰酸钾消毒液适合曼氏无针乌贼生长；④ 设计实验；⑤ 设计采访稿。

（2）实施阶段：① 开展等组实验，做好观察记录；② 实地考察曼氏无针乌贼养殖池，观察养殖环境；③ 采访研究人员，了解养殖条件、现状及放流情况；④ 查阅文献，了解曼氏无针乌贼身体结构、营养价值、养殖环境等。

（3）总结阶段：收集信息，归类分析，撰写报告，交研究人员和指导教师修改，上交评审。

“沈家门夜排档搬迁后的经营情况调查”调查步骤如下。

（1）准备阶段：① 组建课题组，落实分工；② 撰写方案；③ 设计采访稿；④ 设计消费者问卷；⑤ 查阅书刊，了解沈家门夜排档搬迁前的情况。

（2）实施阶段：① 实地考察，摄影记录；②发放问卷，向50位消费者发放；③ 采访管理人员，了解夜排档历史、现状、问题及对策；④ 采访经营者，了解经营现状、问题及建议。

（3）总结阶段：收集信息，归类分析，撰写报告，交指导教师修改，上交评审。

第四模块：信息收集

研究信息的收集，离不开研究方法的应用，不同的研究方法，其收集信息的方式也不同。现以常用的方法为例，如问卷调查、采访、考察、查阅、实验、观察、案例等。

一、问卷调查

我们首先要设计问卷，问卷包括标题、称呼、卷首语、问题（选择题、简答题）、设计者、设计时间。标题简明扼要，让人一目了然。卷首语包括问卷发放目的、结构、对被调查者的完成要求、感谢词。问题是问卷的主体，可以分卷一、卷二。卷一为被调查者的信息，3～5题。卷二为问题，与调查主题相关。学生卷10题左右，成人卷30题左右，发放量在100份以上。为统计方便，发放量以10的倍数为宜。问题的题干表述应中性，勿产生歧义，答题可开放式、半封闭式、封闭式，封闭式选项3项及以上。这里需强调的是问卷的回收率，回收率一般达到70%以上，才可以作为研究结论的依据；若不足，需再做一些补充调查。

二、采访

采访前，根据调查目的确定合适人选，以书信或电话甚至到单位提前预约，准时采访；同时，准备好采访稿，采访问题3～5个，不宜过大或过难，让对方能回答且能回答完整。采访时要笔录或录音，能否录音要经对方同意，也可以向对方索要相关资料。采访后，整理采访记录（表5-2-10）。

表5-2-10 采访记录

采访主题				
采访日期				
采访目的		访谈单位		联系电话
采访对象				
采访员				
采访问题				
采访记录				
采访结果				

三、考察

考察前要做好相关准备工作，如联系考察地负责人或管理者，约定时间，带上相机以及一些必备生活用品和其他安全保障物品等。考察时重点察看与调查主题相关的地点，做好记录和摄影工作（表5−2−11）。

表5−2−11　考察记录

考察目的			
考察地点			
考察人员		分工	
考察记录			
活动反思			

四、实验

我们所做实验有为了判定某种假说是否正确的判决实验，有创设一定的条件来达到某一目的探究实验，有为了寻找引起某些变化或结果的原因的因果实验，有两个或两个以上的相似组群进行比较的比较实验，有测定各组成成分之间的数量关系等的定量实验。

无论哪种实验，都需要制订好方案、规划实验步骤，以便有针对性地开展实验研究。通常，实验设计往往不是单一的，而是两个或两个以上，并在研究中进行误差控制，收集真正有用的信息。

五、观察

活动过程中离不开观察，同时做好记录。观察点因研究目的和内容而定。因此，要制订观察计划、设计观察表，观察的同时要摄影记录，必要时可以与文本对照。例如，"消毒剂浓度对锈斑蟳生长存活的影响的研究"中不同浓度消毒剂对锈斑蟳生长存活的影响实验观察，见表5−2−12。

表5−2−12　不同浓度消毒剂对锈斑蟳生长存活的影响实验观察记录

消毒剂种类及浓度		锈斑蟳存活数量及状况			
		1小时后	12小时后	24小时后	48小时后
甲醛溶液	0.01%	3只存活且正常	3只存活且正常	3只存活且正常和	3只存活且正常
	0.1%	3只存活且正常	3只存活且正常	3只存活且正常	3只存活，但行动迟缓
	1%	3只存活且正常	3只存活，但行动迟缓	1只存活，但状态呆滞	全部死亡

续表

消毒剂种类及浓度		锈斑蟳存活数量及状况			
		1小时后	12小时后	24小时后	48小时后
高锰酸钾溶液	0.001%	3只存活且正常	3只存活且正常	3只存活且正常	3只存活且正常
	0.01%	3只存活且正常	3只存活且正常	3只存活，但行动缓慢	2只存活，但行动迟缓
	0.1%	3只存活且正常	3只存活，但行动迟缓	2只存活，但状态呆滞	全部死亡

六、文献查阅

文献可以网上搜索，可以查阅书刊，可以播放音像视频，一般采用关键词索引，如“大黄鱼育苗饲料的适口性研究”。我们需要对大黄鱼苗的喂养饲料进行索引，大黄鱼育苗饲料主要为桡足类、轮虫和卤虫，每一类的特性、身体结构、养殖环境、技术要求都要进行收集整理。

第五模块：数据处理

数据处理或信息分析，主要帮助学生掌握定性分析和定量分析两种方法。

一、定性分析方法

定性分析是指用语言描述形式以及哲学思辨、逻辑分析揭示研究对象特征的信息分析、处理方法，研究性学习活动成果多属于定性分析报告。教师要让学生对定性分析方法的具体应用、主要特点和结果呈现有较全面的认识。

（一）定性分析的一般思维方法

（1）分析和综合。分析是指把研究对象在思维活动中分解成各个组成部分要素，然后分别加以考察和研究，从而揭示事物的属性和本质的思维方法。分析的方法属于整体到局部的方法。综合指在分析的基础上，将研究对象的各个组成部分或要素在思维中重新结合为一个整体，从而在整体上把握事物的本质和规律。

（2）抽象和概括。抽象是指根据事物或问题的特点，通过分析、比较事物的各种属性或撇开问题中个别的、非本质的因素，抽出主要的、本质的属性或因素加以考察研究的思维方法。概括是指从某些具有相同属性的事物中，抽出共同的本质属性，再推广到具有这些相同属性的一切事物中，形成这类事物的普遍概念的思维方法。人们在构建理想模型、形成理想过程、进行理想实验的过程中，运用的思维方法主要是基于抽象和概括的方法。概括是在抽象的基础上，将分析、比较、抽象的结果加以综合，形成概念的过程。

（3）归纳和演绎。归纳的方法是从特殊到一般的思维方法。演绎的方法是由一般到特殊的思维方法。

（4）类比和假设。类比是指根据两个或两类对象在某些属性上相似而推出它们在另一个属性上也可能相似的思维方法。假设是指对客观事物或某种现象的假定的说明。假设要根据事实提出，经过实践证明是正确的，就成为理论。

（二）定性分析方法的主要特点和结果呈现

定性分析的主要特点为：① 定性分析关注的是事物发展的过程以及相互关系，突出研究对象的整体性、发展性和综合性；② 定性分析的对象是关于事物固有的性质、特征和内部联系等的描述性资料，即对于物质的描述性资料。因此定性研究有时也称质的研究；③ 定性分析无严格的分析程序，有较大的灵活性和变通性，这意味着学生可以对原来设定的方案不断进行修改和调整；④ 定性分析的方法主要采用归纳逻辑分析方法和哲学思辨方法，与定量分析方法有本质的区别；⑤ 定性分析容易受主观因素的影响，而且对研究的背景具有敏感性、这意味着分析者的主观因素会影响结果的客观性，不同情境会导致分析者不同的行为。

二、定量分析方法

定量分析是指用数值形式以及数学、统计方法反映研究对象特征的信息分析、处理方法，旨在把握事物量的规定性，客观、简洁地揭示研究对象重要的可测特征。

（一）描述统计

描述统计是研究性学习活动中进行定量分析的最常用的工具之一，具体有统计表、统计图、集中量、差异量等。

统计表，常见的有双项表和三项表，根据数据所依据的研究对象的特征数目的不同，分为单项表、双项表和三项表。

统计图，具有形象直观、印象深刻的特点。① 条形图，常用来比较性质相似的间断性资料，有直条图、横条图等。② 扇形图，表示间断性资料的构成比例，有平面、立体、分块几种。③ 折线图，以曲线的高低和斜度等形态来表现统计资料。

集中量是对数据进行定量分析的一组基本量，它代表一组数据的典型水平或集中趋势的量，反映研究对象整体的状态水平，可用于组间比较。组内的个体也可参照集中量确定自己的位置，常用的有众数、中位数、平均数等。众数是一组数据中出现次数最多的那个数。中位数的确定：如果数据的个数为奇数，则中间的数为中位数；如果数据的个数为偶数，则最中间的两个数的平均值为中位数。

简单的算术平均值主要用于未分组的原始数据。设一组数据为X_1，X_2，…，X_n，简单的算术平均数的计算公式为：

$$M=\frac{X_1+X_2+\cdots+X_n}{n}$$

加权算术平均值主要用于处理经分组整理的数据。设原始数据为被分成K组，各组的组中的值为X_1，X_2，…，X_k，各组的频数分别为f_1，f_2，…，f_k，加权算术平均数的计算公式为：

$$M=\frac{X_1\times f_1+X_2\times f_2+\cdots+X_k\times f_k}{f_1+f_2+\cdots f_k}$$

差异量代表的是一组数据变异程度或离散程度的量，反映研究对象的群体的离中趋势，即分化的程度；差异量越大，群体成员之间的分化程度就越高。差异量分绝对差异量和相对差异量。

绝对差异量常用的是方差和标准差。方差是各数值与平均数之差的平方的平均数。方差的算术平方根称为标准差。方差的计算公式为：

$$S^2=\frac{1}{n}\left[(x_1-m)^2+(x_2-m)^2+\cdots+(x_n-m)^2\right]$$

标准差的计算公式：$S=\sqrt{((x_1-m)^2+(x_2-m)^2+\cdots+(x_n-m)^2)/n}$

由于标准差是性质优良的差异量，在统计学中得到广泛的应用。

（二）推断统计

凡进行高级的统计分析，或者使研究成果更具有科学的分量，掌握推断统计的方法是不可缺少的。由于用于推断统计的资料属于样本资料，是从总体中以一定的方法随机抽取的一定数量对象的资料，它对总体具有随机性，所以由样本获得的结果对总体而言并不是绝对可靠的，总带有一定程度的不确定性。这种不确定性的程度，可以用概率的大小来表示。第一，小概率事件，是指概率非常接近于零的事件，假设检验正是运用“小概率事件的实际不可能”这一原理来判断的。第二，推断统计的显著水平与显著意义。显著水平是推断统计中经常使用的一个重要术语，在统计学上习惯采用两种显著水平，即$P\leqslant0.05$和$P\leqslant0.01$；概率数值越大，则显著水平越低，越容易保留零假设，见表5-2-13。

表5-2-13　差异显著性的判断

P值	差异的意义	判断
$P>0.05$	差异不显著	保留零假设
$0.01<P\leqslant0.05$	差异显著	拒绝零假设
$P\leqslant0.01$	差异极其显著	拒绝零假设

第六模块：成果答辩

为培养学生科学严谨的研究态度，规范成果书写，提高报告质量，力争在上级评比活动多获奖、获高奖，学校很有必要组织成果答辩会。

一、答辩程序

（1）按学校通知规定的时间，收集学生研究性学习成果，然后组织年级段（全校）评比，遴选出一批优秀成果，予以公示，并通知答辩小组按要求做好准备。

（2）确定答辩人员，每项成果派代表3名出席答辩，制作好PPT，包括视频，撰写发言稿，参加人员务必充分熟悉成果。

（3）组建评委，学生组成群众评委，一般为每班1名代表；教师评委3位，最好是综合实践活动专职教师，也可以是科学教师。

（4）答辩流程：

① 参加答辩小组抽签决定顺序，按序上台。

② 答辩代表按顺序上台陈述，时间为3分钟，突出研究过程、研究方法，边陈述边播放PPT，也可以表演，指导者辅助解说。

③ 学生评委提问，小组代表回答，可以相互补充，提问完学生评委按十分制赋分。

④ 教师评委提问，一般3个以内，小组代表回答，可以相互补充并赋分。

⑤ 教师主评委提出成果修改意见。

二、适用场合

适合全校性或全年级开展，在学生实践后形成了科技成果。例如，舟山市普陀第二中学组织学生到西轩岛开展五天的出岛海洋科技创新活动，要求参加学生每人上交一篇个人报告、每班上交1份小组成果；2周后，学生上交成果，学校初评学生成果，然后组织答辩活动。

三、注意事项

参与答辩的学生需要规范答辩程序，端正态度。活动前，答辩的学生评委需要接受培训，明确提问方向，接受培训的最好是每组的组长或执笔者；教师评委要统一思想。

海洋教育活动实施体会

本课程的设计与实施在完善西轩岛海洋研学管理机制、发展学生学习素养（海洋素养）、促进教师专业发展、深化学校课程改革、创建学校海洋教育品牌等方面有一定成效。

一、完善了西轩岛海洋研学管理机制

（一）建立了组织机构

组织机构由校方和西轩岛单位方共同组成。学校成立了以校长为组长、各部门组成的课程西轩岛的领导班子，“三处一办一室”（教务处、政教处、后勤处、校务办、教科室）具体管理课程各项工作。浙江省海洋水产研究所方面，试验场主要负责提供学生项目研究时的师资、技术、设备、教学。学校在研究前一个月与西轩岛单位海研所协商制订方案；浙江省海洋水产研究所组建了由副书记及副所长挂帅、西轩岛试验场专家为主的海洋生物课程实践指导组，形成了一个相对完整的组织机构（图5-2-5），建立了一套行之有效的管理机制，协同运行西轩岛海洋研学活动。

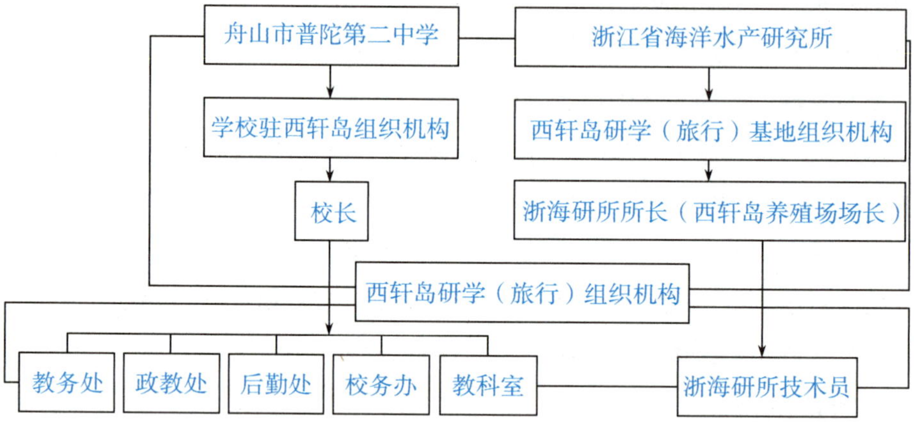

图5-2-5 西轩岛校外海洋研学组织机构

（二）完善了课程开发机制

由西轩岛单位方和学校共同开发海洋研究性学习课程，单位方是第一开发者和实施者，学校是第二开发者和实施者，主修课题由浙江省海洋水产研究所和海水养殖场提供，副修课题由学校结合海洋教育内容而产生，个人课题也可参考除本组外的其他主修课题。

（三）完善了课程操作流程

形成了西轩岛海洋研究性学习课程的操作流程：“三段十步”模式（图5-2-6）。

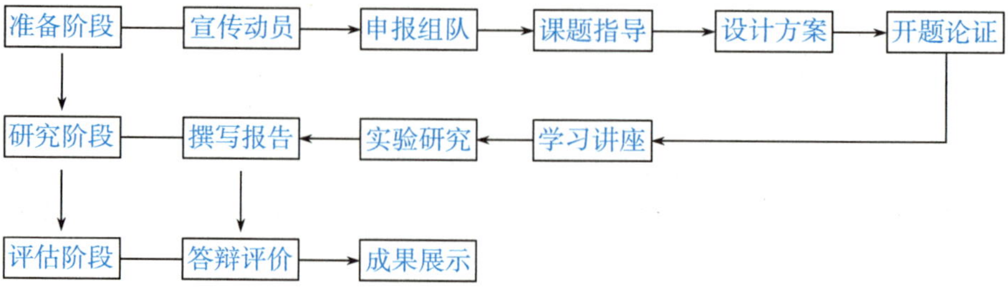

图5-2-6 西轩岛海洋生物研究性学习课程操作流程

（1）准备阶段：包括宣传动员、申报组队、课题指导、设计方案和开题论证五步，这五步的任务需要在去西轩岛前完成。

（2）研究阶段：是西轩岛海洋课程实施的重要部分，主要在西轩岛完成。本阶段主要是学习讲座、实验研究、撰写报告三步任务。

（3）评估阶段：分答辩评价和成果展示两步任务。

（四）完善了课程评价机制

课程评价，以小组评价为主，因为小组合作学习是本课程学习的基本形式，组员分工明确，主修课题、副修课题、个人研究日志、小组生活、学科学习分别占评价的60%、20%、10%、5%、5%；评出优秀科研小组、优秀学员，评估委员会还根据管理、纪律、学习、研究、生活等表现评出文明寝室。

（五）完善了小组学习方式

西轩岛实施海洋课程的最主要方式是以小组为单位，以课题研究项目为主要内容，以实验研究为主要手段，为确保课程学习的效益最大化，转变学生的学习方式，做到四结合。① 专家导师与实习助手相结合，进行“拼班带徒”。② 文化课学习与课题研究学习相结合，“双学”同步进行。为使在西轩岛的学生不落下文化课，与在校学生学习同步，实行半天上课、半天实践，实现学习方式的转变。③ 理论学习与实践活动相结合。学生对研究对象是陌生的，因此利用文化课的时间，每天安排一小时请研究人员开设理论讲座，然后再实践。④ 个性发展与团队合作相结合。西轩岛海洋课程实践活动是学生施展个性特长、兴趣、创造性的绝佳时机。学生既要按照研究方案，分工合作，有序研究并最终达成研究目标，又要根据自己的兴趣开展研究；如此，学生在小组合作学习中发挥个性特长，在个性特长中培养团队合作精神。

二、发展了学生的核心素养

（一）掌握了研究性学习方法

凡是参加过西轩岛活动的学生，都能制订研究性学习方案，然后按方案分步实施，收集资料信息，归类整理，最后形成报告。

（二）转变了学习方式

研究性学习以小组合作为主，分头探究，收集资料，最后形成报告，有利于培养学生的合作精神和人际交往能力。

（三）确立了海洋意识

学生在做了油污对方蟹成活率的影响实验后，充分认识到污染给海洋生物及海洋环境的严重威胁，因此在社区、街道大力倡导保护海洋环境；同时，也真正认识到了科技带给舟山渔业的前景，有了科研人员的辛劳付出，相信舟山渔业会长盛不衰。

（四）增强了创新意识

由于西轩岛省海研所、海水养殖场技术人员的科研水平高、养殖经验丰富，因此，所提供的项目都是富有创新性，所产出的学生成果多能在省、市获奖，甚至在全国获奖。

（五）产出了研究成果

自2000年至今，近1 600名学生开展过15期的海洋科技研究，完成了1 260多个研究项目，其中获全国科技创新大奖赛一等奖、省青少年创造发明一等奖各一项，获省一、二、三等奖成果15项，获省科技创新二、三等奖集体项目 7 项。

三、促进了教师专业发展

（一）增强了教师的课程意识

在海洋研究性学习课程实施中，海研所专家承担了最主要的角色，但教师在课程准备、研究和评估三阶段中占有很重的分量，前期的活动方案制订和学生课题方案指导，研究过程中的管理和指导，评估贯穿活动全程，做到一天一小结、一期一评比。因此，参与活动的教师历经了课程的开发、实施和评估过程，无疑增强了课程意识。

（二）转变了教师的角色意识

在西轩岛海洋课程实施中，学校安排了许多教师参与方案策划、科研指导、西轩岛学习班班主任工作、后勤保障等各项工作。教师特别是科学教师、社会教师、综合实践活动教师要下意识地关注海洋课程知识的实践性、前沿性，自觉成为学生课题研究的参与者、指导者、协调者、西轩岛海洋课程开发者，指导学生选题、设计方案、获取信息、研究方法与思路、分工合作、整理资料、撰写报告、论文答辩。

（三）提高了教师的管理能力

教师成为学生课程学习的管理者，管理学生的起居、学习、科研、就寝、运动等，对学生进行安全教育、纪律教育、卫生礼仪教育，不定时地与学员座谈，第一时间了解学生的生活学习状况、需求，协助解决学生的困难，及时向学校主管领导反映学生的问题。

四、深化了学校课程改革

（一）完善了学校拓展性课程体系

学校拓展性课程分知识拓展、体艺特长和CPS实践活动课程三类，海洋研究性学习属CPS实践活动课程。

（二）提高了学校社会声誉

研究性学习是学校六大金名片之一，西轩岛海洋研究性学习活动引起了社会的广泛关注。参与此活动的学生家长说，可以让学生体验生活、开阔视野、培养独立生活能力和合作学习品质，在高水平的科研人员指导下作品还能培养科研精神和创新能力。

西轩岛是学校的海洋教育基地、浙江省海洋科普教育基地、全国海洋科普教育基地，也是研学旅行营地，由此开设的海洋研究性学习课程，与现代海洋教育地方课程、渔民画、沙雕、航模等海洋拓展课程一起丰富了学校的海洋文化。

浙江省舟山市普陀第二中学教育集团　徐豪壮

海洋教育案例6

海洋能源的开发和利用——制作简单的海水电池

关联学科及课程标准要求

关联学科：综合实践活动

“综合实践活动”课程指导纲要

在设计与实施综合实践活动课程中，要引导学生主动运用各门学科知识分析解决实际问题，使学科知识在综合实践活动中得到延伸、综合、重组与提升。学生在综合实践活动中所发现的问题要在相关学科教学中分析解决，所获得的知识要在相关学科教学中拓展加深。

问题解决：能关注自然、社会、生活中的现象，深入思考并提出有价值的问题，将问题转化为有价值的研究课题，学会运用科学方法开展研究。能主动运用所学知识理解与解决问题，并做出基于证据的解释，形成基本符合规范的研究报告或其他形式的研究成果。

创意物化：运用一定的操作技能解决生活中的问题，将一定的想法或创意付诸实践，通过设计、制作或装配等，制作和不断改进较为复杂的制品或用品，发展实践创新意识和审美意识，提高创意实现能力。

海洋教育主要内容

1. 在探究原电池原理的基础上，制作土豆电池并进一步设计并制作简单的海水电池。
2. 探究海水电池供电的影响因素并进行探究实验。
3. 设计并制作能使二极管发光的海水电池组。

海洋教育目标

1. 知识技能

（1）通过运用物理、化学学科知识，分析海水电池电流影响因素。

（2）能够将表格、柱状图等数据统计形式运用到实验结果的整理中，逐步形成具备数据记录、数据整理的意识和习惯。

2. 问题解决

通过分析海水电池电流影响因素，有意识地培养利用多学科知识系统、全面分析、解决问题的能力；在动手操作、观察、交流、综合分析过程中，提高动手实践、合作交流等能力。

3. 活动物化

根据课上海水电池制作的探究活动，课后以“海洋能源的开发和利用”开展拓展性的主题研究性学习活动，以小组为单位形成物化成果。在这一过程中，增强海洋意识，提升海洋素养。

4. 情感态度

通过制作海水电池的探究活动，建立学科基础知识和社会应用的联系激发探究兴趣，实现自主发展，增强社会责任感。

海洋教育活动实施方式

初中学生正处于一个思维活跃，逻辑思维能力飞速提升的阶段。在活动中，教师利用真实情景设问法、问题拆解法、实验法、多媒体辅助教学法、归纳总结法来达成教学目标。

在活动中，通过教师的引导和点拨，学生自主进行课前学习、实验探究、科学知识综合分析观察讨论、合作学习，最终达成活动目标。

海洋教育活动时间安排

1. 教学内容具体安排在初中学段九年级，时间为1课时。

2. 课外时间依据选定的研究内容而定，可融合物理、化学内容进行探究。

海洋教育活动过程

一、课前知识和材料准备

（1）自主阅读关于海洋资源的利用和开发的资料，谈谈所了解的海洋资源有哪些。

（2）了解电池的构成条件。

（3）准备制备海水电池的材料。

教师可在教学中对相关内容进行提问和检查并适当补充。这一教学环节利于教师对学生学情的进一步了解。

二、导入新课

通过观看往届学生制作的《潮汐水位变化报警器的研制》短视频，了解该装置工作结构。该装置设计了3个水位的报警器，每个水位报警器由一个圆筒和一个与圆筒连接的灯泡形成的闭合回路。每个圆筒没入海水，与之相连的灯泡发光；从海水中取出，灯泡熄灭，从而起到报警作用。该小组设置了3个不同水位的圆筒，可以对因潮汐引发的海水水位变化起到报警作用，从而使出海捕鱼的渔民了解潮汐变化情况。

师：这个报警器的工作是否利用了海洋能？学生从其工作构造的文字叙述中，提取有效信息，很容易得出结论：利用了海水发电。

师：我们如何来制作一个海水水位报警器呢？通过设置情境问题的方式，引导学生思考，激起学生探究兴趣。这个问题用随机提问学生的方式来完成：制作海水发电电池，将其按照不同的高度固定即可。

然后，将情境问题拆解为三个学生任务，以任务的形式驱动学生探究。

（1）如何利用原电池的原理制作单个海水电池？

（2）影响海水电池输出电流的因素有哪些？请通过实验探究来证明。

（3）如何制作一个可使二极管发光的海水电池？

对于这三个任务，让学生以小组合作的方式，从易到难，层级递进，进行实验探究或理论分析，最终实现目标的达成。

任务一　利用原电池的原理制作单个海水电池

【热身实验】

让学生用已有的土豆、导线和万能表按照设计好的电路图进行土豆电池的制作，以回顾电学相关知识以及电路连接的实验操作。

【实战操作】

利用收集到的制作海水电池的材料，制作单个海水电池。课上采用以小组合作的形式，每个小组完成一个制作。（教师给学生提供3%的NaCl溶液，模拟海水）

该任务相对简单，教师运用课堂巡视的方式确定小组完成情况。

任务二　探究影响海水电池输出电流的因素

师：为了尽可能地优化单个海水电池的输出电流，你认为影响海水电池输出电流的因素有哪些？

在这里，采用直接展示海水电池反应化学方程式的形式，让小组成员准确描述本组电池的正负极选用的材料以及发生的化学反应，并据此分析影响电流大小的因素。小组成员采用随机提问的方式，以确保成员的参与度。

追问：电流的大小与哪些物理知识相关？请举例说明。

例如电压、电阻等。板书影响因素：电解质溶液（浓度已确定3%）、电极材料的选择以及大小、电池反应时间、电解质溶液含氧量、电池个数、串并联方式、材料阻力等。

【该环节设计意图】引导和培养学生利用多学科知识，综合、全面分析和解决问题的能力。

引导学生针对有关因素进行实验探究，观察并记录实验数据。在实验过程中，教师要引导学生使用表格、柱状图等的形式记录实验数据。（观察类实验的设计思路是确定具体的观察因素，并用表格、柱状图等的形式记录实验数据）

通过实验探究，获取具体电流数据。依据实际情况，可通过个人总结或小组分享，汇总“影响单个海水电池输出电流大小因素统计表”（表5-2-14）；利用合适的实验材料和增加溶液含氧量的方法等，讨论设计输出电流最优的方案，为进一步设计可使二极管发光的海水电池做好初步数据和材料准备。

表5-2-14 影响单个海水电池输出电流大小因素统计表

组别	负极材料	负极处理方法	正极材料	通氧方t法	导线材料及长度/cm	输出电流大小/mA
第1小组						
第2小组						
第3小组						
第4小组						
第5小组						

任务三 如何保证你制作的海水电池可以让二极管发光

在海水电池制作过程中，电流过小不足以让二极管发光，是一个常见的问题；但因为课上时间有限，教师将之前小组的一个真实案例分享给学生，让学生分组讨论如何在理论层面解决二极管不能发光的问题。课后，学生还可以利用兴趣小组活动，将前面的初步数据与理论分析相结合，开展进一步的实验探究，进行验证优化。

对于海水电池组，有位同学是这样设计的。查找专业资料得知，一个二极管的工作电压为2～3伏，工作电流为20～30毫安。根据单个海水电池得到的输出电压和输出电流，本实验把选取的12份电极材料，做成12个小海水电池。其中，每4个为一组串联起来增加电压，理论输出电压为2.4伏，三大组并联起来增加电流，理论输出电流为22.35毫安，可达到二极管发光所需的工作电压和工作电流。该电池组的电路图和实物图如图5-2-7所示。在实验过程中，检测到的输出电压为2.1伏，能满足二极管工作电压；但检测到的输出电流仅为5.96毫安，与理论输出电流22.35毫安相差太大，不足以让二极管亮起来。

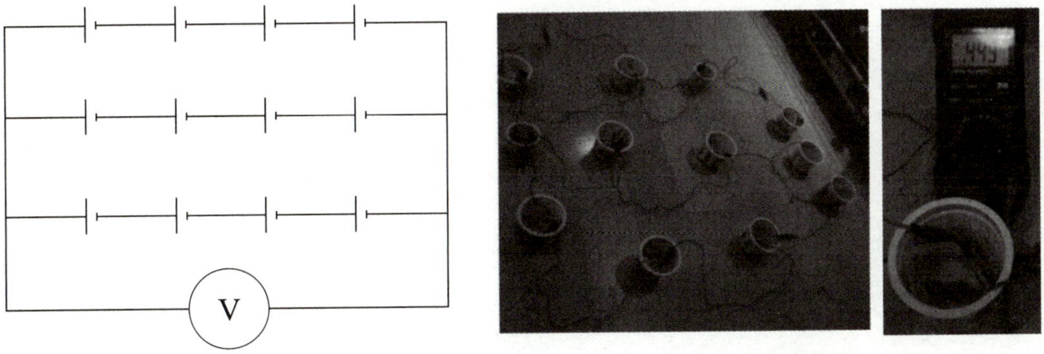

图5-2-7 海水电池组设计电路图和实物图

本环节，教师利用问题串的形式引导学生分析问题，具体问题如下。

（1）为什么实际输出电流和理论输出电流相差很大？

（2）在这个实验中，这位同学对影响电流的哪些因素没有考虑？

（3）在电池组设计中，电阻的影响因素有哪些？

（导线的长度、串联电池数量、正负极材料、电解质氧气量等）

【该环节设计意图】教师设置驱动问题引导学生对海水电池基本原理及影响因素进行一系列实验探究，激发了学生进一步探究的兴趣。在课下，学生组成项目兴趣小组，通过社团或研究性学习的形式，继续完成海水电池的制作并进行应用。

海洋教育活动实施体会

海水电池只是海洋能源利用的冰山一角。通过本节课学习，教师引导并激励学生开展更多有关海洋资源利用与开发的主题研究。通过项目式学习的方式，可在校内外教师的带领下，以完成相应的项目成果为目标，最后通过课题汇报的形式，进行课题评比。

海洋教育不是一蹴而就的。学生的海洋意识和海洋素养是一个长期培养的过程。将海洋教育与学校必修课程有机融合，通过课堂和课下相结合的方式，开展系列化、可持续性的实践类课程，可让海洋意识、探究精神和探究能力扎根于学生心中，助力学生终身发展。

山东省青岛第三十九中学　白晓歌

第三节　高中海洋教育活动设计案例精选

海洋教育案例 1

消除海洋雾霾

关联学科及课程标准要求

关联学科：化学

“化学”学科课程标准要求

内容要求：“了解聚合物的组成与结构特点，认识单体和单体单元（链节）及其与聚合物结构的关系。了解加聚反应和缩聚反应的特点。”“认识塑料、合成纤维的组成和结构特点，了解新型高分子材料的优异性能及其在高新技术领域中的应用。”

学业要求：“能对单体和高分子进行相互推断，能分析高分子的合成路线，能写出典型的加聚反应和缩聚反应的反应式。”“能举例说明塑料、合成纤维的组成和结构特点，能列举重要的合成高分子化合物，说明它们在材料领域中的应用。”“能参与材料选择与使用以及垃圾处理等社会性议题的讨论，并作出有科学依据的判断、评价和决策。”

教学建议：以塑料的发展从难降解的聚乙烯到易降解的聚乳酸为真实情境，联系生活、生产实际，从真实情境中引入高分子，并提出与真实情境相关的问题，使学生通过自然现象、生活生产事实的解释或实际问题的解决，认识合成高分子的结构、性质与应用。在探究过程中，要求突出对合成高分子的结构分析，引导学生通过结构预测性质或分析解释化学性质，从结构特征认识性质，进一步体会有机化合物结构与性质的关系。

海洋教育主要内容

本节课选取全球海洋污染热点“消除微塑料——海洋雾霾”为课题，结合课程标准的教学建议，创设可降解塑料结构研究这一真实复杂的问题情境，以“消除海洋雾霾方案设计”项目为活动主线，把“合成高分子化合物基础知识及分析思路”贯穿于整个问题解决的过程中，提出循序渐进的驱动性学习任务，让学生自主建构微塑料采集、提取、检测及降解的分析模型，将化学知识的学习迁移到海洋环境保护的实践活动中，利用实验探究塑料降解，进行深度思考，形成对高分子化合物分析、检测及合成的思维方式，全面落实化学学科核心素养及海洋素养的培养要求。

海洋教育目标

1. 利用加聚反应、缩聚反应特点及反应方式，分析海洋生物消化道、鳃和肌肉等组织内微塑料的组成与结构，了解海洋微塑料的危害，增强海洋意识，强化问题思维，培养“宏观辨析与微观探析”“社会责任和科学精神”的化学学科核心素养。

2. 通过探究海洋微塑料的来源与分布，探寻采集、分离与检测海洋微塑料的方法，确定微塑料成分与结构，在增强海洋问题探究能力的同时，构建化学光谱分析有机物结构的一般思路与方法，培养“证据推理与模型认知”的化学学科核心素养。

3. 明确海水微塑料成分与结构的基础上，以构建海洋命运共同体理念为指导，从源头控制和回收资源化的角度，探究治理微塑料的措施与方法，进而从可降解塑料的结构与发展进行研究，探究保护海洋环境的可行性方案。在增强海洋环保意识、提升海洋经略能力的同时，发展“科学态度与社会责任”的化学学科核心素养。

海洋教育活动实施方式

项目以“消除海洋雾霾方案设计”为实施任务。在课堂上，教师引导学生假设自己是一名海洋环境保护志愿者，面对海洋塑料垃圾这一挑战，选定项目开展探秘海洋雾霾消除措施；引导学生主动对微项目进行拆解，首先对塑料垃圾和微塑料类别、结构、鉴别、防治等方向进行深入研究，进而研发可降解塑料等替代品来治理和防护“海洋雾霾”，将项目任务分为三个子任务：了解海洋微塑料的组成与结构，明确海洋微塑料的危害、存在形式及检测方法，探寻海洋微塑料的治理方案。

项目活动中，学生为完成消除海洋雾霾方案的设计，首先要明晰海洋微塑料的组成与结构（了解高分子化合物的分类、组成与结构特点，构建单体、链节、聚合度等基本概念，掌握加聚反应、缩聚反应的特点与反应方式）；其次要明确海洋微塑料的危害、存在形式及检测方法（了解高分子化合物结构特点、官能团性质及仪器分析的方法）；再次要探寻海洋微塑料的治理与防护（通过结构预测与实验探究可降解塑料的性质及降解因素，体会有机化合物结构决定性质的学习思路），层层推理，形成高分子化合物的分析思路；最后以构建海洋命运共同体理念为指导，从源头控制和回收资源化的角度，探究治理微塑料的措施与方法，从可降解塑料的结构与性质角度设计保护海洋环境消除海洋雾霾的可行性方案。

海洋教育活动时间安排

1. 高中二年级，共计2课时。

2. 为了保证本海洋项目教学活动的顺利进行，制定教学进度甘特表（表5-3-1）。

表5-3-1　项目式教学进度甘特表

项目式教学课堂时间（分钟）轴			一堂课时间轴						
项目内容	负责人	学习效果	5分钟	15分钟	20分钟	25分钟	35分钟	45分钟	课下5分钟
分析内容，确立项目									
梳理项目，问题拆解									
制任务单，明确驱动									
活动设计，制订计划									
实践探究，形成结论									
作品制作、展示交流									
设计评价，素养提升									

海洋教育活动过程说明

一、选定项目

【问题情境】播放视频，观看《看不见的海洋垃圾“海洋雾霾”——海洋微塑料》视频。应对海洋塑料垃圾这一挑战，有两大方面的难题：源头控制和回收资源化。对于微塑料污染，人类对其毒性作用和环境风险的基线数据知之甚少。

【驱动性问题】如果你是一名海洋环境保护志愿者，你会怎么做？

学生选定项目为“探秘海洋雾霾消除”。

【设计意图】采用角色扮演的方式，提出相关驱动性问题，引导学生主动选定研究项目，激发学习兴趣，初步了解和体会化学在海洋环境保护、人类安全等构建海洋命运共同体方面的应用价值，增强海洋意识，培养问题思维，培养“科学态度与社会责任感”的化学学科核心素养。

二、拆解项目

学生依据驱动性问题，主动对微项目任务进行拆解，对塑料垃圾和微塑料类别、结构、鉴别、防治等进行深入研究，进而研发可降解塑料等替代品来治理“海洋雾霾”，故确定子任务为：首先要了解海洋微塑料的组成与结构，其次要明确海洋微塑料的危害、存在形式及检测方法，最后探寻海洋微塑料的治理与防护。

教师提供资料：

（1）在过去的三四十年里，全球每年生产塑料近3亿吨，其中约有10%流入大海。大块塑料碎片在海水中经过老化和破碎形成微塑料，包括尺寸小于5.0毫米的塑料粒料、微纤维、塑料颗粒、泡沫塑料或者薄膜等。目前，海洋中约有3.5万吨微塑料，占比超过总塑料垃圾重量的72%。由于微塑料不仅本身是海洋污染物，还是其他污染物质的传播载体，与大气中“雾霾”相似，因此很多学者称之为“海洋雾霾”。

（2）微塑料由于与一些海洋生物的饵料（如浮游生物）粒径大小相似，很容易通过食物链等被摄取进入生物体内，微塑料会直接损伤、堵塞消化道，造成生物的摄食效率降低、能量匮乏及生长迟缓等问题，也会通过其吸附的重金属和持久性有机污染物加重对生物的毒性作用，甚至导致生物个体死亡。

学生分组活动，结合资料，利用有机合成高分子反应特点、官能团检测及水解反应的基础知识，确立完成该项目的整体方案，并规划流程。

教师组织学生分组完成规划方案的汇报，对方案进行点评和优化，最终确立方案（图5-3-1）。

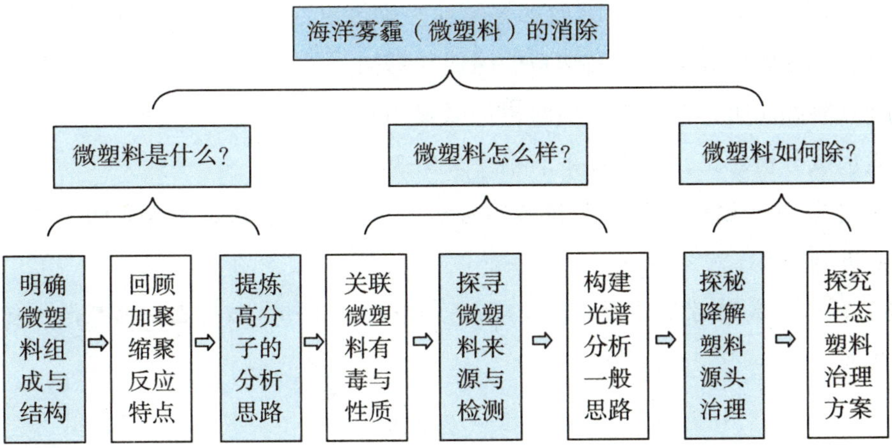

图5-3-1 海洋雾霾（微塑料——消除流程图）

三、活动实施

1. 微塑料是什么？——明确其组成与结构

教师提供资料：

某省东部沿海水域的微塑料污染结果显示：微塑料在该水域的表层海水和表层沉积物中的平均丰度分别达到9个/米^{3}和74个/千克，在我国近岸水域处于较高水平。

研究人员以象山湾为例，研究了10种常见海洋生物（贝类、头足类、甲壳类和鱼类）的消化道、鳃和肌肉等组织内微塑料污染状况。结果显示，微塑料广泛存在于各种生物的消化道和鳃等组织内，在61.0%的生物个体内共检出131个微塑料，平均丰度为1.4个/个体；其化学成分包括人造丝（植物纤维素构成）（RY；74.0%）、聚对苯二甲酸乙二醇酯（PET；14.5%）、聚丙烯（PP；3.8%）和聚己内酰胺（PA；3.1%）、聚乙烯（PE；1.5%）、聚丙烯腈（PAN；0.8%）、聚乙烯醇（PVA；0.8%）和乙烯–醋酸乙烯共聚物（EVA；0.8%）等8种类型。检出纤维状、碎片状和颗粒状3种形状的微塑料，分别占95.4%、3.1%和1.5%；所有检测物种中均出现人造丝和纤维状微塑料（图5-3-2）。

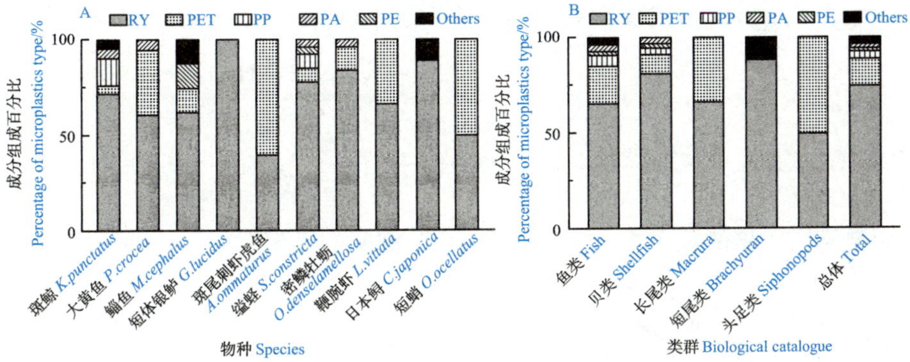

图5-3-2 不同物种（A）和类群（B）的生物个体内微塑料的化学成分类型组成

学生依据教师提供资料，结合加聚反应、缩聚反应特点及反应方式，分析海洋生物消化道、鳃和肌肉等组织内微塑料的组成与结构，了解海洋微塑料的危害。

教师观察和倾听，在学生需要时提供必要的支持。

学生形成分析思路，完成以下表格（表5-3-2）。

（1）根据以上检出海洋微塑料名称写出其结构简式，找出其合成的单体，根据其合成反应进行分类。

（2）写出合成聚对苯二甲酸乙二醇酯（PET）、乙烯–醋酸乙烯共聚物（EVA）的化学方程式。

表5-3-2 微塑料一览表

微塑料名称	微塑的结构	对应单体	合成方程式	反应类型

教师引导学生总结有机合成高分子合成化学方程式书写及结构分析思路。

学生根据上述分析过程，提炼书写规则及分析思路。

（1）加聚反应：

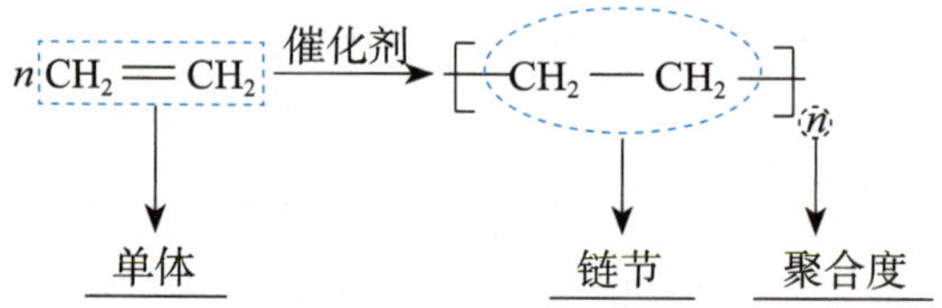

（2）缩聚反应：① 聚酯类：—OH与—COOH间的缩聚：

$$n\text{HOCH}_2\text{—CH}_2\text{OH}+n\text{HOOC—COOH}\xrightarrow{\text{催化剂}}\text{H}\left[\text{OCH}_2\text{CH}_2\text{—OOC—}\overset{\overset{\text{O}}{\|}}{\text{C}}\right]_n\text{OH}$$

$$+\ (2n-1)\ \text{H}_2\text{O}。$$

$$n\text{HOCH}_2\text{—CH}_2\text{—COOH}\xrightarrow{\text{催化剂}}\text{H}\left[\text{OCH}_2\text{—CH}_2\text{—}\overset{\overset{\text{O}}{\|}}{\text{C}}\right]_n\text{OH}+(n-1)\ \text{H}_2\text{O}。$$

② 聚氨基酸（聚酰胺）类：$—NH_2$与—COOH间的缩聚：

$$n\text{H}_2\text{N—CH}_2\text{COOH}\xrightarrow{\text{催化剂}}\text{H}\left[\underset{}{\overset{\overset{\text{H}}{|}}{\text{N}}}\text{—CH}_2\overset{\overset{\text{O}}{\|}}{\text{C}}\right]_n\text{OH}+(n-1)\ \text{H}_2\text{O}。$$

$$nH_2NCH_2COOH+n\underset{CH_3}{\underset{|}{H_2NCH}}-COOH \xrightarrow{\text{催化剂}} H\!\left[NH-CH_2\overset{O}{\overset{\|}{C}}-NH-\underset{CH_3}{\underset{|}{CH}}-\overset{O}{\overset{\|}{C}}\right]_{n}\!OH+(2n-1)H_2O。$$

$$nH_2N(CH_2)_6NH_2+nHOOC(CH_2)_4COOH \xrightarrow{\text{一定条件}}$$

$$H\!\left[NH(CH_2)_6NH\overset{O}{\overset{\|}{C}}(CH_2)_4\overset{O}{\overset{\|}{C}}\right]_{n}\!OH+(2n-1)H_2O$$

③ 酚醛树脂类：

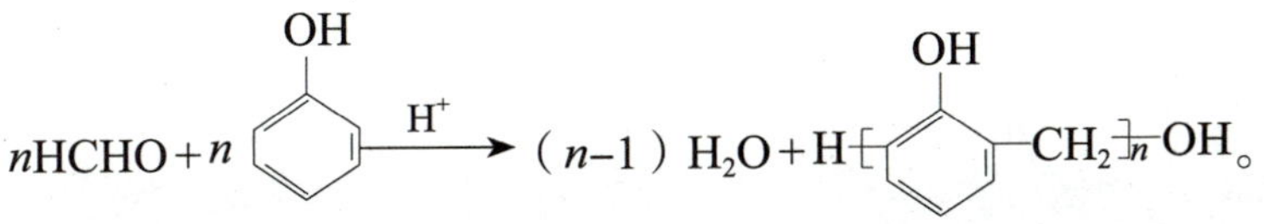

【设计意图】通过分析海洋生物消化道、鳃和肌肉等组织内微塑料的构成与结构，了解海水微塑料污染的严重性及危害，利用加聚反应、缩聚反应特点分析反应方式并构建思路，发展海洋问题探究能力，形成专家思维，培养“宏观辨析与微观探析”及“科学态度与社会责任”的化学学科核心素养。

2. 微塑料怎么样？——微塑料的危害与检测

教师提供资料：

（1）海洋微塑料体积虽小，但吸附污染物的能力很强。例如，海洋中存在多氯联苯、双酚A等持久性有机污染物，微塑料吸附后在海洋中到处游荡，危害生态健康。部分微塑料本身释放有毒有害物质，对海洋环境造成直接危害。同时微塑料极易被海洋生物吞噬，在其体内蓄积，危害健康，甚至死亡。

（2）塑料中含有的少量有毒添加剂，进入海洋生物体内后，可以沿着食物链传递，最终危害人类健康。2018年，欧洲肠胃病学会首次报告在人体粪便中检测到多达9种微塑料，直径在50～500微米之间。微塑料会到达人体肠胃，可能影响消化系统。2022年3月，荷兰研究团队发文称，首次在人类血液中发现了微塑料，这也意味着微塑料或已遍布人体的各个器官，存在极大隐患。

（3）国际调查《从污染到解决方案：海洋垃圾和塑料污染全球评估》指出，所有海洋生物，从浮游生物、贝类到鸟类、海龟和哺乳动物等都面临着中毒、行为障碍、饥饿和窒息的严重风险。人体在多个方面同样容易受到水体中塑料污染的影响，这可能导致荷尔蒙变化、发育障碍、生殖异常和癌症。

学生根据教师提供资料，分析海洋微塑料有害原因与有机合成高分子化学性质的关联，探寻结构决定性质分析物质的一般思路。

教师观察和倾听，在学生需要时与学生互动交流。

教师提供资料：

（1）海洋微塑料根据来源可分为初生微塑料和次生微塑料：初生微塑料是指经过河流、污水处理厂等排入海洋环境中的塑料颗粒工业产品；次生微塑料是由塑料垃圾经过破碎、降解、沉降和迁移过程造成分裂和体积减小而成的塑料颗粒。这些塑料由大变小，由小变微，几乎遍布全球（图5-3-3）。

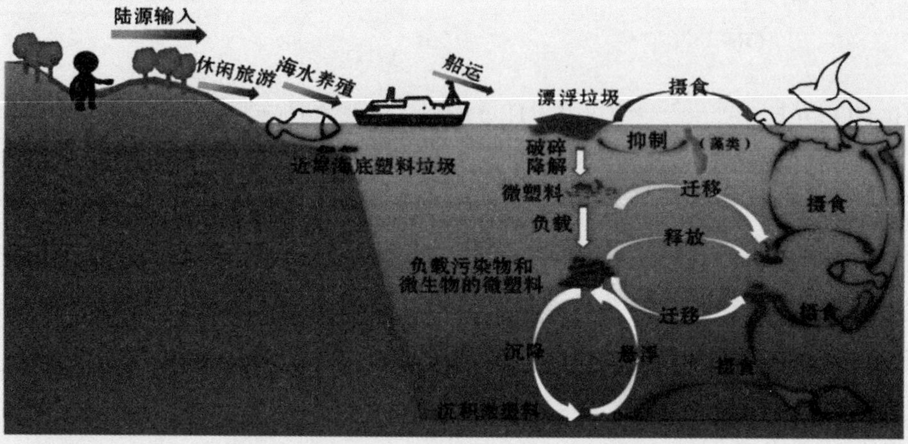

图5-3-3　微塑料的来源、分布及生态影响示意图

（2）据文献报道，人们在各大洋表面以及深海中均存在大量塑料碎片及微塑料污染。

（3）杜伦大学地球科学系的弗洛里安·波尔博士说："很不幸，微塑料已经成为一种新型的沉积物颗粒，它与沙子、泥土和营养物质一起分布在海底。因此，我们的研究表明，诸如海底洋流之类的沉积物运输过程会将塑料颗粒集中在海底的某些位置。"

据有关专家表示，如果放任海洋塑料污染的问题持续下去，预计到2050年，海洋中塑料的总重量将超过鱼类总和，全球99%的海鸟都会误食塑料制品，最终损害的是人类和海洋。

（4）一研究机构人员对全球 21 个国家或地区39种品牌食盐检测的调查，发现超过90%的抽样食盐品牌被发现含有微塑料。其中，微塑料含量最多的是来自亚洲的海盐，调查中仅有3个样品幸免于难。

学生结合微塑料的特点，分析微塑料集聚区与大洋的环流区、微生物富集区出现重合现象的原因，分析海洋微塑料形成的过程以及海盐中检测出微塑料是否已威胁到人类健康。

教师观察和倾听，追问与引导，需要时提供必要的支持。

学生总结微塑料的来源及危害，并提出如何才能快速检测并及时治理的问题。

学生组成小组，探寻如何快速采集、分离与检测海洋微塑料，以便更好地维护海洋健康。

教师提供资料：

（1）微塑料提取通常分为两步：第一步，采集—分离—物理检测，如图5-3-4所示。

图5-3-4 微塑料采集：拖网、泵、过滤

第二步，对不同尺寸微塑料进行消解，然后化学检测。常用的消解方法如图5-3-5所示。

消解剂		消解条件	消解时间
酸	65% HNO_3	60 ℃	2 h
	30% H_2O_2	室温	1周
	65% HNO_3 +65% $HClO_4$	室温	隔夜放置后加热10min
碱	2-10 M NaOH	60 ℃	24 h
	10% KOH	室温	1周
		60 ℃	24 h
氧化剂	芬顿试剂	60 ℃	＜2 h
	酶	35 ℃	2 h

- **强酸：对微塑料本体造成不可逆的变性（浓硝酸在处理PC样品时，强烈反应、发烟）**
- **时间：采用更温和的消解剂时，缓慢的反应周期（＞24 h，甚至几周）**
- **消解率：部分温和消解剂无法完全消解生物组份，干扰后续鉴定**
- **温度：温度过高造成微塑料变性**
- **暴沸：剧烈的化学反应具有一定危险性，降级可操作性**
- **消解剂的易于获取性、易保存**

图5-3-5 微塑料常用消解方法

（2）微塑料的检测是指微塑料的性质鉴定及定量分析。一般定量技术会和定性技术联用。微塑料的鉴定分析方法按照原理及所得信息不同大概分为两类：一是物理表征分析主要包括目视分析法、光学显微镜分析法和电子显微镜分析法三种，但无法提供微塑料的化学结构信息；二是化学表征分析最常用的方法主要有傅里叶变换红外光谱（FTIR）、拉曼光谱、高温裂解气质谱法和气相色谱—质谱联用技术等。

电子显微镜是使用电子束来展示被测样品的内部或表面状况的显微镜，常用的有透射电子显微镜和扫描电子显微镜。与光学显微镜相比，电子显微镜用电子束代替了可见光，用电磁透镜代替了光学透镜并使用荧光屏或探测器，使肉眼不可见的电子束穿过被测样品后成像。

红外光谱仪是利用物质对不同波长的红外辐射的吸收特性，进行分子结构和化学组成分析的仪器。红外光谱仪通常由光源、单色器、探测器和计算机处理信息系统组成，广泛应用于染织工业、环境科学、生物学、材料科学、高分子化学、石油工业、生物医学、药学等研究领域。

拉曼光谱仪是采用激光激发被测样品，通过高效光信号采集及处理系统获得拉曼散射信号，从而反映物质分子振动光谱和微观结构的仪器，可实现对固体样品（粉末、晶体、薄膜等）或液体样品点、线、面的扫描。

学生小组活动，根据教师提供的资料及网络搜集的资料，展示采集、分离与检测海洋微塑料的方案。

教师组织学生汇报采集检测方案，并对方案进行点评，最终归纳总结（表5-3-3）。

表5-3-3 采集检测方案

<table>
<tr><th colspan="2">海洋微塑料研究</th><th>方法举例</th><th>方法特点及适用范围</th></tr>
<tr><td colspan="2" rowspan="3">采集方法</td><td>拖网法</td><td></td></tr>
<tr><td>筛取法</td><td></td></tr>
<tr><td>滤泵法</td><td></td></tr>
<tr><td colspan="2" rowspan="3">分离方法</td><td>密度分离</td><td></td></tr>
<tr><td>滤膜过滤</td><td></td></tr>
<tr><td>筛选分离</td><td></td></tr>
<tr><td rowspan="6">检测方法</td><td rowspan="3">物理表征法</td><td>目视分析法</td><td></td></tr>
<tr><td>光学显微镜分析法</td><td></td></tr>
<tr><td>电子显微镜分析法</td><td></td></tr>
<tr><td rowspan="3">化学表征法</td><td>傅里叶变换红外光谱法</td><td></td></tr>
<tr><td>拉曼光谱法</td><td></td></tr>
<tr><td>气相色谱—质谱联用技术</td><td></td></tr>
</table>

学生根据以上汇报分析及资料查阅，探究红外光谱仪、拉曼光谱仪、质谱仪等仪器的检测原理，构建化学光谱分析有机化合物结构的一般思路与步骤，与同学们交流分享（图5-3-6）。

图5-3-6　光谱分析有机化合物结构的一般思路

【设计意图】在认识海洋微塑料危害的基础上，探究海洋微塑料的来源与组成、采集分离与检测方法，确定微塑料成分与结构，构建化学光谱分析有机物结构的一般思路与步骤，发展“证据推理与模型认知”化学学科核心素养。

3. 微塑料如何办？——微塑料的治理与防护

教师提供资料：

近年来中国非常重视海洋微塑料的治理，采取了一系列措施：一是源头减量，明确规定了禁限期限；二是替代使用，推广使用非塑制品和可降解购物袋、可降解地膜等；三是加强回收；四是开展清理；五是提高公众生态环保意识，禁止和减少使用塑料购物袋和一次性塑料制品，积极引导公众减塑限塑；六是加强对海洋塑料污染问题的科学研究，提升海洋微塑料长期监测和研究水平；七是积极参与应对海洋塑料垃圾污染的国际合作行动，为全球海洋塑料污染治理作出重要的贡献，等等。

学生阅读以上材料，思考：从化学的角度来看，应如何应对海水微塑料污染？

学生小组讨论，得出结论，治理微塑料还要从源头上抓起，即从生产对环境友好的塑料——可降解塑料入手，使用可降解材料，更好地防止海洋微塑料的产生。

教师提供资料：

可降解塑料是指一类其制品的各项性能可满足使用要求，在保存期内性能不变，而使用后在自然环境条件下能降解成对环境无害的物质的塑料（表5-3-4）。可降解塑料中，最具发展前景的便是生物可降解塑料，因其含有易发生反应的化学键，能够在一定生物活性环境下，如好氧堆肥、水体、厌氧或土壤环境，通过微生物作用，降解转化为二氧化碳（CO_2）、甲烷（CH_4）等代谢产物。

生物基可降解塑料可由天然高分子化合物加工而成，也可由微生物代谢或化学手段合成。天然高分子类生物可降解塑料以热塑性淀粉（TPS）为主，微生物代谢合成类生物可降解塑料主要是聚乳酸（PLA），化学合成类石化基生物可降解塑料包括聚丁二酸丁二酯（PBS）、聚丁二酸-己二酸丁二酯（PBSA）、聚对苯二甲酸-己二酸丁二酯（PBAT）、聚己内酯（PCL）、聚乙烯醇（PVA）等。

表5-3-4　可降解塑料一览表

	分类	可降解塑料
可降解塑料	生物基可降解塑料	淀粉、纤维素、木质素、甲壳素等天然高分子及其衍生物；聚乳酸、聚羟基烷酸酯
	石化基可降解塑料	二元酸二元醇共聚酯（聚丁二酸丁二醇酯、聚丁二酸己二酸丁二醇酯、聚对苯二甲酸己二酸丁二醇酯）、聚己内酯、二氧化碳共聚物、聚对二氧环己酮、聚乙醇酸

学生依据提供材料，深刻理解可降解塑料的“可降解”含义、易发生反应的化学键的类型及如何发生降解，并进行分析与交流。

教师观察和倾听，追问与引导，学生需要时提供必要的支持。

学生展示以上化学合成类生物可降解塑料的水解反应化学方程式。

学生归纳总结常见可降解塑料降解条件以及降解因素与规律（表5-3-5）。

表5-3-5　可降解塑料降解条件以及降解因素与规律

可降解塑料名称	降解条件	影响因素	水解规律

学生小组汇报，展示可降解塑料的降解思路与具体步骤（图5-3-7）。

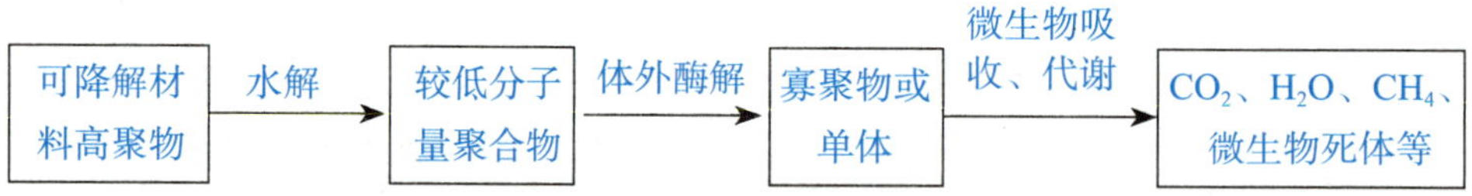

图5-3-7　可降解材料典型的生物降解过程

一般来说，可降解塑料在降解过程中需经过水解、酶解、微生物吸收代谢等过程。

教师发布任务（提前发布任务，实验前置），学生组成小组，设计并完成可降解塑料的降解实验。

学生小组活动，设计并开展实验。

【实验方案及结论】将制得的0.2毫米厚板材裁剪成30毫米×30毫米的正方形PLA试样，进行水解降解测试。首先将PLA试样烘干称重，记作m_0；然后将准备好的干燥试样浸泡在38 ℃的蒸馏水中，保持恒温，每组测试5个平行试样，水解降解测试至少持续35天，每隔7天取样一次；取出的试样用蒸馏水冲洗至中性，并在40 ℃真空烘箱中烘干8小时，称重。

通过绘制剩余质量与时间的关系图（图5-3-8）发现，PLA样品的降解符合零级动力学方程，具体为$y=-0.001\,02x+0.941\,9$。

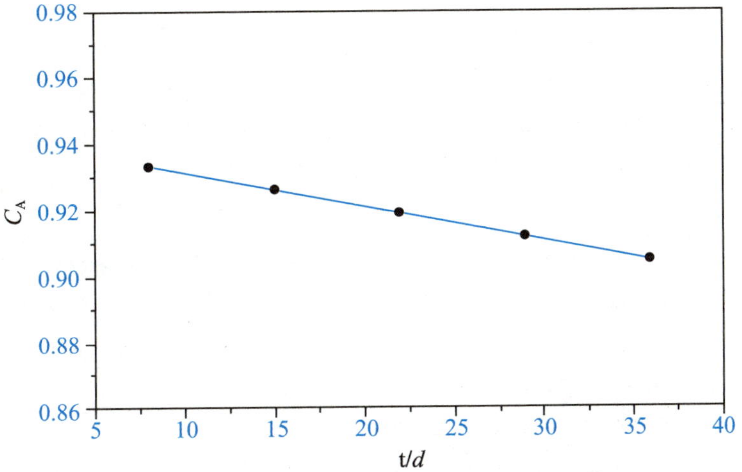

图5-3-8　PLA样品降解速率

问题：试计算，本PLA样品完全降解所需要的时间？通过计算，你得出什么结论？有何启示？

生：该PLA样品完全降解所需时间为68.3年，这就意味着本材料只在水解条件下是很难降解的，要想完全快速降解，不只需要一方面条件的影响，还要有多方面因素的共同影响。

学生通过查阅得出结论，影响可降解塑料降解快慢的因素既包括材料自身的结构、聚合物的相对分子质量、材料的结晶程度、材料的亲疏水性等内在因素，也包括环境温度、光照、湿度、含氧量、pH 、其他有机质含量、微生物等外部条件。

教师提供材料：

生态塑料，是以可再生资源如淀粉和纤维素等为原料，通过生物或化学方法制造的具有可热加工的生态材料。生态塑料以阳光和二氧化碳为能源和碳源，即使燃烧之后，大气中二氧化碳的总量也不会产生变化；同时，废旧生态塑料制品在自然环境中被微生物降解为水和二氧化碳或者再分解利用，不会对环境带来污染。生态塑料的整个生产过程都是生物催化或是化学聚合，属绿色生产工艺。由于生态塑料的制造成本尚高，还无法与石油为原料的塑料竞争，国际上于2003年又提出了一个“生物基材料”的概念，主要是将生态塑料与石油基塑料共混，一方面提高生态塑料的性能，另一方面降低生态塑料的成本。目前一些生态塑料或生态塑料与石油基塑料共混塑料表现出有优良性能（表5-3-6）。

表5-3-6 目前市面常见生态塑料及特点

生态塑料	特点
PE催化降解地膜	实现光/热氧化及环境微生物共同完成生物同化作用，解决了土埋条件下的“暗降解”问题，是传统聚乙烯地膜的创新变革
PMU无机·生物降解材料	由60%食品级碳酸钙、35%PMU聚合物、5%MU®助剂密造挤出形成，可循环重复使用，可回收，能再造成二级回料；可自行生物降解，在779天的堆肥降解实验中，降解率达90.3%，降解过程中减碳排放率达70%～75%，残留物为无机质，释放甲烷和水；可塑性能好，适应各类塑料工艺，目前应用于胶带、食品包装、一次性塑料制品、瓦楞箱、3D打印材料等生产
绿能粒子	超微细无机粉体与塑料材料共混改性的无机化聚烯烃膜材料，无机粉体质量占比50%以上，是新一类低碳、可降解、可替代产品，在微米级尺度上实现均匀分散，最大程度保留塑料的物理性能，降解性能检测符合现行国标GB/T20197-2006，满足食品接触材料性能要求；焚烧时，相对于聚乙烯减碳量为64.3%；制成的产品包装完好情况下，可以长期保存和使用
高效光稳定剂地膜	由普通农用地膜添加千分之三到千分之六的高性能光稳定剂制成，可有效减缓材料的光热老化，显著延长使用寿命，从而提升不可再生资源的利用效率，降低碳消耗，使用期结束后，地膜仍能保持较高的机械强度有利于整体回收，避免碎块、碎片残留土壤，从而彻底避免“白色污染”问题的产生
木塑复合材料	由木质纤维（包括木粉、竹粉、稻糠、剑麻和秸秆等）填充改性热塑性树脂（聚乙烯、聚丙烯、聚氯乙烯、聚苯乙烯、ABS等），经挤出、压制或注射等不同的加工方法获得，不仅具备塑料的韧性、可加工性，而且兼有木材的硬度和环保性，既缓解了废旧塑料和生物质带来的环境问题，又因其实用性、抑菌性、耐腐蚀、成本低等优点广泛应用于建筑园林、家具装修和汽车内饰等方面
可降解塑料地膜	使用无机材料为载体原料，替代石化能源资源，减少二氧化碳排放量30%以上；分解速率126天达到90.94%，最终降解物是单分子物质，通过土壤固碳实现减排，增加土壤碳汇
ECO妙元素	可吸引微生物在塑料产品表面释放生物酶，令塑料表面的排水性降低，使微生物更容易在塑料表面形成生物膜并进行繁殖活动，以加速塑料水解过程。加入ECO妙元素后的传统塑料可在海洋中、泥土中、淤泥中及填埋场中自然降解

师：从长远角度分析，生态塑料有何优势代替目前塑料，彻底解决海洋微塑料问题？

学生小组讨论，总结分析生态塑料的优缺点以及治理、防范海洋微塑料的发展前景。

【设计意图】在明确海水微塑料成分与结构的基础上，从源头控制和回收资源化的角度，引导学生探究治理微塑料的措施与方法，进而从可降解塑料的结构与发展的角度进行研究，探究保护海洋、消除海洋雾霾的可行性方案，增强海洋环保意识，提升探究海洋问题的能力，发展“科学态度与社会责任”的化学学科核心素养。

四、成果交流

教师发布任务：通过活动资料与学习探讨，小组合作，共同为消除海洋雾霾设计方案，与同学们交流。

学生按照海洋微塑料“是什么—怎么样—如何办”的思路设计消除方案。

学生以小组为单位，结合生态塑料的特点、资料信息、网络查询以及我国微塑料治理措施，制订消除海洋雾霾方案并展示交流。

学生各组交流汇报，相互点评。

五、评价反思

教师组织各小组进行交流，互评反思，优化补充，提炼解决真实复杂海洋问题的一般思路。

学生反思该项目完成的过程，梳理基础知识，总结合成高分子反应的分析思路模型（图5-3-9）。

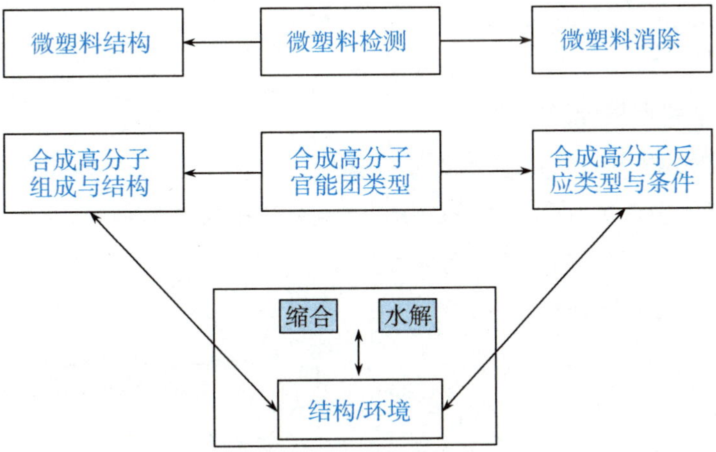

图5-3-9 合成高分子反应分析思路模型

【课后作业】查阅中国科学院海洋研究所发现的有效降解海洋塑料微生物菌群研究资料，写一篇阅读感悟小论文，与同学们交流分享。

山东省青岛第三十九中学 邢瑞斌

海洋教育案例2

面向海洋的STEAM课例开发
——以“可燃冰开采探秘”为例

关联学科及课程标准要求

1. 关联学科：地理

“地理”学科课程标准要求

（1）以某种战略性矿产资源为例，分析其分布特点及开发利用现状。

（2）结合实例，说明海洋空间资源开发对国家安全的影响。

（3）举例说明当前海洋资源开发重大技术的应用。

2. 关联学科：化学

“化学”学科课程标准要求

（1）能举例说明化学在自然资源开发利用、材料制造和工农业生产中的应用，能运用所学知识对与化学有关的技术问题作出分析和解释。

（2）能分析化学科学在开发利用自然资源、合成新物质、保护环境、保障人类健康、促进科技发展和社会文明等方面的价值和贡献。

（3）针对社会情境中与化学相关的某一真实问题开展项目研究，并形成项目研究成果，如项目研究报告、项目产品等。

3. 关联学科：生物

“生物”学学科课程标准要求

（1）基于相关案例，逐步建立稳态与平衡观及地球生态系统整体观。

（2）鼓励学生通过互联网、书刊等渠道主动收集海洋生物学知识，并开展交流活动，认识到海洋生物对人类社会和经济发展的重要性。

（3）培养学生海洋观念和海洋国土意识，增强环保理念和爱国信念。

海洋教育主要内容

“可燃冰探秘”课例源自我校精品课程“海洋探秘”选修课，“海洋探秘”是我校推进海洋教育的特色课程之一。课例“可燃冰探秘”以可燃冰的开发为主线探索人海关系，旨在培养学生海洋素养，提升内在的海洋精神；了解与可燃冰形成有关的生物，感受海洋资源的来之不易，培养学生节约能源资源、爱护生态环境的责任意识；通过可燃冰的化学分析，掌握可燃冰的结构与特点，引领学生理解可燃冰开发的困难，认识我国在开发可燃冰方面的突出成就，了解我国海洋科技前沿，增强海洋观念和爱国信念；引导学生查阅材料，分析可燃冰的分布，画出我国南海海域可能存在的可燃冰的范围，增强海洋地质、海洋水文等海洋地理认知，理解海洋资源开发对国家安全的影响；在尝试构建可燃冰开发模型的过程中，引导学生理解维持海洋生态平衡和保护海洋环境的重要性，增强人海和谐共存意识。

海洋教育目标

1. 通过设计可燃冰模型，了解可燃冰的空间结构特征及结构中不同作用力的氢键和共价键，体会有机物分子结构的特点及其对性质的影响，从结构上认识可燃冰的存在及开发困难；了解我国可燃冰开发的现状与成就，增强爱国主义精神。

2. 通过图表分析，理解可燃冰的分布，能够对可燃冰潜在分布区进行预测，加强海洋地理认知，提升综合思维；通过有孔虫模型的制作理解有孔虫对可燃冰的作用，理解微生物在天然气水合物形成和储存中的作用，认识生物进化过程中与环境相互适应、协同进化的关系，提升科学思维，深化人海关系认知。

3. 通过小组合作、交流讨论、实验探究，设计高效安全的可燃冰开采模型并设计制作方案。在此过程中，要求学生掌握科学探究的思路与方法，提高知识迁移能力和沟通交流能力；体验科学探究的喜悦，感受科学与社会生产、社会发展的密切联系，增强社会责任感和使命感。

海洋教育活动实施方式

“可燃冰探秘”以项目学习的形式展开，先后设置立项开题、文献研究、走进海地所研学活动、课外小组实践、会议理论研讨、课堂教学研讨、专家面对面、实验论证和项目结题等十多个环节。课题引入青岛海洋地质研究所可燃冰项目研究团队的专家支持，由理论到实践，从课堂到课外，突出实践活动的海洋特色项目式学习。整个项目实施以选修课“海洋探秘”为理论指导，以学生社团为活动组织形式，突出学生兴趣引领、多学科教师参与、专家指导，体现出该项目是一种面向解决真实情境中真实问题的创新型项目式学习。

海洋教育活动时间安排

项目学习课例“可燃冰探秘”的推进，利用我校周二下午校本选修课和周四下午社团活动，分别实现课堂理论学习与校外研学实践；前后共计7课时，主要针对“海韵社”社团成员开设。项目设计的教学实施计划见表5-3-7。

表5-3-7 “可燃冰探秘”教学实施计划表

时间	主题	主要内容	任务成果	教学地点	人数	备注
1课时：选修课	话题导入	热点导入，教师介绍资料收集方法；可燃冰话题交流	可燃冰自主学习任务单；查询整理可燃冰相关资料	教学楼317	30	
1课时：选修课	确定需求	立项研究	开题报告	教学楼会议室	30	
2课时：社团活动	研学活动：走进海地所	进入可燃冰实验室，专家讲座，明确分工分组	制作可燃冰结构模型和有孔虫模型；可燃冰形成过程；可燃冰开发影响；完成书面知识测评	海洋地质研究所会议室	33	3位学科指导教师
1课时：选修课	课堂研讨方案设计	小组合作、头脑风暴，完善设计方案	可燃冰开发设计方案	学术报告厅	30	
2课时：社团活动	产品路演总结	开发模型展示；项目研究心得体会	可燃冰开发模型结题报告	地理实验室	40	邀请专家老师

海洋教育活动过程说明

一、话题导入

（一）热点背景导入

2017年5月18日，国土资源部中国地质调查局宣布，我国正在南海北部神狐海域进行的可燃冰试采获得成功，这也标志着我国成为全球第一个实现了在海域可燃冰试开采中获得连续稳定产气的国家。2017年11月15日，可燃冰被国土资源部列为我国第173种矿种；紧接着2017年12月初，我国各地出现不同程度的用气荒。一面是振奋人心的清洁能源的发现及成功试采，一面是忧心忡忡的能源危机及环境压力，如何突破可燃冰开采的限制，经济、生态、可持续地开发可燃冰，成为时代发展的需要。

（二）分享交流自学成果

学生将各自查阅收集的资料整理打印，相互交流传阅，形成类似研究综述的初步成果。教师介绍搜集资料的方法，如文字史料（档案、报刊、著作论文等）搜集、访谈、问卷调查、实地考察等。师生共同生成每种方法的具体操作原则和注意事项。

（三）完成可燃冰自主学习任务单

学生自主完成关于可燃冰学习的任务单。

（四）话题讨论

以圆桌会议的形式，请每位学生交流对可燃冰的认识和开发方面的看法，教师予以点评指导。

二、确定需求

（一）自主学习

学生在考察学习前，根据自己掌握的部分资料，明确与专家交流、讨论的问题；认真听取专家讲座，做好笔记，并针对报告提出相应问题与专家交流；进一步明确课题主要任务，明确当前可燃冰开发的方式以及有待完善的地方，为后期课题研究做好铺垫。

（二）海地所专家讲座

学生认真听取专家讲座，观察可燃冰模型，并与专家进行现场交流。

（三）分组参观海地所

教师先组织学生统一参观海地所天然气水合物国家一级实验室和海洋地质实验室，之后以小组为单位自由参观，以文字或图片记录参观考察结果与感受；参观结束后，初步确定可燃冰开采的设计方案，根据课题研究侧重点确定三大研究小组。

三、方案设计展示及优化

（一）小组合作

三大研究小组围绕各自擅长的学科知识，分别形成了小组1邓一迪为组长的“可燃冰的化学构造”组、小组2李安为组长的“可燃冰形成与储存的生物因素”组和小组3杨昊为组长的“可燃冰储存的地理因素”组。三个研究小组依次派一名或多名代表介绍本组的研究重点及发现。

（二）合作研讨

各自展示后，小组间互相提出各自的疑问和修改意见，完善优化各小组研讨主题。

（三）头脑风暴

在共同研讨相互激发的基础上，小组合作头脑风暴，利用平板电脑绘制可燃冰开发模型并现场展示，说明设计理念及解决的主要问题。课堂上请中国科学院海洋地质所可燃冰开发专家予以点评指导。

四、书面知识测评

见附件2。

五、产品路演总结

在本项目的最后一个课时，班级里召开一次路演汇报总结。产品路演分为三个环节。第一个环节，三个研究小组分别就可燃冰开采模型进行课前展演（图5-3-10），以实物或PPT的形式说明。第二个环节，每个研究小组就参与课题进行3分钟感悟陈述。第三个环节，聘请专家担任评委，对学生标志性成果进行提问和评分，最后统计学生们的分数，颁发相应的勋章和奖品，宣告项目完结。我们邀请了中国海洋大学的教授进行指导点评。虽然课题研究结束，学生对课题研究依然保持浓厚的兴趣，展演结束后纷纷围着教授进行更深层面的交流。

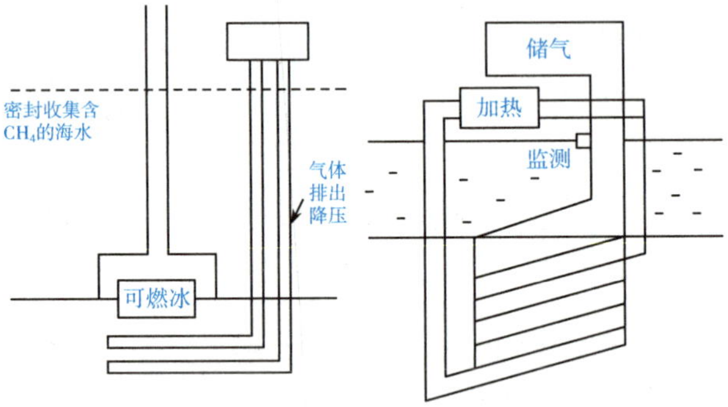

图5-3-10　可燃冰开采模型图

海洋教育活动实施体会

本案例以可燃冰开采为切入点，融合了地理、化学、生物学等多学科的知识，从课程主题的选择到课程内容的设计都体现了STEAM跨学科学习的特色（表5-3-8）。

表5-3-8 “可燃冰开采探秘”STEAM课例分析

STEAM课堂教学模式的共同要素	学习活动中的具体体现
真实情境	从现实的能源危机与环境危机出发，引出新型能源可燃冰课题，激发学生的兴趣与探究欲望
关键问题	整个项目围绕“可燃冰的开采”的关键性问题展开的
设计方案	小组通过查阅文献、实地考察、专家交流等方式完成可燃冰形成的地理因素、化学构造、生物成因三方面研究报告，并综合上述研究设计高效、安全开采可燃冰的模型
改进方案	小组成员通过合作研讨，结合同学、老师和专家的建议，进一步完善各自的作业与成果
实施方案	分工合作，形成标志性作业或成果
产品交流展示	在全班同学面前，展示小组的标志性作业或成果

本课例从知识导入到确定需求、设计方案、优化方案和确定展示方案，环节完整，教学目标明确，课时分配合理；从文献查阅到数据整理，从交流汇报到理论应用，从基础知识运用到模型设计等，由浅入深、层层递进，紧紧围绕本案例主题“安全高效开采可燃冰”，使学生既解决了困惑，摸清了可燃冰的生物成因、地质条件及化学结构，又对可燃冰的开采进行了可行性探讨。学生在本案例中增强了自主学习能力、团队协作能力、问题解决能力等，提升了多学科核心素养。特别是项目最后各研究小组设计的可燃冰开发模型得到了海洋地质研究所专家的认可，学生体会到了学以致用的成就感和满足感，进一步激发了创作热情。

跨学科合作教研促成教师专业成长。本课例采用项目管理方式以社团的形式推进。青岛二中海韵社是由地理学科老师指导的海洋学术社团，可燃冰项目学习由地理老师牵头，化学、生物学两位老师参与指导。期间，涉及三大教研组的集体教研与数次小型研讨，还有来自青岛海洋地质研究所教授专家指导。三位老师打破学科藩篱，各取所长，围绕主题有效融合学科知识。虽然老师们备课教研烦琐、艰辛，但更多的是体会到教学相长的快乐。

“互联网+”为项目学习提供了平台。回顾项目学习的整个过程，“互联网+”发挥了穿针引线的纽带作用。一是利用“互联网+”平台形成了“海洋探秘虚拟班级”，组成了学习团队，建立起学习讨论区，解决了不同班级社团成员分散学习的难题；二是发挥平板电脑的优势，利用其实时互动功能，实现了教师与学生课堂、课下全方位的交流与课题跟进，使课前项目推动、课堂问题研究及课后实践等更加精准有效。

总之，本课例在以下三个方面进行了初步的尝试与探索。第一，本案例是“海洋探秘”特色课依托下的项目式学习，体现了校本选修课对项目式学习的支持。本案例由高校、科研院所支持，有固定教师指导（教师来自地理、化学和生物学三个学科），有固定团队成员参与，有固定课时保障的课程学习模式。第二，本课例也体现了课程支持下的社团管理与运作，在项目式学习的推动下，以特色课为依托，成立了我校首个海洋科技社团——海韵社。第三，本案例充分体现“互联网+”对项目学习的推进作用。

当然，本案例还有很多尚需完善的地方，特别是在模型制作方面有待进一步完善。虽然理论模型与实践还有一定的差距，但从学生热切的眼神中依然能感受到他们满满的成就感与满足感，模型得到专家认可的兴奋与喜悦，一拥而上围着专家争先交流，意犹未尽，点点滴滴都展现了学生对于海洋探索的热情与渴望。

教育在于播种，在于启迪：播种海洋梦想，启迪海洋智慧，未来海洋可期！

山东省青岛第二中学　段金叶　滕雪萍　乔艳红

附件1：《可燃冰探秘》自主学习任务单

《可燃冰探秘》自主学习任务单

班级_______ 姓名_______ 评价_______

一、能源神话——初识可燃冰

阅读下列材料，回答问题。

材料一：可燃冰是一种由冻结的水域甲烷组成的固体结晶，通常在永久冻土或大陆边缘部海底的高压低温状态下产生，点火即可燃烧。1立方米可燃冰相当于160立方米天然气，相当于10倍密度的煤矿。海底可燃冰的分布面积占地球海洋总面积的1/4，储藏的能量至少够人类使用1000年，中国在西沙海槽初步圈出可燃冰分布面积5242平方千米，但开发成本是制约可燃冰开发的一大瓶颈。

材料二：2017年，我国在海域连续稳定成功试开采可燃冰。美国用潜艇对海底可燃冰进行科研性开采，开采成本平均高达每立方200美元。日本某机构也表示，可燃冰整体开发费用依然偏高。同时，可燃冰开发还存在环境风险。

（1）结合材料，说出可燃冰能源的特点。

（2）评价可燃冰的开发条件。

二、神话揭秘——再探可燃冰

1. 可燃冰结构

可燃冰的分子式为$mCH_4 \cdot nH_2O$，m代表水合物中的气体分子，n为水合指数$CH_4 \cdot 8H_2O$，8个水分子组成一个笼子，里面含有一个甲烷分子。

请结合上述材料，手绘或制作可燃冰模型，并在课堂交流展示。

2. 可燃冰的形成

阅读下列材料，回答问题。

> 由可燃冰的结构特点，可以推断出可燃冰的形成的三大条件：第一，温度在0～10 ℃之间；第二，压强要足够大，但不需要太大，在0 ℃时，30个大气压以上可以生成可燃冰；第三，有甲烷等气源。一旦温度升高或者压强降低，甲烷就会逸出，固体水合物便趋于崩解。因此，受其特殊的性质以及形成所需条件的限制，可燃冰只分布于特定的地理位置和地质构造单元内。

结合可燃冰形成的三大条件，自主阅读相关文献，总结气源的来源及微生物在气源形成及循环中的作用。

3. 寻找我国南海可燃冰的分布

要求：读图5-3-11“海水温度、压力随水深变化示意图”和网上查阅“我国南海海域等深线示意图”，结合可燃冰的形成条件，找出我国南海海域可燃冰的可能分布范围。

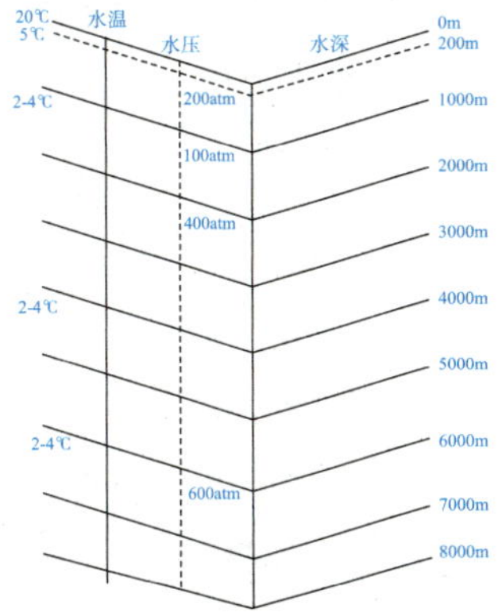

图5-3-11　海水温度、压力随水深变化示意图

三、神冰点灯——可燃冰开发

阅读下列材料，回答问题。

> 目前来说，可燃冰开发主要有热激活法、降压法、添加化学剂法和CO_2置换法等四种方法，其中CO_2置换法能够一箭双雕，同时实现了可燃冰开采与CO_2的埋存，减少可燃冰开发可能引发的环境问题。

（1）请查阅资料，了解以上四种方法的开发原理，并比较四种方法的优缺点。

（2）请结合可燃冰四大开发方法，利用现有的学科知识，尝试设计可燃冰开发模型。

附件2：可燃冰书面知识测评

根据项目所涉及的学科理论知识，组织学生进行书面知识测评。书面知识测评分为A、B、C、D四个等级，根据学生答题情况评定相应等级。

一、选择题

1. “可燃冰”是天然气水合物，下列有关说法错误的是（　　）。

A. 可燃冰是一种洁净的新能源

B. 可燃冰的主要成分是甲烷

C. 可燃冰属于化石燃料

D. 可燃冰燃烧实现了热能转化为化学能

2. 科学家近年来发现一种新能源——“可燃冰”，它的主要成分是甲烷与水分子的结晶水合物（$CH_4 \cdot nH_2O$）。埋于海底地层深处的大量有机质在缺氧环境中，被厌氧性细菌分解，最后形成石油和天然气（石油气），其中许多天然气被包进水分子中，在海底的低温与高压条件下形成了类似冰的透明晶体，这就是“可燃冰”。这种“可燃冰”的晶体类型是（　　）。

A. 离子晶体　　B. 分子晶体　　C. 原子晶体　　D. 金属晶体

3. 2017年5月18日，我国首次成功开采可燃冰，这也标志着我国成为全球第一个实现了在海域可燃冰试开采中获得连续稳定产气的国家。已知可燃冰的主要成分为甲烷，下列关于甲烷的叙述正确的是（　　）。

A. 石油气的主要成分　　B. 含碳质量分数最大的有机物

C. 最简单的有机物　　D. 1摩尔甲烷含有8摩尔电子

二、简答题

1. 科学家正在研究温室气体CH_4和CO_2的转化和利用。一定条件下，CH_4、CO_2都能与H_2O形成笼状结构（图5-3-12）的水合物晶体，其相关参数见表5-3-9。CH_4与H_2O形成的水合物晶体俗称“可燃冰”。

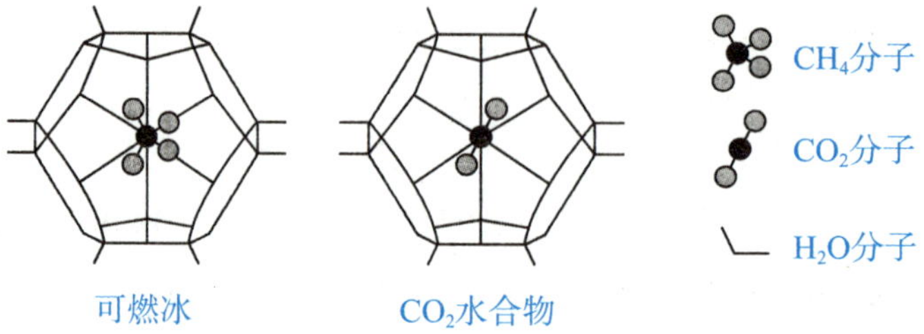

图5-3-12　CH_4、CO_2与H_2O形成的笼状结构

表5-3-9　CH_4、CO_2分子及其水合物的相关参数

分子	分子直径/纳米	分子与H_2O的结合能E/（千焦·摩尔$^{-1}$）
CH_4	0.436	16.40
CO_2	0.512	29.91

①“可燃冰”中分子间存在的2种作用力是______。

②为开采深海海底的“可燃冰”，有科学家提出用CO_2置换CH_4的设想。已知图5-3-12中笼状结构的空腔直径为0.586纳米，根据表5-3-9中数据，从物质结构及性质的角度分析，该设想的依据是______。

2. 有孔虫哪些结构对天然水合物形成和储存有关?

3. 可燃冰燃烧释放出的温室气体会对生态环境有怎样的影响?

参考文献

[1] 谢亚宏，毕梦瀛，沈小晓. 共同推动海洋可持续发展［N］. 人民日报，2022-07-19（18）.

[2] 王琪. 关于海洋价值的理性思考［J］. 中国海洋大学学报（社会科学版），2004（5）：10-14.

[3] 石莉. 美国的新海洋管理体制［J］. 海洋信息，2006（3）：24-26.

[4] 王刚，吕建华. 论海洋伦理及其内涵［J］. 湖北社会科学，2007（7）：101-103.

[5] 吴继陆. 论海洋文化研究的内容、定位及视角［J］. 宁夏社会科学，2008（4）：126-130.

[6] 杨虹，杨怀珍. 基于胜任力模型的培训体系研究［J］. 中国管理信息化，2009，12（17）：106-108.

[7] 余佳. 关联性思维的最基本形式：阴阳对偶［J］. 华东师范大学学报（哲学社会科学版），2011，43（1）：9-15+150.

[8] 黄建钢，王礼鹏. 论“海洋社会”及其在中国的探讨［J］. 中国海洋社会学研究，2013，1（00）：11-29.

[9] 娄成武，王刚. 论当代中国海洋文化价值观［J］. 上海行政学院学报，2013，14（6）：17-24.

[10] 范铮，曾淦宁，沈江南，等. 美国海洋教育对我国海洋教育强国的一些启示［J］. 现代物业（中旬刊），2013，12（12）：53-55.

[11] 张明，孙悦民. 海洋价值观的历史演进及发展趋势［J］. 海洋信息，2014（3）：49-53.

[12] 陈鹰. 海洋技术定义及其发展研究［J］. 机械工程学报，2014，50（2）：1-7.

[13] 刘加霞. 教师培训何以产生效果?：培训促进教师专业发展的作用机制分析［J］. 中小学管理，2014（12）：30-33.

[14] 程娜. 基于经济全球化视角的中国海洋文明与可持续发展研究［J］. 经济纵横，2014（12）：20-23.

[15] 胡素清. 以人海关系为核心的海洋观［J］. 浙江学刊，2015（1）：131-134.

[16] 薛迎春. 中国的海洋文化：兼论海洋文明的“分享”［J］. 天水师范学院学报，

2015，35（3）：102–105.
[17] 韩文琪. 基于情境学习理论的教师学习力培养［J］. 西部素质教育，2016，2（11）：30+40.
[18] 李晔，李哲，鲁铱，等. 基于长期绩效的中小学教师胜任力模型［J］. 教育研究与实验，2016（2）：74–78.
[19] 阮水芬. 海洋素养的质性评价研究［J］. 上海教育科研，2016（3）：93–95+77.
[20] 徐朝挺. 现代海洋教育内容体系建构与区域推进策略［J］. 上海教育科研，2016（3）：83–85.
[21] 张纾舒. 中国海洋文化研究历程回顾与展望［J］. 中国海洋大学学报（社会科学版），2016（4）：32–41.
[22] 李飏. 构建现代海洋教育体系的对策建议［J］. 探求，2016（4）：111–115.
[23] 张开城. 中华海洋精神及其现代价值［J］. 海洋世界，2016（11）：42–47.
[24] 李国强. 关于中国海洋文化的理论思考［J］. 思想战线，2016，42（6）：27–33.
[25] 孙颖美. 论情境学习理论及其教学意义［J］. 科教文汇（中旬刊），2016（26）：29–31.
[26] 唐汉成，戴建明. 区域现代海洋教育的发展历程与价值取向［J］. 上海教育科研，2016（3）：78–82.
[27] 刘玉仙，唐旋. 中华海洋精神及其时代价值研究［J］. 山西青年，2017（1）：31–32.
[28] 苑晶晶，吕永龙，贺桂珍. 海洋可持续发展目标与海洋和滨海生态系统管理［J］. 生态学报，2017，37（24）：8139–8147.
[29] 徐姗姗，刘训华. 我国台湾基础教育阶段的海洋课程［J］. 宁波大学学报（教育科学版），2017，39（4）：44–48.
[30] 白刚勋. 基于创新人才培养的海洋特色课程体系构建：以青岛第三十九中学为例［J］. 现代教育，2018（4）：14–15.
[31] 吴树芳，朱杰，王梓懿. 浅析布鲁姆教育目标分类体系［J］. 教育现代化，2018，5（46）：22–23.
[32] 刘敏. 海洋社会事实与中国海洋社会学［J］. 中国海洋社会学研究，2018（00）：3–14.
[33] 陶西平. 加强海洋意识教育势在必行［J］. 北京教育（普教版），2018（4）：50–51.
[34] 郝秀云. 中国海洋教育的进展［J］. 科教文汇（下旬刊），2018（9）：143–144.
[35] 陈巍，陈国军，郁汉琪. 建构主义理论的项目式教学体系构建［J］. 实验室研究与探索，2018，37（2）：183–187+206.

[36] 王书明，胡琳. 人海关系的历史发展阶段［J］. 中国海洋社会学研究，2019（00）：27-35.
[37] 郭丽丽，于大涛. 基于初中地理教学的海洋科普教育研究［J］. 地球，2019（2）：104-105.
[38] 王炳明. 海洋教育学科发展的几点思考［J］. 宁波大学学报（教育科学版），2019，41（4）：7-11.
[39] 叶龙. 全球海洋教育的发展新路径与趋势：走向海洋文化教育［J］. 现代教育科学，2019（8）：1-7.
[40] 马勇，符丁苑. 欧洲国家海洋教育的行动及启示［J］. 世界教育信息，2019，32（13）：13-21.
[41] 熊英. 发展学生核心素养背景下的中学教师胜任力影响因素分析［J］. 教育理论与实践，2019，39（11）：33-35.
[42] 王宇江，马莹. 论中小学海洋教育多学科课程融合的价值及路径选择［J］. 现代教育，2020（3）：24-26.
[43] 马仁锋，周小靖. 国民素养视角海洋经济知识体系及其教育实施策略［J］. 航海教育研究，2020，37（3）：49-54+59.
[44] 王文涛. 推动海洋可持续发展的价值和路径：写在2020年生物多样性国际日［J］. 可持续发展经济导刊，2020（6）：23-25.
[45] 刘彦喆. 以核心素养为导向的活动型课程评价［J］. 中学政治教学参考，2020（7）：51-53.
[46] 马明飞，李浙. 以海洋文化教育提升文化软实力［J］. 中华环境，2020（9）：24-27.
[47] 侯月琴，仲小敏，刘洋. 基于海洋意识培养的高中地理主题教学设计［J］. 天津师范大学学报（基础教育版），2020，21（4）：74-77.
[48] 张景全. 为建设海洋命运共同体提供理论支撑：海洋政治学理论构建初探［J］. 人民论坛，2020（21）：101-104.
[49] 杜鹃，卢灵. 以问题式研学推动海洋教育发展：核心素养下的海洋研学方案设计［J］. 地理教学，2020（23）：61-64.
[50] 张立敏. 海洋教育国内研究综述［J］. 岭南师范学院学报，2020，41（2）：12-18.
[51] 刘训华，胡小娟. 海洋教育评价的逻辑理路与指标体系［J］. 宁波大学学报（教育科学版），2020，42（3）：12-22.
[52] 钟昌红，姚锐，陈力. 中小学海洋意识教育的探索与实践：以海南省为例［J］. 基础教育课程，2021（1）：19-25.

[53] 马勇，林子晴. 新西兰海洋教育的缘起、行动及成效［J］. 航海教育研究，2021，38（2）：40−48+56.

[54] 朱锋. 从“人类命运共同体”到“海洋命运共同体”：推进全球海洋治理与合作的理念和路径［J］. 亚太安全与海洋研究，2021（4）：1−19+133.

[55] 于潭，李婷，叶苏文. 海洋强国战略下海洋科学教育发展与社会需求探究［J］. 高教学刊，2021（4）：28−31.

[56] 卓越，郭万洲. 新时期海洋生态文明建设研究：基于人海关系中“人的行为”［J］. 南海学刊，2021，7（4）：109−116.

[57] 林蔚，李晓生，李淑华，等. 基于布卢姆教育目标分类理论的课程目标应用研究［J］. 高师理科学刊，2021，41（6）：98−101.

[58] 李巍然，马勇. 面向未来人的海洋精神品质培养［J］. 宁波大学学报（教育科学版），2021，43（2）：2−5+1.

[59] 宁波，郭新丽. 海洋教育重在传习海洋思维［J］. 宁波大学学报（教育科学版），2021，43（2）：13−17.

[60] 陈志武. 从海上丝绸之路历史对比不同文明：对当代企业的启示［J］. 外国经济与管理，2021，43（6）：3−26.

[61] 崔允漷，郭洪瑞. 试论我国学科课程标准在新课程时期的发展［J］. 全球教育展望，2021，50（9）：3−14.

[62] 肖圆，郭新丽，宁波. 海洋教育：教育思想与实践的嬗变［J］. 海洋开发与管理，2022，39（3）：101−105.

[63] 张景全，吴昊. 论新时代的海洋政治学［J］. 南洋问题研究，2022（4）：1−15.

[64] 柯文涛，汪宜萍. 中国海洋教育研究：进展与思考［J］. 航海教育研究，2022，39（4）：35−41.

[65] 马仁锋，龚千千，林秋伶，等. 国民素养视角海洋文化的知识体系及其教育实施策略［J］. 航海教育研究，2022，39（1）：9−15.

[66] 郑林. 理解新课标，用好新课标：《义务教育历史课程标准（2022年版）》解读［J］. 全球教育展望，2022，51（6）：47−56.

[67] 刘训华. 国家海洋战略教育：海洋教育实践推进的新视域［J］. 浙江社会科学，2023（2）：143−150+160.

[68] 傅强，谢小云. 面向中国式现代化的干部教育培训：基于胜任力的方法［J］. 国家教育行政学院学报，2023（9）：50−60.

[69] 邱德峰，王思宇，于泽元. 学生素养发展为什么要以实践为本位：情境学习理论

视角的考察［J］. 北京教育学院学报，2023，37（2）：66-72.

［70］张宁. 全球海洋生态系统面临威胁［J］. 生态经济，2023，39（9）：1-4.

［71］ATHANASIOS M，THEODORA B，THEODOROS K. Examining the presence of ocean literacy principles in Greek primary school textbooks［J］. International Research in Geographical and Environmental Education，2021，30（4）：314-331.

［72］ARAÚJO D D C，PAIVA F R L D，LINDSEY M C，et al. Improving environmental awareness and ocean literacy through hands-on activities in the tropics［J］. Applied Environmental Education & Communication，2022，21（2）：120-139.

［73］LEITÃO R，MAGUIRE M，TURNER S，et al. Ocean literacy gamified：A systematic evaluation of the effect of game elements on students' learning experience［J］. Environmental Education Research，2022，28（2）：276-294.

［74］FREITAS C，BELLGROVE A，VENZO P，et al. Towards a 2025 National Ocean Literacy Strategy：Current Status and Future Needs in Primary Education［J］. Frontiers in Marine Science，2022，9：883524. DOI：10.3389/fmars. 2022. 883524.

［75］EDITH C P，REZENDE M D，PEREIRA E S. Ocean literacy in Brazilian formal education：A tool for participative coastal management［J］. Australian Journal of Environmental Education，2023，39（4）：507-521.

［76］EDITH C P，REZENDE M D，PEREIRA E S. Promoting ocean literacy among students in Brazilian schools.［J］. Marine Pollution Bulletin，2023，197：115690.

［77］COSTA D，SCREPANTI L，SCARADOZZI D. Disseminating STEM Subjects and Ocean Literacy through a Bioinspired Toolkit.［J］. Biomimetics，2023，8（2）：161. DOI：10.3390/biomimetics 8020161.

［78］MURRAY L，BREHENY M，CUMMING R，et al. How does learning about the future of the ocean impact children's emotional wellbeing? Insights from ocean literacy educators in Aotearoa New Zealand［J］. People and Nature，2023，5（5）：1622-1635.

［79］O'BRIEN M，FREITAS C，VENZO P，et al. Fostering ocean literacy through informal marine education programs.［J］. Marine Pollution Bulletin，2023，193：115208.

［80］COSTA C A，FREITAS D，SANTOS I A，et al. Where is ocean literacy in oceanic islands' schools? The Azores case［J］. Marine Policy，2024，163：106062.

[81] 叶剑强. 中学理科教师胜任力构成与现状研究 [D]. 济南：山东师范大学，2019.
[82] 宫君，蔡军萍. 明德海洋教育（第一册）[M]. 青岛：中国海洋大学出版社，2020.
[83] 宫君，蔡军萍. 明德海洋教育（第二册）[M]. 青岛：中国海洋大学出版社，2020.
[84] 宫君，蔡军萍. 明德海洋教育（第三册）[M]. 青岛：中国海洋大学出版社，2020.
[85] 白刚勋. 普通高中国家课程项目式教学组织实施研究 [M]. 济南：山东科学技术出版社，2020.
[86] 关在龙. 高中语文项目式教学实践研究 [M]. 济南：山东科学技术出版社，2020.
[87] 刘翠. 高中化学项目式教学实践研究 [M]. 济南：山东科学技术出版社，2020.
[88] 刘军. 高中物理项目式教学实践研究 [M]. 济南：山东科学技术出版社，2020.
[89] 张树峰. 高中生物学项目式教学实践研究 [M]. 济南：山东科学技术出版社，2020.
[90] 武剑英. 高中地理项目式教学实践研究 [M]. 济南：山东科学技术出版社，2020.
[91] 马国旗. 高中历史项目式教学实践研究 [M]. 济南：山东科学技术出版社，2020.
[92] 刘锋. 高中思想政治项目式教学实践研究 [M]. 济南：山东科学技术出版社，2020.
[93] 曹锋. 高中英语项目式教学实践研究 [M]. 济南：山东科学技术出版社，2020.
[94] 孙云霞. 高中数学项目式教学实践研究 [M]. 济南：山东科学技术出版社，2021.
[95] 曲金良，王海涛，刘洪涛. 齐鲁海韵（小学上）[M]. 青岛：中国海洋大学出版社，2022.
[96] 曲金良，王海涛，杨立敏，等. 齐鲁海韵（小学中）[M]. 青岛：中国海洋大学出版社，2022.
[97] 曲金良，王海涛，李明春，等. 齐鲁海韵（小学下）[M]. 青岛：中国海洋大学出版社，2022.
[98] 曲金良，王海涛，曲金良，等. 齐鲁海韵（初中）[M]. 青岛：中国海洋大学出版社，2022.
[99] 刘翠，宋立栋，顾喜阅. 问题解决教学与关键能力培养：基于学科核心素养发展的高中化学教学研究 [M]. 济南：山东科学技术出版社，2022.
[100] 刘洪涛. 中国渔文化教育功能的价值研究与实践探索 [M]. 青岛：中国海洋大学出版社，2022.
[101] 中国海洋大学海洋文化教育研究中心. 我们与海洋共成长（小学 · 一年级）[M]. 青岛：中国海洋大学出版社，2023.
[102] 中国海洋大学海洋文化教育研究中心. 我们与海洋共成长（小学 · 二年级）[M]. 青岛：中国海洋大学出版社，2023.
[103] 中国海洋大学海洋文化教育研究中心. 我们与海洋共成长（小学 · 三年级）

[M]. 青岛：中国海洋大学出版社，2023.
[104] 中国海洋大学海洋文化教育研究中心. 我们与海洋共成长（小学·四年级）[M]. 青岛：中国海洋大学出版社，2023.
[105] 中国海洋大学海洋文化教育研究中心. 我们与海洋共成长（小学·五年级）[M]. 青岛：中国海洋大学出版社，2023.
[106] 中国海洋大学海洋文化教育研究中心. 我们与海洋共成长（小学·六年级）[M]. 青岛：中国海洋大学出版社，2023.